O conceito de Família e suas implicações jurídicas

Marco Túlio de Carvalho Rocha

O conceito de Família e suas implicações jurídicas

Teoria sociojurídica do Direito de Família

Fechamento desta edição: 9 de abril de 2009

ELSEVIER

CAMPUS JURÍDICO

Editoração Eletrônica
Tony Rodrigues

Copidesque
Livia Maria Giorgio

Revisão Gráfica
Emídia Maria de Brito

Projeto Gráfico
Elsevier Editora Ltda.
A Qualidade da Informação
Rua Sete de Setembro, 111 — 16º andar
20050-006 — Rio de Janeiro — RJ — Brasil
Telefone: (21) 3970-9300 - Fax: (21) 2507-1991
E-mail: info@elsevier.com.br
Escritório São Paulo
Rua Quintana, 753 - 8º andar
04569-011 - Brooklin - São Paulo - SP
Telefone: (11) 5105-8555

ISBN: 978-85-352-3375-9

Central de Relacionamento
Tel.: 0800 026 53 40
Rua Sete de Setembro, 111, 16º andar - Centro - Rio de Janeiro
CEP.: 20.050-006
e-mail: info@elsevier.com.br
site: www.elsevier.com.br

Cip-Brasil. Catalogação-na-fonte
Sindicato Nacional dos Editores de Livros, RJ

R571c

Rocha, Marco Túlio de Carvalho, 1968 -
O conceito de família e suas implicações jurídicas : teoria sociojurídica do direito de família / Marco Túlio de Carvalho Rocha. - Rio de Janeiro : Elsevier, 2009. .

Inclui bibliografia
ISBN 978-85-352-3375-9

1. Direito de família - Brasil. I. Título.

09-1571. CDU: 347.6(81)

Eu sou partidário da audácia intelectual.
Nós não podemos ser intelectualmente covardes
e ao mesmo tempo buscar a verdade. Aquele que
busca a verdade deve ousar ser sábio – ele deve ousar
ser um revolucionário no campo do pensamento.

Karl Popper.
Lógica das Ciências Sociais, p. 92.

À memória de meu avô, Agenor Carvalho,
meu exemplo de vida reta,
e de meu pai, Francisco Rocha,
minha vontade de ir além.

Agradecimentos

Continuo grato ao ensino público brasileiro, que mais uma vez me amparou. Agradeço aos professores do Curso de Pós-Graduação em Direito da UFMG, especialmente, à Profª Elza Miranda Afonso, pela iniciação, ao Prof. Manuel Cândido Rodrigues, por uma crítica decisiva, e ao Prof. Joaquim Carlos Salgado, pela amizade nas horas mais difíceis. Agradeço ao Centro Universitário de Belo Horizonte (UNI-BH), que me propiciou condições para completar a pesquisa e, particularmente, aos alunos pesquisadores que me auxiliaram. A minha mãe, Adrienne, Vinícius e Bruno, o amor. Ao Prof. Humberto Theodoro Júnior, a realização deste trabalho.

O autor

Marco Túlio de Carvalho Rocha
Mestre e Doutor em Direito Civil pela UFMG.
Procurador do Estado de Minas Gerais.
Professor do Centro Universitário de Belo Horizonte – UNI-BH.

OUTRAS PUBLICAÇÕES DO AUTOR

A igualdade dos cônjuges no direito brasileiro. Belo Horizonte: Del Rey, 2001.

A Superfície no Projeto do Código Civil Brasileiro. *Revista Forense*, v. 94, p. 197-215, 1998.

A Unicidade Orgânica da Representação Judicial e da Consultoria Jurídica do Estado de Minas Gerais. *Revista Trimestral de Jurisprudência dos Estados*, v. 171, p. 15-44, 1999.

Prazo para Impugnar a Paternidade. *Revista Brasileira de Direito de Família*, v. 4, p. 24-41, 2002.

O Código Civil de 2002: Virtudes e Vicissitudes. *Jus Navigandi* (Teresina), v. 64, p. 3968, 2003.

O Conceito de Família e a Legislação Previdenciária Fluminense. In: XXXIV Congresso da Associação Nacional de Procuradores de Estado, 2008, Caldas Novas. *Anais do XXXIV Congresso Nacional de Procuradores de Estado.* Goiânia: Kelps, 2008. v. II. p. 269-290.

A Constituição e o Código Civil como centros do Direito Civil. *e-civitas.* <www.unibh.br/revistas/ecivitas> 2008.

Prefácio

O Professor Doutor Marco Túlio de Carvalho Rocha, em boa hora, decidiu enfrentar a dificílima tarefa de conceituar a família que a Constituição de 1988 colocou sob a proteção do Estado, a partir de uma perspectiva diferente daquela que, até então, prevalecia em nosso Direito Constitucional.

É certo que as modificações por que tem passado o conceito social de família são grandes e não exclusivas de nosso país. Por todo lado se constata uma ebulição de hábitos em escala realmente mundial, em ritmo inusitado e que se acelerou na segunda metade do Século XX. Quando, porém, a normatização do fenômeno atingiu, como no Brasil, a dimensão constitucional, é legítimo anunciar, como faz o autor, que um novo Direito de Família haverá de ser pensado e elaborado por obra do legislador ordinário, da jurisprudência e da doutrina.

O estudo, de que se ocupou primorosamente o Professor Marco Túlio de Carvalho Rocha, é, sem dúvida, um marco científico na conceituação jurídica da família, a partir do qual se permite palmilhar, com racionalidade e segurança, o caminho fecundo que haverá de conduzir ao moderno Direito de Família do Século XXI.

Largamente comprometido com o caráter teleológico do Direito e da Ciência do Direito, o brilhante ensaio reconhece o vínculo da ciência jurídica com a "realização da justiça", sem entretanto confundi-la com a utopia do superado Direito Natural. O *justo* que se empenha em afirmar como a meta do Direito assentado na perspectiva teleológica de nossos tempos, o autor o explica recorrendo à lição de Canaris:

> ... não é tarefa do pensamento teleológico, tanto quanto vem agora a propósito, encontrar uma qualquer regulação "justa", *a priori* no seu conteúdo – por exemplo no sentido do Direito Natural ou da doutrina do "Direito Justo" – mas apenas, uma vez legislado um valor (primário), pensar todas as suas conseqüências até o fim, transpô-lo para casos comparáveis, solucionar contradições com outros valores já legislados e evitar contradições derivadas do aparecimento de novos valores. Garantir a adequação formal é, em conseqüência, também a tarefa do sistema "teleológico", em total consonância com a sua justificação a partir do princípio "formal" da igualdade. (*Pensamento sistemático e conceito de sistema na ciência do direito*, 3. ed., Lisboa: Calouste Gulbenkian, 2002, p. 75-76)

É justamente o que o ensaio realiza, com sucesso, na tentativa de deitar luzes sobre as profundas modificações que, na ordem constitucional, ocorreram em torno da proteção à família. Que família é essa que a Carta Magna exige seja tutelada, sem qualquer esforço conceitual? No empenho de alcançar-lhe os limites de compreensão, o autor não se restringe ao campo meramente jurídico, vai mais longe, e penetra os domínios da sociologia, para de lá extrair dados com os quais a ciência do Direito ainda não conta em seu restrito ambiente.

Nessa meticulosa indagação multidisciplinar, acaba por anunciar uma inusitada coincidência, apurada diante da nova família protegida por determinação constitucional, e que se situa entre o conceito jurídico-positivo de "família" e o significado sociológico de "família". Esse é o ponto de partida que antevê para a nova e indispensável sistematização do atual Direito de Família, com que se cumprirá o imperativo contido no *caput* do art. 226 da Constituição de 1988.

A vocação dos tempos, no terreno do Direito, tem variado muito, como anota Nicola Picardi[1]. Savigny, a propósito, falava, nos princípios do Século XIX, da "vocação de seu tempo" para a *legislação* e a *ciência jurídica*. Na primeira metade do Século XX, Mariano D'Amelio revelava a "vocação daquele Século" para a codificação. Já em meados da segunda metade do mesmo Século XX, Natalino Irti falará na "época da decodificação". Agora, nos primórdios do Século XXI, Picardi entrevê a "vocação do nosso tempo para a jurisdição e a doutrina jurídica"[2].

Esse enfoque tem o condão de ressaltar a quem cabe o controle do comando do poder, de sorte que não tão importante é o poder, mas, sim, o controle de seu exercício, cuja efetivação reclama "uma adequada organização das instituições", dentro da qual se atribui modernamente à jurisdição o papel de "instituição de garantia por excelência". Destaca Picardi que, à vista desta constatação, "hoje se verifica um estado de ânimo tendente a revalorizar o *momento jurisprudencial* do direito"[3].

Esse momento histórico de predomínio do controle jurisdicional do ordenamento jurídico mais se acentua quando o próprio legislador passa a normatizar por meio de cláusulas gerais e conceitos vagos, efetuando, afinal, e em boa parte, uma delegação de poderes à jurisdição para completar a tarefa legislativa, na solução dos casos concretos.

Hoje, com efeito, não se pode mais pretender que a ciência jurídica mantenha apenas uma visão estática do direito centrada simplesmente sobre a obra do legislador. Nem mesmo é possível – como adverte Teresa Arruda Alvim Wambier – analisar

1. *Jurisdição e processo.* Trad. brasileira de Carlos Alberto Alvaro de Oliveira. Rio de Janeiro: Forense, 2008, p. 1.
2. Picardi, Nicola, *op. cit.*, p. 2.
3. Picardi, Nicola, *op. cit.*, p. 2.

o direito como se fosse uma "bolha", sem comunicação com as demais ciências, "fechado para o contexto em que está inserido"[4].

Os problemas que o direito tem de enfrentar e solucionar somente são resolvidos de maneira satisfatória se o intérprete e aplicador da norma jurídica se dispuser a defini-la "a partir do texto da lei, da jurisprudência e da doutrina, e dos princípios que lhes tenham sido incorporados". É, induvidosamente, muito pesado e complexo o fenômeno dentro do qual se desenvolve "o processo de formação da decisão judicial" e onde, afinal, se concretiza a revelação do direito para a vida.

Como o trabalho do julgador não pode ser discricionário, mas deve ser racional e inspirado nas técnicas da ciência do Direito, cabe à doutrina, nos tempos que correm, uma parcela significativa da concretização da ordem jurídica. A atividade do intérprete, no mundo atual, não mais se reduz a uma simples "explicitação", mas é, na verdade, sempre uma contínua "reformulação" da norma. A função do intérprete, cujo ápice é enfeixado pelo juiz, assume as proporções de uma "colaboração" com o legislador na produção do direito, no dizer de Luzzati (*L'interprete e il legislatore. Saggio sulla certeza del diritto,* Milano, 1999, p. 87 e s.).

É nesse quadro de vocação acentuada para a relevância da jurisdição e da doutrina que um estudo como o de Marco Túlio de Carvalho Rocha, em boa hora dado à publicidade, assume proporções notáveis.

Ao garantir a proteção estatal à família sem conceituá-la analiticamente, a Constituição relegou aos intérpretes a complexa tarefa de fazê-lo. É nessa obra de colaboração criadora e integrativa da ordem jurídica que o ensaio ora divulgado desempenha papel de relevância ímpar.

Seus reflexos, estamos seguros, não só irão incidir nos meios acadêmicos, mas se farão sentir, com merecida consideração, na elaboração legislativa do Direito de Família modernizado e na atividade jurisprudencial de juízes e tribunais.

Setembro de 2008

Humberto Theodoro Júnior

4. *Recurso Especial, Recurso Extraordinário e Ação Rescisória.* 2. ed. São Paulo: Editora Giuffré; Revista dos Tribunais, 2008, p. 96.

Sumário

1 Introdução

Uma formação social caracterizada pela coabitação de duas pessoas amigas que não sejam parentes, nem mantenham entre si relações sexuais, pode ser considerada família? Em caso afirmativo, que efeitos jurídicos advêm desse fato?

É consenso que o Direito de Família sofreu profundas transformações principiológicas no período posterior à Segunda Guerra Mundial, impostas pela urbanização, industrialização e pela invenção de métodos contraceptivos, transformações que foram incrementadas, nas últimas décadas, por descobertas científicas e por invenções de técnicas da biogenética.[1]

Trata-se de um movimento em escala mundial, sobretudo no Ocidente, que se refletiu na criação e na aplicação do Direito.[2]

No Brasil, embora os novos princípios tenham ganhado espaço, paulatinamente, durante todo o século XX, a Constituição da República de 1988 é o marco dessas transformações, por ter consagrado a igualdade dos cônjuges e a dos filhos, a primazia dos interesses da criança e do adolescente, além de ter reconhecido, expressamente, formas de família não fundadas no casamento, às quais estendeu a proteção do Estado.

Alterações tão profundas no plano social e na própria Constituição repercutiram intensamente na interpretação e na aplicação do direito, devendo-se ressaltar as dificuldades surgidas pela demora em se criar regras infraconstitucionais adaptadas aos novos princípios do Direito de Família.

As referidas dificuldades não foram nem poderiam ter sido solucionadas nos primeiros anos de vigência da Constituição da República de 1988. Descobrir os possíveis efeitos da incidência dos novos princípios constitucionais sobre uma legislação

1. Oliveira, José Lamartine Corrêa de; Muniz, Francisco José Ferreira. *Direito de família, p. 10.*
2. Apesar de o tema refletir fenômenos sociais cuja abrangência supera os limites do Estado nacional, o estudo cinge-se aos efeitos da ampliação do conceito jurídico de família no Direito brasileiro, sem prejuízo de eventuais referências a outros sistemas. Leva-se em conta a ideia expressa por Radbruch: "Ora, a ciência do direito não tem por missão ir além da particularidade dos vários sistemas jurídicos – como podem ser o alemão, o francês etc. – até aos últimos princípios comuns a todos eles, mas precisamente *compreender* a cada um destes na sua individualidade" (Radbruch, Gustav. *Filosofia do direito,* p. 245).

erigida para regulamentar e proteger a família fundada no casamento e na supremacia do marido é trabalho social que exige a conjugação de esforços de inúmeros profissionais do Direito.

Somente o tempo tem sido capaz de permitir a reordenação das regras do Direito de Família, com a solução das antinomias e preenchimento das lacunas criadas pelo advento dos novos princípios. Natural, assim, que o Direito de Família tenha se tornado campo fértil na Ciência do Direito.

Refletir sobre o valor de qualquer contribuição para o Direito atrai, imediatamente, indagações mais amplas sobre a natureza do conhecimento jurídico. As respostas possíveis a esta questão não se circunscrevem aos domínios da Filosofia do Direito, da Epistemologia Jurídica ou da Teoria Geral do Direito, mas repercutem nos resultados de trabalhos de Dogmática Jurídica.

Embora possam ser considerados ultrapassados os questionamentos acerca da racionalidade do conhecimento jurídico, debate-se ainda a respeito de seu caráter tecnológico ou científico.[3]

Conquanto este seja um problema de grandes dimensões, é suficiente, para os objetivos do presente texto, indicar a tomada de posição em prol da cientificidade do Direito, com base no argumento de Binder (citado por Canaris), para quem deve ser pressuposta:

> Vale aqui para a ideia de sistema o que Binder afirmou em geral, para o caráter científico da jurisprudência: assim como Kant não perguntou se existe uma Ciência da Natureza, mas antes a pressupôs, tendo procurado compreendê-la, também se deve, primeiro, partir de "que existe uma Ciência do Direito e, então, perguntar qual o seu sentido e o que fundamenta a sua pretensão de cientificidade".[4]

Por óbvio, as proposições científicas devem ser dotadas de racionalidade; esta é a condição necessária à própria ideia de direito como específico objeto de conhecimento. Não se admite, contudo, que a racionalidade seja identificada com um de seus específicos modos de manifestação que é o sentido lógico-formal; a racionalidade do Direito repousa na possibilidade de uma ordenação valorativa. Na realização de uma ordem de valores localiza-se o necessário caráter sistemático do conhecimento jurídico e, logo, respaldada neste, a sua cientificidade.

---

3. Sobre o tema, cf. Gonçalves, Aroldo Plínio. *Técnica processual e teoria do processo,* p. 27 *et seq.*

4. Binder, Julius. *Philosophie des Rechts*. Berlin, 1925, p. 836 *et seq.* De modo semelhante, Larenz: "Assim como Kant fundamentou sua Ética no 'fato da razão pura', que ele considerou dada na experiência da lei moral, assim também se pode converter o 'fato' de que existem a Ciência do Direito e as Ciências do espírito no fundamento de uma Teoria da Ciência que pergunta pelas 'condições de possibilidade' deste 'fato' e, a partir deste enfoque, conduz a uma radioscopia 'crítica' dos métodos científicos" (Larenz, Karl. *Metodología de la ciencia del derecho,* p. 103).

Outrossim, admite-se o caráter teleológico do direito e da Ciência do Direito. Vale dizer: as proposições jurídicas, quer os enunciados normativos quer os da Ciência do Direito, voltam-se à realização da justiça, sem a qual tornam-se incompreensíveis. Evidentemente, a referida orientação não significa o retorno ao Direito Natural, mas a presunção de que, no atual estágio de desenvolvimento da cultura jurídica, já ocorreu a síntese da velha antinomia jusnaturalismo-juspositivismo, que marcou as discussões jurídicas até o início do século XX.

Canaris evidenciou as perspectivas de um tal pensamento teleológico:

> (...) não é tarefa do pensamento teleológico, tanto quanto vem agora a propósito, encontrar uma qualquer regulação "justa", *a priori* no seu conteúdo – por exemplo no sentido do Direito natural ou da doutrina do "Direito justo" – mas apenas, uma vez legislado um valor (primário), pensar todas as suas conseqüências até ao fim, transpô-lo para casos comparáveis, solucionar contradições com outros valores já legislados e evitar contradições derivadas do aparecimento de novos valores. Garantir a adequação formal é, em conseqüência, também a tarefa do sistema "teleológico", em total consonância com a sua justificação a partir do princípio "formal" da igualdade.[5]

De acordo com esse entendimento, a compreensão do Direito de Família brasileiro exige, contemporaneamente, a conjugação de princípios de interpretação e dogmáticos que têm sido largamente ignorados pela doutrina na análise dos temas de Direito de Família, entre os quais o do Estado Democrático de Direito, o da separação dos poderes, o da reserva de lei, o da unidade da Constituição, o da máxima efetividade dos preceitos constitucionais e o da tipicidade dos direitos de família.

Parte-se do pressuposto de que uma adequada compreensão do conceito de "família" na Constituição da República brasileira de 1988 seja o dado essencial para a sistematização do Direito de Família brasileiro, capaz de indicar os caminhos a seguir nos temas mais polêmicos desta disciplina.

Os problemas enfrentados dividem-se em temas que dizem respeito exclusivamente à ordem jurídica brasileira e outros que pertencem à tradição jurídica ocidental.

O presente trabalho não pretende, pois, a criação de algo que exista fora das possibilidades do direito posto, mas que suas conclusões revelem, mediante procedimentos racionais e controlados, soluções que sejam compatíveis com as normas jurídicas vigentes, mesmo que não antevistas pela doutrina e pela jurisprudência. É de Canaris a advertência de que a Ciência do Direito deve acompanhar as alterações do direito objetivo:

5. Canaris, Claus-Wilhelm. *Pensamento sistemático e conceito de sistema na ciência do direito*, p. 75-76.

> As modificações do sistema científico resultam dos progressos do conhecimento dos valores fundamentais do Direito vigente e traduzem, por outro lado, a execução de modificações do sistema objetivo. As modificações do primeiro seguem, fundamentalmente, as alterações do último; os sistemas objetivo e científico estão também ligados na dialética geral entre o Direito objetivo em vigor e a sua aplicação.[6]

Tal concepção jurídico-epistemológica afina-se com o que Konrad Hesse ensina sobre a interpretação constitucional:

> Tarefa da interpretação é encontrar o resultado constitucionalmente "exato" em um procedimento racional e controlável, fundamentar esse resultado racional e controlavelmente e deste modo, criar certeza jurídica e previsibilidade – não, por exemplo, somente decidir por causa da decisão.[7]

Cumpre advertir que a admissão da dependência da Ciência do Direito em relação ao "sistema objetivo" não significa renunciar, mas reafirmar o papel da doutrina jurídica como fonte do direito, em razão de seu caráter nomológico,[8] constituinte[9] ou criptonormativo.[10] Em suma, reconhece-se que interpretar e sistematizar o direito resulta em criá-lo.

---

6. Canaris, Claus-Wilhelm. Op. cit., p. 126. No mesmo sentido, Radbruch: "A ciência jurídica é uma ciência do sentido objetivo e não do sentido subjetivo do direito. Tem apenas de fixar o modo como deve entender-se o direito e não o modo como ele foi entendido ou pensado por alguém" (Radbruch, Gustav. *Filosofia do direito*, p. 228).
7. Hesse, Konrad. *Elementos de Direito constitucional da república federal da alemanha*, p. 55.
8. Termo utilizado por Franz Wieacker para designar as ciências que têm por objeto a formulação de normas do dever-ser, como a Ética e o Direito (cf. Wieacker, Franz. *História do direito privado moderno*, p. 680).
9. "A efetiva assunção da Ciência do Direito constitui o desafio decisivo enfrentado pela civilística dos nossos dias. O Direito transcende o empirismo e o arbítrio na medida em que obedeça a regras cognoscíveis, isto é, desde que surja como científico. A Ciência jurídica só se apresenta como tal quando resolva, efetivamente, casos concretos: é constituinte" (Cordeiro, António Menezes. *Tratado de direito civil português*, v. 1, t. I, p. 141).
10. O termo "criptonormativo" é usado por Ferraz Júnior: "Ora, esta situação modifica o *status* científico da Ciência do Direito, que deixa de se preocupar com a determinação daquilo que materialmente sempre foi o Direito com o fito de descrever aquilo que, então, *pode ser* direito (relação causal), para ocupar-se com a oportunidade de certas decisões, tendo em vista aquilo que deve ser direito (relação de imputação). Neste sentido, o seu problema não é propriamente uma questão de verdade, mas de *decidibilidade*. Os enunciados da Ciência do Direito que compõem as teorias jurídicas têm, por assim dizer, natureza criptonormativa, deles decorrendo conseqüências programáticas de decisões, pois devem prever, em todo caso, que, com sua ajuda, uma problemática social determinada seja solucionável sem exceções perturbadoras. Enunciados desta natureza não são *verificáveis* e, portanto, refutáveis como são os enunciados científicos a que aludimos. Em primeiro lugar porque a refutabilidade não exclui a possibilidade de um enunciado ser verdadeiro, ainda que uma comprovação adequada não possa ser realizada por ninguém. Neste sentido, a validade da ciência independe de sua transformação numa técnica utilizável (por exemplo, a validade das teorias de Einstein independe da possibilidade de se construir a bomba atômica ou um reator atômico). Ao contrário, os enunciados da ciência jurídica têm sua validade dependente da sua relevância prática. Embora não seja possível deduzir deles as regras de decisão, é sempre possível encará-los como instrumentos mais ou menos utilizáveis para a obtenção de uma decisão" (Ferraz Júnior, Tércio Sampaio. *A ciência do direito*, p. 44).

O presente trabalho representa a tentativa de sistematização do Direito de Família a partir do entendimento de que a proteção referida no art. 226 ultrapassa os tipos familiares referidos pela própria Constituição. Entendimento este que vem sendo admitido, de forma crescente, pela doutrina brasileira, embora a maioria dos autores não o faça de forma expressa, e que se pretende, igualmente, fundamentar.

A abertura do conceito de família e o fato de ser ela um fenômeno social levam à percepção de que a Constituição da República de 1988 fez com que coincidissem, pela primeira vez, o conceito jurídico-positivo de "família" e o significado sociológico de "família".

Essa proposição diz respeito a fato jurídico-positivo de grande repercussão não apenas no direito brasileiro, pois revela uma tendência observável nos centros mais representativos da cultura jurídica romano-germânica.

Busca-se verificar os efeitos jurídicos dessa determinação constitucional: qual o significado dessa (feliz) coincidência na solução dos diversos conflitos relacionados ao Direito de Família? Como interpretar regras legais elaboradas (na sua origem histórica) a um tempo em que somente o casamento era considerado juridicamente família?

A adequada compreensão do significado jurídico da proteção estatal da família, determinada pelo *caput* do art. 226 da Constituição da República, pode e deve levar à compreensão de institutos que se encontram regulamentados por regras que se tornaram antinômicas a ponto de fazerem surgir dúvidas sobre a própria possibilidade de uma regulamentação capaz de solucionar genérica e abstratamente certos problemas, tais como os que dizem respeito à filiação.

Há, pois, a necessidade de se aclarar o caráter sistemático do Direito de Família – sua unidade e completude – hoje profundamente turvado pelo choque entre o modelo tradicional e o novo, em construção.

A proposição central deste trabalho visa a permitir a sistematização do Direito de Família e propugna que o imperativo contido no *caput* do art. 226 da Constituição da República é uma garantia institucional que não cria, por si, direitos subjetivos privados nem direitos subjetivos públicos prestacionais, embora sirva ao controle da atividade do legislador, tornando inconstitucionais regras que contrariem seu conteúdo, e imponha dever negativo ao Estado, de se abster de realizar atos que atentem contra a família, sendo os titulares dessa garantia os membros da família.[11]

Os direitos subjetivos de família que concretizam o princípio da proteção da família são direitos subjetivos públicos e privados. São públicos os direitos previdenciários, a proteção ao bem de família, as políticas públicas assistenciais, o princípio

11. Levando-se em conta a polêmica em torno da noção de direitos subjetivos, cumpre advertir que o exato sentido em que se afirma a negativa de atribuição de direitos subjetivos privados e de direitos subjetivos públicos prestacionais pelo art. 226 da Constituição da República, somente poderá ser absorvido no conjunto do trabalho.

da não intervenção estatal, os benefícios de natureza tributária, entre outros que conformam atuação do Estado em prol da família ou, mais precisamente, de seus membros. São privados, entre outros, os direitos tradicionalmente consagrados no Código Civil, na subdivisão dedicada à família.

A ampliação do sentido jurídico de família, por força da Constituição da República de 1988, somente repercute no Direito Privado se há mediação legislativa. Em outras palavras, ao determinar que a família deve gozar da proteção estatal, a Constituição não determinou a existência de qualquer direito subjetivo privado de que seja titular um membro da família em relação a outro membro ou a terceiros. A existência de direitos subjetivos de família de caráter privado sempre foi e continua a ser dependente da atuação do legislador ordinário.

Essa inferência justifica racionalmente a razão pela qual os novos princípios norteadores do Direito de Família não impuseram o abandono, *tout court*, das regras positivadas pela tradição jurídica anterior à Constituição de 1988 pela via legislativa, jurisprudencial ou doutrinária.

Impuseram, sim, a reinterpretação dos institutos do Direito de Família, de modo a acomodá-los na nova moldura constitucional, somente permitindo-se considerar revogadas as regras que de modo algum possam ser consideradas compatíveis com a Constituição em vigor, principalmente se se tem em conta o imperativo da interpretação constitucional – verdadeiro dogma de nosso sistema jurídico – de que a constitucionalidade da lei é presumida.

Evidencia-se, assim, igualmente, a crítica à tendência muito frequente na atualidade da vida jurídica brasileira de abandono da tradição jurídica em nome dos novos princípios do Direito de Família.

Essa crítica faz-se necessária uma vez que parcela significativa da doutrina e da jurisprudência familiaristas brasileiras têm abandonado, em nome dos novos princípios, elementos fundamentais do edifício teórico do Direito, com ampla desconsideração ao princípio da supremacia da Constituição, dos princípios constitucionais fundamentais, dos direitos fundamentais, de cânones da interpretação constitucional e da dogmática civilista. A respeito desta última, sublinhe-se a dissociação do Direito de Família das demais disciplinas do Direito Civil tradicional propugnada pelo Projeto de Lei nº 2.285/2007 (Estatuto das Famílias), que objetiva retirar a regulamentação do Direito de Família do Código Civil.

O desenvolvimento do trabalho fez-se em 7 seções.

A seção 2 é dedicada ao "tradicional conceito de família". Nela são analisadas as concepções de "família" assentadas no direito romano, no direito canônico, nas constituições de países da família romano-germânica, nas constituições e na legislação brasileiras.

A seção 3 visa a explicitar a tese de que o rol dos tipos familiares contido no art. 226 da Constituição da República é aberto e que, portanto, o ordenamento jurídico brasileiro admite formas de família não previstas na Constituição.

A seção 4 cuida do "conceito sociológico de família". O trabalho defende que "família" é uma realidade essencialmente social e que a Constituição da República impôs à Ciência do Direito a tarefa de investigar o sentido sociológico de "família" a fim de estabelecer um conceito sociojurídico de família, em conformidade com as formas positivadas na própria Constituição. Investigam-se, por isso, as acepções sociológicas de família contidas em obras consagradas. Em seguida, identificam-se algumas realidades admitidas como "família" pela Sociologia. Recorre-se à filosofia da linguagem, particularmente à vertente inaugurada por Wittgenstein, para justificar que a relativa imprecisão do termo não é empecilho para a busca de um conceito. Critica-se a ideia de que a "família" seja fenômeno essencialmente psíquico. Em seguida é apresentado um conceito de "família" baseado na teoria das redes sociais, que se pretende conforme à Constituição da República (conceito sociojurídico) e são analisados seus elementos.

Na seção 5, "Fundamentos Constitucionais da Proteção Estatal da Família", inicia-se o estudo das implicações jurídicas da abertura do conceito de família. A seção trata, de modo mais específico, das implicações de ordem constitucional e, particularmente, do significado da proteção estatal da família instituída pelo art. 226 da Constituição da República. Relembra-se que o referido dispositivo disciplina uma "garantia institucional" e defende-se que, como tal, é incapaz de criar, por si, direitos subjetivos privados de família. A fim de se combater o entendimento teórico contrário, reconstroem-se institutos constitucionais invocados, com maior frequência, para sustentá-lo. O estudo dos referidos institutos permite vislumbrar as frequentes extrapolações de seus significados e o caráter abusivo das extensões de direitos subjetivos de família próprios de determinados tipos de família a outros tipos, na ausência da devida intervenção legislativa.

A seção 6, "Críticas e Subsídios para uma Teoria Sociojurídica do Direito de Família", tem como objeto a crítica a tendências recentes do Direito Civil brasileiro:

a) a de entender a "constitucionalização do Direito Civil" como realidade nova;

b) o desprezo à tradição jurídica;

c) a de assimilar o Direito de Família a ciências do "ser", especialmente à Psicanálise;

d) a de distanciar o Direito de Família do sistema e das técnicas do Direito Privado;

e) a de conferir à jurisprudência papel predominante no desenvolvimento do Direito.

Depois de estabelecer o sentido genérico da proteção estatal devida à família e de se contrapor à tendência de extensão direta, independente de intermediação legislativa, de direitos subjetivos privados próprios de determinada forma de família a outras, busca-se identificar os institutos de direito positivo que concretizam a proteção estatal da família (suas "implicações jurídicas"). Assim, as duas últimas seções cuidam do direito da filiação.

A seção 7 diz respeito à "Proteção à Paternidade". Critica-se o tratamento diferenciado da paternidade que ainda é conferido pela legislação brasileira a filhos matrimoniais e não-matrimoniais, por violar o princípio da igualdade dos filhos; afirma-se ter sido revogada a presunção *pater is est*, no direito brasileiro; sublinha-se a necessidade de os sistemas jurídicos garantirem a estabilização do vínculo de paternidade e que, na família romano-germânica, a segurança jurídica da filiação é alcançada mediante o estabelecimento de prazos para a impugnação, do instituto da posse de estado de filhos ou pela combinação de ambas essas técnicas; defende-se a inconstitucionalidade material do art. 1.601 do Código Civil.

A seção 8 é dedicada à proteção do vínculo de maternidade. Nesta, defende-se a aplicação imediata da posse de estado de filho para a estabilização dos vínculos de filiação, antes mesmo de alteração legislativa. A divisão do estudo da filiação em duas seções visa a facilitar a leitura; estão, no entanto, imbricadas de tal modo que numa e noutra são desenvolvidos conceitos que a ambas interessam.

Como Teoria Sociojurídica do Direito de Família, o estudo não é nem pretende ser exaustivo. Deixa aos leitores o convite para o debate e para explorarem os desdobramentos do conceito de família apresentado.

Os textos normativos citados sem menção à origem são brasileiros. As citações em língua estrangeira foram traduzidas, inclusive as latinas. A grafia de termos em português antigo foi atualizada segundo os padrões atuais.

2 O tradicional conceito de "família"

SUMÁRIO 2.1. "Família" nas fontes históricas. 2.2. "Família" no direito canônico: o direito entre a fé e a ideologia. 2.3. "Família" nas constituições de países da família romano-germânica. 2.4. "Família" nas constituições brasileiras. 2.5. "Família" na legislação brasileira. 2.5.1. "Família" na coação e no estado de perigo.

DURANTE SÉCULOS a tradição jurídica ocidental identificou "família" com a realidade social criada pelo casamento. No Brasil, o conceito jurídico de família foi ampliado pela Constituição da República de 1988 ao se referir, expressamente, a duas outras formas de entidades familiares: a união estável e a família formada por um ascendente e seus descendentes (art. 226, §§ 3º e 4º, da Constituição da República).

Somente na Constituição da República de 1988 a disjunção entre o princípio de proteção estatal da família e o casamento tornou-se clara: *"Art. 226. A família, base da sociedade, tem especial proteção do Estado"*.

Qual família? O texto constitucional não restringe. A proteção é devida a qualquer família, quaisquer que sejam seus fundamentos ou sua forma. Ao deixar de limitar a "família" ao "casamento", a Constituição da República de 1988 abriu a perspectiva para a identificação entre a "instituição jurídica" e a "instituição social" da família.

O enunciado constitucional é um convite aos intérpretes a redescobrir o significado de "família", a estudar as variadas formas de organização familiar, a buscar seus elementos constitutivos, a abandonar preconceitos, a perquirir sobre as consequências jurídicas da proteção estatal que lhe é constitucionalmente conferida.

Que a família seja uma realidade social, um fato da cultura, é um dado elementar reconhecido pela melhor doutrina jurídica. Reafirmar este dado seria um truísmo imperdoável se não fosse a diluição das fronteiras que cingiram, durante séculos, o sentido jurídico de "família" à realidade social formada pelo casamento e pelas relações de parentesco.

Explorar o conceito de família para além das fronteiras do matrimônio tem sido o desafio de toda a doutrina familiarista moderna. Trata-se de corresponder a certas imposições sociais que há tempos vêm ditando o ritmo da evolução constitucional, legislativa e jurisprudencial.

A doutrina reflete, amplamente, este movimento. No Brasil, impulsionada pela Constituição da República de 1988, a Ciência Jurídica tem reconhecido a juridicização de muitas relações familiares não fundadas no casamento.

Discute-se, ainda, se os tipos de família expressamente mencionados na Constituição da República de 1988 são os únicos admissíveis na ordem jurídica brasileira ou se a enumeração constitucional é meramente exemplificativa.

2.1. "FAMÍLIA" NAS FONTES HISTÓRICAS

"Família" é termo polissêmico que designa realidades variadas. Mesmo quando referido à realidade social, o termo "família" aplica-se a uma surpreendente variedade de agrupamentos humanos. O recurso à etimologia da palavra é suficiente para incitar a percepção das diferentes realidades abrangidas por ela: *famulus* significa "escravo" e, por conseguinte, *familiae* era originalmente o grupo das pessoas reunidas sob a autoridade do *pater familias*.

Que em Roma já se divisavam as dificuldades de se precisar o conceito de "família" demonstra o fato de, no Digesto, o termo ter sido tratado no título reservado ao "significado das palavras":

> § 1. Vejamos de que maneira se entende a palavra "família"; e certamente está aceita com variedade, porque se aplica às coisas e às pessoas; às coisas, como na lei das Doze Tábuas nestas palavras: "o próximo agnado tenha a família"; mas a palavra família se refere às pessoas, quando a lei fala do senhor e do liberto: "desta família, diz, àquela família"; e é conhecido que aqui a lei fala de pessoas singulares.
>
> § 2. A denominação de "família" refere-se também ao significado de alguma corporação, que está compreendida ou no direito próprio de seus mesmos indivíduos, ou no comum de toda cognação. Por direito próprio chamamos família a muitas pessoas, que, ou por natureza, ou de direito estão sujeitas ao poder de um só, por exemplo, o pai de família, a mãe de família, o filho de família, a filha de família e os demais que seguem no lugar destes, como os netos e as netas e os outros descendentes. Mas se chama "pai de família" o que tem domínio na casa; e com razão é chamado por este nome, ainda que não tenha filho; porque não designamos somente a pessoa dele, mas também seu direito. Finalmente chamamos pai de família também ao pupilo, e quando morre o pai de família, quantos indivíduos tiverem estado sujeitos a ele começam a ter família distinta; porque cada um adquire o título de pai de família. E o mesmo sucederá também quanto ao que foi emancipado;

porque também este, feito de direito próprio, tem família própria. Pelo direito comum dizemos família a de todos os agnados; porque ainda que morto o pai de família cada um tem família própria, assim, todos os que estiveram sob o poder de um só serão com razão chamados da mesma família, os quais foram dados à luz na mesma casa e progênie.

§ 3. Também costumamos chamar famílias de escravos, como demonstramos no Edito do Pretor, no título dos furtos, em que o Pretor fala da família dos publicanos; mas ali não são designados todos os escravos, senão certa corporação de escravos, organizada com aquele objeto, isto é, por causa do imposto. Mas em outra parte do Edito estão compreendidos todos os escravos, como na de homens congregados, e na de bens tomados com violência; assim mesmo, tratando-se da redibitória, se se devolvesse uma coisa danificada por ação do comprador, ou de sua família, e no interdito *Unde Vi*, a denominação de família compreende a todos os escravos; mas também estão compreendidos os filhos.

§ 4. Outrossim se chama família de muitas pessoas, a que provém de sangue do sangue de um mesmo último progenitor, como dizemos família *Julia*, como de certa origem memorável.

§ 5. Mas a mulher é cabeça e fim de sua própria família (Ulpiano, *D.* L, 16, 195).[1]

Nessa passagem clássica, o jurisconsulto romano Ulpiano exprimiu a polissemia do termo "família", bem como fixou sentidos para sua utilização jurídica. A técnica de fixação do sentido do termo "família", com o consequente expurgo de significados que não correspondessem aos fins visados pelo legislador, foi repetida em muitas legislações, inclusive nas constituições brasileiras.[2]

Já na tradição das modernas codificações, inaugurada pelo Código Civil francês de 1804, prevaleceu a omissão de qualquer conceito jurídico de família. A técnica das codificações dos séculos XIX e XX, continuada no recente Código Civil brasileiro de 2002, consiste em atribuir direitos subjetivos aos membros da família, sem qualquer referência a ela, como observou o sempre atento Orlando Gomes:

> Nos Códigos individualistas não se encontram referências à família como núcleo de regras jurídicas, porque se limitam a regular as relações particulares entre os que a compõem, tratando separadamente dos diversos institutos sem a plena consciência de que se ordenam numa instituição.[3]

1. Ulpiano. *Cuerpo del derecho civil romano*, t. III, p. 935.
2. O Livro I de *A Política* de Aristóteles trata Do Governo Doméstico. Nele encontra-se a indicação dos elementos que formam a "família": "Uma família completamente organizada compõe-se de escravos e de pessoas livres. Mas como só se conhece a natureza de um todo pela análise de suas partes integrantes, sem exceção das menores, e como as partes primitivas e mais simples da família são o senhor e o escravo, o marido e a mulher, o pai e os filhos, convém examinar quais devem ser as funções e a condição de cada uma destas três partes. Chamaremos despotismo o poder do senhor sobre o escravo; marital, o do marido sobre a mulher; paternal, o do pai sobre os filhos (dois poderes para os quais o grego não tem substantivos)" (Aristóteles. *A política*, p. 9).
3. Gomes, Orlando. *Direito de família*, p. 31

A referida omissão deve ser relativizada pela consideração de que a limitação do conceito de família ao casamento poderia ser pressuposta a partir da própria realidade regulada pela legislação e, principalmente, pelo modo inequívoco com que, no direito brasileiro, era imposta pela Constituição.

2.2. "FAMÍLIA" NO DIREITO CANÔNICO: O DIREITO ENTRE A FÉ E A IDEOLOGIA

A concepção canônica de "família" é de inestimável interesse por ter sido, durante séculos, determinante para o tratamento jurídico da matéria e por sua influência ter se estendido ao período posterior à instituição do Estado laico. Embora o tratamento jurídico da matéria tenha se distanciado dos princípios eclesiásticos, a influência da doutrina da Igreja remanesce nos planos político e social.

No Direito Canônico prevalecem concepções jusnaturalistas que remetem o fundamento último das normas à razão ou à palavra de Deus. As normas do Direito Canônico classificam-se segundo sua origem como:

a) normas de direito divino: provêm da Revelação, a Bíblia;

b) normas de direito natural: derivam das exigências éticas e morais da natureza humana, interpretadas à luz da doutrina cristã;

c) normas de direito positivo eclesiástico: derivam da vontade legislativa da autoridade; são contingentes, dispensáveis, reformáveis, temporais, derrogáveis. Somente o Papa e os concílios possuem capacidade legislativa para a instituição de leis universais; as leis particulares podem ser estabelecidas por estes e pelo bispo. Na concepção canônica, a capacidade legislativa não deriva do conjunto dos fiéis, mas de Cristo. Formalmente, as leis podem ser exteriorizadas na forma de bulas, breves, constituições apostólicas, cartas decretais, letras *motu proprio*, entre outras denominações que não correspondem a diferenças de eficácia, hierarquia ou validade.[4]

Além dessas fontes, o Direito Canônico é integrado pela tradição. O § 2º do cânone 6 do Código de Direito Canônico estabelece o dever de se observar a tradição canônica na sua interpretação.

A concepção jusnaturalista canônica afirma a precedência da natureza humana e das instituições que lhe são conaturais – como o casamento e a família – em relação à cultura:

> Não se pode negar que o homem sempre existe dentro de uma cultura particular, mas também não se pode negar que o homem não se esgota nesta mesma cultura. De resto, o próprio progresso das culturas demonstra que, no homem, existe algo que transcende

4. Bueno Salinas, Santiago. *Tratado general de derecho canónico,* p. 258, 264.

as culturas. Este "algo" é precisamente *a natureza do homem*: esta natureza é exatamente a medida da cultura, e constitui condição para que o homem não seja prisioneiro de nenhuma das suas culturas, mas afirme a sua dignidade pessoal pelo viver conforme à verdade profunda do seu ser. Pôr em discussão os elementos estruturais permanentes do homem, conexos também com a própria dimensão corpórea, não só estaria em conflito com a experiência comum, mas tornaria incompreensível a referência que Jesus fez ao "princípio", precisamente onde o contexto social e cultural da época tinha deformado o sentido original e o papel de algumas normas morais (Cf. Mt 19,1-9). Neste sentido, a Igreja afirma que "subjacentes a todas as transformações, há muitas coisas que não mudam, *cujo último fundamento é Cristo,* o mesmo ontem, hoje e para sempre". É Ele o "Princípio" que, tendo assumido a natureza humana, a ilumina definitivamente nos seus elementos constitutivos e no seu dinamismo de caridade para com Deus e o próximo.[5]

No Direito Canônico, casamento e família são realidades inseparáveis: o casamento é o único meio pelo qual a família é constituída:

> Segundo o desígnio de Deus, o matrimônio é o fundamento da mais ampla comunidade da família, pois que o próprio instituto do matrimônio e o amor conjugal se ordenam à procriação e educação da prole, na qual encontram a sua coroação.[6]
>
> (...)
>
> A família, fundada e vivificada pelo amor, é uma comunidade de pessoas: dos esposos, homem e mulher, dos pais e dos filhos, dos parentes. A sua primeira tarefa é a de viver fielmente a realidade da comunhão num constante empenho por fazer crescer uma autêntica comunidade de pessoas.[7]

Para o catolicismo, o casamento é análogo à união entre Deus e os homens, entre Jesus Cristo e a Igreja, ou entre Jesus Cristo e a humanidade:

> A comunhão entre Deus e os homens encontra o seu definitivo cumprimento em Jesus Cristo, o Esposo que ama e se doa como Salvador da humanidade, unindo-a a si como seu corpo.
>
> Ele revela a verdade originária do matrimônio, a verdade do "princípio" e, libertando o homem da dureza do seu coração, torna-o capaz de a realizar inteiramente.
>
> Esta revelação chega à sua definitiva plenitude no dom do amor que o Verbo de Deus faz à humanidade, assumindo a natureza humana, e no sacrifício que Jesus Cristo faz de si mesmo sobre a cruz pela sua Esposa, a Igreja. Neste sacrifício descobre-se inteiramente aquele desígnio que Deus imprimiu na humanidade do homem e da mulher, desde a sua criação; o matrimônio dos batizados torna-se assim o símbolo real da Nova e Eterna Aliança, decretada no Sangue de Cristo. O Espírito, que o Senhor infunde, doa um coração novo e torna o homem e a mulher capazes de se amarem, como Cristo nos amou.

---

5. <http://www.ansiao.net/ver-splendor.html>.
6. João Paulo II. *A missão da família cristã no mundo de hoje,* p. 27.
7. Op. cit., p. 34.

> O amor conjugal atinge aquela plenitude para a qual está interiormente ordenado: a caridade conjugal, que é o modo próprio e específico com que os esposos participam e são chamados a viver a mesma caridade de Cristo que se doa sobre a Cruz.[8]

Dessa analogia entre o vínculo de Cristo e a Igreja e o que se estabelece entre homem e mulher no casamento resulta a indissolubilidade deste:

> Radicada na doação pessoal e total dos cônjuges e exigida pelo bem dos filhos, a indissolubilidade do matrimônio encontra a sua verdade última no desígnio que Deus manifestou na Revelação: Ele quer e concede a indissolubilidade matrimonial como fruto, sinal e exigência do amor absolutamente fiel que Deus Pai manifesta pelo homem e que Cristo vive para com a Igreja.[9]

As pessoas unem-se, no interior da família, segundo a doutrina eclesiástica, por laços de amor: amor conjugal, fraterno, paterno e materno-filial.[10]

O amor conjugal, salienta Kowalik, não se pode confundir com a libido, com o sentimento, com a própria afetividade, com a simpatia:

> O amor conjugal é aquele amor de amizade, devido em justiça, que une em comunhão de pessoas o homem e a mulher que se uniram legitimamente em matrimônio e que por isso são um para o outro cônjuges.[11]

Assim, na perspectiva do catolicismo, não é qualquer amor capaz de criar a família. O amor não-matrimonial ou "amor livre" é tido como uma ameaça ao "verdadeiro amor":

> O Concílio Vaticano II assinala que o chamado amor livre (*amore sic dicto libero)* constitui um fator de dissolução e destruição do matrimônio, por carecer do elemento constitutivo do amor conjugal, que se funda no consentimento pessoal e irrevogável pelo qual os esposos se dão e recebem mutuamente, dando origem assim a um vínculo jurídico e a uma unidade sigilada por uma dimensão pública de justiça. O que o Concílio denomina como amor "livre", e contrapõe ao verdadeiro amor conjugal, era então – e ainda o é – a semente que engendra as uniões de fato.[12]

A concepção eclesiástica da família é, portanto, tradicionalmente relacionada ao amor; amor análogo ao de Jesus Cristo pela humanidade e pela Igreja; amor indissolúvel. Tal fato atrai duas conclusões:

---

8. Op. cit., p. 23-24. Ef 5,31-33: "31 Por isso deixará o homem seu pai e sua mãe, e se unirá a sua mulher; e serão dois numa carne. 32 Grande é este mistério; digo-o, porém, a respeito de Cristo e da igreja. 33 Assim também vós, cada um em particular, ame a sua própria mulher como a si mesmo, e a mulher reverencie o marido".
9. Op. cit., p. 371.
10. Kowalik, Adam, *Direito canônico familiar: perspectivas,* p. 45.
11. Op. cit., p. 56-57.
12. Conselho Pontifício para a Família. *Família, matrimônio e "uniões de fato",* p. 24.

a) não é correta a assertiva de que a antiga tradição familiar ocidental concebesse a família como mera unidade social reprodutora de riquezas: na milenar tradição cristã a família é núcleo baseado no amor;

b) o amor que o catolicismo entende constituir o cerne da família não se confunde com o "afeto" a que faz referência a nova doutrina familiarista brasileira (cf. *infra* n. 4.6): trata-se de amor voltado a corroborar os princípios morais, os dogmas da religião e as responsabilidades publicamente assumidas pelos cônjuges. É adstrito ao matrimônio.

As uniões de fato não são, para a Igreja, família:

> A expressão "união de fato" abrange um conjunto de realidades humanas múltiplas e heterogêneas, cujo elemento comum é o de serem convivências (de tipo sexual) que não são matrimônios. As uniões de fato se caracterizam, precisamente, por ignorar, postergar ou até mesmo rejeitar o compromisso conjugal. Disso derivam-se graves conseqüências.[13]

A Igreja afirma que as "uniões de fato" inserem-se apenas no círculo particular, não são de interesse público. A admissão de que as "uniões de fato" atendem a um interesse público representa, nessa visão, um risco para o matrimônio, *em prejuízo da verdade e da justiça*.[14]

Ela condena a "ideologia de gênero" que afirma serem os gêneros determinados culturalmente, não pelo sexo:

> A partir da década de 1960 a 1970, certas teorias (que hoje os especialistas costumam qualificar como "construcionistas") sustentam não somente que a identidade genérica sexual ("gender") seja o produto de uma interação entre a comunidade e o indivíduo, mas também que essa identidade genérica seria independente da identidade sexual pessoal, ou seja, que os gêneros masculino e feminino da sociedade seriam um produto exclusivo de fatores sociais sem relação com verdade alguma da dimensão sexual da pessoa. Desse modo, qualquer atitude sexual resultaria como justificável, inclusive a homossexualidade, e a sociedade é que deveria mudar para incluir, junto ao masculino e ao feminino, outros gêneros, no modo de configurar a vida social.[15]

A Igreja condena a "abertura do conceito de família" e a equiparação das diversas formas de família:

> A reivindicação de um estatuto semelhante, tanto para o matrimônio como para as uniões de fato (inclusive as homossexuais), costuma hoje em dia justificar-se com base em categorias e termos procedentes da ideologia de "gender". Assim, existe uma certa tendência a designar como "família" todo tipo de uniões consensuais, ignorando desse

13. Conselho Pontifício para a Família. *Família, matrimônio e "uniões de fato"*, p. 9.
14. Op. cit., p. 10.
15. Op. cit., p. 17.

modo a natural inclinação da liberdade humana à doação recíproca e suas características essenciais, que constituem a base desse bem comum da humanidade que é a instituição matrimonial.[16]

O matrimônio é considerado uma instituição natural e originária em que ocorre a assunção pública de compromissos e responsabilidades com a sociedade, principalmente no que toca à procriação e à criação dos filhos, diferentemente das uniões de fato. Em razão disso, a Igreja condena a institucionalização das uniões de fato e que sejam tratadas de modo assemelhado ao do casamento:

> Nas sociedades abertas e democráticas de hoje, o Estado e os poderes públicos não devem institucionalizar as uniões de fato, atribuindo-lhes desse modo um estatuto similar ao matrimônio e à família. Tampouco equipará-las à família fundada no matrimônio. Tratar-se-ia de um uso arbitrário do poder que não contribui para o bem comum, porque a natureza originária do matrimônio e da família precede e excede, absoluta e radicalmente, o poder soberano do Estado.[17]

O aspecto institucional do casamento é contraposto à liberdade individual:

> A exaltação indiferenciada da liberdade da escolha de indivíduos, sem nenhuma referência a uma ordem de valores de relevância social, obedece a uma concepção completamente individualista e privatista do matrimônio e da família, cega à sua dimensão social objetiva. Há que se levar em conta que a procriação é princípio "genético" da sociedade, e que a educação dos filhos é lugar primário de transmissão e cultivo do tecido social, assim como núcleo essencial da sua configuração estrutural.[18]

Encontram-se, igualmente, textos eclesiásticos mais amenos em relação às uniões de fato heterossexuais. No *Lexicon*, há entendimento no sentido da relativização do modelo de família:

> Do ponto de vista cristão, é preciso dizer que a Palavra de Deus relativiza todo modelo de família; não impõe um modelo próprio, que seja paradigmático para qualquer outro. Como acontece com outros setores da vida social, ela apenas indica um conjunto de valores em relação aos quais todo modelo de família pode e deve ser julgado. A intuição axiológica fundamental sugerida pela fé é que também a vida familiar deve constituir uma experiência de caridade que representa, segundo a fé, a realidade mais profunda do homem salvo e o valor mais importante de sua existência moral.[19]

A negativa de tratamento igual às uniões de fato não as torna realidades à margem da Igreja. Ao contrário, entende-se que seus membros devem ser incentivados ao convívio religioso e à legitimação do vínculo:

---

16. Op. cit., p. 18.
17. Op. cit., p. 19-20.
18. Op. cit., p. 28.
19. *Lexicon: dicionário teológico enciclopédico,* p. 289-290 (Verbete: família).

> Na ação pastoral exige-se sensibilidade para com cada situação em particular, ajuda aos conviventes para que regularizem, na medida do possível, a convivência conjugal, e provejam à educação cristã dos filhos. Os conviventes, embora não podendo ser admitidos aos sacramentos, "não devem considerar-se separados da Igreja, podendo e até devendo, como batizados, participar de sua vida".[20]

Embora o repúdio às uniões de fato sempre tenha existido na doutrina da Igreja, até o Concílio de Trento (1563) não havia restrição a que o casamento não se realizasse *in facie eclesine*, o que propiciava o reconhecimento canônico de "casamentos presumidos". Segundo Álvaro Villaça Azevedo, a partir de então "*foram estabelecidas penalidades severas contra os concubinos que, sendo três vezes advertidos, não terminassem seu relacionamento, podendo ser excomungados e, até, qualificados de hereges*".[21]

O Código de Direito Canônico de 1917 enquadrou o concubinato como delito específico contra os bons costumes e estabeleceu sanções aos concubinos (cânones 2.357, § 2º, 2.358 e 2.359, § 1º).

O cânone 1.093 do Código de Direito Canônico de 1983 estabelece que o impedimento de honestidade pública origina-se de matrimônio inválido ou de concubinato notório ou público e torna nulo o matrimônio no primeiro grau da linha reta entre o homem e as consanguíneas da mulher, e vice-versa.

A distinção que se faz entre o matrimônio e as uniões de fato repercute na qualificação canônica dos filhos que se têm como "legítimos" e "ilegítimos", conforme provenientes do casamento ou não (cânones 1.137 a 1.140 do Código de Direito Canônico). Importante salientar que, embora ainda qualifique de modo diferente os filhos, o Direito Canônico não os trata diferentemente e não há mais a "irregularidade dos ilegítimos".

O Direito Canônico contém importantes informações para o Direito de Família. A concepção institucionalista da família implica, no Direito Canônico, a indissolubilidade do casamento. A civilística costuma tomar de empréstimo a referida concepção ao contrapô-la à teoria contratualista do casamento, mais consentânea com a dissolubilidade do vínculo.

Assim, ambas são apresentadas em contraposição, como se o fato de o casamento ser uma instituição social e jurídica fosse incompatível com o fato de se originar da livre manifestação de vontade dos nubentes. Trata-se de equívoco óbvio: o casamento é instituição social e jurídica; é, igualmente, ato jurídico lícito bilateral (ato jurídico em sentido estrito), que se forma a partir da manifestação de vontade dos nubentes, mas que deixa à lei a determinação de seus efeitos.

---

20. Op. cit., p. 290-291 (Verbete: família de fato).
21. Azevedo, Álvaro Villaça. *Estatuto da família de fato*, p. 157.

Vê-se, igualmente, que a Constituição da República de 1988 rompeu o vínculo entre as acepções canônica e laica de família: dois dos tipos de família expressamente previstos pela Constituição da República não são admitidos como tais na tradição canônica: a união estável entre homem e mulher (art. 226, § 3º, CF) e a família monoparental não fundada no casamento (art. 226, § 4º, CF).

De resto, a laicidade do direito é constitucionalmente imposta pelo art. 19, inciso I, da Constituição da República.

O entendimento eclesiástico sobre a família certifica a existência de graves divergências sobre a família, sua conformação e os modos de sua proteção no Brasil.

O respeito de que gozam as perspectivas contrapostas reforça a necessidade da mediação democrática na regulamentação dos institutos do Direito de Família. No Estado Democrático de Direito que se quer seja o Brasil na vigência da Constituição da República de 1988, o Direito de Família encontra-se entre os clamores da religião predominante e a força revolucionária da ideologia de gênero: o Direito entre a fé e a ideologia.

2.3. "FAMÍLIA" NAS CONSTITUIÇÕES DE PAÍSES DA FAMÍLIA ROMANO-GERMÂNICA

O conceito jurídico de família, com a Constituição da República de 1988, pela primeira vez, deixou de ser limitado no ordenamento jurídico brasileiro, ocasionando a coincidência entre os conceitos sociológico e jurídico de família. Torna-se oportuno, diante dessa afirmação, verificar o modo como outras constituições tratam a família. O estudo restringe-se às constituições europeias e latino-americanas que, expressamente, tratam do tema.

Os textos constitucionais foram subdivididos em três grupos:

a) constituições que limitam o conceito de família;

b) constituições que não limitam o conceito de família, mas que se referem expressamente ao casamento;

c) constituições que não limitam o conceito de família.

A tripartição justifica-se, porque, ao lado de textos que limitam e de outros que não limitam, claramente, o sentido de família, em muitos sistemas a mera menção ao casamento é compreendida como restrição do conceito. Outrossim, deve-se ter em mente que a concretização do texto constitucional sempre se dá historicamente, de tal modo que a não limitação ou a limitação do conceito de família em determinada Constituição não significa que o entendimento prevalecente no respectivo ordenamento jurídico lhe seja correspondente, como não o era no ordenamento jurídico brasileiro, nos primeiros anos de vigência da Constituição da República de 1988. Apesar dessas imprecisões, é útil verificar como os textos constitucionais dos países culturalmente mais próximos tratam o conceito de família.

CONSTITUIÇÕES QUE LIMITAM O CONCEITO DE FAMÍLIA		
País	**Dispositivo**	**Conteúdo**
1. Bulgária	Art. 14	A família, a maternidade e a infância devem gozar da proteção do Estado e da sociedade.
	Art. 46	O matrimônio é uma união livre entre um homem e uma mulher. Somente um casamento civil pode ser legal (...).
2. Costa Rica	Art. 51	A família, como elemento natural e fundamento da sociedade, tem direito à proteção especial do Estado. Igualmente terão direito a essa proteção a mãe, a criança, o idoso e o enfermo desvalido.
	Art. 52	O casamento é a base essencial da família e repousa na igualdade de direitos dos cônjuges.
3. Guatemala	Art. 47 (Proteção da família)	O Estado garante a proteção social, econômica e jurídica da família. Promoverá sua organização sobre a base legal do matrimônio, a igualdade de direitos dos cônjuges, a paternidade responsável e o direito das pessoas a dizer livremente o número e espaçamento de seus filhos.
	Art. 48 (União de fato)	O Estado reconhece a união de fato e a lei preceituará tudo o que seja relativo à mesma.
4. Honduras	Art. 111	A família, o casamento, a maternidade e a infância estão sob a proteção do Estado.
	Art. 112	Reconhece-se o direito do homem e da mulher, que tenham a qualidade de tais naturalmente, de contrair matrimônio entre si, assim com a igualdade jurídica dos cônjuges. Só é válido o casamento civil celebrado perante funcionário competente e com as condições requeridas pela lei. Reconhece-se a união de fato entre as pessoas igualmente capazes para contrair matrimônio. A lei estabelecerá as condições para que surjam os efeitos do matrimônio. Proíbe-se o casamento e a união de fato entre pessoas do mesmo sexo. Os matrimônios ou uniões de fato entre pessoas do mesmo sexo celebrados ou reconhecidos sob as leis de outros países não terão validade em Honduras.
5. Itália	Art. 29	A República reconhece os direitos da família como sociedade natural fundada sobre o casamento. O matrimônio é ordenado sobre a igualdade moral e jurídica dos cônjuges, com os limites estabelecidos na lei à garantia da unidade familiar. (...)
	Art. 31	A República ajuda com medidas econômicas e outras providências a formação das famílias e a realização de suas respectivas tarefas, com particular proteção às famílias numerosas.
6. Irlanda	Art. 41 (A família)	1. 1º O Estado reconhece a família como o natural, primário e fundamental grupo da Sociedade, e como uma instituição moral possuindo direitos inalienáveis e imprescritíveis direitos, antecedentes e superiores a todo direito positivo. 2º O Estado, consequentemente, garante a proteção da família na sua constituição e autoridade, como a base necessária da ordem social e como indispensável para o bem-estar da Nação e do Estado. 2. 1º Em particular, o Estado reconhece que por sua vida doméstica, a mulher dá ao Estado uma contribuição sem a qual o bem comum não pode ser alcançado. 2º O Estado deve, consequentemente, esforçar-se para assegurar que as mães não sejam obrigadas por necessidades econômicas a assumir trabalho que dificulte o cumprimento das tarefas domésticas. 3. 1º O Estado se compromete a proteger com especial cuidado a instituição do casamento, na qual a família é fundada, e a protegê-la contra ataques (...).
7. Panamá	Art. 52	O Estado protege o casamento, a maternidade e a família. A lei regulará sobre o estado civil. O Estado protegerá a saúde física, mental e moral dos menores e garantirá o direito destes à alimentação, à saúde, à educação e à seguridade e previdência sociais. Igualmente terão direito a esta proteção os idosos e enfermos desvalidos.
	Art. 53	O casamento é o fundamento legal da família. Baseia-se na igualdade de direitos dos cônjuges e pode ser dissolvido de acordo com a lei.

8. Peru	Art. 4º	A comunidade e o Estado protegem especialmente à criança, ao adolescente, à mãe e ao idoso em situação de abandono. Também protegem à família e promovem o matrimônio. Reconhecem estes últimos como institutos naturais e fundamentais da sociedade. A forma do matrimônio e as causas de separação e de dissolução são reguladas pela lei.
	Art. 5º	A união estável de um varão e uma mulher, livres de impedimento matrimonial, que formam um lar de fato, cria uma comunidade de bens sujeita ao regime da comunhão de aquestos no que for aplicável.
9. Romênia	Art. 44 (Família)	(1) A família é fundada no livre consentimento dos cônjuges, sua completa igualdade, assim como no direito e dever dos pais de assegurar a criação, educação e instrução de seus filhos. (2) As regras relativas à celebração, dissolução e nulidade do casamento deverão ser estabelecidas pela lei. O casamento religioso deverá ser celebrado somente depois do casamento civil. (3) Os filhos nascidos fora do casamento são iguais perante a lei aos filhos nascidos no casamento.
10. República Dominicana	Art. 8	Reconhece-se como finalidade principal do Estado a proteção efetiva dos direitos da pessoa humana e a manutenção dos meios que a permitam aperfeiçoar-se progressivamente dentro de uma ordem de liberdade individual e de justiça social, compatível com a ordem pública, o bem-estar geral e os direitos de todos. Para garantir a realização desses fins fixam-se as seguintes normas: (...) 15. Com o fim de fortalecer sua estabilidade e bem-estar, sua vida moral, religiosa e cultural, a família receberá do Estado a mais ampla proteção possível. a. A maternidade, seja qual for a condição ou o estado da mulher, gozará da proteção dos poderes públicos e tem direito à assistência oficial em caso de desamparo. O Estado tomará as medidas de higiene e de outro gênero tendentes a evitar na medida do possível a mortalidade infantil e a obter o desenvolvimento saudável das crianças. Declara-se, assim mesmo, de alto interesse social, a instituição do bem de família. O Estado estimulará o desenvolvimento familiar e o estabelecimento de cooperativas de crédito, de produção, de distribuição, de consumo ou de quaisquer outras que forem de utilidade. b. Declara-se de alto interesse social o estabelecimento de cada lar dominicano em terreno ou construções próprias. Com esta finalidade, o Estado estimulará o desenvolvimento do crédito público em condições socialmente vantajosas, destinado a tornar possível que todos os dominicanos possuam uma casa cômoda e higiênica. c. Reconhece-se o matrimônio como fundamento legal da família. d. A mulher casada desfrutará de plena capacidade civil. A lei estabelecerá os meios necessários para proteger os direitos patrimoniais da mulher casada, sob qualquer regime.

CONSTITUIÇÕES QUE NÃO LIMITAM O CONCEITO DE FAMÍLIA, MAS QUE SE REFEREM EXPRESSAMENTE AO CASAMENTO		
País	**Dispositivo**	**Conteúdo**
1. Alemanha	Art. 6 (Casamento e família, filhos naturais)	(1) O casamento e a família são postos sob a particular proteção do Estado. (2) Criar e educar os filhos são direitos naturais dos pais e uma obrigação que lhes cabe com prioridade. A comunidade estatal vela sobre o modo como eles cumprem esses deveres. (3) Os filhos não podem ser separados de sua família contra a vontade das pessoas investidas na autoridade parental a não ser em virtude de uma lei, na falta destes ou se os filhos estiverem ameaçados de serem abandonados por outros motivos. (4) Toda mãe tem direito à proteção e à assistência da comunidade. (5) A legislação deve assegurar aos filhos naturais as mesmas condições que aos filhos legítimos no que concerne a seu desenvolvimento físico e moral e sua condição social.
2. Bolívia	Art. 193º	Proteção do matrimônio, da família e da maternidade pelo Estado. O matrimônio, a família e a maternidade estão sob a proteção do Estado.
3. Colômbia	Art. 5	O Estado reconhece, sem discriminação alguma, a primazia dos direitos inalienáveis da pessoa e ampara a família como instituição básica da sociedade.
	Art. 42	A família é o núcleo fundamental da sociedade. Constitui-se por vínculos naturais ou jurídicos, pela decisão livre de um homem e uma mulher de contrair matrimônio ou pela vontade responsável de formá-la. O Estado e a sociedade garantem a proteção integral da família. A lei poderá determinar que o patrimônio da família seja inalienável e impenhorável. A honra, a dignidade e a intimidade da família são invioláveis (...)
4. Cuba	Art. 35º	O Estado protege a família, a maternidade e o casamento. O Estado reconhece na família a célula fundamental da sociedade e lhe atribui responsabilidade e funções essenciais na educação e formação das novas gerações.
	Art. 36º	O casamento é a união voluntariamente contraída por um homem e uma mulher com habilitação legal para isso, a fim de realizar uma vida em comum (...).

5. El Salvador	Art. 32	A família é a base fundamental da sociedade e terá a proteção do Estado, que estabelecerá a legislação necessária e criará os organismos e serviços apropriados à sua integração, bem-estar e desenvolvimento social, cultural e econômico. O fundamento legal da família é o casamento e repousa na igualdade jurídica dos cônjuges. O Estado incentivará o casamento; mas a falta deste não afetará o gozo dos direitos que se estabeleçam em favor da família.
6. Eslováquia	Art. 41	Casamento, parentesco e família estão sob a proteção da lei (...)
7. Espanha	Art. 32	1. O homem e a mulher têm direito de contrair casamento com plena igualdade jurídica. 2. A lei regulará as formas de matrimônio, a idade e capacidade para contraí-lo, os direitos e deveres dos cônjuges, as causas de separação e dissolução e seus efeitos.
	Art. 39	1. Os poderes públicos asseguram a proteção social, econômica e jurídica da família (...).
8. Grécia	Art. 21 (Família)	A instituição da família, sendo o fundamento da preservação e desenvolvimento da nação, tanto quanto o casamento, maternidade e infância, deve ser protegida pelo Estado (...).
9. Haiti	Art. 259	O Estado protege a família, base fundamental da sociedade.
	Art. 260	É devida uma proteção igual a todas as famílias, sejam ou não constituídas dentro dos vínculos do casamento. É devido fornecer ajuda e assistência à maternidade, à infância e à velhice.
10. Letônia	Art. 110 (Casamento, família, pais, filhos)	O Estado deve proteger e amparar o casamento, a família, os direitos dos pais e a criança. O Estado deve fornecer especial proteção às crianças desamparadas, crianças deixadas sem os cuidados dos pais e que tenham sofrido violência.
11. Lituânia	Art. 38	A família deve ser a base da sociedade e do Estado. O Estado deve proteger e cuidar da família, maternidade, paternidade e infância. O casamento deve ser contraído mediante o livre consentimento mútuo do homem e da mulher. O Estado deve registrar o casamento, nascimento e morte. O Estado deve também reconhecer o registro eclesiástico do casamento. Na família, os direitos dos cônjuges devem ser iguais. Os direitos e deveres dos pais são encaminhar seus filhos para serem pessoas honestas e cidadãos leais e sustentá-los até que atinjam a maioridade. O dever dos filhos é respeitar os pais, cuidar deles na velhice e conservar sua herança.
12. Macedônia	Art. 40	(1) A República garante particular cuidado e proteção à família. (2) As relações jurídicas no casamento, na família e a coabitação serão reguladas pela lei.
13. Nicarágua	Art. 70	A família é o núcleo fundamental da sociedade e tem direito à proteção desta e do Estado.
	Art. 71	É direito dos nicaraguenses constituir uma família. Garante-se o patrimônio familiar, que é impenhorável e isento de qualquer tributo público. A lei regulará e protegerá esses direitos. A infância goza de especial proteção e de todos os direitos que sua condição requer, para a qual tem plena vigência a Convenção Internacional dos Direitos da Criança.
	Art. 72	O casamento e a união de fato estável estão protegidos pelo Estado; baseiam-se no acordo voluntário do homem e da mulher e poderão dissolver-se por mútuo consentimento ou pela vontade de uma das partes. A lei regulamentará esta matéria.
14. Paraguai	Art. 49 (Da proteção à família)	A família é o fundamento da sociedade. Promover-se-á e garantir-se-á sua proteção integral. Esta inclui a união estável do homem e da mulher, a dos filhos e a comunidade que se constitua com qualquer de seus progenitores e seus descendentes.
15. Ucrânia	Art. 51	O casamento é baseado no livre-consentimento da mulher e do homem. Cada um dos cônjuges tem direitos e deveres iguais no casamento e na família. Os pais são obrigados a criar seus filhos até que eles atinjam a maioridade. Os filhos adultos são obrigados a cuidar de seus pais que sejam incapazes de trabalhar. A família, a infância, a maternidade e a paternidade estão sob a proteção do Estado.
16. Venezuela	Art. 75	O Estado protegerá as famílias como associação natural da sociedade e como o espaço fundamental para o desenvolvimento integral das pessoas. As relações familiares se baseiam na igualdade de direitos e deveres, a solidariedade, o esforço comum, a compreensão mútua e o respeito recíproco entre seus integrantes. O Estado garantirá proteção à mãe, ao pai ou a quem exerça a chefia da família. As crianças e adolescentes têm direito a viver, ser criadas e a desenvolver-se no seio de sua família de origem. Quando isso seja impossível ou contrário a seu interesse superior, terão direito a uma família substituta, em conformidade com a lei. A adoção tem efeitos semelhantes à filiação e se estabelece sempre em benefício do adotado ou da adotada, de conformidade com a lei. A adoção internacional é subsidiária da nacional.
	Art. 77	Protege-se o casamento entre um homem e uma mulher, fundado no livre-consentimento e na igualdade absoluta dos direitos e deveres dos cônjuges. As uniões estáveis de fato entre um homem e uma mulher que obedeçam aos requisitos estabelecidos na lei produzirão os mesmos efeitos que o casamento.

CONSTITUIÇÕES QUE NÃO LIMITAM O CONCEITO DE FAMÍLIA		
País	**Dispositivo**	**Conteúdo**
1. Argentina	Seção 14bis	(...) Em particular, o Estado deve estabelecer (...) a inteira proteção da família; proteção do bem de família; o acesso da família à habitação.
2. Chile	Art. 1.	(...) A família é o núcleo fundamental da sociedade. (...) É dever do Estado resguardar a segurança nacional, dar proteção à população e à família, proporcionar o fortalecimento desta, (...).
3. Equador	Art. 37	O Estado reconhecerá e protegerá a família como célula fundamental da sociedade e garantirá as condições que favoreçam integralmente a consecução de seus fins. Esta se constituirá por vínculos jurídicos ou de fato e se baseará na igualdade de direitos e oportunidades de seus integrantes. Protegerá o casamento, a maternidade e o patrimônio familiar. Igualmente as mulheres chefes de família. O casamento será fundado no livre consentimento dos contraentes e na igualdade de direitos, obrigações e capacidade legal dos cônjuges.
	Art. 38	A união estável e monogâmica de um homem e uma mulher, livres de vínculo matrimonial com outra pessoa, que formem um lar de fato, pelo lapso e sob as condições e circunstâncias que determine a lei, gerará os mesmos direitos e obrigações que têm as famílias constituídas mediante casamento, inclusive em relação à presunção legal de paternidade e à sociedade conjugal.
4. Eslovênia	Art. 53 (Casamento e família)	(1) O casamento é baseado na igualdade dos cônjuges. Os casamentos devem ser contraídos solenemente perante uma autoridade estatal competente. (2) O casamento e os relacionamentos legais concernentes a ele e a família constituída por uniões extramatrimoniais devem ser regulados pela lei. (3) O Estado deve proteger a família, maternidade, paternidade, crianças e jovens e criar as condições necessárias para a sua proteção.
5. Estônia	Art. 27 (Proteção da família)	(1) A família sendo fundamental para a preservação e crescimento da nação, e como a base da sociedade, deve ser protegida pelo Estado. 2. Cônjuges devem ter direitos iguais. 3. Os pais devem ter o direito e a responsabilidade pelo desenvolvimento e cuidados de seus filhos. 4. A proteção dos pais e crianças deve ser determinada pela lei. 5. A família deve ser responsável pelos cuidados de seus membros dependentes.
6. Luxemburgo	Art. 11 (Direitos básicos)	(3) O Estado garante os direitos naturais do indivíduo e de sua família.
7. México	Art. 4º	O varão e a mulher são iguais perante a lei. Esta protegerá a organização e o desenvolvimento da família (...).
8. Portugal	Art. 67º	1. A família, como elemento fundamental da sociedade, tem direito à proteção da sociedade e do Estado e à efetivação de todas as condições que permitam a realização pessoal do seus membros. 2. Incumbe, designadamente, ao Estado para proteção da família: a) Promover a independência social e econômica dos agregados familiares; b) Promover a criação e garantir o acesso a uma rede nacional de creches e de outros equipamentos sociais de apoio à família, bem como uma política de terceira idade; c) Cooperar com os pais na educação dos filhos; d) Garantir, no respeito da liberdade individual, o direito ao planejamento familiar, promovendo a informação e o acesso aos métodos e aos meios que o assegurem, e organizar as estruturas jurídicas e técnicas que permitam o exercício de uma maternidade e paternidade conscientes; e) Regulamentar a procriação assistida, em termos que salvaguardem a dignidade da pessoa humana; f) Regular os impostos e os benefícios sociais, de harmonia com os encargos familiares; g) Definir, ouvidas as associações representativas das famílias, e executar uma política de família com caráter global e integrado.
9. Rússia	Art. 38	1. A maternidade, a infância e a família devem ficar sob a proteção do Estado. 2. Os cuidados com as crianças e sua criação deverão ser direitos e deveres iguais para os pais. 3. Filhos em condições de trabalhar que tenham atingido os 18 anos de idade devem auxiliar os pais sem condições de trabalho.
10. Suécia	Art. 2	Provisões relativas ao estado pessoal ou às relações pessoais mútuas e relações econômicas de sujeitos privados devem ser reguladas pela lei. Essas provisões devem incluir: 1. Provisões relativas à cidadania sueca; 2. Provisões relativas ao direito ao nome de família, ou relativas ao casamento e parentesco, testamento e herança, ou problemas de família em geral. (...)

No âmbito da Comunidade Econômica Europeia vigora a "Carta Social Europeia", de 1961, que, entre 23 direitos sociais fundamentais, dispõe sobre a proteção da família:

> Artigo 16. Visando a propiciar as condições de vida indispensáveis ao desenvolvimento da família, célula fundamental da sociedade, as Partes contratantes se comprometem a promover a proteção econômica, jurídica e social da vida da família, notadamente por meio de prestações sociais e familiares, de disposições fiscais, de incentivo à construção de habitações adaptadas às necessidades das famílias, da ajuda aos lares, ou de todas outras medidas apropriadas.

2.4. "FAMÍLIA" NAS CONSTITUIÇÕES BRASILEIRAS

A família teve seu conceito delimitado já na primeira vez em que foi expressamente referida em um texto constitucional brasileiro. Embora o art. 72, § 4º, da Constituição republicana de 1891 já houvesse tratado do casamento, determinando que somente o civil seria reconhecido, a primeira Constituição brasileira a utilizar o termo "família" foi a de 1934, cujo art. 144 estabelecia: *"Art. 144. A família, constituída pelo casamento indissolúvel, está sob a proteção especial do Estado"*.

A redação do dispositivo transcrito, tomada fora de seu contexto, permitia dupla interpretação:

a) a *única realidade social* que se poderia denominar "família" era a constituída pelo casamento indissolúvel;

b) entre as *muitas realidades sociais* a que se poderia denominar "família" a única protegida pelo Estado era a constituída pelo casamento indissolúvel.

A ambiguidade decorria, em última instância, do fato de a oração "constituída pelo casamento indissolúvel" poder ser classificada como apositiva (caso em que estaria explicitando elemento intrínseco ao termo "família") ou como explicativa restritiva (caso em que estaria restringindo a variedade de significações do mesmo termo).

O referido comando foi repetido integralmente no art. 124 da Constituição de 1937 e, com leve alteração, no art. 163 da Constituição de 1946: *"Art. 163. A família é constituída pelo casamento de vínculo indissolúvel e terá direito à proteção especial do Estado"*.

Ao comentar este dispositivo, Pontes de Miranda apontou a dualidade supramencionada e esclareceu ser o segundo sentido o visado pela Constituição, mas unicamente como regra programática:

> Cumpre, contudo, notar-se que não é a algo de concreto que se refere o texto constitucional, e sim à instituição social da família, o que vale por uma diretriz programática da Constituição de 1946, além de pequenos preceitos mais preciosos que valem como regras de direito cogente, como o que se refere à indissolubilidade do vínculo conjugal.[22]

Os exemplos que Pontes de Miranda dá em seguida são esclarecedores e a conclusão ao fim do parágrafo, definitiva:

> Se alguma lei ordinária regular o abandono de família (direito civil ou penal), não se protegerá somente a família ligada a um par casado com indissolubilidade do vínculo conjugal, mas, em geral, à família, se bem que caiba à legislatura ordinária fixar os pressupostos para a incidência dos preceitos da lei. Se alguma lei penal considera agravante ato praticado contra pessoa da família do acusado, família não é só aquela em que há o ponto de partida de um casamento a vínculo. Em verdade, há dois conceitos, que foram encambulhados no texto constitucional, sem que de tal associação se possam tirar conclusões contrárias ao interesse da família *instituição* social, isto é, contrárias ao que a própria Constituição quis proteger em capítulo especial. Seria desconhecer-se o intuito ético-político do legislador constituinte, que não pretendeu defender só a *instituição jurídica*, mas a família como *instituição social.*"[23]

Na Constituição de 1967 a "família" continuou relacionada ao "casamento": *"Art. 167. A família é constituída pelo casamento e terá direito à proteção dos Poderes Públicos"*. O mesmo texto foi transposto, sem alterações, para o art. 175 da Emenda Constitucional nº 1, de 1969.

A disjunção entre o princípio de proteção estatal da família e o casamento tornou-se clara e insofismável na Constituição da República de 1988: *"Art. 226. A família, base da sociedade, tem especial proteção do Estado"*.

Percebe-se, facilmente, que no dispositivo transcrito não há mais conceitos "encambulhados": infere-se de modo direto, claro e inequívoco que é devida a proteção estatal à família.

Na Constituição da República de 1988 "família" é suposto fático dos seguintes dispositivos:

a) art. 5º, inciso XXVI, que determina a impenhorabilidade da pequena propriedade rural trabalhada pela família;

b) art. 5º, inciso LVII, que garante ao preso a comunicação da prisão a membro de sua família;

c) art. 5º, inciso LXIII, que garante ao preso a assistência de sua família;

d) art. 7º, inciso IV, que garante aos trabalhadores o direito ao salário mínimo

22. Pontes de Miranda, Francisco Cavalcanti. *Tratado de direito de família,* p. 53.
23. Pontes de Miranda, Francisco Cavalcanti. *Tratado de direito de família,* p. 53-54.

capaz de atender a suas necessidades vitais básicas e às de sua família;

e) art. 183, que instituiu a usucapião especial urbana;

f) art. 191, que instituiu a usucapião especial rural;

g) art. 203, inciso I, que define como objetivo da assistência social a proteção à família;[24]

h) art. 205, que atribui à família o dever de educação;

i) art. 220, inciso II, que garante o direito de a família ser defendida por abuso do direito de liberdade de expressão;

j) art. 221, inciso IV, que determina o dever de os meios de comunicação de rádio e televisão respeitarem a família;

k) art. 230, que atribui à família o dever de amparar as pessoas idosas.

Na seção 3 será exposto o entendimento de que o texto constitucional vigente não contém restrição a qualquer tipo familiar; que se deve concluir que a proteção é devida a qualquer família, quaisquer que sejam seus fundamentos ou sua forma; que ao deixar de limitar a "família" ao "casamento", a Constituição da República de 1988 abriu a perspectiva para a identificação entre a "instituição jurídica" e a "instituição social" da família.

2.5. "FAMÍLIA" NA LEGISLAÇÃO BRASILEIRA

Não são muitas as vezes em que o legislador utiliza o termo "família" na atribuição de direitos e deveres. Quando o faz, a "família" é mencionada como suposto fático, nunca como destinatária do comando normativo, uma vez que a família não é sujeito de direito.

Como suposto fático, a legislação brasileira refere-se à família:

a) ao instituir a proteção do bem de família legal (Lei nº 8.009/1990, art. 1º);

b) ao instituir a proteção do bem de família convencional (art. 1.711 do Código Civil);

c) ao disciplinar a coação (art. 151 do Código Civil);

d) ao disciplinar o estado de perigo (art. 156 do Código Civil).

Dela cuidam ainda:

a) o Título VII do Código Penal, *Dos Crimes contra a Família*;

---

24. A Lei nº 8.742, de 7 de dezembro de 1993, regula a Assistência Social e estabelece que, para efeito de concessão do Benefício de Prestação Continuada, considera-se família o conjunto de pessoas elencadas no art. 16 da Lei nº 8.213, de 24 de julho de 1991, desde que vivam sob o mesmo teto, formado por uma pessoa e outra de quem seja: cônjuge; companheiro; filho não emancipado, de qualquer condição, menor de 21 (vinte e um) anos ou inválido; pais; irmão não emancipado, de qualquer condição, menor de 21 (vinte e um) anos ou inválido; enteado e menor tutelado.

b) o Decreto-lei nº 3.200, de 19 de abril de 1941, que, visando à proteção da família, regulou o casamento de colaterais de 3º grau; assegurou a gratuidade do casamento de pessoas pobres; permitiu que a execução de pensões alimentícias se realizasse mediante desconto em folha de pagamento de remuneração do alimentante; permitiu que institutos e caixas de previdência concedessem empréstimos para a realização de casamentos em condições mais favoráveis; garantiu a gratuidade dos atos relativos ao registro civil de nascimentos; garantiu à brasileira casada com estrangeiro sob regime que exclua a comunhão universal, o usufruto vitalício de quarta parte dos bens do marido, se houver filhos brasileiros do casal ou do marido, e de metade, se vão os houver na sucessão do marido; criou abonos família; entre outras;

c) a Lei nº 9.434, de 4 de fevereiro de 1997, que dispõe sobre a remoção de partes do corpo humano para fins de transplante e tratamento e que, expressamente, exclui do receptor e de sua família *direito subjetivo a indenização, se o transplante não se realizar em decorrência de alteração do estado de órgãos, tecidos e partes, que lhe seriam destinados, provocado por acidente ou incidente em seu transporte.*

d) a Lei nº 10.219, de 11 de abril de 2001, que criou o "Programa Nacional de Renda Mínima Vinculada à Educação – 'Bolsa Escola'" e definiu família, para efeito de sua aplicação, como "*a unidade nuclear, eventualmente ampliada por outros indivíduos que com ela possuam laços de parentesco, que forme um grupo doméstico, vivendo sob o mesmo teto e mantendo sua economia pela contribuição de seus membros* (art. 4º, § 1º)";

e) o art. 3º, inciso I, da Lei Complementar nº 111, de 6 de julho de 2001, que instituiu o Fundo de Combate e Erradicação da Pobreza destinado, entre outros fins, às famílias cuja renda per capita seja inferior à linha de pobreza;

f) a Lei nº 10.835, de 9 de janeiro de 2004, que criou o programa de assistência social denominado "Programa Bolsa Família" e que estabelece considerar-se família, para os fins da mesma "*a unidade nuclear, eventualmente ampliada por outros indivíduos que com ela possuam laços de parentesco ou de afinidade, que forme um grupo doméstico, vivendo sob o mesmo teto e que se mantém pela contribui*ção de seus membros (art. 2º, §1º, inciso I);

g) a Lei nº 11.326, de 24 de julho de 2006, que dispõe sobre as diretrizes para a formulação da Política Nacional da Agricultura Familiar e Empreendimentos Familiares Rurais e que exige como critério de qualificação como "agricultor" que a pessoa utilize predominantemente mão-de-obra da própria família nas atividades econômicas do seu estabelecimento ou empreendimento;

h) a Lei nº 11.340 ("Lei Maria da Penha"), de 7 de agosto de 2006, que visa a coibir a violência doméstica.

Passa-se à análise do modo como foi entendida a referência à família na regulamentação da coação e do estado de perigo. O bem de família, outro instituto em que abunda a interpretação doutrinária e jurisprudencial do termo, será objeto da seção seguinte, destinado à abertura do conceito de "família".

2.5.1. "Família" na coação e no estado de perigo

A regulamentação legal da coação leva à necessidade de se perquirir sobre o conceito de "família", uma vez que o art. 151 do Código Civil vigente – do mesmo modo que o art. 98 do Código Civil de 1916 – prevê a possibilidade de que ela se configure quando há ameaça à "família" do "paciente".

Uma vez que o legislador não precisou o que deveria ser considerado "família", no contexto da coação, coube à doutrina fazê-lo, não sem esconder as conhecidas dificuldades, a exemplo de Beviláqua:

> Espinola, notando que a palavra família, empregada neste artigo, tem uma significação ora mais extensa, ora mais restrita, propõe que se estenda, no caso de coação, além do cônjuge, aos ascendentes, descendentes e colaterais até o terceiro grau, fundado no modo pelo qual o Código se refere a estes últimos parentes, nos arts. 142, IV, e 183, IV. Acho que devemos tomar por indicação, de preferência, os arts. 396 a 398, que dos colaterais apenas inclui os irmãos; porém as circunstâncias de fato devem ser tomadas em consideração, quer para restringir, quer para ampliar o círculo familial, a que neste dispositivo se refere o Código.[25]

A doutrina nunca teve dificuldades para admitir fossem considerados membros da família os parentes e o cônjuge. Variaram, no entanto, como demonstra a passagem transcrita, as opiniões sobre o grau de parentesco a ser considerado. Caio Mário, a esse respeito, sugeriu critério que leva em conta os laços de afetividade em relação ao coacto:

> Não é mister que a coação se dirija diretamente à pessoa do paciente. Pode este ser ameaçado, indiretamente, de um dano que atinja o seu patrimônio, ou a uma pessoa de sua família (Código Civil, art. 98; Anteprojeto de Código de Obrigações, art. 53), compreendida esta no direito francês restritamente ao cônjuge, descendentes ou ascendentes, mas que, ao nosso ver deve estender-se analogicamente a quem esteja ligado ao coacto por laços afetivos comparáveis à relação de consangüinidade, e que, segundo as circunstâncias, razoavelmente o levaria a optar pelo ato extorquido.[26]

O mesmo critério é adotado por Washington de Barros Monteiro[27] e Sílvio de

25. Beviláqua, Clóvis. *Código civil dos estados unidos do brasil comentado,* v. I, p. 339-340.
26. Pereira, Caio Mário da Silva. *Instituições de direito civil,* v. I, p. 363.
27. Monteiro, Washington de Barros. *Curso de direito civil,* v. 1, p. 204.

Salvo Venosa,[28] que acrescentam caber ao juiz avaliar a presença do vínculo, segundo as circunstâncias do caso concreto.

A remissão à avaliação judicial da existência do vínculo foi introduzida na lei com a vigência do Código Civil de 2002, cujo parágrafo único do art. 151 acresceu, em relação ao art. 98 do Código de 1916, a previsão de que o juiz pode decidir sobre a existência de coação ainda que a ameaça não seja dirigida a pessoa da família.

Perdeu, pois, sentido prático, qualquer delimitação do conceito de família que visasse ao enquadramento da coação.

O mesmo raciocínio vale para o estado de perigo, introduzido no Código Civil de 2002 como nova espécie de anulabilidade no ordenamento jurídico brasileiro (art. 156): o juiz fica autorizado a anular o ato, ainda que a necessidade de salvar não seja relativa a pessoa da família de quem tenha realizado o negócio jurídico.

28. Venosa, Sílvio de Salvo. *Direito civil,* v. 1, p. 460.

3

A abertura do conceito jurídico de "Família"

SUMÁRIO 3.1. O art. 226 da Constituição da República de 1988. 3.2. "Família" e "entidade familiar". 3.3. O bem de "família". 3.4. O reconhecimento jurisprudencial da abertura do conceito de "família". 3.5. O reconhecimento doutrinário da abertura do conceito de "família". 3.6. A abertura do conceito de "família" no "Estatuto das Famílias".

3.1. O ART. 226 DA CONSTITUIÇÃO DA REPÚBLICA DE 1988

O art. 226 da Constituição da República de 1988 estabelece:

> Art. 226. A família, base da sociedade, tem especial proteção do Estado:
>
> § 1º O casamento é civil e gratuita a celebração.
>
> § 2º O casamento religioso tem efeito civil, nos termos da lei.
>
> § 3º Para efeito da proteção do Estado, é reconhecida a união estável entre o homem e a mulher como entidade familiar, devendo a lei facilitar sua conversão em casamento.
>
> § 4º Entende-se, também, como entidade familiar a comunidade formada por qualquer dos pais e seus descendentes.
>
> § 5º Os direitos e deveres referentes à sociedade conjugal são exercidos igualmente pelo homem e pela mulher.
>
> § 6º O casamento civil pode ser dissolvido pelo divórcio, após prévia separação judicial por mais de um ano nos casos expressos em lei, ou comprovada separação de fato por mais de dois anos.
>
> § 7º Fundado nos princípios da dignidade da pessoa humana e da paternidade responsável, o planejamento familiar é livre decisão do casal, competindo ao Estado propiciar recursos educacionais e científicos para o exercício desse direito, vedada qualquer forma coercitiva por parte de instituições oficiais ou privadas.
>
> § 8º O Estado assegurará a assistência à família na pessoa de cada um dos que a integram, criando mecanismos para coibir a violência no âmbito de suas relações.

O dispositivo constitucional transcrito estabeleceu profundas alterações no Direito de Família. Em relação ao conceito de família deve-se destacar:

a) o *caput* determinou a proteção estatal da família, sem estabelecer qualquer restrição;

b) a referência expressa a 3 espécies de famílias ou entidades familiares: a matrimonial (§§ 1º, 2º, 5º e 6º), a união estável entre homem e mulher (§ 3º) e a monoparental (§ 4º);

c) foram designadas como "entidades familiares" a união estável entre homem e mulher e a comunidade formada por qualquer dos pais e seus descendentes.

Diante de tais constatações pode-se indagar:

a) se a expressão "entidade familiar" utilizada para designar os agrupamentos que descrevem os §§ 3º e 4º deve ser compreendida ou não como sinônima de "família";

b) se a proteção estatal determinada no *caput* abrange ou não outras formações sociais além das 3 expressamente mencionadas.

3.2. "FAMÍLIA" E "ENTIDADE FAMILIAR"

Poucos são os autores que atribuíram aos termos "família" e "entidade familiar" sentidos distintos. Entre eles, Carlos Alberto Bittar, para quem *O princípio fundamental de toda a textura social é o da família reunida sob o casamento como célula básica da sociedade.*[1] Adiante complementa a distinção:

> Sob o regime diverso do da família, encontra-se, como anotamos, a entidade ou unidade familiar, resultante de união ou de filiação livres, ou seja, originadas sem ou fora do casamento e com alcance ditado por suas próprias limitações (Constituição, art. 226, § 3º).
>
> Derivada, de início, de concubinato – ou união estável entre homem e mulher sem casamento – a assim denominada entidade familiar, pela Constituição vigente, se forma e se funda sob premissas diversas, produzindo, ademais, efeito outros, que com a natureza e com os fins do Direito de Família se não compadecem. De fato, não interessa ao Estado a proliferação de uniões livres, mesmo estáveis ou *more uxore,* pois fundada no personalismo dos companheiros e de dissolubilidade absoluta, uma vez que dependente de sua única vontade, e que se não predispõe, nem se direciona, para atingir os objetivos que inspiraram a ordenação do Direito de Família.[2]

Na primeira parte do ensinamento de Bittar consta a tradicional restrição que não foi inserida no *caput* do art. 226 da Constituição da República: "(...) *reunida sob o casamento*(...)".

1. Bittar, Carlos Alberto. *Direito de família,* p. 51.
2. Op. cit., p. 60.

A segunda parte tem como centro a ideia de que a união estável entre homem e mulher funda-se em premissas que não se compadecem com o Direito de Família. A opinião de que os efeitos jurídicos da união estável entre homem e mulher não se compadecem com o Direito de Família restou absolutamente superada com a regulação legal que veio a ter o referido instituto, que culminou na sua inserção no Código Civil de 2002, no Livro IV, dedicado ao Direito de Família, cujo Título III recebe sua designação.

Outro que distingue os termos é Carlos Cavalcanti de Albuquerque Filho, para quem o termo "família" abrange o de "entidade familiar". O primeiro inclui, conforme ensina, a comunidade dos parentes unidos por laços consanguíneos; o segundo refere-se ao núcleo familiar, *abrangendo os mais diversos arranjos familiares.*[3]

Como se vê, a distinção propugnada por este último autor consiste em identificar o sentido de "entidade familiar" com um dos sentidos que possui o termo "família": o de família em sentido restrito.

O entendimento largamente predominante sobre o tema nega relevância ao uso da expressão "entidade familiar" para caracterizar a união estável e a família monoparental e não extrai de seu emprego qualquer negativa de descaracterização desses grupos sociais como "família". Entre os que o sustentam, Carlos Roberto Gonçalves,[4] Maria Helena Diniz,[5] Ricardo César Pereira Lira,[6] José Lamartine Corrêa de Oliveira e Francisco José Pereira Muniz,[7] Silvio Rodrigues,[8] Eduardo de Oliveira Leite,[9] Eduardo Cambi,[10] Gustavo Tepedido,[11] José Afonso da Silva,[12] Kildare Gonçalves Carvalho[13] e Alexandre de Moraes.[14]

Desde que aceita a advertência de Carlos Cavalcanti de Albuquerque Filho – a de que a expressão "entidade familiar" não se aplica à família em sentido amplo – não há motivo para negar razão aos que não veem no uso de expressões distintas um objetivo constitucional de se negar às uniões estáveis e às famílias monoparentais a condição de família (pelo menos, no sentido jurídico), porque:

---

3. Albuquerque Filho, Carlos Cavalcanti de. *A situação jurídica de pessoas que vivem sozinhas*, p. 64.
4. Gonçalves, Carlos Roberto. *Direito civil brasileiro*, v. VI, p. 15.
5. Diniz, Maria Helena. *Curso de direito civil brasileiro*, v. 5, p. 21.
6. Lira, Ricardo César Pereira. *Breve estudo sobre as entidades familiares*, p. 81-96.
7. Oliveira, José Lamartine Corrêa de; Muniz, Francisco José Ferreira. *Direito de família*, p. 19.
8. Rodrigues, Silvio. *Direito civil*, v. 6, p. 4.
9. Leite, Eduardo de Oliveira. *Concubinato frente à Nova Constituição*: hesitações e certezas, p. 97.
10. Cambi, Eduardo. *Premissas teóricas das uniões extramatrimoniais no contexto da tendência da personificação do direito de família*, p. 132-135.
11. Tepedino, Gustavo. *A disciplina civil-constitucional das relações familiares*, p. 57.
12. Silva, José Afonso da. *Curso de direito constitucional positivo*, p. 819.
13. Carvalho, Kildare Gonçalves. *Direito constitucional*, p. 1.040.
14. Moraes, Alexandre de. *Direito constitucional*, p. 671.

a) ao casamento tampouco foi atribuída, expressamente, a designação de "família", conforme se depreende do texto dos §§ 1º e 2º do art. 226 da Constituição da República;

b) segundo a técnica legislativa, os parágrafos de um artigo são elementos acessórios dele, que podem complementá-lo ou excepcioná-lo.[15] Os §§ 3º e 4º do art. 226 da Constituição não exprimem uma exclusão em relação ao conceito de "família", logo, devem ser entendidos como complementação do dispositivo;

c) o significado semântico de "entidade familiar" deve ser considerado abrangido pelo de "família", que é termo de textura aberta que designa incontáveis espécies de grupos humanos;

d) os agrupamentos sociais a que se referem os §§ 3º e 4º do art. 226 da Constituição são considerados sociologicamente "famílias" em qualquer das muitas acepções deste termo;

e) apesar das muitas tentativas, nunca se logrou atribuir à expressão "entidade familiar" um sentido qualquer capaz de negar a condição jurídica de "famílias" às uniões estáveis e às famílias monoparentais.

Assim, a expressão "entidade familiar", no contexto constitucional, pode e deve ser interpretada como "família" ("família" em sentido estrito); os §§ 3º e 4º do art. 226 servem à explicitação de que as formas familiares por eles referidas devem gozar de especial proteção pelo Estado, conforme deflui de sua literalidade, afastando dúvidas a esse respeito.

3.3. O BEM DE "FAMÍLIA"

Relativamente à proteção do bem de família legal, o legislador tornou impenhorável o imóvel residencial próprio do "casal" ou da "entidade familiar", salvo nas exceções estabelecidas na própria Lei nº 8.009/1990. Assim, na falta de delimitação expressa sobre as realidades sociais abrangidas nos conceitos de "casal" e de "entidade familiar", sua identificação ficou a cargo do intérprete.

Muitas formas de famílias nucleares têm sido consideradas protegidas pela Lei nº 8.009/1990, segundo a jurisprudência, como se segue:

a) solteira com seus pais;[16]

b) viúva com filhos;[17]

---

15. Carvalho, Kildare Gonçalves. *Técnica legislativa,* p. 66.
16. Minas Gerais. Tribunal de Alçada do Estado de Minas Gerais, Apelação Cível n. 340.018-05ª C. Cív.
17. Brasil. Superior Tribunal de Justiça, Recurso Especial n. 276.004, 3ª T., Rel. Min. Carlos Alberto Menezes Direito, DJU, Brasília, 07/05/2001, p. 140.

c) devedor, mãe e avó;[18]

d) irmãos solteiros;[19]

e) devedora, sua filha e suas irmãs;[20]

f) ex-mulher e filhos do devedor.[21]

Tema muito polêmico é o da proteção do bem de família de devedor que vive só. Discute-se se o solitário (solteiro, viúvo, separado judicialmente ou divorciado que vivam sós) pode ser considerado "entidade familiar" para efeito de gozar das benesses estatuídas pela Lei nº 8.009/1990.

Inicialmente, os tribunais não admitiam caracterizar o solteiro como "entidade familiar". Nota-se, entretanto uma alteração de rumos, com a predominância atual da posição que o considera abrangido pela proteção do bem de família legal.[22] A referida orientação culminou na elaboração da Súmula nº 364 do Superior Tribunal de Justiça: *O conceito de impenhorabilidade de bem de família abrange também o imóvel pertencente a pessoas solteiras, separadas e viúvas.*

Na doutrina, essa orientação é apoiada por Caio Mário da Silva Pereira,[23] Rita de Cássia Corrêa Vasconcelos[24] e Carlos Cavalcanti Albuquerque Filho.[25]

---

18. Brasil. Superior Tribunal de Justiça, Recurso Especial n. 186.210.

19. Brasil. Superior Tribunal de Justiça, Recurso Especial n. 57.606, DJU 15/05/1995, Rel. Min. Fontes de Alencar; Recurso Especial 159.851, *DJU* 22/06/1998, p. 100, Rel. Min. Ruy Rosado de Aguiar; Rio Grande do Sul. Tribunal de Justiça do Rio Grande do Sul, Agravo de Instrumento n. 70011035300, Relª Desª Ana Maria Nedel Scalzilli, acórdão de 11/08/2005.

20. Brasil. Superior Tribunal de Justiça, Recurso Especial n. 245.291, acórdão de 20/02/2001.

21. Minas Gerais. Tribunal de Justiça do Estado de Minas Gerais, Apelação Cível n. 1.0411.00.001.885-2/001, Rel. Des. Pinheiro Lago, acórdão de 06/09/2005.

22. Neste sentido: Brasil. Superior Tribunal de Justiça, Recurso Especial n. 57.606-7-MG, Rel. Min. Fontes de Alencar, acórdão de 11/04/1995; 159.213-ES, Rel. Min. Sálvio de Figueiredo, acórdão de 11/09/2000; Recurso Especial n. 159.851-SP, Rel. Min. Ruy Rosado de Aguiar, acórdão de 19/03/1998; Recurso Especial n. 182.223-SP, Rel. Min. Luiz Vicente Cernicchiaro, acórdão de 20/09/1999; Recurso Especial n. 218.377; 230.991-SP, Rel. Min. Gilson Dipp, acórdão de 28/02/2000; Recurso Especial n. 253.854-SP, Rel. Min. Carlos Alberto Menezes Direito, acórdão de 21/09/2000; Recurso Especial n. 263.033-RS, Rel. Min. Ruy Rosado de Aguiar, acórdão de 17/10/2000; Recurso Especial n. 276.004-SP, Rel. Min. Carlos Alberto Menezes Direito, acórdão de 07/05/2001; Recurso Especial n. 329.453-SP, Rel. Min. Ruy Rosado de Aguiar, acórdão de 02/04/2002; Recurso Especial n. 412.536-SP, Rel. Min. Ari Pargendler; Recurso Especial n. 440.581-SP, Rel. Min. Nancy Andrighi, acórdão de 22/08/2002; Recurso Especial n. 450.989-RJ, Rel. Min. Humberto Gomes de Barros, acórdão de 07/06/2004; Recurso Especial n. 479.723-MG, Rel. Min. Francisco Falcão, acórdão de 15/06/2004. No sentido de que o devedor separado judicialmente que mora só faz jus à proteção do bem de família legal: Espírito Santo. Tribunal de Justiça do Estado do Espírito Santo, Apelação Cível n. 035979003288, Rel. Des. Lúcio Vasconcellos de Oliveira, acórdão de 09/02/1990; Minas Gerais. Tribunal de Alçada do Estado de Minas Gerais, Apelação Cível n. 380.931-0, 4ª C. Cível, Rel. Juiz Domingos Coelho, acórdão de 27/02/2003). Igualmente tem-se entendido estar abrangida pela proteção devedora viúva que mora só: Paraná. Tribunal de Alçada do Estado do Paraná, Apelação Cível n. 142.805-7, 8ª Câm., Rel. Juiz Manasses de Albuquerque, acórdão de 25/10/1999.

23. Pereira, Caio Mário da Silva. *Instituições de direito civil*, v. 5, p. 564-566.

24. Vasconcelos, Rita de Cássia Corrêa. *A impenhorabilidade do bem de família e as novas entidades familiares*, p. 219.

25. Albuquerque Filho, Carlos Cavalcanti. A situação jurídica das pessoas que vivem sozinhas, p. 59-70.

Em sentido contrário, argumenta-se que a proteção legal ao bem de família destina-se a proteger a família, não o devedor,[26] posição que é defendida por Araken de Assis e que coaduna não apenas com o conceito de família, mas com a necessidade de se interpretar a referida proteção restritivamente, uma vez que representa exceção ao direito que tem o credor de satisfazer seu crédito à custa do patrimônio do devedor.[27]

Em favor da impenhorabilidade do bem de família da pessoa que vive só invoca-se também o art. 6º da Constituição da República, que, com a redação determinada pela Emenda Constitucional nº 26 de 2000, passou a garantir o direito fundamental de moradia. O argumento falha ao desconsiderar que o sujeito passivo primordial dos direitos fundamentais é o Estado, não um particular que, portador de um crédito, muitas vezes não possui moradia própria. Não se compraz com as técnicas de aplicação dos direitos fundamentais tornar um particular responsável pelo desenvolvimento de uma política pública de facilitar aos cidadãos o acesso à moradia.

De outro lado, o bem de família convencional é regulado pelo art. 1.711 e seguintes do Código Civil. O referido artigo faculta aos cônjuges e à "entidade familiar" destinarem até um terço de seu patrimônio à instituição de bem de família, mediante escritura pública ou testamento registrados no Registro de Imóveis.[28]

A referida previsão legal deixa ao intérprete a missão de precisar a abrangência da expressão "entidade familiar".

Para Álvaro Villaça Azevedo, nela se incluem a união estável, a comunidade formada por qualquer dos pais e de seus descendentes (família monoparental), bem como cônjuges e conviventes que, após a separação ou em razão da morte do outro cônjuge ou convivente, passem a viver sós. Sob a justificativa de que as formas de constituição da família são determinadas pelo povo e não pela lei, ele defende até mesmo a possibilidade de instituição do bem de família convencional pelo celibatário: *A célula familiar e o respeito à família devem existir sempre, ainda que em uma única unidade, como, por exemplo, o celibatário.*[29-30]

26. "A Lei nº 8.009/1990 destina-se a proteger, não o devedor, mas a sua família. Assim, a impenhorabilidade nela prevista abrange o imóvel residencial do casal ou da entidade familiar, não alcançando o devedor solteiro, que reside solitário. Recurso Especial conhecido e provido parcialmente" (Brasil. Recurso Especial n. 169.239-SP, 4ª T., Rel. Min. Barros Monteiro, DJU 19/03/2004). No mesmo sentido: Minas Gerais. Tribunal de Alçada do Estado de Minas Gerais, Agravo de Instrumento n. 0116132-6, Rel. Juiz Ney Paolinelli, acórdão de 07/08/1991; Brasil. Superior Tribunal de Justiça, Recurso Especial n. 67.112-4-RJ, Rel. Min. Barros Monteiro, acórdão de 29/08/1995.

27. Assis, Araken de. *Manual do processo de execução*, p. 396.

28. O parágrafo único do art. 1.711 faculta a terceiros instituir bem de família com a anuência expressa de ambos os cônjuges ou da "entidade familiar beneficiada", mediante testamento ou doação.

29. Azevedo, Álvaro Villaça; Azevedo, Antônio Junqueira de (Coord.). *Comentários ao código civil*, v. 19, p. 17.

30. Em obra anterior, o mesmo autor deixou a impressão de que tomava a expressão "entidade familiar" como referência exclusiva à união estável por referir-se apenas a "conviventes" (ao lado dos "cônjuges") ao explicitar

Carlos Roberto Gonçalves e Eduardo de Oliveira Leite relacionam a expressão "entidade familiar", referida pelo art. 1.711 do Código Civil, à união estável e à comunidade formada por qualquer dos pais e seus descendentes.[31]

Na vigência do Código Civil de 1916, Clóvis Beviláqua ensinou que a prerrogativa de constituir o bem de família convencional era do chefe de família, o homem, ou a mulher, se viúva ou nos casos em que assumisse a direção do casal. Negou, peremptoriamente, a possibilidade de que um solteiro viesse a constituir o bem de família convencional.[32]

Carvalho Santos, após aderir à posição de Beviláqua, acrescentou opinião consentânea com o estado atual do problema:

> Parecia mais acertado que o Código se contentasse com a simples dependência legal ou de fato das pessoas que residem numa casa, em relação àquela que a dirige ou mantém, não sendo indispensável um vínculo de sangue, tal como está firmado na jurisprudência americana.[33]

3.4. O RECONHECIMENTO JURISPRUDENCIAL DA ABERTURA DO CONCEITO DE "FAMÍLIA"

A jurisprudência tem consagrado o entendimento de que os tipos familiares mencionados no art. 226 da Constituição da República constituem um rol aberto (*numerus apertus*).

A análise dos julgados relativamente ao significado dos termos "família" e "entidade familiar" que gozam da proteção do bem de família, conforme analisado na seção anterior, revela que diversas formações familiares têm sido consideradas abrangidas nestes conceitos.

Entre os agrupamentos já admitidos judicialmente como "família" destaca-se o formado por irmãos solteiros, que não corresponde a nenhum dos tipos de família elencados na Constituição da República.

Ademais – embora seja entendimento criticável –, os tribunais (inclusive os tribunais superiores) já admitiram até mesmo que uma só pessoa possa vir a ser considerada "família" para efeito de proteção do bem de família.

---

que a instituição de bem de família por testamento não impede que os credores dos mesmos se habilitem no inventário (Azevedo, Álvaro Villaça. Do Bem de Família. *In: Dias, Maria Berenice; Pereira, Rodrigo da Cunha (Coords.). Direito de Família e o Novo Código Civil*, p. 199).

31. Gonçalves, Carlos Roberto. *direito civil brasileiro*, v. VI, p. 513; Leite, Eduardo de Oliveira. *Direito civil aplicado*, v. 5, p. 405.
32. Beviláqua, Clóvis. *Código civil dos estados unidos do brasil comentado*, v. I, p. 304.
33. Santos, J. M. de Carvalho. *Código civil brasileiro interpretado*, v. II, p. 192.

Esses exemplos demonstram a adesão da jurisprudência brasileira à conclusão de que outras formações podem ser consideradas família, além daquelas expressamente mencionadas no art. 226 da Constituição da República, tal como propugnado pela doutrina majoritária.

O fato de os tribunais terem aderido à referida tese, que já é amplamente aceita pela doutrina nacional, conduz à conclusão de que ela se encontra solidificada no direito brasileiro.

3.5. O RECONHECIMENTO DOUTRINÁRIO DA ABERTURA DO CONCEITO DE "FAMÍLIA"

Parte da doutrina não admite que a proteção estatal da família estabelecida no art. 226 da Constituição da República de 1988 vá além dos 3 tipos familiares mencionados expressamente no referido dispositivo. Neste sentido é a doutrina de Eduardo de Oliveira Leite:

> Além da família constituída pelo casamento civil ou religioso (art. 226, §§ 1º e 2º) o constituinte de 88 reconheceu as entidades familiares como gênero maior que engloba, ainda, as espécies, uniões estáveis (art. 226, § 3º) e as famílias monoparentais (art. 226, § 4º), todas passíveis da proteção estatal. Dilargou-se, pois, a noção de família que, agora, tem dimensão bem mais ampla do que aquela prevista no sistema codificado de 1916.
>
> Hoje, alargou-se a noção, que não mais se limita ao casamento, mas também alcança pessoas de sexo oposto, unidas estavelmente (art. 226, § 3º da CF/1988) e a comunidade formada por qualquer dos pais e seus descendentes (art. 226, § 4º da CF/1988).[34]

Nos últimos anos, tem-se admitido, com maior frequência, que as referências constitucionais a certos tipos familiares não excluem que a determinação do *caput* do art. 226 da Constituição da República compreenda os mais variados tipos de arranjos familiares, a exemplo do que ensinou Paulo Luiz Netto Lôbo:

> No *caput* do art. 226 operou-se a mais radical transformação, no tocante ao âmbito de vigência da tutela constitucional à família. Não há qualquer referência a determinado tipo de família, como ocorreu com as constituições brasileiras anteriores. Ao suprimir a locução "constituída pelo casamento" (art. 175 da Constituição de 1967-69), sem substituí-la por qualquer outra, pôs sob a tutela constitucional "a família", ou seja, qualquer família. A cláusula de exclusão desapareceu. O fato de, em seus parágrafos, referir a tipos determinados, para atribuir-lhes certas conseqüências jurídicas, não significa que reinstituiu a cláusula de exclusão, como se ali estivesse a locução "a família, constituída

34. Leite, Eduardo de Oliveira. *Direito civil aplicado: direito de família*, p. 25.

pelo casamento, pela união estável ou pela comunidade formada por qualquer dos pais e seus filhos". A interpretação de uma norma ampla não pode suprimir de seus efeitos situações e tipos comuns, restringindo direitos subjetivos.[35]

3.6. A ABERTURA DO CONCEITO DE "FAMÍLIA" NO "ESTATUTO DAS FAMÍLIAS"

O entendimento de que o art. 226 da Constituição da República estende-se a tipos de família não enumerados no texto constitucional constitui uma das principais diretrizes do Projeto de Lei nº 2.285/2007 – de iniciativa do Deputado Sérgio Barradas Carneiro (PT-BA) e elaborado pelo Instituto Brasileiro de Direito de Família – IBDFAM – que visa à criação do "Estatuto das Famílias".

O Projeto do Estatuto das Famílias pretende retirar do Código Civil as normas relativas ao Direito de Família mediante a revogação de todo o Livro IV do Código Civil, sob as justificativas de que:

a) a matéria deve ser tratada juntamente com as normas de direito processual;

b) há impossibilidade de tratar as questões de família valendo-se de normas que regulam questões patrimoniais;

c) há precedentes históricos de países que possuem regulação autônoma do Direito de Família.

O Estatuto das Famílias estabelece o âmbito de sua incidência em seu art. 3º: *É protegida como família toda comunhão de vida instituída com a finalidade de convivência familiar, em qualquer de suas modalidades.*

Os tipos de família são objeto do "*Título III – Das Entidades Familiares*", subdividido em 5 capítulos: o primeiro é dedicado às "disposições comuns"; o segundo, ao casamento; o terceiro, à união estável entre homem e mulher; o quarto, à união homoafetiva; o quinto, à família parental.

A união homoafetiva é disciplinada no art. 68 como a *união entre duas pessoas de mesmo sexo, que mantenham convivência pública, contínua, duradoura, com objetivo de constituição de família.*

A família parental é definida como a constituída por pessoas com relação de parentesco que mantenham comunhão de vida com a finalidade de convivência familiar e desdobra-se, segundo o art. 69 do Estatuto, em família monoparental e

35. Lôbo, Paulo Luiz Netto. Entidades familiares constitucionalizadas: para além do *numerus clausus*, p. 40-55. No mesmo sentido: Farias, Cristiano Chaves de. Direito Constitucional à Família (ou famílias sociológicas *x* famílias reconhecidas pelo direito: um bosquejo para uma aproximação conceitual à luz da legalidade constitucional), p. 5-21; Dias, Maria Berenice. *União homossexual:* o preconceito & a justiça, p. 68-70; Pereira, Rodrigo da Cunha. *Princípios fundamentais norteadores do direito de família*, p. 163-179.

pluriparental, conforme sejam constituídas por um ascendente e seus descendentes ou pela convivência entre parentes colaterais, inclusive irmãos.

O aspecto mais elogiável do Projeto do Estatuto das Famílias é o que diz respeito à correção das muitas contradições e obscuridades presentes no Livro IV do Código Civil. Assim, pretende corrigir a estranha sistematização da matéria que foi adotada no Código Civil, que a dividiu em regras de caráter pessoal e de caráter patrimonial. Além disso, propõe a revogação de dispositivos antinômicos e em desuso.

Criticável é, no entanto, a tentativa de subtrair do Código Civil a matéria relativa ao Direito de Família, por militar contra o caráter sistemático do Direito Civil, necessário à correta interpretação e aplicação de suas normas.

Quanto à abertura do conceito de família, o Projeto a consagra no art. 3º. Assim, embora o Projeto do Estatuto trate dos tipos de famílias nucleares mais comuns, claramente permite a identificação de outros que venham a ser criados na vida social.

Acertadamente, o Projeto do Estatuto das Famílias não fixa um conceito de família. O art. 3º apenas estabelece uma diretriz sobre o aspecto fundamental que deve servir à identificação da família nuclear: a comunhão de vida instituída com a finalidade de convivência familiar. A tautologia de se definir família mediante a "finalidade de convivência familiar" é, no caso, salutar, uma vez que o termo é empregado pela Constituição e, portanto, qualquer tentativa de delimitação mais rígida poderia redundar em restrição ao *caput* do art. 226 da Constituição da República.

Assim, o Projeto do Estatuto das Famílias além de reafirmar a abertura do conceito de "família" reafirma outro pressuposto deste trabalho: a necessidade de o conceito de família ser objeto de tratamento pela Ciência do Direito.

4

O conceito sociológico de "Família"

A família é uma elaboração ideológica e social. Quaisquer tentativas de defini-la como uma instituição delimitada, com características universais em qualquer local ou tempo, necessariamente fracassarão.

NAOMI R. GERSTEL. *Dicionário do pensamento social do século XX*, p. 299 (Verbete: família).

4.1. A NECESSIDADE JURÍDICA DE SE INVESTIGAR O CONCEITO SOCIOLÓGICO DE "FAMÍLIA"

Os conceitos de que se serve a Ciência do Direito podem ser, segundo Radbruch, de duas espécies: conceitos juridicamente relevantes e conceitos jurídicos.

Os conceitos juridicamente relevantes são aqueles que compõem os preceitos jurídicos, especialmente os que correspondem a situações fáticas referidas pela lei. Os conceitos jurídicos são os elaborados pela Ciência do Direito.

Nesta acepção, o conceito de "família" é um conceito juridicamente relevante. Estes caracterizam-se por se apoiarem em conceitos científicos anteriores, que, por isso, podem ser considerados "pré-jurídicos":

A ciência do direito é, deste modo, em grande parte, uma ciência que elabora, por assim dizer, em segundo grau, ou em segunda mão, muitos conceitos que já lhe chegam elaborados, sendo assim devedora desses conceitos a um trabalho prévio de outros saberes. Estão neste caso, por exemplo, o conceito de recém-nascido, que ela deve à biologia; o de filoxera, que deve à zoologia.[1]

Ao serem utilizados pela Ciência do Direito, os conceitos "pré-jurídicos" sofrem sempre, segundo Radbruch, uma "deformação teleológica", pois são reelaborados:

Assim, por exemplo, o conceito jurídico de recém-nascido, a que acabamos de nos referir, posto lhe seja fornecido pela biologia, está longe de coincidir exatamente com o correspondente conceito biológico. O direito não delimita esse conceito em face do conceito biológico do homem recém-nascido, em harmonia com um critério rigorosamente científico, mas em harmonia com certas necessidades jurídicas. Deste modo, apenas considera o ser humano como feto, enquanto bastam para o proteger as leis contra o aborto; como homem, desde que se torna necessária uma proteção mais eficaz para o defender contra o homicídio.[2]

A reelaboração dos conceitos jurídicos é uma reelaboração teleológica, pois o Direito é uma ciência compreensiva, no sentido de que não se dirige ao significado subjetivo e histórico de um enunciado, mas às significações objetivamente válidas.

Assim, durante séculos, o conceito juridicamente relevante de família esteve ligado ao casamento, sob a dependência de uma consagração formal, conforme as regras da religião e do Estado.

A ilimitação jurídica do conceito de família no texto constitucional brasileiro vigente impõe a averiguação de seu significado sociológico.

Na doutrina estrangeira encontram-se tentativas de sistematização do Direito de Família com base em suas características sociológicas. Ao que se sabe, no entanto, tais tentativas não lograram êxito, sendo objeto de crítica por parte de Roberto Cippitani que as vê como um desvio metodológico mediante o qual os intérpretes buscam mascarar suas escolhas ideológicas.[3]

A crítica de Cippitani não pode ser ignorada. Deve ser, no entanto, refutada se se pretende buscar na Sociologia uma base para a sistematização da família.

Cippitani afirma que para a doutrina e a jurisprudência da família ela deveria ser considerada uma "sociedade transcendente ao conjunto dos membros",[4] uma

1. Radbruch, Gustav. *Filosofia do direito,* p. 242-243.
2. Radbruch, Gustav. *Filosofia do direito,* p. 243.
3. Cippitani, Roberto. *La ricerca giuridica e il diritto di famiglia,* p. 9 *et seq.*
4. Irti, Natalino. Il Governo della Famiglia. In: *Il nuovo diritto di famiglia.* Milano, Editora Giuffré, 1976, p. 39 *apud* Cippitani, Roberto. *La ricerca giuridica...,* p. 9.

"comunidade"[5] ou um "grupo"[6]. Segundo ele, a afirmação de que a família constitui um grupo social deixa abertas muitas dúvidas sobre a composição desse grupo:

> A ideia de que a família pode identificar-se com a simples referência à realidade social, se pode ser admitida em abstrato, é refutada nos fatos da doutrina dominante, que se põe a considerar diversos tipos de "família" (família nuclear, *extended family*, e assim vai) possíveis no plano sociológico.[7]

Essa incerteza, segundo Cippitani, torna-se ainda maior quando se considera a variedade de grupos parentais ao longo da história e nos diversos países. Ele considera um símbolo de tais dificuldades o fato de Savigny (a quem atribui a fundação do Direito de Família no sentido moderno) ter utilizado um conceito de família baseado no Direito Romano sem, contudo, acreditar que o referido conceito fosse historicamente necessário e constante, embora houvesse proclamado o caráter universal e permanente da família.[8]

Citando Weber, Cippitani explica a razão dessa pluralidade de conceitos de "família" na Sociologia: a qualidade de um fenômeno econômico-social não é algo inerente a ele, objetivamente; é condicionada, acima de tudo, pelo direcionamento do nosso interesse cognoscitivo, o qual resulta do específico significado cultural que atribuímos no caso singular ao fenômeno em questão:[9] *É o estudioso que, portanto, estabelece o modelo de referência no qual construir uma certa noção de família e não se limita a uma representação objetiva e neutra dos fenômenos sociais.*[10]

A doutrina familiarista tradicional admite que o sentido jurídico de "família" é fruto da escolha feita pelo ordenamento jurídico de uma entre as noções de família que exsurgem no plano sociológico. Nisto Cippitani vê a "contradição de fundo" da doutrina tradicional: *Primeiro se busca encontrar o fundamento das normas na realidade social e depois se afirma que tal "realidade" é relevante enquanto contida na norma.*[11]

Finalmente, critica o caráter ideológico da escolha de modelos sociais de família feita pela chamada "teoria tradicional": *O jurista escolhe a teoria sociológica que melhor responda à própria visão do mundo e que possa conferir a essa a unção* [crisma] *da objetividade.*[12]

---

5. Alagna. *Famiglia e rapporti tra coniugi nel nuovo diritto.* Milano: Giuffrè, 1983 *apud* Cippitani, Roberto. *La ricerca giuridica...*, p. 9.
6. D'Antonio. *La colpa nella separazione personale dei coniugi.* Padova: CEDAM, 1968, p. 24 *et seq. apud* Cippitani, Roberto. *La ricerca giuridica...*, p. 9.
7. Cippitani, Roberto. *La ricerca giuridica...*, p. 10.
8. Savigny. *Sistema del diritto romano attuale*, p. 43.
9. Weber. *Il metodo delle scienze storico-sociali.* II ed., Torino, 1980, p. 73 *apud* Cippitani, Roberto. *La ricerca giuridica...*, p. 11.
10. Cippitani, Roberto. *La ricerca giuridica...*, p. 11.
11. Cippitani, Roberto. *La ricerca giuridica...*, p. 12.
12. Cippitani, Roberto. *La ricerca giuridica...*, p. 13.

A análise de Cippitani diz respeito ao propósito de sistematização do Direito de Família. Sua crítica à tentativa de fundar a referida sistematização no conceito sociológico de família traz à baila a questão fundamental sobre a escolha do modelo sociológico de família. Ao citar Weber e Savigny, denota o elevado grau de indeterminação presente no conceito de família e, logo, de discricionariedade na escolha do modelo ideal.

Cumpre observar que no direito italiano a noção de família ainda é relacionada ao casamento, conforme o art. 29 da Constituição da República: *Art. 29. A República reconhece os direitos da família como sociedade natural fundada no casamento.*

Ao confrontar um sistema jurídico caracterizado pela limitação constitucional do conceito jurídico de família, é razoável a crítica a tentativas de se buscar na Sociologia o fundamento para a sistematização do Direito de Família e que tais tentativas sejam vistas como manifestações ideológicas.

A mesma crítica, no entanto, não teria razão de existir se a Constituição vigente expressamente utilizasse o termo "família" como suposto fático, sem delimitá-lo. É suficientemente claro que uma tal circunstância imediatamente exigiria dos intérpretes da Constituição esforço no sentido de precisar o âmbito da proteção e as realidades sociais a que se refere. Esta é a situação do Direito brasileiro, na vigência da Constituição da República de 1988.

Assim, a pesquisa do sentido sociológico do termo "família" no Direito brasileiro tornou-se uma necessidade jurídica imposta pelo próprio texto constitucional.

As dificuldades existentes para a caracterização da "família" como realidade social e a contaminação da matéria por elementos ideológicos não podem justificar a omissão da Ciência do Direito em buscar o sentido da proteção estatal instituída pelo art. 226 da Constituição da República – não se pode esquecer que o próprio texto constitucional não é ideologicamente neutro, pois acolhe os valores fundamentais de um Estado democrático de direito e arrola princípios e regras que o resguardam.

De qualquer modo, na crítica de Cippitani restam evidenciados dois pontos importantes que se devem assumir, expressamente, e que são, paradoxalmente, os elementos que a fundamentaram:

a) entre os inúmeros conceitos sociológicos de família, há que se "escolher" algum que mais adequadamente sirva à sistematização do ordenamento jurídico na parte voltada a ela;

b) ao se proceder a tal escolha deve haver a renúncia à pretensão de uma assepsia ideológica;

c) deve-se verificar se os valores ideológicos que estejam presentes na proposição são valores positivados ou aceitos no ordenamento jurídico vigente.[13]

---

13. O termo "ideologia" é utilizado nesta passagem no sentido em que é empregado por Roberto Cippitani e

Esclarece-se, assim, a opção que se faz pela adoção de um modelo sociológico de família que se pretende suficiente à sistematização do Direito de Família brasileiro.

4.2. O CONCEITO SOCIOLÓGICO DE "FAMÍLIA" NA DOUTRINA JURÍDICA

Como já salientado, a abertura do conceito jurídico de família é uma novidade introduzida no Direito de Família brasileiro pela Constituição da República de 1988. Até então, a única família constitucionalmente reconhecida era a fundada no casamento.

Tal restrição somente permitia fossem considerados membros de uma mesma família os cônjuges, os parentes e os afins, uma vez que as noções de parentesco e de afinidade complementam o vínculo familiar surgido com o casamento, salvo em caso de filiação extramatrimonial.

A técnica utilizada pelo legislador para atribuição de direitos subjetivos de família sempre foi, predominantemente, a de eleger os vínculos familiares como suposto fático da incidência normativa: conjugalidade, parentesco, afinidade, concubinato e, desde 1988, companheirismo. A família, em si, raras vezes é tomada como fato social delimitador de direitos (cf. seções 2.4, 2.5 e 3.3).

A menor influência na solução de problemas práticos talvez justifique certo desinteresse da doutrina jurídica nacional pelo desenvolvimento do conceito sociológico da "família", como, aliás, já assinalado por Caio Mário da Silva Pereira:

> A verdade é que, desta sorte considerada, a família pouca importância apresenta como organismo jurídico, pela ausência de efeitos imediatos, embora conserve sentido sentimental e revele prestígio social, assim entre os mais abastados quanto entre os mais humildes, que não deixam por este meio de exibir a sua importância.[14]

Constata-se, pois, que as obras de Direito de Família denotam significados sociológicos muito singelos para a família, claramente insuficientes em relação à realidade social.

De um modo geral e sem grandes variações, distinguem um sentido amplo e um restrito para a família. No primeiro sentido entende-se o grupo social formado pelas pessoas que possuem um ascendente comum e que, por isso, são consanguíneas. No segundo, o agrupamento formado pelo casal e seus filhos.

---

por Paul Ricoeur: visão de mundo.

14. Pereira, Caio Mário da Silva. *Instituições de direito civil,* p. 19, v. V.

Entre outros, acolhem essa distinção Clóvis Beviláqua,[15] Arnoldo Wald,[16] Eduardo de Oliveira Leite[17] e Paulo Nader. Não é demasiado explicitar a doutrina destes e de outros autores que desenvolveram o tema.

4.2.1. O conceito de "família" em Clóvis Beviláqua

O autor do Anteprojeto do Código Civil de 1916 reconhecia a abertura semântica da palavra "família". Ele ensinou que os significados jurídicos de família *se desprendem do vocábulo, em gradações cromáticas, segundo a situação em que se acha o observador.*[18]

Referindo-se ao direito de sua época, aderiu à tradicional diferenciação entre família em sentido amplo e restrito, ao conceituá-la:

> No Direito moderno, família é o conjunto de pessoas ligadas pelo vínculo da consangüinidade, cuja eficácia se estende ora mais larga, ora mais restritamente, segundo as várias legislações. Outras vezes, porém, designam-se por família somente os cônjuges e a respectiva progênie.[19]

Entre os elementos de constituição da família menciona os fatores biológicos, psíquicos e sociológicos. Relativamente a estes aponta a religião, os costumes e o Direito.

Em seguida, Beviláqua passa à análise das "formas de família": a poligâmica, a monogâmica, a patriarcal e a "igualitária".

A lição de Beviláqua já seria importante pela estatura intelectual e pelo relevo histórico de seu autor. Mais do que isso, contemplou a abertura do conceito de família para formações não fundadas no casamento. Outrossim, é adequada ao enfatizar elementos que caracterizam os vínculos familiares – chegando a explicitar a religião e os costumes – e ao admitir o próprio Direito como elemento constitutivo da família.

Ao conceito de Beviláqua faltou, no entanto, formulação mais direta que englobasse com maior concisão os elementos de constituição da família por ele mesmo apontados. Além disso, aos elementos de constituição da família que ele menciona devem acrescentar-se outros, como a coabitação e a dependência econômica. Um conceito mais completo teria que enfatizar, do mesmo modo, que a ausência de um desses elementos não descaracteriza, por si só, a família.

---

15. Beviláqua, Clóvis. *Direito da família,* p. 16.
16. Wald, Arnoldo. *O novo direito de família,* p. 4.
17. Leite, Eduardo de Oliveira. *Direito civil aplicado,* p. 24, v. 5.
18. Beviláqua, Clóvis. *Direito da família.* 9. ed. Rio de Janeiro: Freitas Bastos, 1959, p. 15.
19. Beviláqua, Clóvis. op. cit., p. 16

Levando em conta o contexto histórico em que foi elaborada, a lição de Beviláqua soa atual.

4.2.2. O conceito de "família" em Pontes de Miranda

Pontes de Miranda igualmente ressalta a pluralidade de significados da palavra "família" no direito romano, que ora incluía as coisas, ora os escravos, os submetidos à *patria potestas* ou, ainda, o pai, a mãe e os filhos. Assinala que na modernidade o conceito de "família" ainda é múltiplo:

> Ora significa o conjunto das pessoas que descendem de tronco ancestral comum, tanto quanto essa ascendência se conserva na memória dos descendentes, ou nos arquivos, ou na memória dos estranhos; ora o conjunto de pessoas ligadas a alguém, ou a um casal, pelos laços de consangüinidade ou de parentesco civil; ora o conjunto das mesmas pessoas, mais os afins apontados por lei; ora o marido e a mulher, descendentes e adotados; ora, finalmente, marido, mulher e parentes sucessíveis de um e de outra. [20]

Após salientar que no Código Civil então vigente a palavra "família" somente era utilizada para qualificar um ramo do Direito Civil, analisou a presença do termo no art. 163 da Constituição de 1946, concluindo que a proteção estatal deveria incidir sobre a família de estrangeiros cuja lei pessoal admitisse o divórcio a vínculo. Pontes de Miranda foi além; apesar de não ter afirmado textualmente que a Constituição de 1946 determinasse a proteção de famílias não-matrimoniais, apontou para essa interpretação, ao asseverar que "*Seria desconhecer-se o intuito ético-político do legislador constituinte, que não pretendeu defender só a* instituição jurídica, *mas a família como* instituição social."[21]

A lição de Pontes de Miranda não foi de todo clara, pois, ao mesmo tempo que afirmou a distinção entre família como "instituição jurídica" e como "instituição social" e admitiu que a Constituição referiu-se à "família-instituição social", deixou de mencionar qualquer tipo familiar específico que fosse acobertado pela garantia constitucional sem ser "família-instituição jurídica", embora tenha se ocupado de analisar as "várias formas de família."

4.2.3. O conceito de "família" em Jean Carbonier

O desenvolvimento do conceito de família tem maior destaque na doutrina jurídica europeia. Embora prevaleça nos sistemas jurídicos europeus a proeminência do casamento, os autores denotam preocupação com o alargamento do conceito de família.

---

20. Pontes de Miranda, Francisco Cavalcanti. *Tratado de direito de família,* p. 52, v. I.
21. Op. cit., p. 54.

Assim, tendo em vista o direito francês, Jean Carbonier afirma que os elementos biológicos são os primordiais na caracterização da família: o sexo e a procriação. Além destes, cita os elementos ligados à afetividade: os sentimentos e a vontade.[22]

Reportando-se à tradicional distinção entre família ampla (*famille étendue*) e restrita (*famille au sens étroit*), Carbonier lembra o caminho histórico de uma a outra, ressaltando ser a família em sentido restrito a juridicamente mais significativa atualmente. A família ampla, contudo, continua a aparecer como "uma zona de proteção em volta da outra" e continua importante para efeitos sucessórios.

Carbonier chama a família restrita matrimonial de "família tradicional". Afirma que ela pode ser qualificada como "normal" porque é a forma de organização familiar adotada pela maioria e porque, do ponto de vista "normativo", é a imitada por aqueles que se encontram em formações familiares distintas.

Entre os demais tipos familiares, aos quais denomina "atípicos", Carbonier salienta ser a "família natural" a principal, pelo número de interessados e pela singularidade estrutural de funcionar com duas vertentes, a materna e a paterna. Segundo afirma, as demais estruturas atípicas baseiam-se na família legítima ou na natural: a família monoparental e as famílias recompostas (cuja formação não altera os vínculos jurídicos preexistentes).

Ele considera clássica a hipótese do encolhimento da família (*rétrécissement*): da família estendida, patriarcal e autoritária, à família nuclear, conjugal, igualitária e liberal. A transformação da família, no entanto, gera dúvidas. Se alguns fatores, como as escassas dimensões das habitações urbanas, a diminuição dos empreendimentos familiares e a sede de independência dos jovens tornam difícil a coabitação de duas gerações, eles não impedem a formação de uma rede de relacionamentos. Assim, afirma não ser raro ocorrerem situações que sugerem um movimento contrário com famílias que tentam reconstituir o modelo grupal de família, sendo certo que no fim dos anos 60 do século passado chegou a haver um movimento em prol da vida em "comunidades". Portanto, a Sociologia da família não revela uma evolução linear. A família nuclear, por exemplo, não é um produto da revolução industrial, pois ela já refletia os costumes da Inglaterra medieval.

Finalmente, dissertando sobre teorias sociojurídicas, Carbonier afirma que uma busca explicar a natureza da família como um grupo e outra como uma rede social. Na sociedade antiga, agrária, mesmo a família ampla formava um grupo, pois os parentes de todas as gerações viviam sob o mesmo teto. Hoje, no entanto, a família em sentido amplo é uma rede, enquanto a família nuclear permanece sendo um grupo, embora, algumas vezes, seus vínculos tornem-se tênues a ponto de não ser mais do que uma rede.

---

22. Carbonier, Jean. *Droit Civil*, p. 8-9.

Apesar de analisar a família com profundidade, Carbonier não se ocupa de sintetizar o conceito de família.

4.2.4. O conceito de "família" em François Boulanger

François Boulanger, igualmente, questiona a formação social da família. Ele começa por reconhecer que não existe uma definição indiscutível de agrupamento familiar: o conceito varia entre as ordens jurídicas e mesmo dentro de um mesmo sistema, de um ramo a outro do Direito. Lembra que o Código Civil francês de 1804 não ligava nenhum efeito jurídico à noção de família. Somente a legislação posterior introduziu no Código o termo "família" e a considerou na sua acepção restrita, como no art. 1.397, que subordina a alteração do regime matrimonial de bens ao "interesse da família".

Mesmo reconhecendo a dificuldade, Boulanger sugere um conceito de família, a partir dos vínculos que unem seus membros: *Serão membros da família todos os que, parentes e afins ou não, sejam unidos por uma mesma comunidade de sentimentos ou de afeto, esta comunidade se materializando mais frequentemente pela unidade de domicílio.*[23]

O conceito de família apresentado por Boulanger é sintético, sublinha a importância dos vínculos afetivos e da coabitação. Seria ainda mais rico se apontasse outros vínculos que, em geral, estão presentes na família: os jurídicos, a dependência econômica entre os membros da família, os elementos culturais.

4.2.5. O conceito de "família" em Eduardo dos Santos, França Pitão e em Gomes Canotilho e Vital Moreira

Eduardo dos Santos admite que o conceito de família compreende várias realidades. Ele sublinha que há três principais. Além da família em sentido lato, formada pelas pessoas unidas pelo casamento, parentesco, afinidade e adoção, distingue a família em sentido estrito, formada pelo pai, a mãe e os filhos, e a família em sentido intermediário, formada pelo grupo de pessoas que convivem num mesmo lar.[24]

Sinteticamente, define a família: *Do que atrás fica dito, pode-se concluir que a família é um grupo social elementar, natural, necessário e permanente de pessoas ligadas por vínculos de parentesco (consanguinidade e afinidade).*[25]

Ele salienta o caráter cultural do parentesco: *O* pater *não é necessariamente o genitor. Como a mãe não é necessariamente a* genitrix.[26]

23. Boulanger, François. *Droit civil de la famille*, t. 1, p. 4-5.
24. Santos, Eduardo dos. *Direito de família. Coimbra: Almedina,* 1985, p. 13.
25. Op. cit., p. 15.
26. Op. cit., p. 17.

O autor em comento reconhece que o conceito de família no direito português e em outras ordens jurídicas não coincide com o sentido antropológico. Relativamente ao direito português, o sentido do termo família é delimitado pelo art. 1.576º do Código Civil, que a restringe aos vínculos de casamento, parentesco, afinidade e adoção.

O referido estudo de Eduardo dos Santos é anterior à Lei portuguesa nº 7/2001, de 11 de maio, que adotou medidas de proteção às uniões de fato. Natural, assim, que não se tenha ocupado da ampliação do conceito de família no direito português. Cuidando do tema, José António de França Pitão comenta que o art. 36º, nº 1, da Constituição da República Portuguesa, ao estabelecer que *todos têm direito a constituir família e a contrair casamento em condições de plena igualdade*, distinguiu família e casamento, deixando margem a que se entendam abarcados no conceito de família *todos os casos em que havendo uma comunhão de vida, os membros não se encontram unidos por um laço matrimonial reconhecido pela lei civil.*[27]

O entendimento de França Pitão é compartilhado por Gomes Canotilho e Vital Moreira. Os eminentes constitucionalistas lusos, com a autoridade ímpar que lhes toca, resumem de modo irretocável a matéria:

> Conjugando, naturalmente, o direito de constituir família com o de contrair casamento (n. 1), a Constituição não admite todavia a redução do conceito de família à união conjugal baseada no casamento, isto é, à família "matrimonializada". Para isso apontam não apenas a clara distinção das duas noções no texto ("constituir família" e "contrair casamento"), mas também o preceito do nº 4 sobre a igualdade dos filhos, nascidos dentro ou "fora do casamento" (e não: fora da família). O conceito constitucional de família não abrange, portanto, apenas a "família matrimonializada", havendo assim uma abertura constitucional – se não mesmo uma obrigação – para conferir o devido relevo jurídico às uniões familiares "de facto". Constitucionalmente, o casal nascido da união de facto juridicamente protegida também é família e, ainda que os seus membros não tenham o estatuto de cônjuges, seguramente que não há distinções quanto às relações de filiação daí decorrentes. Todavia, nada impõe constitucionalmente um tratamento jurídico inteiramente igual das famílias baseadas no casamento e das não matrimonializadas, desde que as diferenciações não sejam arbitrárias, irrazoáveis ou desproporcionadas e tenham em conta todos os direitos e interesses em jogo (ex.: direitos dos filhos).[28]

4.2.6. O conceito de "família" em Paulo Nader

Paulo Nader compreendeu bem haver dificuldade e necessidade de se atribuir um conceito à família. Acentua que alguns chegam a crer que o objetivo de encontrar uma definição é inalcançável, mas ressalva que "*o jurista não deve trabalhar, em*

27. Pitão, José A. de F. *Uniões de facto e economia comum*. 2. ed. Coimbra: Almedina, 2006, p. 50.
28. Canotilho, J. J. Gomes; Vital Moreira. *Constituição da república portuguesa anotada*. São Paulo: RT, 2007, p. 561.

qualquer setor do conhecimento, sem a prévia noção do objeto de estudo". Ao identificar o dever, dele procura se desincumbir ao doutrinar:

> família é uma instituição social, composta por mais de uma pessoa física, que se irmanam no propósito de desenvolver, entre si, a solidariedade nos planos assistencial e da convivência ou simplesmente descendem uma da outra ou de um tronco comum.[29]

Ele compartilha do entendimento tradicional de que há um círculo familiar mais amplo, formado pelas relações de parentesco, em torno do casamento ou de "outras entidades familiares" e uma "pequena-família" configurada pelo pai, mãe e filhos. Identifica na família interesses morais, afetivos e econômicos e afirma que antes de ser jurídica, a família é uma instituição de conteúdo moral, sociológico e biológico. Segundo Nader, além de a família regular-se por normas jurídicas, atende às de cunho moral, religioso e às de trato social, o que faz com que cada família possua "*estatuto próprio, que a singulariza no contexto social.*"[30]

4.3. O CONCEITO DE "FAMÍLIA" NA SOCIOLOGIA

Já se afirmou que o surgimento do conceito de família somente ocorreu a partir do século XV:

> O arranjo estava presente, afirmou Ariès, em seu trabalho pioneiro, mas "a família existia em silêncio; não despertava sentimentos fortes o bastante para inspirar o poeta ou o artista. Temos de reconhecer a importância desse silêncio: não se dava muito valor à família (1960, 1962, p. 342)".[31]

Historiadores e antropólogos chamaram a atenção para a notável variação entre as formas de família.[32] A imprecisão decorrente da pluralidade de formas de família não chegou a impedir fosse ela objeto de intensos estudos científicos, uma vez que, para tanto, os estudiosos valem-se de recortes epistemológicos, identificando, segundo seus respectivos objetivos, os principais atributos do agrupamento a que denominam família. Lévi-Strauss, por exemplo, definiu-a tomando como base o modelo de matrimônio ocidental. Teve, contudo, o cuidado de esclarecer que seu conceito referia-se a um "modelo ideal":

29. Nader, Paulo. *Curso de direito civil,* v. 5, p. 3.
30. Op. cit., p. 7.
31. Gerstel, Naomi R. In: Outhwaite, William; Bottomore, Tom. *Dicionário do pensamento social do século XX.* Rio de Janeiro: Jorge Zahar, 1996, p. 298 (Verbete: família).
32. Para um quadro antropológico das formações de parentesco: Lévi-Strauss, Claude. *As estruturas elementares do parentesco.*

> A complexidade do problema reside no fato de que, se bem que não exista lei natural alguma que exija a universalidade da família, há que explicar o fato de que se encontra em quase toda a parte.
> Tentar resolver este problema implica, em primeiro lugar, definir aquilo que entendemos por "família". Tal intento não pode consistir em integrar as numerosas observações práticas realizadas em distintas sociedades, nem tão-pouco em limitarmo-nos à situação que existe entre nós. Pertinente é construir um modelo ideal daquilo que pensamos quando utilizamos a palavra família. Ver-se-ia, então que tal palavra serve para designar um grupo social que possui, pelo menos, as três características seguintes: 1) Tem a sua origem no casamento. 2) É formado pelo marido, pela esposa e pelos filhos (as) nascidos do casamento, ainda que seja concebível que outros parentes encontrem o seu lugar junto do grupo nuclear. 3) Os membros da família estão unidos por laços legais, b) direitos e obrigações econômicas, religiosas e de outro tipo, c) uma rede precisa de direitos e proibições sexuais além duma quantidade variável e diversificada de sentimentos psicológicos tais como amor, afeto, respeito, temor etc.[33]

Outros estudiosos buscam identificar as características universais da família, sem reduzi-la a elementos predeterminados. Em 1949, o antropólogo George Murdock, após analisar cerca de 500 sociedades, definiu-a como

> Um grupo social caracterizado pela residência, a cooperação econômica e a reprodução. Ela inclui adultos de ambos os sexos, pelo menos dois dos quais mantêm um relacionamento sexual socialmente aprovado, e um ou mais filhos, próprios ou adotivos, dos adultos que coabitam sexualmente.[34]

A definição de Murdock foi aceita como padrão durante muito tempo por ser aplicável tanto a países em desenvolvimento quanto aos desenvolvidos. Contudo, ela já não é suficiente sequer para descrever a pluralidade de formações familiares do Ocidente. Desde os anos 60 do século passado, a forma de família de Murdock não pode mais ser tida como padrão: são numerosas as famílias formadas por um único genitor (mais frequentemente a mãe) e seus filhos, ou por adultos que convivem sem filhos.

No Brasil, segundo a Pesquisa Nacional por Amostra de Domicílios – PNAD, elaborada em 2006, pelo Instituto Brasileiro de Geografia e Estatística –IBGE, a população brasileira era de 187 milhões de pessoas e correspondia a 55 milhões de domicílios, dos quais 85% situavam-se em cidades.

A pesquisa demonstrou que:

a) 49,4% dos domicílios serviam a famílias compostas por um casal com os filhos (o que representou um decréscimo de 8% em relação à pesquisa anterior, de 1996);

b) 18,1% dos domicílios referiam-se a famílias monoparentais, formadas por uma mulher e seus filhos (crescimento de 2,3%);

33. Lévi-Strauss, Claude. *A família,* p. 16.
34. Murdock, George Peter. *Social structure,* p. 1.

c) 15,6% dos domicílios referiam-se a casais sem filhos (crescimento de 2,5%);

d) 10,7% dos domicílios referiam-se a pessoas que moravam sós (crescimento de 2,7%);

e) 6,0% dos domicílios referiam-se a pessoas com outros tipos de parentesco (crescimento de 0,6%);

f) 0,3% dos domicílios referiam-se a pessoas sem vínculo de parentesco (mesmo índice da pesquisa anterior).[35]

Os critérios utilizados para a pesquisa evidenciam elementos caracterizadores da família:

O termo família, usualmente utilizado pelo IBGE, compreende igualmente arranjos familiares onde existam laços de consangüinidade, dependência econômica e/ou residência em um mesmo domicílio, e, também, grupos distintos de pessoas que habitam o mesmo domicílio. Assim têm sido considerados como "famílias" as pessoas que moram sós – "famílias unipessoais" – os grupos com até cinco pessoas que vivem sob o mesmo teto, ainda que não tenham vínculos de parentesco – "famílias sem parentesco" – e os grupos que abrangem famílias com parentesco.[36]

Segundo Gerstel, não há dúvida de que, tanto para mulheres quanto para homens e filhos, a família continua a ser uma instituição baseada na dependência econômica. Apesar de as mulheres terem entrado no mercado de trabalho, a maioria continua a depender financeiramente dos maridos. Estes, por sua vez, a despeito de sua aparente independência financeira, em sua maioria dependem das esposas não apenas para o trabalho "invisível" e sem pagamento do lar, mas também pela renda que elas auferem no trabalho fora do lar. Com relação aos filhos, apesar da crescente afirmação de sua independência, é o contrário que continua a existir, sendo que muitos deles são obrigados a colaborar para a economia doméstica.[37]

Gerstel considera que a divisão do trabalho seja o princípio que continua a ligar marido e mulher, e filhos a pais. Ao ressaltar, por esse meio, o papel da dependência econômica na formação da família, critica a mistificação por ideologias:

> Embora a divisão do trabalho ligue marido e mulher e filhos a pais, as ideologias transformam e mistificam a relevância econômica desses intercâmbios, moldando-os em termos de amor e companheirismo. Nessa ideologia, a cooperação econômica tornou-se voluntária e a divisão de trabalho, trivializada.[38]

Um grande corpo de pesquisa nos Estados Unidos e na Grã-Bretanha, no final dos anos 50 e durante a década de 60 do século passado, mostrou que até mesmo

35. Ministério do Planejamento, Orçamento e Gestão. *Síntese de indicadores sociais,* p. 86.
36. Op. cit., p. 85.
37. Gerstel, Naomi R. In: Outhwaite, William; Bottomore, Tom. *Dicionário do pensamento social do século XX,* p. 296 (Verbete: família).
38. Op. e loc. cit.

a classe média já vivia, de forma atípica, em "famílias ampliadas e modificadas" e não na família nuclear isolada que Talcott Parsons havia proposto.

Modernamente, alguns indivíduos, homens e mulheres, valem-se da tecnologia para manter contato com parentes, não sendo raro que razões profissionais levem casais a constituir residências separadas: *cônjuges geograficamente próximos já não são mais condição* sine qua non *para a vida em família*.[39]

Da mesma forma como os cônjuges de classe média geograficamente afastados transformam as novas noções de família, também os pobres urbanos o fazem. Stack descreve como negros pobres nos Estados Unidos transformam amigos em "parentes fictícios", com base na suposição de que vínculos familiares sejam mais confiáveis do que a mera amizade. Amigos tornam-se parentes porque é possível contar com eles para a troca de dinheiro, bens e serviços, e não simplesmente de amor. A partir de sua pesquisa etnográfica em uma grande cidade norte-americana, Stack desenvolveu uma nova definição de família:

> Por fim, defini família como a menor rede organizada e durável de parentes e não-parentes que interage diariamente, provendo as necessidades domésticas dos filhos e garantindo-lhes a sobrevivência. A rede familiar difunde-se por vários lares com base no parentesco (...). Uma imposição arbitrária de definições amplamente aceitas sobre a família, a família nuclear, ou a família matrilocal bloqueia o caminho para se compreender como as pessoas em suas casas descrevem e organizam seu mundo.[40]

Nessa definição, evidencia-se o uso do conceito de "rede social", cujo significado será analisado na seção 4.8. Outro traço distintivo deste conceito de "família" é o elemento subjetivo: é a unidade que permite a sobrevivência e que organiza o mundo da pessoa.

No todo, portanto, os laços econômicos das famílias negras pobres diferem dos das famílias brancas de classe média: *Os homens negros desprivilegiados são, por quaisquer que sejam os motivos, incapazes de proporcionar segurança econômica às mulheres*.[41]

Isso, no entanto, não equivale a dizer que os laços econômicos entre as famílias negras desaparecem totalmente. Em vez disso, reconstituem-se em sentidos diferentes, enfatizando parentescos ampliados e fictícios, em vez de laços conjugais. Esses padrões de ampliação dos laços familiares têm muito em comum com estratégias de sobrevivência fora do Ocidente moderno. Conforme Pine descobriu a respeito da área urbana de Gana, os membros dos casais de baixa renda tendem muito mais do que as classes alta e média a viver separadamente, em geral com parentes, e a se envolver em relacionamentos recíprocos do dia-a-dia com estes. Conforme ele escreve sobre a África Ocidental:

39. Op. e loc. cit.
40. Stack, Carol. *All our kin*: strategies for survival in a black community, p. 31.
41. Wilson, William Julius. *The truly disadvantaged*, p. 300.

> Pode-se muito bem dizer que em muitas sociedades complexas, com desenvolvimento econômico desigual, a família nuclear, como unidade econômica e doméstica na qual os membros são independentes, é uma alternativa viável, ou pelo menos desejável, basicamente para as classes média e alta (...). Para as mulheres, especialmente as que têm filhos, um homem desempregado, ou com emprego apenas esporádico, pode ser muito mais um problema do que uma vantagem, enquanto as parentes podem oferecer umas às outras ajuda mútua, companheirismo e trabalho (...). Em termos de família e parentesco, é mais útil examinar as relações de parentesco mais amplas entre os povos urbanos do que concentrar em variações de unidades conjugais ou na falta destas.[42]

Assim, como indicou Rapp, o debate a respeito do valor e do futuro da família baseia-se em experiências que variam segundo a etnia e a classe social: *A feminista do Terceiro Mundo que defende a família e a feminista da classe média que é de opinião de que esta deveria ser abolida "não estão falando sobre as mesmas famílias".*[43]

A transformação de realidades empíricas e políticas, porém, não foi o único desafio ao conceito monolítico de família. Igualmente importante foi o fato de estudiosos feministas terem contestado a crença de que *qualquer arranjo familiar específico é natural, biológico ou funcional de uma forma atemporal.*[44] Estudos recentes apontam que a busca de uma "família" universal esconde mudanças históricas ao estabelecer uma ideologia "da família" que obscurece a diversidade e a realidade da experiência familiar em qualquer tempo e local particulares.[45] Gerstel exemplifica:

> Na América do Norte colonial, a participação na família era definida em termos de contribuição produtiva e filiação ao lar. Assim, empregados que viviam e trabalhavam em uma casa, mas não tinham parentesco de sangue, eram em geral encarados e tratados como membros da família pelos que com eles dividiam esse lar. Forneciam seu trabalho tal como aprendiam habilidades produtivas, doutrinas religiosas e valores morais. Eram membros da família porque partilhavam um lar e estavam sujeitos à autoridade do chefe desse lar, não porque fossem tratados com proteção, afeição ou amor. Inversamente, como indica um crítico recente, já no final da Idade Média a língua alemã não tinha nenhuma palavra para designar os grupos particulares de pais e filhos que eram então entendidos como família (Mitterauer e Sieder, 1982). Muitos estudiosos afirmam que as características definidoras da "família moderna" no Ocidente (com raízes no século XIX) são totalmente diferentes: essa família moderna é formada na base da afeição e do amor; funciona em benefício da personalidade, para fornecer segurança psicológica e capacidade de lidar com tensões; e seus cônjuges são companheiros, da mesma forma que seus genitores (especialmente as mães) são protetores e se auto-sacrificam. Mais ainda, enquanto a família colonial (um pouco comunitária) era quase indistinguível

42. Pine, Frances. *Family structure and the division of labor*: female roles in urban Ghana, p. 401.
43. Rapp, Rayna. Family and Class in Contemporary America, p. 278-300, esp. p. 278.
44. Thorne, Barrie; Yalom, Marilyn (Org.). *Rethinking the family*, p. 2.
45. Gerstel, Naomi R. In: Outhwaite, William; Bottomore, Tom. *Dicionário do pensamento social do século XX*, p. 298 (Verbete: família).

da comunidade, os estudiosos apontam que a família moderna se tornou cada vez mais privatizada, silenciosa e reclusa. As relações dentro da família tornam-se mais íntimas e valorizadas na mesma medida em que as relações fora dela ficam mais remotas, especializadas e tênues.[46]

Se o significado de família varia de sociedade a sociedade e também no tempo, é igualmente verdadeiro que numa mesma sociedade convivem simultaneamente diversas formas de organização familiar. Um estudo que identificou esse fato foi elaborado pela Associação Municipal de Assistência Social (Amas), de Belo Horizonte, o qual enfocou apenas modelos familiares que continham crianças ou adolescentes. O estudo, publicado em 1995, identificou nove tipos mais significativos de famílias de crianças e adolescentes em Belo Horizonte:

> Nuclear simples: família em que o pai e a mãe estão presentes no domicílio; todas as crianças e adolescentes são filhos desse mesmo pai e dessa mesma mãe. Não há mais qualquer adulto ou criança (que não sejam os filhos) morando no domicílio.
>
> Monoparental feminina simples: família em que apenas a mãe está presente no domicílio, vivendo com seus filhos mas também, eventualmente, com outros menores sob sua responsabilidade. Não há mais nenhuma pessoa maior de 18 anos, que não seja filho, morando no domicílio.
>
> Monoparental masculina (simples ou extensa): família em que apenas o pai está presente no domicílio, vivendo com seus filhos e, possivelmente, com outros menores sob sua responsabilidade e/ou outros adultos sem filhos menores de 18 anos.
>
> Nuclear extensa: família em que o pai e a mãe estão presentes no domicílio, vivendo com seus filhos e outros menores sob sua responsabilidade e também com outros adultos, parentes ou não do pai e/ou da mãe.
>
> Monoparental feminina extensa: família em que apenas a mãe está presente no domicílio, vivendo com seus filhos e outros menores sob sua responsabilidade e também com outros adultos, parentes ou não.
>
> Família convivente: famílias que moram juntas no mesmo domicílio, sendo ou não parentes entre si. Cada família pode ser constituída por "pai-mãe-filhos", por "pai-filhos" ou por "mãe-filhos". Outros adultos sem filhos, parentes ou não, podem também viver no domicílio. Nessa categoria foram também agrupadas as famílias compostas de duas ou mais gerações, desde que em cada geração houvesse pelo menos uma mãe ou um pai com filhos até 18 anos.
>
> Família nuclear reconstituída: família em que o pai e/ou a mãe estão vivendo em nova união, legal ou consensualmente, podendo também a companheira ou o companheiro ter filhos com idade até 18 anos, vivendo ou não no domicílio. Outros adultos podem viver no domicílio.

---

46. Op. e loc. cit.

> Família de genitores ausentes: família em que nem o pai nem a mãe estão presentes, mas em que existem outros adultos (tais como avós, tios) que são responsáveis pelos menores de 18 anos.
>
> Família nuclear com crianças agregadas: família em que o pai e a mãe estão presentes no domicílio com seus filhos e também com outros menores sob sua responsabilidade. Não há outro adulto morando no domicílio.[47]

O conceito de família é, portanto, fundamentalmente sociológico e variável. Não é despojado, no entanto, de significação. Para melhor compreender sua peculiaridade semântica, útil se faz uma rápida incursão pela filosofia da linguagem.

4.4. UMA CONTRIBUIÇÃO DA FILOSOFIA DA LINGUAGEM

A notícia do desenvolvimento teórico do conceito de família denota o que todos os autores afirmam: a dificuldade de se conduzir a "família" a um conceito unitário.

A referida dificuldade, no entanto, está longe de infirmar o esforço de fundamentar o sistema do Direito de Família na compreensão sociológica da "família".

Deve-se levar em conta que a fluidez do conceito de "família" não chega ao ponto de negar a existência de algum conteúdo a essa noção.

A dúvida sobre a utilidade de se buscar o conceito de família e a frustração diante da heterogeneidade das soluções encontradas somente refletem a ideia, de origem aristotélica, de que os conceitos se caracterizam pela precisão.

Segundo Struchiner, coube a Eleanor Rosch demonstrar experimentalmente o caráter relativo de todo o conceito:

> Rosch pretendia superar a visão clássica que prevaleceu na filosofia e na lógica desde Aristóteles, e na lingüística e psicologia desde que a questão sobre a natureza dos conceitos passou a ser estudada nessas disciplinas. De acordo com a visão clássica, para que algo possa pertencer a uma categoria é necessário que se encontre dentro da definição rígida (fornecida pelo conceito) que delimita a categoria. O conceito, identificado com um conjunto de propriedades necessárias e suficientes, faz com que as categorias funcionem de uma maneira "tudo-ou-nada" (*all or nothing)*: ou uma coisa é um membro da categoria ou não (Oliveira, 1995:228).[48]

A tese de Rosch baseou-se nos estudos de Wittgenstein, austríaco que se celebrizou como o responsável pela chamada "virada linguística" na Filosofia:

---

47. Prefeitura Municipal de Belo Horizonte. AMAS. *Famílias de crianças e adolescentes: diversidade e movimento.* Belo Horizonte, Renovar 1995, p. 27-29.

48. Struchiner, Noel. *Direito e linguagem*: uma análise da textura aberta da linguagem e sua aplicação ao direito, p. 78.

> De acordo com o segundo Wittgenstein, a linguagem não é sempre uma representação dos fatos do real, mas sim uma atividade capaz de exercer uma pletora de funções divergentes. Conseqüentemente, os termos que compõem as proposições deixam de ser substituições dos objetos do real no âmbito da linguagem e passam a ser considerados como ferramentas, que podem ser usadas de maneiras diferentes, dependendo da função que devem realizar.[49]

Wittgenstein explicou sua proposição mediante o conceito de "jogo". Ele se pergunta sobre o elemento comum aos diversos fenômenos conhecidos como "jogos". O que há de semelhante entre um jogo de cartas, um jogo de xadrez e um jogo de tênis? O emprego da palavra não está regulamentado. Assim como ocorre nos jogos, os fenômenos conhecidos como "linguagem" não possuem uma única característica comum que percorre e pode ser identificada em todas as suas instâncias:

> O conceito de jogo não pode ser analisado por meio de uma condição necessária e suficiente para que *x* seja um jogo (Williamson, 1996:85). Mesmo que encontrássemos um elemento em comum, digamos o divertimento, o que não é o caso de fato (ex.: os jogos educativos podem não ser divertidos), ainda assim não seria uma característica suficiente para determinar o que é um jogo (ex.: ir ao cinema é divertido mas não é um jogo).[50]

A partir desta constatação, Wittgenstein desenvolveu o estudo linguístico sobre o que denominou "semelhanças de família". Os termos que apresentam uma "semelhança de família" não são dotados de uma precisão absoluta:

> O aspecto dinâmico dos termos que apresentam uma semelhança de família é compartilhado pelos termos que apresentam uma textura aberta. O fato de os primeiros possuírem contornos imprecisos, podendo ter a extensão da sua aplicação alterada no tempo, é compatível com a noção de textura aberta da linguagem. Afinal, segundo Waissman, a aplicação ou uso dos termos empíricos não é estática, podendo sempre surgir casos que requeiram a reformulação da definição do conceito empírico. Assim, tanto os conceitos que apresentam uma semelhança de família quanto os conceitos dotados de textura aberta podem dar origem a casos fronteiriços (*bordeline cases*). Os casos fronteiriços são os casos nos quais não conseguimos determinar com segurança se o conceito deve ou não ser aplicado. Enquanto Wittgenstein ilustra os casos fronteiriços recorrendo ao conceito "jogo", Waismann apela para os termos empíricos, como a palavra "gato". Em ambos os exemplos, sempre é possível o surgimento de dúvidas sobre quais são as semelhanças suficientes com os casos precedentes da aplicação dos conceitos para que os conceitos possam ser aplicados com segurança numa nova situação.[51]

---

49. Struchiner, Noel. *Direito e linguagem...*, p. 24.
50. Op. cit., p. 26.
51. Op. cit., p. 28-29.

Struchiner chama a atenção para o fato de que, a rigor, não são os termos que apresentam uma "semelhança de família", mas sim as situações às quais se referem. Ele observa que se um mesmo termo descreve duas situações distintas, então são estas situações que se relacionam por uma "semelhança de família".[52] Conclui-se que a afirmação de que há uma "semelhança de família" entre dois termos é uma silepse que oculta a verdadeira alusão aos fenômenos referidos ao mesmo termo.

A necessária indeterminação da linguagem pode advir, outrossim, tanto da "semelhança de família" quanto da "textura aberta da linguagem". Este último foi um conceito elaborado por Waissman. Ele explicou que os conceitos empíricos não apresentam uma definição exaustiva: há sempre espaços para dúvida sobre seu significado:[53]

> A incompletude essencial das nossas descrições empíricas impossibilita a descrição do conjunto total de situações em que uma palavra se aplica ou não. Isso significa que a incompletude essencial das nossas descrições empíricas é responsável pela incompletude da definição dos nossos conceitos empíricos ou pela textura aberta desses conceitos. Portanto, por mais que possamos tentar construir uma definição ou modelo de pensamento capaz de antecipar todos os usos dos conceitos empíricos, essa tarefa é impossível já que sempre podem surgir casos novos que requeiram uma reformulação da definição.[54]

Por sua vez, foi Hart quem primeiro aplicou ao Direito as noções de Waissman. Segundo ele, as regras jurídicas são aplicadas sem maiores problemas nos casos paradigmáticos, que comportam situações ordinárias. Há, no entanto, casos difíceis (*hard cases*) em que os termos da proposição normativa não se amoldam perfeitamente às situações fáticas. A solução de tais casos cabe ao juiz, com maior discricionariedade:

> Vale lembrar que o interesse de Hart é mostrar como o direito é possível, isto é, como o direito pode fornecer pautas de conduta para casos futuros que possam ser obedecidas sem maiores problemas. A resposta que ele encontra é que o direito funciona porque toda regra tem um núcleo de certeza onde a maioria dos casos é encontrada e onde sabemos que ela deve ser aplicada ou não. Como, na maioria dos casos, a linguagem da regra é facilmente compreendida por todos, sem a necessidade de maiores explicações, então o direito é capaz de cumprir a sua principal tarefa: guiar comportamentos futuros. Em outras palavras, é em função da existência de um núcleo de certeza nas regras que os critérios para existência do direito são preenchidos.[55]

Esta discricionariedade, no entanto, é, igualmente, relativa, uma vez que todo comando normativo (assim como todo enunciado linguístico) possui um conteúdo

52. Op. cit., p. 27.
53. Op. cit., p. 17.
54. Op. cit., p. 19.
55. Op. cit., p. 73

claro a que o intérprete está vinculado e que o direciona, mesmo nos casos não previstos. Hart explicitou seu entendimento mediante uma analogia com uma situação esportiva:

> Nós somos capazes de distinguir um jogo normal de um jogo de "discricionariedade do juiz" simplesmente porque a regra de pontuação, apesar de ter, assim como outras regras, a sua área de textura aberta, onde o juiz pode exercitar uma escolha, também tem um núcleo de significado determinado. É desse núcleo de significado que o juiz não está livre para se afastar, e que constitui o critério de pontuação correta e incorreta, tanto para o jogador nos seus comentários extra-oficiais, quanto para o juiz nas suas decisões oficiais. É isso que torna verdade dizer que as decisões dos juízes, apesar de serem finais, não são infalíveis. O mesmo é verdade no direito (Hart, 1998:144).[56]

A incursão pela filosofia da linguagem e por suas principais referências no campo da Filosofia do Direito mostra-se extremamente fecunda para a compreensão do conceito de "família".

Não é mera coincidência ter Wittgenstein denominado de "semelhança de família" o fenômeno em que certos termos se aplicam a situações muito distintas, impossíveis de serem identificadas por um único traço comum. A relativa indeterminação dos conceitos, no entanto, como resta igualmente esclarecido, não nega a possibilidade de existirem e cumprirem a função principal de comunicar conteúdos. Fundamentalmente, por mais impreciso que seja o termo, há sempre um significado que pode relacionar-se a ele.

Aplicando os achados da filosofia analítica ao problema do conceito de "família", termo utilizado no comando do art. 226 da Constituição da República, torna-se razoavelmente esclarecida a possibilidade de sua caracterização e, por conseguinte, de extrair do referido preceito inevitáveis consequências práticas de grande alcance e, como se propõe, a sistematização do Direito de Família.

Desse modo, as lições extraídas da filosofia da linguagem tornam razoavelmente claro que o termo "família" aplica-se aos tipos elencados na Constituição da República: à família nuclear fundada no casamento, ao concubinato (união estável) e à família monoparental. Fora da zona iluminada do conceito de "família", numa penumbra que faz apelo à força argumentativa do intérprete, situam-se as famílias formadas pelas uniões homossexuais e por parentes consanguíneos. Dúvidas maiores surgem se se pensa em grupos formados por pessoas que não possuem vínculo de parentesco, nem relações afetivas de cunho sexual. Vale, de novo, indagar: duas pessoas amigas que não sejam parentes, nem mantenham relações sexuais entre si, mas que coabitem, constituem família?

---

56. Op. cit., p. 137.

4.5. O APELO AO CONCEITO PSICANALÍTICO DE "FAMÍLIA"

Tornou-se frequente enfatizarem-se elementos psíquicos na identificação da família. Rodrigo da Cunha Pereira expressa essa tendência ao buscar o conceito de família em Lacan:

> A partir de Lacan e Lévi-Strauss, podemos dizer que família é uma estruturação psíquica em que cada membro ocupa um lugar, uma função. Lugar de pai, lugar de mãe, lugar de filhos, sem, entretanto, estarem necessariamente ligados biologicamente. Tanto é assim, uma questão de "lugar", que um indivíduo pode ocupar o lugar de pai ou mãe, sem que seja o pai ou a mãe biológicos. Exatamente por ser uma questão de lugar, de função exercida, que existe o milenar instituto da adoção. Da mesma forma, o pai ou a mãe biológicos podem ter dificuldade em ocuparem este lugar de pai ou de mãe, tão necessários e essenciais à nossa estruturação psíquica e formação como seres humanos e Sujeitos de Direitos.
>
> É essa estruturação familiar que existe antes, e acima do Direito, que nos interessa trazer para o campo jurídico.[57]

A ideia de que a família é um fenômeno essencialmente psíquico tem tido larga repercussão na doutrina jurídica e, com menor amplitude, na jurisprudência brasileiras. Tem sido utilizada, sobretudo, como modo de explicar a superação do conceito tradicional de família, claramente limitador.

O conjunto das interpretações que tomam como base da "família" o conceito psicanalítico tem sido conhecido como "teoria do afeto". Esta apresenta-se como obra coletiva, por ser impossível ligá-la à elaboração original de um só autor, uma vez que vem sendo desenvolvida por muitos que têm em comum a ideia de identificar nos vínculos afetivos o elemento configurador das relações familiares.

O conceito de "afeto" tem origem na Filosofia, na qual significa o estado de algo que sofre uma influência de uma ação que o modifica. Aristóteles já mencionava em *De anima* a intenção de estudar, entre outros temas, as afeições próprias da alma.[58] Os estóicos estabeleceram a dicotomia entre o afeto e a racionalidade.[59] A partir de então, o afeto, os sentimentos, as paixões passam a ser tratados como manifestações a serem reguladas pela razão, tal como se vê em Espinosa:

> Chamo servidão a humana impotência para governar e refrear as afecções. Com efeito, o homem, submetido às afecções, não é senhor de si, mas depende da fortuna, sob cujo poder ele está, de tal modo que é muitas vezes forçado a seguir o pior, vendo muito embora o que é melhor para si.[60]

57. Pereira, Rodrigo da Cunha. Família, direitos humanos, psicanálise e inclusão social, p. 8.
58. De Anima, 403a3. *Aristóteles. De anima*, p. 47.
59. Correa, Carlos Pinto. O afeto no tempo, p. 61-67.
60. Espinosa, Baruch de. *Ética: demonstrada à maneira dos geômetras*, p. 341 (Coleção Os Pensadores).

É importante frisar que o afeto, desde que se tornou objeto de indagações teóricas, é tido como estado emocional que inclui toda a gama de sentimentos humanos, positivos e negativos, do mais agradável ao mais insuportável. É com essa amplitude que está presente na obra de Freud:

> Freud parecia não fazer distinção entre afeto, emoção e sentimento, usando-os de modo intercambiável. Entretanto, se referia a afeto de modo genérico, abrangente dos demais, com uma conotação metapsicológica, até mesmo porque o via não como independente, e sim como um estágio final de um fator quantitativo, de uma energia que chamou de quota de afeto (ou soma de excitação), isto é, o elemento metapsicológico primordial.
>
> (...)
>
> O afeto propriamente dito corresponde à descarga da energia no interior do corpo, por via secretora ou vasomotora, acompanhada de sensação prazerosa ou desprazerosa.[61]

Na perspectiva da "teoria do afeto", ele é tido como um valor fundamental implícito no princípio da dignidade da pessoa humana, levando à tese de que o Direito de Família teria passado a representar, com o advento da Constituição da República de 1988, "a proteção jurídica do afeto". A desembargadora do Tribunal de Justiça do Rio Grande do Sul Maria Berenice Dias é representante dessa corrente:

> Afeição e afeto têm origem nas palavras *affectio* ou *affectus*, compostas da preposição *ad*, que significa "para", e de uma forma nominal do verbo facere, que significa "fazer". Segundo Sérgio Resende de Barros, "feito para" traduz o fato de ser ou estar um feito para o outro, mutuamente. O afeto é elemento essencial das relações interpessoais, sendo um aspecto do exercício do direito à intimidade garantido pela Constituição Federal. A afetividade não é indiferente ao Direito, pois é o que aproxima as pessoas, dando origem aos relacionamentos que geram as relações jurídicas, fazendo jus ao *status* de família.[62]

O apelo ao "afeto", nessa doutrina, liga-se mais frequentemente à "sexualidade". Por esse modo, chega-se à conclusão de que a presença da "sexualidade" caracteriza a "família", abrindo-se, por esse meio, o conceito às uniões homossexuais:

> Como a família é uma relação da ordem da sexualidade, tem o afeto como pressuposto. Portanto, todas as espécies de vínculos que tenham por base o afeto são merecedoras da proteção do Estado. A Constituição Federal consagra, em norma pétrea, o respeito à dignidade da pessoa humana. Na infinita gama das relações humanas situam-se as relações afetivas, e nestas encontram-se heterossexualidade e homossexualidade.[63]

---

61. Andrade, Victor Manoel. *Um diálogo entre a psicanálise e a neurociência*, p. 69.
62. Dias, Maria Berenice. *União homossexual*, p. 68.
63. Op. cit., p. 69.

Até este ponto, a "teoria do afeto" realiza uma opção ideológica por um conceito que se pretende capaz de abarcar os fenômenos sociais passíveis de serem qualificados como "família" e, nessa condição, de serem merecedores de proteção estatal. Esta opção, no entanto, não é respaldada nem pela Filosofia, nem pelas ciências.

4.6. CRÍTICA AO CONCEITO DE "FAMÍLIA" FUNDADO NO AFETO

Um dado da bibliografia jurídica ligada à "teoria do afeto" surpreende: a ausência de considerações sobre o conceito de "afeto".

Uma maior ênfase no conteúdo teórico do "afeto" era de se esperar numa doutrina que pretende tê-lo como núcleo do Direito de Família.

A necessidade de estudar o significado de "afeto" torna-se ainda maior se se tem em conta a ambivalência do termo: na linguagem comum, afeto é sinônimo de carinho, simpatia, amizade, ternura, amor; na Filosofia e na Psicologia, contudo, possui significado bem diferente: é sinônimo de sentimento, emoção, paixão.

Essa última acepção é a que corresponde à etimologia da palavra: "afeto" provém do latim *affectus* e se formou da preposição *ad* (para) mais o verbo *facere* (fazer). Ou seja, "fazer para", "influenciar", "afetar". "Afeto" designa, pois, o estado de algo que sofre a influência de outro ser.

É notório, pois, que há entre os significados de "afeto" na linguagem natural e na linguagem filosófico-científica uma distância que não é apenas de abrangência, mas, do ponto de vista ético, de direção.

Enquanto o "afeto" da linguagem natural tem conotação positiva, referindo-se aos mais nobres sentimentos humanos, o "afeto" da linguagem filosófico-científica designa todas as afeições, todos os sentimentos, os mais elevados e os mais baixos. Incluem-se na noção de "afeto", no sentido filosófico-científico, o ódio, a inveja, o rancor e todos os sentimentos moralmente repudiados.

Um exemplo ilustra como é significativa a distinção: seria o parricídio uma manifestação de afeto? Se se tomar como base o conceito comum de "afeto", a resposta há de ser negativa, pois nada mais contrário ao amor e ao carinho do que a agressão à vida. Contudo, segundo o sentido filosófico-científico de "afeto", a resposta, em geral, há de ser positiva, sendo presumível que seja perpetrado mediante fortes emoções.

Uma vez que no sentido filosófico-científico "afeto" tem consonância com "sentimento", o Direito não pode ser chamado a protegê-lo incondicionalmente, uma vez que muitas de suas manifestações contrariam os valores fundamentais da ordem jurídica. Além disso, o Direito somente regula a conduta humana exteriorizada.

Como se não bastasse o modo inapropriado com que o afeto tem sido invocado por parte da doutrina jurídica brasileira, o "afeto" não é um dado da realidade capaz de identificar a família nem mesmo em sentido filosófico-científico. Há realidades afetivas que extrapolam os limites da família e realidades não afetivas que se incluem no conceito de família.

Exorbitam do conceito de família a mera amizade e o namoro. Faltam-lhes outros elementos que comparecem com frequência na formação da família: estabilidade, intuito de formação da família, coabitação e dependência econômica.

Há outras situações em que a socioafetividade se contrapõe ao sistema jurídico. O casamento gera família, independentemente da situação socioafetiva, por força do que dispõe a Constituição nos §§ 1º e 2º do art. 226. Embora seja eticamente indesejável, tanto pode haver família matrimonial numa situação em que os cônjuges não guardem vínculos entre si como continua a existir a família matrimonial mesmo após a dissolução do vínculo socioafetivo, nos casos de separação de fato.[64]

A "teoria do afeto", contudo, não se caracteriza apenas por tornar o elemento afetivo o marco das relações familiares de modo a permitir a inclusão das uniões homossexuais no conceito de família. É característico desta corrente doutrinária e jurisprudencial a imediata assimilação das "relações afetivas", particularmente das uniões homossexuais, a outras formas de famílias tipificadas no texto constitucional, com a finalidade de aplicar àquelas os direitos subjetivos legalmente previstos para estas, o que é feito mediante a invocação dos princípios constitucionais da dignidade da pessoa humana e da igualdade, e também de analogia:

> O legislador constituinte, ao considerar a família como um fato natural, só a concebeu como uma estrutura em torno da diferença entre os sexos, acabando por reconhecer unicamente a união heterossexual. Ora, se o convívio homoafetivo gera família e se esta não pode ter a forma de casamento, necessariamente é de ser reconhecida como união estável. Não há outra opção. Trata-se de uma alternativa entre duas hipóteses somente. Daí, forçoso reconhecer que a união estável é um gênero que admite duas espécies: a heteroafetiva e a homoafetiva.[65]

Esta última assertiva – exemplo de muitas outras em favor da aplicação das regras estabelecidas para a união estável ou para o casamento às uniões homossexuais – tem pressuposto contraditório, pois, a um só tempo, sugere que há e que não há outras formas de família, além das enumeradas no art. 226 da Constituição da República: admite que a união homossexual seja família ao mesmo tempo que nega possa essa forma de família constituir um tipo autônomo, independente do casamento e da união estável.

Ao contrário do que sugere o raciocínio articulado por Maria Berenice Dias, a admissão de que a união homossexual seja um tipo de família não significa que

---

64. No nº *6.4 – A Posse de Estado de Filho como Base e Limite do Critério Socioafetivo é analisada a inadequabilidade constitucional da prevalência absoluta do critério socioafetivo.*
65. Dias, Maria Berenice. *União homossexual...*, p. 69.

esteja ligada a qualquer dos tipos enumerados na Constituição. A rigor, a aceitação da união homossexual como família significa afirmar justamente o contrário: que há famílias além daquelas previstas na Constituição, pois é inaceitável subsumir a união homossexual à união estável, uma vez que o § 3º do art. 226 da Constituição da República é taxativo ao determinar que na composição da união estável a que se refere participem, necessariamente, um homem e uma mulher.

Na tentativa de transpor o óbice constitucional, apela-se ao princípio da dignidade da pessoa humana que, por essa via, torna-se panaceia para todos os apetites ideológicos não satisfeitos:

> Não é desarrazoado, firme nos princípios constitucionais da dignidade da pessoa humana e da igualdade, considerada a visão unitária e coerente da Constituição, com uso da analogia e suporte nos princípios gerais do direito, ter-se a união homoerótica como forma de união estável.[66]

Percebe-se que para a formulação da tese de que a união homossexual é uma espécie de união estável, um arsenal de métodos de aplicação do Direito é invocado: o princípio da dignidade, o da igualdade, a analogia e "os princípios gerais do direito". Tudo para superar os limites da expressão utilizada pela Constituição: "união estável entre homem e mulher..."

Do ponto de vista dogmático, alguns graves problemas surgem para a admissão da referida tese:

a) princípios de interpretação constitucional, como o da unidade da Constituição;

b) a violação de princípios fundamentais, como o democrático e o da separação dos poderes;

c) a abertura semântica do conceito de dignidade e os métodos de concretização dos direitos fundamentais

d) a natureza da norma jurídica interpretada, que constitui garantia fundamental e, por isso, reclama interpretação ampla.

Como esses problemas dizem respeito aos efeitos jurídicos da proteção estatal da família, serão analisados na seção 5, dedicada aos "Fundamentos Constitucionais da Proteção Estatal da Família".

Por ora, compete analisar se a noção psicanalítica de "família" satisfaz a necessidade de compreensão da proteção estatal determinada pelo art. 226 da Constituição da República.

A constatação de que a ordem jurídica sobre a família e sua proteção não estão atreladas necessariamente aos fenômenos psíquicos, notadamente à existência de

66. Dias, Maria Berenice. *União homossexual...*, p. 82-83.

afeto, induz que este constitui apenas um dos elementos (um dos mais importantes) para a construção constitucionalmente adequada do conceito de "família". O conceito de "família", no entanto, é sociológico, como anotou Popper:

> A psicologia é uma ciência social visto depender, grandemente, nossos pensamentos e ações, de nossas condições sociais. Ideias como (a) a imitação, (b) a linguagem, (c) a família, são obviamente ideias sociais; e está claro que a psicologia da aprendizagem e do pensamento e também, por exemplo, a psicanálise, não podem existir sem utilizar uma ou outra dessas ideias sociais. Portanto, a psicologia pressupõe ideias sociais, o que demonstra ser impossível explicar a sociedade exclusivamente em termos psicológicos, ou reduzi-la à psicologia. Logo, não podemos considerar a psicologia como a base das ciências sociais.[67]

Então, se os conceitos de "família" auridos pelas ciências sociais são muitos e o conceito psicológico não satisfaz, cumpre explicitar um modelo que satisfaça as exigências constitucionais. Antes, vale analisar os traços característicos da família.

4.7. OS ELEMENTOS CONSTITUTIVOS DA FAMÍLIA

A renúncia a um conceito capaz de expressar, com precisão, todas as realidades sociais a que se possa denominar "família" não significa a impossibilidade de se realizar uma aproximação que sirva à aplicação do direito.

Embora as tentativas de estabelecer o conceito de família tenham desembocado em resultados distintos, não é difícil depreender alguns elementos comuns a todos eles.

Destaca-se, inicialmente, que todo conceito de família faz referência a um grupo ou uma rede social. Em outros termos, a noção de "família" refere-se sempre a uma pluralidade de pessoas. Assim, uma só pessoa não é família.

São elementos que caracterizam a família:

a) coabitação;
b) estabilidade;
c) vínculo cultural,
d) intuito de constituir família;
e) vínculo afetivo (psicológico);
f) vínculo genético (biológico),
g) vínculo econômico e
h) vínculo jurídico.

67. Popper, Karl. *Lógica das ciências sociais*, p. 30.

Nenhum desses elementos é essencial à conformação da família; a ausência de algum deles, por si só, não a descaracteriza.

4.7.1. Coabitação

No direito brasileiro, a coabitação não é expressamente referida pela lei. Ao disciplinar os deveres conjugais, a expressão utilizada pelo legislador foi "vida em comum, no domicílio conjugal" (art. 1.566, inciso II, do Código Civil de 2002 e art. 231, inciso II, do Código Civil de 1916).

A distinção é relevante, pois, como salientam Oliveira e Muniz, a dicção legal é mais ampla:

> À medida, porém, que nosso Código adotou a expressão "vida em comum", o próprio *debitum coniugale* pode ser visto como um dos elementos de um contexto global que é a comunhão da vida toda.[68]

A doutrina nacional, no entanto, costuma não distinguir o dever de "vida em comum, no domicílio conjugal" do de "coabitação", dividindo-se, no entanto, quanto ao significado desta, entre duas interpretações:

a) convivência entre homem e mulher *more uxorio;*

b) fato de duas ou mais pessoas morarem juntas, sob o mesmo teto.[69]

O sentido mais amplo de "coabitação" tem origem no Direito Canônico, para o qual era a procriação a finalidade maior do casamento. Na acepção ampla, coabitação exprime a comunhão de cama, mesa e casa, vinculando-se à ideia de *debitum coniugale.* Carvalho Santos,[70] Orlando Gomes,[71] Silvio de Salvo Venosa,[72] Silvio Rodrigues[73], Caio Mário[74] e Carlos Roberto Gonçalves[75] perfilham essa concepção. Os três primeiros afirmam que o termo coabitação é um eufemismo empregado para significar o efetivo exercício das relações sexuais entre os cônjuges. No mesmo sentido, Maria Helena Diniz pontifica: *"A coabitação é o estado de pessoas de sexo diferente que vivem juntas na mesma casa, convivendo sexualmente."*[76]

A referida conotação sexual não aparece, no entanto, noutras lições, que sublinham ser a vida sob o mesmo teto um reflexo da comunhão de vida que constitui a

68. Oliveira, José Lamartine Corrêa de; Muniz, Francisco José Ferreira. *Direito de família,* p. 297.
69. Silva, De Plácido e. *Vocabulário jurídico,* p. 299.
70. Santos, J. M. de Carvalho. *Código Civil brasileiro interpretado,* v. IV, p. 325.
71. Gomes, Orlando. *Direito de família,* p. 125.
72. Venosa, Sílvio de Salvo. *Direito civil,* v. VI, p. 157.
73. Rodrigues, Silvio, *Direito civil...,* p. 130.
74. Silva Pereira, Caio Mário. *Instituições...,* v. V, p. 171.
75. Gonçalves, Carlos Roberto. *Direito civil brasileiro,* v VI, p. 176.
76. Diniz, Maria Helena. *Curso de direito civil brasileiro,* v. 5, p. 125.

essência do casamento. Neste sentido, Beviláqua,[77] Pontes de Miranda,[78] Washington de Barros,[79] Arnoldo Wald[80] e Maria Berenice Dias.[81]

O art. 143 do Código Civil italiano, ao disciplinar os deveres matrimoniais, refere-se expressamente à "coabitação" o que justifica haver naquele país polêmica em torno de seu significado. Ferrara, Jemolo, Gangi e Bianca[82] entendem que a coabitação inclui as relações sexuais; Degni e Barassi entendem que estas encontram-se num âmbito mais íntimo do que o da coabitação e mais próximas do dever de fidelidade.[83]

Para efeito de caracterização de uma realidade familiar, tem menor relevo a polêmica em torno do significado da coabitação como dever imposto aos cônjuges. É fora de dúvida que o fato social de pessoas compartilharem uma mesma moradia é de grande relevância para a identificação de um agrupamento familiar. Assim, é este fato, o compartilhamento de moradia, o convívio sob o mesmo teto que cumpre designar como coabitação para identificar-se a família nuclear. Este, aliás, é o critério adotado pelo Instituto Brasileiro de Geografia e Estatística – IBGE para a identificação das famílias, como denota a própria denominação de suas pesquisas: Pesquisa Nacional por Amostra de Domicílios. A adoção do referido critério repercute, diretamente, na elaboração das políticas públicas das diversas esferas governamentais brasileiras, o que evidencia sua relevância.

A coabitação merece especial cuidado porque tem sido frequentemente questionada como elemento caracterizador da família em razão da Súmula nº 382 do Supremo Tribunal Federal, principalmente quando se trata de verificar a existência de união estável. Ela é, sim, um dos elementos mais importantes na configuração da família nuclear. A excepcionalidade de existência de família nuclear, sem coabitação, não autoriza inferir-se seja irrelevante. O Desembargador Luiz Felipe Brasil Santos, do Tribunal de Justiça do Rio Grande do Sul, manifestou esta crítica:

> (...) A questão da necessidade ou não da vida em comum sob o mesmo teto foi muito discutida. Quero deixar clara a minha posição de que considero quase indispensável a vida em comum sob o mesmo teto. Quase!
>
> Excepcionalmente, em situação de absoluta impossibilidade dessa vida em comum e quando presentes características absolutamente inquestionáveis de união estável, admito que se possa abrir mão da vida em comum sob o mesmo teto. Qual a melhor maneira

---

77. Beviláqua, Clóvis. *Código civil...*, v. II, p. 108.
78. Pontes de Miranda, Francisco Cavalcanti. *Tratado de direito de família*, v. II, p. 28-29.
79. Monteiro, Washington de Barros. *Curso de direito civil*, v. 2, p. 112-113.
80. Wald, Arnoldo. *O novo direito de família*, p. 90.
81. Dias, Maria Berenice. *Manual de direito das famílias*, p. 242.
82. *Apud* Bianca, Cesare Massimo. *Diritto civile*, v. II, p. 66.
83. *Apud* Azevedo, Álvaro Villaça. *Dever de coabitação*, p. 109.

> de ficar evidenciado a intenção de constituir família se não tem vida em comum sob o mesmo teto.
>
> Argumenta-se, esgrimindo-se contra a tese da necessidade da vida em comum sob o mesmo teto, com a Súmula nº 382 do STF. Esse argumento, com a máxima vênia, revela desconhecimento do verdadeiro sentido da Súmula nº 382 do STF, em primeiro lugar, porque essa súmula fala em concubinato, não fala em união estável.
>
> A súmula foi editada há cerca de 40 anos quando era impensável algo parecido com união estável. E mais, a Súmula nº 382, como bem lembrada a sucessão embargada, refere-se exclusivamente àquela hipótese de concubinato, que é causa de pedir da investigação de paternidade.
>
> O que diz a súmula, na verdade, é que, para gerar a presunção decorrente do concubinato de que o filho é filho daquele pai, evidentemente que esse pai e aquela mãe não necessitam viver juntos sob o mesmo teto. Essa súmula, é portanto irrelevante para o tratamento da questão referente à união estável.
>
> Assinalo também que tenho como da maior relevância que a jurisprudência reflita cada vez mais com maior rigor para conceder reconhecimento de uniões estáveis, porque pretensas visões liberalizadas em torno deste tema, ao invés de favorecer o amor, de favorecer o afeto, servem justamente para o contrário. Aliás, já há alguns anos que o mestre de todos nós, Dr. Sérgio Gischcow Pereira, já alertava para o risco da patrimonialização das relações afetivas.[84]

Deve-se acrescentar que a Súmula nº 382 foi editada no mesmo dia em que o foi a Súmula nº 380, do próprio Supremo Tribunal Federal – 3 de abril de 1964 –, que aclarou a possibilidade de partilha do patrimônio adquirido pelo esforço comum dos concubinos, uma vez comprovada a existência de sociedade de fato.

Havia, pois, a preocupação de se permitir que um dos concubinos (a concubina, na maioria dos casos) se apropriasse de parte do patrimônio que ajudara a formar.

Desse modo, se o fim visado era o de permitir o direito de partilhar patrimônio formado com o esforço do próprio concubino, natural era sublinhar que, para tanto, não fosse necessária a coabitação. De fato, para fazer jus à percepção dos resultados de uma sociedade de fato nem é necessário haver concubinato, quanto mais coabitação.

Além disso, vale lembrar que a jurisprudência e a doutrina, ao tratarem do abandono do lar como causa de separação judicial, já estabeleceram um rol das situações em que a ausência de coabitação é justificada, de modo a não configurar a ruptura do vínculo matrimonial. Esse rol, criado para o casamento, pode ser aplicado, por analogia, a outras relações para se verificar a configuração da família.

84. Wald, Arnoldo. *O novo direito de família*, p. 375-377.

4.7.2. Estabilidade

O segundo elemento caracterizador da família é a estabilidade. A necessidade de estabilidade dos vínculos familiares relaciona-se ao fato de estes conformarem relações sociais. Segundo Weber, a relação social é formada a partir da ação social. Esta, por sua vez, configura-se quando o comportamento humano é significante para os agentes individuais e quando o comportamento de um indivíduo é orientado em função do comportamento do outro. Para Weber, a ideia de relação social acrescenta a esses dois elementos a ideia de estabilidade e a de previsibilidade de um sistema de significações.[85] Tal sistema de significações é necessário, pois é ele que leva o grupo a se reconhecer e a ser reconhecido como tal, como explica Paul Ricoeur:

> Pois bem, é nesse nível do caráter significante, mutuamente orientado e socialmente integrado da ação, que o fenômeno ideológico aparece em toda a sua originalidade. Está ligado à necessidade, para um grupo social, de conferir-se uma imagem de si mesmo, de representar-se, no sentido teatral do termo, de representar e encenar.[86]

Assim, a família, como resultado de relações sociais, apresenta, em regra, o caráter de estabilidade e um sistema de significações (o "elemento cultural"). Somente em situações excepcionalíssimas pode-se admitir a existência de uma família que não seja fundada em relações estáveis. Um exemplo é o de casamentos cuja separação de fato se dá logo após a contração do vínculo, ou na hipótese, polêmica, de casamento simulado. Nesses casos, não havendo estabilidade de relacionamento, o vínculo familiar decorre de imposição legal.

Finalmente, deve-se ressaltar que a estabilidade não implica a cristalização das relações de família. A estabilidade da família é sempre relativa, uma vez que esta é análoga a um organismo vivo, que nasce, cresce, divide-se, reproduz-se e morre. Em outras palavras, a estabilidade da família não impede que ela esteja em constante mutação.

4.7.3. Vínculo cultural

O elemento cultural está presente na participação de um acervo de significantes e de significados comuns aos membros da família. Ao se inter-relacionarem, os membros da família dividem, trocam, adquirem experiências que, por isso, se tornam comuns: linguagem, gostos, ideologias, hábitos, costumes, conhecimentos, religião, projetos, tudo se comunica na família.

85. Ricoeur, Paul. *Interpretação e ideologia,* p. 68.
86. Ricoeur, Paul. *Interpretação e ideologia,* p. 68.

4.7.4. Intuito de constituir família

O intuito de constituir família é uma exigência legal expressa para a constituição do casamento (no qual a manifestação de vontade é solene) e da união estável (art. 1.723 do Código Civil). O elemento volitivo está presente, do mesmo modo, no ato de reconhecimento dos filhos e na adoção. Uma vez que o fato social de constituição de uma família nuclear por pessoas capazes não pode ser objeto de imposição, infere-se que qualquer família constituída a partir desse pressuposto tenha no elemento volitivo um elemento essencial.[87]

4.7.5. Vínculo afetivo (psicológico)

O vínculo afetivo, na visão de Clóvis Beviláqua, manifestava-se na forma de "instinto genesíaco" e de "amor filial".[88] Como já anotado, o vínculo afetivo foi elevado à condição de elemento definidor da família por uma relevante corrente doutrinária. Diante do desenvolvimento da Psicologia, o vínculo afetivo já não pode ser considerado restrito às manifestações apontadas pelo eminente autor do projeto do Código Civil de 1916. Seu significado abrange todos os sentimentos, todas as paixões, todas as emoções observáveis numa estrutura familiar. Todas elas: as positivas e as negativas.

Ao tempo em que o Direito de Família cingia-se à regulação do casamento e das relações de parentesco, a ênfase no elemento afetivo era desnecessária, porquanto este era pressuposto. Em outras palavras, não era preciso (como não é) afirmar a existência de vínculos afetivos entre cônjuges e parentes para a configuração jurídica dessas relações de família.

Com a consagração constitucional da união estável entre homem e mulher, no entanto, os vínculos de afeto ganharam função jurígena, pois o "intuito de constituir família" passou a ser considerado elemento essencial para a caracterização desse tipo de organismo familiar e de outros que, à sua semelhança, dispensem declarações formais para a sua formação e que, por isso, são denominadas "uniões de fato".

4.7.6. Vínculo genético (biológico)

Outro elemento mencionado, o vínculo genético, é, na atualidade, objeto de muitas controvérsias. Uma corrente (predominante na jurisprudência) o tem como dado suficiente à conformação de vínculos de parentesco, principalmente os de filiação. Outra contrapõe-se ao argumento de que a família é um dado da cultura e, não, fato da natureza (ideia predominante na doutrina).

---

87. Distingue-se a "família criada" da "família adquirida" conforme seja ou não criada pela vontade de adultos (Badel, Maryse; Giles, Anne-Marie; Laborde, Jean-Pierre; Lacoste, Valérie; Subrenat, Monique. La Réference au Lien Familial pour L'accès aux Droits Sociaux, p. 13).
88. Beviláqua, Clóvis. *Direito da família*, p. 17.

A irresignação quanto aos liames genéticos na conformação da família somente se justificaria se estes fossem independentes da cultura. Não são. A procriação humana dá-se, necessariamente, na cultura, como toda conduta humana – tampouco as novas técnicas de procriação medicamente assistida contrariam esse dado.

Admitir a constituição de vínculos familiares (principalmente os de filiação), com base na existência de um vínculo genético (mesmo na falta do elemento afetivo), como ocorre, corriqueira e tradicionalmente, em ações de investigação de paternidade, não significa subtrair-se ao mundo da cultura em nome da mitificação do sangue. Significa recorrer ao comportamento social que leva à procriação e que atrai a responsabilidade, mesmo na ausência de afeto. Assim, o vínculo genético é um elemento importante na conformação da família; não há entre o elemento genético e a cultura uma contraposição essencial, mas, ao contrário, uma complementaridade, uma vez que o vínculo genético humano resulta do comportamento social.

À toda evidência, o vínculo genético não indica, por si só, a existência de "família", nem do ponto de vista estritamente sociológico – que exige a presença de outros elementos –, nem, muito menos, do ponto de vista jurídico – que demanda "decisão" e, por isso, a consulta aos valores consagrados no sistema.

4.7.7. Vínculo econômico

O vínculo econômico materializa-se, essencialmente, nas famílias nucleares, na forma da dependência econômica e da divisão sexual do trabalho.[89]

No Direito brasileiro, o vínculo econômico não tem merecido a devida atenção da doutrina e da jurisprudência familiaristas, certamente por somente ser mencionado de forma esparsa pela legislação privatista, como se dá em relação ao art. 11, da Lei nº 8.245, que permite às pessoas que vivam na dependência econômica do locatário continuar locação de imóvel residencial em caso de morte deste.

A dependência econômica é elemento definidor de direitos no direito público:

a) para a concessão de salário família aos servidores públicos federais (Lei nº 8.112/1990, art. 197 e s.);

b) na determinação de beneficiários da pensão por morte de servidor público federal (Lei nº 8.112/1990, art. 217, inciso I, alíneas *d* e *e*, inciso II, alíneas *c* e *d*);

c) na determinação dos beneficiários do Regime Geral de Previdência Social (Lei nº 8.213/1991, arts. 16 e 76);

---

89. "Por outro lado, se, como vimos, é certo que as considerações sexuais não são de importância fundamental para o casamento, as necessidades econômicas estão presentes, em lugar primordial, em todas as sociedades. Mostramos já que o que converte o casamento numa necessidade fundamental nas sociedades tribais é a divisão sexual do trabalho" (Lévi-Strauss, Claude. *A família*, p. 28).

d) na determinação de segurados em regime de economia familiar (Lei nº 8.212/1991, art. 12, § 1º; Lei nº 8.213/1991, art. 11, § 1º).

No Direito inglês, a dependência econômica é suposto fático que garante aos dependentes do falecido o direito a uma provisão, em conformidade com o *The Inheritance (Family Provision) Act*, de 1938.[90]

A ocorrência frequente da divisão do trabalho na família é um dado conhecido da Sociologia da família, ressaltado por Gerstel em passagem já transcrita. A revolução feminista não libertou a mulher do trabalho no lar. Ironicamente, a conquista de espaços no mercado de trabalho levou a mulher a acumular ambos. Trata-se de um fato social comprovado e amplamente conhecido. Como resultado, a mulher continuou dependente (em menor escala) da contribuição do marido; este passou a ser dependente não apenas do trabalho doméstico que a mulher continuou a realizar, como dos resultados do trabalho que ela assumiu fora do lar. Naturalmente, a dependência econômica ocorre não apenas no casamento, mas nos tipos familiares análogos: a união estável e as uniões homossexuais.

Além disso, a dependência econômica dos filhos em relação aos pais continua a existir, malgrado a crescente afirmação da independência daqueles. A esse respeito é interessante observar que os filhos tendem a se manter mais tempo em companhia de seus pais em países em que a remuneração do trabalho não permite que subsistam com suas próprias forças fora do lar de origem. Nas sociedades ditas desenvolvidas, caracterizadas pela menor distância social e pela melhor remuneração do trabalho, é comum que os filhos deixem o lar dos pais antes de completarem 20 anos de idade. A comparação entre a possibilidade de sobrevivência com recursos próprios, fora do lar de origem, e a idade com que os filhos o deixam é suficiente para denotar a importância das condições econômicas na formação da família.

Toda estrutura social repousa sobre determinadas condições materiais. Com a família não poderia ser diferente. Tanto a falta como a existência de condições materiais interferem determinantemente na vida da família. Elas até mesmo antecedem a formação da família, pois as pessoas tendem a estabelecer relações dentro de sua classe social.[91] Depois de surgir a afetividade, a passagem à conformação da família, sob

90. O Tribunal pode fixar uma pensão a quem se encontre numa situação de dependência econômica em relação ao *de cujus* e não seja herdeiro legítimo, nem tenha sido contemplado em testamento, ou, nestes casos, se as quantias recebidas forem insuficientes segundo um critério de razoabilidade. Podem pleitear a referida provisão o cônjuge, o ex-cônjuge, filhos ilegítimos, adotivos e póstumos, qualquer pessoa que fosse tratada como filha do falecido, qualquer pessoa que no momento da morte fosse mantida total ou parcialmente pelo falecido, qualquer pessoa que vivesse com o falecido como se casados fossem (Cretney, S. M.; Masson, J. M.; Bailey-Harris, R. *Principles of family law*, p. 205-206).

91. Degenne e Forsé denominam o fenômeno de "homofilia": "Amigos e amantes têm a tendência de possuir idades próximas, de pertencer a categorias sociais e profissionais semelhantes, de ser provenientes dos mesmos meios, de morar em lugares geograficamente pouco distantes, de ter o mesmo nível de diploma etc. A rede

qualquer de suas formas, depende dos projetos que os partícipes têm para as suas vidas e que incluem a preocupação com as condições materiais do futuro convívio familiar. A própria formação do casal tradicional (com as variações a ele análogas) pressupõe a existência de um mínimo de possibilidades econômicas: a capacidade de manutenção do lar. Na ausência de tais condições, nem mesmo o casal se forma. Como demonstra a pesquisa de Stack, a situação mais comum em comunidades de negros pobres da Califórnia é a continuação de cada qual em seu lar de origem, criando, assim, lares formados por três gerações de parentes. Como visto, a referida situação foi igualmente constatada em Gana e pode sê-lo, com certa facilidade, no Brasil.

As necessidades econômicas são determinantes no planejamento familiar, na opção pelos filhos e na avaliação de sua quantidade. Nos tribunais avultam pedidos de reconhecimento de paternidade com a finalidade precípua de se buscar a prestação forçada do auxílio alimentar.

Elas determinam, igualmente, em boa medida, o sucesso e o insucesso do relacionamento conjugal. A desestruturação econômica do casal, em razão de desemprego ou falência, é um dos principais fatores de separação.

Além disso, frequentes são as uniões que subsistem para a manutenção da integridade patrimonial.

4.7.8. Vínculo jurídico

Finalmente, o elemento jurídico, que é de grande importância na caracterização sociológica da família, principalmente em sociedades complexas, nas quais o Direito possui proeminência na formação da ética.

Como salienta Bianca, as regras jurídicas também são parte da realidade da família: *Primeiramente, a mesma juridicização das relações familiares é um fenômeno social enquanto, segundo a noção própria da regra jurídica, é voltada a dar uma garantia social aos conteúdos das relações.*[92]

O vínculo jurídico traduz o principal complexo de direitos e deveres que ligam, entre si, os membros da família. É essencial na caracterização da família ampliada, a qual, além deste, com frequência possui apenas o elemento genético. Se, por um lado, há que se admitir a possibilidade de existência de famílias no plano social não reconhecidas pelo Direito – em outros sistemas jurídicos, não no sistema jurídico brasileiro vigente –, também ocorre existirem famílias reconhecidas juridicamente, destituídas de vínculos sociais, os quais, na maioria das vezes, se apagaram após longa separação de fato. Contudo, o mais comum é

---

homofilia" (Degenne, Alain; Forsé, Michel. *Les réseaux sociaux,* p. 41).

92. Bianca, Cesare Massimo. *Diritto civile,* v. II, p. 8.

a coincidência entre a família sociológica e a família juridicamente reconhecida (coincidência que se tornou necessária no sistema jurídico brasileiro, na vigência da Constituição de 1988).

Afirmar o elemento jurídico como um dos que servem à identificação da família num contexto em que a família sociológica é tomada como base da família juridicamente reconhecida não faz surgir um círculo tautológico, porque são diferentes as funções que exerce o Direito, num e noutro caso. Afirma-se, como proposição central deste trabalho, que a Constituição determina a proteção de toda família que, como tal, exista no plano social. Contudo, ao manter o casamento como tipo de família, e sendo este constituído, essencialmente, a partir de uma formalidade jurídica, deve-se reconhecer que o casamento é família, independentemente da presença dos demais elementos. Os pressupostos do casamento são os estabelecidos na legislação, entre os quais avulta o da celebração solene. Trata-se de uma opção constitucional historicamente inevitável na tradição jurídica romano-germânica. O mesmo raciocínio se aplica ao parentesco civil relativo à família ampliada, no qual o Direito exerce, igualmente, função apriorística.

Tais são os elementos que caracterizam a família. Elementos que não são necessários, repita-se, apenas os mais frequentes.

4.8. A FAMÍLIA COMO REDE SOCIAL BÁSICA

A família pode ser descrita como um grupo ou como uma rede social. Ambos os termos, "grupo" e "rede social", designam um conjunto de pessoas.

A descrição da família – especialmente a família nuclear – como grupo social pertence à tradição do direito e diz respeito à proximidade entre os membros da família, à intensidade das relações e à coabitação. A fim de se analisar a relação que há entre "grupo" e "rede social" deve-se, pois, aclarar o conceito desta.

A noção de "rede social" (*social network*) foi criada pelo antropólogo britânico John A. Barnes, em 1954. Desde então, esse conceito se espalhou nas ciências sociais, aplicando-se para designar conjuntos de relações entre pessoas ou entre grupos sociais, podendo-se falar numa "Sociologia das redes sociais" que se distingue por não basear seus estudos em atributos dos indivíduos (idade, profissão etc.), mas nas regularidades que se apresentam nas relações sociais.[93]

Pierre Mercklé sugeriu um conceito para "rede social":

93. O filósofo e sociólogo alemão Georg Simmel (1858-1918) é apontado como o precursor da análise das redes sociais, por ter afirmado que o objeto da Sociologia não deveria ser nem o indivíduo, nem a sociedade como um todo, mas um objeto intermediário, das formas sociais que resultam das interações dos indivíduos (Mercklé, Pierre. *Sociologie des réseaux sociaux*, p. 15).

> Uma rede social, nesta perspectiva, pode ser aqui definida provisoriamente como constituída de um conjunto de unidades sociais e de relações que estas unidades sociais entretêm umas com as outras, diretamente, ou indiretamente, por meio de cadeias de tamanhos variáveis. Estas unidades sociais podem ser indivíduos, grupos informais de indivíduos ou mesmo organizações mais formais, como associações, empresas, mesmo países. As relações entre os elementos designam formas de interações sociais que podem ser elas também de naturezas extremamente diversas: pode-se tratar de transações monetárias, de transferências de bens ou de trocas de serviços, de transmissões de informações, de percepções ou de avaliações intrapessoais, de ordens, de contatos físicos (do cumprimento de mão à relação sexual) e mais geralmente de todos os tipos de interações verbais ou gestuais, ou ainda da participação comum num mesmo evento etc.[94]

A ideia de compreender as estruturas sociais a partir das relações estabelecidas entre as diversas unidades sociais serve ao estudo de uma grande variedade de temas. Uma análise baseada na ideia de rede social permite inverter o método sociológico tradicional, que parte da delimitação de um grupo, com base em certos caracteres comuns de seus indivíduos.

Mediante o estudo das redes sociais, a existência do grupo pode ser constatada *a posteriori*, após a verificação de redes de relacionamentos suficientemente densos entre um certo número de indivíduos.[95]

Densidade ou coesão são termos empregados para distinguir a natureza dos liames que formam a rede social como fortes ou fracos, conforme a frequência do relacionamento (os liames fortes caracterizam-se por relações mais frequentes), intimidade, na forma de confidências mútuas (característica dos liames fortes), intensidade emocional (maior nos liames fortes), troca de prestações de serviços (mais frequentes nos liames fortes), multiplicidade da relação (nos liames fortes as relações ocorrem em situações mais diversificadas do que nos liames fracos).[96]

Como o grupo é uma espécie de rede social caracterizada por elevado grau de coesão, a família assim caracterizada – a família nuclear – é tanto um grupo como uma rede social. Já a família estendida (família em sentido amplo), formada pelos parentes, caracteriza-se, na contemporaneidade, em geral, como uma rede social, tendo em vista a fragilidade dos vínculos, como já anotado por Jean Carbonier (cf. seção 4.2.3).

A utilização do conceito de "rede social" para a identificação das realidades sociais suscetíveis de enquadramento no conceito de família, tal como o termo é empregado na Constituição da República de 1988, possui a vantagem de permitir explorar a abertura do conceito de "família" em dois sentidos:

a) assegurar a autonomia das famílias "atípicas" em relação às famílias tipificadas

94. Mercklé, Pierre. *Sociologie des réseaux sociaux*, p. 4.
95. Op. cit., p. 75.
96. Lemieux, Vincent; Ouimet, Mathieu. *L'analyse structurales des réseaux sociaux*, p. 44.

no texto constitucional, admitindo-se àquelas regulação própria, compatível com suas peculiaridades e segundo a mediação imposta pelo princípio democrático;

b) assegurar às famílias "atípicas" (a seus membros, enquanto tais) a proteção estatal prevista em regras que têm como suposto fático a existência da família.

A adoção de um modelo sociológico aberto – que não se encontra fechado em torno de modelos de família preexistentes – afigura-se constitucionalmente adequada, porque:

a) respeita a maior amplitude com que deve ser interpretada a determinação de proteção estatal da família, por ser norma que define uma garantia fundamental;

b) a Constituição não contém qualquer elemento que limite o conceito de família aos tipos nela previstos;

c) um dos valores fundamentais da ética contemporânea – revelada no próprio texto constitucional e nos costumes – é o respeito à intimidade, que tem na liberdade de formar a família uma de suas manifestações mais importantes.

4.9. PROPOSIÇÃO DE UM CONCEITO SOCIOLÓGICO DE FAMÍLIA CONSTITUCIONALMENTE ADEQUADO

No intuito de se elaborar uma síntese, vale coligir as proposições apresentadas sobre o conceito de família:

a) é um conceito sociológico juridicamente relevante;

b) é um conceito que apresenta "semelhanças de família"; é semanticamente "aberto", somente podendo realizar-se por aproximação;

c) a "escolha" de um conceito de família necessariamente contém um elemento ideológico, por traduzir determinada "visão de mundo";

d) a referida "escolha" deve tender aos valores consagrados na Constituição;

e) podem-se distinguir dois modelos de família dos quais o indivíduo participa simultaneamente: a família nuclear e a família ampliada;

f) é possível identificar elementos mais comuns à noção de família;

g) a ausência de alguns dos elementos mais comuns não descaracteriza determinada realidade social como família;

h) o conceito de "rede social" é um conceito adequado à identificação da família no plano sociológico e compatível com os valores consagrados na Constituição brasileira de 1988.

Levando em conta as referidas proposições, pode-se sugerir, por aproximação, que: *A família nuclear pode ser considerada a menor e mais densa rede social estável de que participam pessoas que, em geral, coabitam e se vinculam por laços culturais, afetivos, genéticos, econômicos ou jurídicos.*

Evidenciam-se, neste conceito, os elementos necessários à configuração da família: é uma rede social formada por pessoas (não por grupos); por ser uma rede social, necessariamente refere-se a uma pluralidade de pessoas; a existência de inter-relações que permitem a configuração de uma rede social; a densidade da rede, caracterizada pela existência do maior número possível de inter-relações entre os membros; a estabilidade, que permite o surgimento do autorreconhecimento do grupo e dos elementos ideais: a cultura e o afeto.

Ao lado destes, situam-se elementos importantes que, no entanto, não são essenciais à caracterização da família, uma vez que há tipos de família que deles podem prescindir: a coabitação e os vínculos culturais, afetivos, genéticos e jurídicos.

Não se destaca o elemento volitivo na formação da família, embora se reconheça sua importância, porque se reconhece a formação de vínculos familiares por imposição legal, como no caso do reconhecimento forçado da filiação.

A família ampliada pode ser caracterizada como a rede social que une os parentes – consanguíneos ou não –, os cônjuges, os companheiros e os afins.

Segundo os conceitos da teoria das redes sociais, os vínculos que caracterizam a família ampliada são vínculos fracos. Em sua conformação sobressaem o elemento jurídico, pois o direito qualifica os vínculos de parentesco e de afinidade e lhes atribui efeitos, e o genético, uma vez que, em regra, os parentes têm como referência um ancestral comum.

Os tipos de família nominados na Constituição da República de 1988 (casamento, união estável e famílias monoparentais) correspondem ao conceito de família nuclear proposto.

Este permite, igualmente, identificar outras realidades sociais como família, tais como as uniões homossexuais que sejam estáveis e nas quais estejam presentes, em regra, ao lado da afetividade, a coabitação e vínculos culturais e econômicos.

Atente-se para a ausência de menção à sexualidade. De fato, embora o elemento afetivo esteja ligado, com muita frequência, às relações sexuais, não se pode deixar de admitir a existência de famílias nucleares desprovidas de tais relacionamentos. Um exemplo, francamente aceito pelos estudiosos da Sociologia, da Psicologia e do Direito é o das famílias formadas exclusivamente por irmãos. Evidentemente, pode-se ligar a família de irmãos ao relacionamento sexual do passado. Contudo, nem mesmo este raciocínio justifica o tom peremptório com que Göran Therborn afirma a necessidade de existência do elemento sexual.[97] Fosse a formação da família totalmente dependente de relações sexuais, não haveria como explicar a família formada por um solteiro e seu filho adotivo.

97. "A família é sempre um resultado das relações sexuais passadas ou correntes: sem sexo não há família" (Therborn, Göran. *Sexo e poder*, p. 12).

Os relacionamentos sexuais ancestrais não explicam as famílias formadas por irmãos, uma vez que poucos são os irmãos que formam, somente com a participação deles, uma família nuclear. O que se encontra na base de famílias nucleares entre irmãos são, portanto, os vínculos socioafetivos estabelecidos entre eles.

Se o vínculo genético e as relações sexuais não são essenciais para a conformação da família nuclear, não se pode negar, *a priori*, a possibilidade de que pessoas desvinculadas geneticamente constituam família, ainda que na ausência de relações sexuais. Assim, não há por que negar a condição de família a um grupo formado por duas ou mais pessoas amigas que coabitem, de modo estável, com vínculos afetivos e econômicos fortes.

Deve-se reconhecer que um agrupamento desse tipo encontra-se na zona de penumbra do conceito de família e não pode ser aceito como tal, senão mediante uma análise rigorosa de seus atributos, com especial ênfase para o da estabilidade, pois esta não se pode considerar presente em lares formados para atender a necessidades momentâneas ou casuais.

Partindo-se do entendimento de que o *caput* do art. 226 da Constituição da República de 1988 fez coincidir o sentido sociológico e o jurídico de família, há que se verificar os atributos que o direito liga a essa realidade social, o que será feito na seção seguinte.

5

Fundamentos constitucionais da proteção estatal da família

5.1 O DEVER DO ESTADO DE PROTEGER A FAMÍLIA COMO UMA GARANTIA INSTITUCIONAL

A família, base da sociedade, tem especial proteção do Estado. O enunciado normativo do art. 226 da Constituição da República é uma *garantia institucional*, concretizada mediante institutos de Direito Público e de Direito Privado.[1]

O conceito de garantia institucional foi criado pelo constitucionalismo alemão da época da República de Weimar a partir da ideia de que determinadas instituições jurídicas devem ser resguardadas de supressão ou ofensa ao seu conteúdo essencial pelo Estado, sobretudo pelo legislador. Trata-se do estabelecimento de um círculo mínimo de intangibilidade das instituições por elas protegidas.[2]

1. Canotilho, J. J. Gomes. *Direito constitucional,* p. 521.
2. Paulo Bonavides cita Martin Wolff, L. Waldecker, Carl Schimitt, R. Thoma, G. Anschuetz, E. R. Huber e F. Klein como criadores da teoria das garantias institucionais (Bonavides, Paulo. *Curso de direito constitucional,* p. 494).

5.1.1. Origem e conceito das garantias institucionais

Pertencem ao direito alemão a criação e o desenvolvimento do conceito de garantias fundamentais, a partir das inovadoras referências que a Constituição de Weimar dedicou a certas instituições.[3]

Segundo Maria D'Oliveira Martins foi Friedrich Giese, autor de *Die Verfassung des Deutschen Reichs vom 11 August 1919*, o primeiro a mencionar "institutos ou instituições jurídico-constitucionais", ao se referir ao casamento civil, à propriedade privada e ao direito sucessório:

> Para Giese, o casamento civil, a propriedade privada e o direito sucessório não deveriam ser tratados apenas como complexos jurídicos reconhecidos pelo BGB. Com efeito, este Autor entendia que, pela sua referência constitucional e pelo efeito de proteção que a Constituição de Weimar lhes oferecia, estes tinham não só natureza civil, mas também natureza jurídico-pública. Perante a sua natureza jurídico-pública, apelidava-os de "institutos jurídicos" ou de "instituições jurídicas" (usando indiferentemente qualquer uma das expressões).[4]

Martin Wolff, em 1923, em *Reichverfassun und Eigentum*, criou o conceito de "garantia de instituto":

> A referência constitucional a um determinado instituto jurídico reveste-o de uma natureza distinta da já conhecida nas regras de Direito privado. O reconhecimento de um direito no âmbito do Direito privado almeja regular relações individuais concretas. Ou seja, pretende atribuir direitos individuais e protegê-los como tal das ameaças dos particulares ou do Estado que se perfilem contra as concretas vontades de domínio. Porém, já a referência ao mesmo direito no texto constitucional pretende proteger o todo resultante da soma desses mesmos direitos das intervenções do legislador ordinário que a visem pôr em causa.[5]

Atribui-se a Carl Schmitt a primeira teorização das garantias institucionais na Teoria da Constituição (*Verfassunglehre*) de 1928.

Importante ter em conta, inicialmente, a defesa que fez Schmitt do princípio da supremacia da Constituição no tocante aos direitos fundamentais consagrados na segunda parte da Constituição de Weimar. Para Schmitt, tais direitos e deveres

> Envolvem uma decisão política de conjunto do povo alemão sobre o modo de sua existência, e dão ao Reich alemão na sua forma atual o caráter de uma Democracia constitucional, vale dizer, de um Estado constitucional baseado no princípio democrático, mas modificado pelos princípios do Estado burguês de Direito. Legislação, Justiça e Administração recebem daqui suas linhas diretrizes adequadas. Nenhuma lei alemã pode

---

3. A Constituição prussiana de 1850 fazia remissão a instituições: o Exército, a Igreja e a Escola.
4. Martins, Maria D'Oliveira. *Contributo para a compreensão da figura das garantias institucionais*, p. 18.
5. Op. cit., p. 21.

aniquilar um autêntico direito fundamental. Estes princípios fundamentais não podem ser suprimidos, nem por uma lei originária, nem por uma lei de reforma da Constituição segundo o art. 76, senão por um novo ato do Poder constituinte do povo alemão.[6]

Schmitt ressalvou que nem todas as matérias tratadas na Constituição deveriam se beneficiar do princípio da rigidez constitucional; somente poderiam ser considerados direitos fundamentais aqueles que, por sua importância, devessem ser considerados anteriores e posteriores ao Estado:

> Estes direitos fundamentais não são, pois, segundo sua substância, bens jurídicos, senão esferas da Liberdade, das que resultam direitos e precisamente direitos de defesa. Isso se vê com toda clareza nos direitos de liberdade, que historicamente significam o começo dos direitos fundamentais: a liberdade de religião, a liberdade pessoal, propriedade, direito à livre manifestação de opiniões, existem, segundo esta concepção, antes que o Estado; não recebem seu conteúdo de nenhuma lei; descrevem o âmbito, incontrolável em princípio, da liberdade individual; o Estado serve para sua proteção e encontra nela a justificação de sua existência.[7]

Schmitt considerava que somente os direitos individuais seriam "direitos fundamentais em sentido próprio", "direitos fundamentais autênticos", "absolutos", cujo conteúdo não dependeria da lei. Ao lado destes, entendia haver direitos reconhecidos pela Constituição relativos, isto é, garantidos dentro dos limites e com base na lei, tais como: as liberdades de indústria e de contratação e o direito de propriedade.[8]

Ele afirmou que na segunda parte da Constituição de Weimar encontravam-se preceitos que não atribuíam posições jurídicas ativas, embora por inexatidão terminológica sejam designados como "direitos": são as garantias institucionais, cuja regulamentação constitucional objetiva impedir sua supressão pela legislação ordinária.[9]

Entre tais normas citou a que determinava fosse o matrimônio a base da vida familiar (art. 119º) e explicou:

> Dentro do Estado não podem haver direitos fundamentais de uma comunidade, natural ou organizada; nestes chamados direitos fundamentais há uma garantia institucional. A família como tal não tem nenhum direito fundamental em sentido autêntico, e muito menos um seu membro como tal. Só pode ser constitucionalmente protegida como instituição. O mesmo ocorre com municípios ou associações de municípios. À instituição pode atribuir-se o caráter de sujeito de direito, podem-se lhe garantir constitucionalmente direitos subjetivos [...]. Porém, tampouco estes direitos subjetivos seriam mais do que direitos legais-constitucionais, não autênticos direitos fundamentais, no sentido do princípio básico de distribuição do Estado burguês de Direito. Todas estas instituições

6. Schimitt, Carl. *Teoría de la constitución,* p. 188.
7. Op. cit., p. 189.
8. Op. cit., p. 192.
9. Op. cit., p. 197.

> existem dentro do Estado, não antes ou acima dele. O autêntico direito fundamental parte do indivíduo com a sua esfera de liberdade ilimitada em princípio. Uma instituição não pode ser pressuposta de semelhante modo[10].

Embora Schmitt não reconhecesse a possibilidade de as garantias institucionais encetarem posições jurídicas ativas, sua teoria foi uma afirmação da eficácia delas, porquanto defendesse que representam um limite ao legislador. Tal proposição representava a consagração do princípio da constitucionalidade das leis ou da supremacia da Constituição, antes de ser proclamado em outras fontes, como veio a ser, notadamente, na Lei Fundamental de Bonn.

Para Schmitt as garantias institucionais são espécie das garantias constitucionais. As garantias constitucionais correspondem às opções políticas do constituinte, constitucionalizadas para que não ficassem sujeitas às maiorias parlamentares. Caracterizam-se, igualmente, por protegerem decisões fundadoras da ordem jurídica; não proíbem a alteração das instituições garantidas, mas limitam as intervenções do legislador, impedindo-o de aniquilá-las ou de desvirtuá-las.

Após o período autoritário, as garantias institucionais foram incorporadas às Lei Fundamental de Bonn e a doutrina de Schmitt sobre elas aceita, embora não fosse mais necessária como meio de afirmação do princípio da supremacia da Constituição.

Ao lado dos desenvolvimentos da doutrina originária e tradicional erigiu-se a teoria institucionalista de Häberle, que afirma serem complementares o elemento institucional e a atribuição de direitos característica das normas definidoras de direitos fundamentais:

> Häberle apela para o aspecto institucional dos direitos fundamentais, dando continuidade ao movimento iniciado por Smend e Huber, ainda à luz da Constituição de Weimar, e Köttgen, já à luz da Lei Fundamental de Bonn, com o desiderato de superar a divisão rígida preconizada por Carl Schimitt entre os direitos fundamentais e as garantias institucionais. De fato, para Häberle, os direitos fundamentais não deveriam limitar-se a refletir a "relação unidimensional indivíduo-Estado" nem fundar-se "unicamente no indivíduo". Deveria, isso sim, ser-lhes reconhecido um duplo conteúdo jurídico-constitucional. Estes não só seriam garantia de direitos subjetivos mas também "garantia jurídico-constitucional de âmbitos vitais regulados e conformados, com respeito a critérios de liberdade".[11]

Contemporaneamente a doutrina salienta a dimensão positiva das garantias institucionais, que confere ao legislador o dever de conformar o complexo normativo necessário ao desenvolvimento dos institutos garantidos. O casamento

10. Op. cit., p. 201.

11. Martins, Maria D'Oliveira. *Contributo para a compreensão da figura das garantias institucionais,* p. 86.

e a propriedade são exemplos de institutos cuja conformação somente é possível mediante a elaboração legislativa:

> A Constituição garantiria, nestes casos, não só a liberdade de uma ação natural (um poder/ uma faculdade/ uma mera permissão) (Dürfen), mas também a liberdade para o exercício de um poder jurídico/ uma competência/ um dever jurídico (Können).[12]

Na doutrina brasileira, Pontes de Miranda demonstrou adesão à teoria das *garantias institucionais*, ao salientar serem distintas dos *direitos fundamentais*:

> São distintas dos direitos fundamentais, absolutos e relativos, as garantias institucionais. Com elas, o que se tem por fito é a proteção a determinadas instituições estatais ou, até, supra-estatais. Confundi-los é grande erro. Nenhuma delas pode ser concebida, sem grave deturpação conceitual, como direito de liberdade. Por isso mesmo, são limitadas: o que se garante não é alguma coisa que preexiste ao Estado, mas alguma coisa como o Estado mesmo a concebe. A propriedade, por exemplo, que o art. 150, § 22, da Constituição de 1967, garante, é o direito de propriedade tal como a lei brasileira o organiza, e não o direito de propriedade como o direito francês, o italiano ou o russo o concebeu. O Brasil mesmo pode mudar de concepção, de modo que será isso o que se garante – a permanência institucional, a despeito da mudança das regras jurídicas.[13]

5.1.2. Os institutos e as instituições jurídicas

Instituição é o que é permanente numa sociedade, o que é estabelecido, fixado.

José de Oliveira Ascensão explica que a estabilidade das instituições é o que permite a unidade dos membros de uma sociedade: *a sociedade é considerada a mesma ainda que todos os seus membros antigos tenham sido substituídos.*[14]

São, pois, realidades objetivas, supraindividuais, *porque não dependem dos estados psíquicos dos membros.*[15]

Oliveira Ascensão esclarece, com exemplos muito didáticos, o que é instituição:

> Suponhamos então que um etnólogo observava uma comunidade tribal de Moçambique. Que apontaria ele como instituições? Observaria que os membros considerariam a natureza como animada – e isso seria uma instituição. Observaria por exemplo que a sucessão se processa por linha feminina exclusivamente – e a consideração da linha feminina como a linha segura para determinar a ligação familiar seria uma instituição. Observaria a ligação dos filhos aos pais durante toda a vida – e essa estrutura familiar seria uma instituição. Observaria que a maioridade se atingiria com a iniciação – e isso seria outra instituição. Observaria o regime de propriedade – coletiva, rotativa ou

12. Op. cit., p. 97.
13. Pontes de Miranda, Francisco. *Comentários à constituição de 1967,* t. IV, p. 633-634.
14. Ascensão, José de Oliveira. *O direito,* p. 34.
15. Op. cit., p. 34.

> singular – e incluí-lo-ia entre as instituições. O poder monárquico traduziria a instituição real. O espírito militar, a convicção de que o guerreiro representa o ideal masculino, seria outra instituição.[16]

A lição transcrita revela haver instituições que são e outras que não são jurídicas, conforme tenham ou não relevância jurídica.

As instituições jurídicas (ou institutos jurídicos) são, como ensina Pontes de Miranda, o conjunto das regras que regulam relações jurídicas da mesma natureza.[17]

O termo é empregado nessa acepção desde a Antiguidade. *Instituições* foi, no direito romano, a denominação das obras de Gaio e de Justiniano voltadas ao ensino do direito, às lições.

Elas desdobram-se mediante particularizações; o matrimônio é instituição jurídica que se integra noutra, mais ampla, a família.[18] Claude du Pasquier (citado por Máynez, p. 128) as classificou, por isso, em instituições secundárias e principais.[19]

Às instituições jurídicas foi destinado especial relevo nas teorias de Savigny e de Hauriou.

O primeiro cuidou da relação entre os institutos jurídicos e a legislação: o instituto jurídico é o fundamento mais profundo de uma regra de direito exteriorizada na lei. Para Savigny todos os institutos jurídicos interligam-se num sistema e só na harmonia desse sistema podem ser completamente compreendidos.[20]

O segundo iniciou por estabelecer um célebre conceito de instituição:

> uma instituição é uma ideia de obra ou de empresa que se realiza e dura juridicamente em um meio social; para a realização dessa ideia, organiza-se um poder que lhe dota dos necessários órgãos; por outro lado, entre os membros do grupo social interessado na realização da ideia, produzem-se manifestações de comunhão dirigidas por órgãos do poder e regulamentadas por procedimentos.[21]

Em seguida sublinhou que as instituições jurídicas subdividem-se em duas categorias: as instituições-pessoas e as instituições-coisas, conforme se personifiquem ou não. Segundo Hauriou, nas instituições-pessoas, *depois de ter sido o objeto da instituição corporativa, a ideia vem a ser o sujeito da pessoa moral que se desenvolve no corpo constituído.*[22]

Nas instituições-coisas *o elemento do poder organizado e o das manifestações de*

---

16. Op. cit., p. 35.
17. Pontes de Miranda, F. C. *Tratado de direito privado,* tomo I, p. 124.
18. Gomes, Orlando. *Introdução ao direito civil,* p. 12-13.
19. Du Pasquier, Claude. *Introduction à la théorie générale et à la philosophie du droit,* p. 141.
20. Savigny, F. C. di. *Sistema del diritto romano attuale,* p. 39.
21. Hauriou, Maurice. *La teoría de la institución y de la fundación,* p. 39.
22. Op. cit., p. 40.

comunhão dos membros do grupo não estão interiorizados no marco da ideia da obra, e ainda que existam no meio social, permanecem exteriores à ideia.[23]

Como se sabe, Hauriou voltou seus estudos às instituições-pessoas, tendo elaborado importante doutrina sobre os chamados entes morais.

Da caracterização da família como instituição pode-se inferir:

a) a natureza institucional da família não é incompatível com sua finalidade instrumental (para maior esclarecimento vale lembrar que, de modo análogo, o processo civil constitui-se de institutos, muitos dos quais protegidos constitucionalmente, sem qualquer prejuízo de sua natureza instrumental relativamente ao direito substantivo);

b) a natureza institucional da família não representa nenhum limite à liberdade das pessoas de manterem ou não os vínculos familiares naquelas formas que se caracterizam por essa liberdade;

c) a família é uma instituição-coisa, embora possua características de instituição-pessoa.

5.1.3. A família não é sujeito de direitos nem pessoa jurídica

Que a família não é pessoa jurídica nem sujeito de direitos é um dado aceito pela civilística contemporânea.

Convém, contudo, lembrar e atualizar os argumentos que levam à referida conclusão, ao se analisar a natureza jurídica da família, porque a recusa de atribuição de personalidade jurídica ou de reconhecimento da condição de sujeito de direitos à família leva à conclusão de que eventuais direitos, deveres ou garantias a ela atribuídos pela legislação são, a rigor, direitos, deveres ou garantias das pessoas que a compõem, sendo a família, nesses casos, apenas parte do suposto fático da norma jurídica:

> A falta de posições jurídicas da família diz respeito à falta de interesses familiares coletivos. A família não é portadora dos próprios interesses porque os interesses realizados na família são exigências fundamentais da pessoa. Assim, os típicos interesses individuais são mesmo os que se exprimem nas relações familiares.
>
> O interesse ao convívio, à liberdade matrimonial, à assistência conjugal, aos cuidados da parte dos genitores são insuprimíveis exigências de vida do indivíduo enquanto tal e não de uma coletividade.[24]

Conforme Carbonier (p. 103), René Savatier tentou configurar a família como uma pessoa moral, em 1939.[25] Mais recentemente, José Lamartine Corrêa de Oliveira

23. Op. cit., p. 40.

24. Bianca, Cesare Massimo. *Diritto civile*, v. II, p. 10.

25. O texto em que a defesa da personalidade moral da família foi elaborada, publicado na França, no *Recueil Dalloz*, intitulava-se *Une personne morale méconnue, la famille en tant que sujet de droit*.

defendeu, *de lege ferenda*, fosse a família considerada pessoa jurídica:

> Ao contrário, reconhecemos a aptidão do grupo familiar a ser reconhecido como pessoa jurídica. Ontológica e estruturalmente, possui a família as características de pessoa jurídica. Criada por um contrato, que provoca o surgimento de uma instituição, a família é um Todo, e representa ao mesmo tempo um objetivo comum unificador. Há, nela, uma mais que evidente *affectio societatis*. Existe, nela, também, a ideia de obra a realizar, representada, normalmente, com força existencial pela tarefa de procriação e educação dos filhos. E responde, fundamentalmente, a uma necessidade de complementação ontológica do ser humano.
>
> A criação no Brasil, ora em fase de transitação legislativa, do "salário-família", constitui um reconhecimento implícito de que é paga uma determinada contribuição previdencial ao chefe de família, não como indivíduo, mas como representante de uma sociedade, a sociedade familiar, e em função da importância desta para a coletividade e para a pessoa humana. Outros tímidos reconhecimentos proporcionam, aqui e ali, o nosso Direito Positivo. Como é o caso do Bem de Família.
>
> Em outros países, esse reconhecimento é menos tímido e traduz-se por toda uma política familiar, de que constituem peça essencial as chamadas "allocations familiales". Plena razão assiste, a nosso ver, a Savatier, ao enxergar na família uma personalidade natural, "anterior a qualquer lei" e ao afirmar que "não é, portanto inútil (...) reforçar juridicamente o estatuto da família, marcando, por textos de Direito Positivo, que ela constitui uma pessoa jurídica". Com isso tomaria sentido jurídico a fórmula da linguagem usual que afirma platonicamente os direitos de família.[26]

A admissão de que a família possui apenas aptidão para a personificação é, ao mesmo tempo, o reconhecimento de que a família não é pessoa jurídica. A necessidade de que a personalidade seja atribuída pelo direito positivo aproxima a concepção de Corrêa de Oliveira da corrente da realidade técnica, que admite a natural aptidão de certos agrupamentos humanos à personificação, embora entenda necessária a atribuição da personalidade pela ordem jurídica positiva, como explicou Caio Mário:

> Diante desta situação, advém a conveniência de aceitar o jurista a personalidade real destes seres criados para atuar no campo do direito, e admitir que são dotados de personalidade e providos de capacidade e de existência independente, em inteira semelhança, com a pessoa natural, como esta vivendo e procedendo, como esta sujeito ativo ou passivo das relações jurídicas. Não há necessidade de criar artifícios nem de buscar alhures a sede de sua capacidade de direito. Ao revés, a pessoa jurídica tem em si, como tal, a sua própria personalidade, exprime a sua própria vontade, é titular de seus próprios direitos, e, portanto, é uma realidade do mundo jurídico. Mas é preciso notar que, ao admitirmos a sua realidade jurídica, e ao assinalarmos a semelhança com a pessoa natural, não

26. Oliveira, José Lamartine Corrêa de. *O conceito de pessoa jurídica*, p. 170.

> recorremos a uma personalização antropomórfica, pois que, já o dissemos, repudiamos a teoria da *realidade objetiva*. Atentamos, entretanto, em que, encarando a natureza da pessoa jurídica como *realidade técnica,* aceitamo-la e à sua personalidade sem qualquer artifício. E nem se poderá objetar que esta personalidade e capacidade são fictícias em razão de provirem da lei, porque ainda neste passo é de salientar-se que a própria personalidade jurídica do homem é uma criação do direito e não da natureza, reconhecida quando a ordem legal a concede, e negada quando (escravos) o ordenamento jurídico a recusa.[27]

Em suma, a família não é pessoa jurídica nem sujeito de direitos. Toda incidência normativa sobre a família imputa direitos, faculdades ou deveres diretamente a seus membros. A família é somente suposto fático de tais imputações.

5.1.4. Conclusões a partir da caracterização da proteção estatal da família como garantia institucional

Além da família, são garantias institucionais de Direito Privado, na Constituição da República brasileira de 1988, entre outras, a propriedade e a herança (CF, art. 5º, XXII e XXX).

Como se viu na seção 5.1.1., ao contrário dos direitos fundamentais, as garantias fundamentais não expressam direitos subjetivos atribuídos diretamente aos cidadãos:

> Sob o ponto de vista da proteção jurídica constitucional, as garantias institucionais não garantem aos particulares posições subjetivas autônomas e daí a inaplicabilidade do regime dos direitos, liberdades e garantias. Excetuam-se os casos de imbricação das garantias institucionais e das garantias dos direitos fundamentais (por ex., é praticamente indissociável a proteção do direito de liberdade de imprensa da proteção da instituição imprensa livre). A proteção das garantias institucionais aproxima-se, todavia, da proteção dos direitos fundamentais quando se exige, em face das intervenções limitativas do legislador, a salvaguarda do "mínimo essencial" (núcleo essencial) das instituições.[28-29]

Embora a proteção da família não seja, propriamente, um direito fundamental, o dispositivo constitucional que a consagra possui eficácia ampla e imediata, em conformidade com o disposto no art. 5º, § 1º, da Constituição da República, que se refere tanto aos direitos quanto às garantias fundamentais.

Assim, a caracterização da proteção estatal da família como uma garantia institucional põe em relevo:

a) que o Estado, sobretudo o legislador, não pode estabelecer medidas que violem,

---

27. Pereira, Caio Mário da Silva. *Instituições de direito civil,* v. I, p. 209.
28. Canotilho, J. J. Gomes. *Direito constitucional,* p. 522.
29. Aroldo Plínio Gonçalves põe em relevo que o conceito de relação jurídica não se aplica às garantias: "O conceito de relação jurídica é o de vínculo de exigibilidade, de subordinação, de supra e infra-ordenação, de sujeição. Garantia é liberdade assegurada" (cf. Gonçalves, Aroldo Plínio. *Técnica processual e teoria do processo,* p. 132).

por qualquer modo, o núcleo central da instituição garantida, no caso, a família, sob pena de violar a Constituição (efeito negativo);

b) que a garantia institucional referida desdobra-se em garantias públicas e privadas, ou seja, a determinação constitucional de proteção estatal da família incide em relações jurídicas de Direito Público e nas de Direito Privado;

c) a proteção estatal da família não cria, por si, qualquer direito subjetivo privado; os direitos subjetivos privados que concretizam a proteção estatal da família dependem de desenvolvimento legislativo.

A conjugação da abertura do conceito de família, com a caracterização da proteção estatal da família como garantia institucional, atrai conclusões relevantes para a disciplina jurídica da família.

A admissão de que a proteção estatal da família implica a inconstitucionalidade de normas que, por qualquer modo, a agridam – ao mesmo tempo que ela é considerada em sua acepção mais ampla – sugere sejam inconstitucionais normas que impeçam, dificultem ou tenham o objetivo de descaracterizar a formação de vínculos familiares.

Dispositivos desse tipo, são, *a priori*:

a) o art. 242 do Código Penal, ao tipificar a conduta de "registrar como seu o filho de outrem", nos casos em que o reconhecimento se faz com intuito benévolo e com a anuência de todos os interessados;

b) os arts. 1.723, § 1º, e 1.727 do Código Civil, ao impedirem a caracterização da união estável, nas circunstâncias neles previstas (interpretação que se faz com base no § 3º do art. 226 da CF).

Por outro lado, compreender a proteção estatal da família como garantia institucional sublinha, mais uma vez, a necessidade de desenvolvimento legislativo para a atribuição de direitos e deveres a seus membros. Em outras palavras, a caracterização da família não importa a existência de direitos e deveres subjetivos entre seus membros. A existência de tais direitos e deveres decorre, necessariamente, da lei, uma vez que a Constituição da República não os estabeleceu.

Nem mesmo o direito constitucional à herança é, como visto, um direito fundamental. Como garantia institucional que é, também este depende de específica previsão legislativa para ser atribuído a qualquer pessoa, independentemente do vínculo que a une ao autor da herança. O acerto dessa assertiva pode ser constatado pelo fato de o Código Civil de 2002 ter, recentemente, alterado a ordem de vocação hereditária e introduzido o chamado direito de concorrência, segundo o qual descendentes e ascendentes passaram a concorrer com o cônjuge ou companheiro à herança, conforme o regime de bens adotado no casamento (arts. 1.790, I, II e III, e 1.829, I e II, do Código Civil). Fosse o direito à herança um direito fundamental dos filhos, estes não poderiam ter tido sua participação reduzida em razão do instituto da concorrência, introduzido no ordenamento brasileiro pelo Código de 2002.

Finalmente, a garantia institucional da família, sendo ampla, sobreleva que sua concretização se dê tanto na esfera do Direito Público quanto na do Direito Privado.

No Direito Público, são institutos que concretizam a proteção estatal da família, entre outros:

a) o princípio da subsidiariedade (não intervenção estatal na família), que inclui a liberdade de planejamento familiar;

b) o bem de família;

c) o sistema previdenciário público;

d) programas de natureza assistencial;

e) o salário-família;

f) benefícios fiscais.

No Direito Privado, os institutos que representam a concretização da proteção estatal da família podem ser divididos em dois grupos:

a) institutos que dizem respeito, especificamente, à formação, manutenção e extinção dos vínculos familiares;

b) institutos que representam direitos subjetivos atribuídos em razão da existência dos referidos vínculos.

Assim, há regras que protegem vínculos familiares oriundos do casamento (solenidade da formação, sistema restritivo de nulidades, dissolução fundada na culpa), da paternidade e da maternidade (*e. g.*, a fixação de prazos para a impugnação desses vínculos). A proteção aos vínculos de família sugere, igualmente, uma análise crítica sobre as regras relativas à caracterização da união estável entre homem e mulher.

Relativamente aos direitos subjetivos típicos de família, importam os institutos dos alimentos, herança, proteção à legítima, nome e, igualmente, os relativos à guarda, à tutela e à curatela.

5.2. A PROTEÇÃO DA FAMÍLIA NO DIREITO CONSTITUCIONAL PORTUGUÊS E ALEMÃO

Nos sistemas jurídicos português e alemão há dispositivos que correspondem à interpretação da proteção estatal da família defendida neste trabalho.

A Lei Fundamental de Bonn garante no art. 6, alínea 1, a proteção estatal da família: *Art. 6. [Casamento e família, filhos naturais] O casamento e a família são postos sob a particular prote*ção do Estado.

Em razão de o texto referir-se a "casamento" e a "família", Wilfried Schlüter ensina tratar-se de uma proteção "paralela". Ele informa que o Tribunal Constitucional já decidiu estar sob a incidência do dispositivo a família formada por pais e filho de criação, após uma convivência longa e contínua.[30]

Entre os efeitos da proteção da família, Schlüter menciona:

a) a proteção da esfera privada da sociedade conjugal e da família contra intervenções perturbadoras do Estado (por exemplo, o direito de a mulher de um estrangeiro contestar a ordem de extradição dada a seu marido);

b) garante como "instituições jurídicas objetivas" o casamento civil (o legislador não pode, por exemplo, dificultar o acesso ao casamento) e as famílias constituídas por pais e filhos legítimos, adotivos ou ilegítimos, inclusive enteados e tutelados;

c) obriga o Estado a promover o casamento e a família (é inconstitucional uma norma que onere uma pessoa por ser membro de uma família, mas não uma que a beneficie por esta mesma razão).[31]

Schlüter salienta que as uniões de fato heterossexuais ou homossexuais não se encontram abrangidas pelo art. 6, mas pelo art. 2 da Lei Fundamental:

> Artigo 2. [Liberdade de agir, liberdade da pessoa]
>
> (1) Cada um tem direito ao livre desenvolvimento de sua personalidade desde que não viole os direitos de outrem nem transgrida a ordem constitucional ou a lei moral.
>
> (2) Cada um tem direito à vida e à integridade física. A liberdade da pessoa é inviolável. Somente pode haver exceções a esses direitos em virtude de lei.

A Constituição da República Portuguesa, de 1976, não apenas determinou a proteção estatal da família como estabeleceu o conteúdo dessa proteção no art. 67º, número 2:

> 2. Incumbe, designadamente, ao Estado para proteção da família:
>
> a) Promover a independência social e econômica dos agregados familiares;
>
> b) Promover a criação de uma rede nacional de assistência materno-infantil, de uma rede nacional de creches e de infra-estruturas de apoio à família, bem como uma política de terceira idade;
>
> c) Cooperar com os pais na educação dos filhos;
>
> d) Promover, pelos meios necessários, a divulgação dos métodos de planejamento familiar e organizar as estruturas jurídicas e técnicas que permitam o exercício de uma paternidade consciente;
>
> e) Regular os impostos e os benefícios sociais, de harmonia com os encargos familiares;
>
> f) Definir, ouvidas as associações representativas das famílias, e executar uma política de família com caráter global e integrado.

---

30. BVerfG 68, 176, 187; BVerfG FamRZ 1989, 31, 32; 2000, 1489 *apud* Schlüter, Wilfried. *Código civil alemão,* p. 58.

31. Schlüter, Wilfried. *Código civil alemão,* p. 60-62.

Destaca-se no texto constitucional português a referência exclusiva a relações de Direito Público, pois todos os deveres relacionados no dispositivo transcrito são direcionados ao Estado. A referência exclusiva a relações de Direito Público não significa, no entanto, a recusa de efeitos privados, tais como aqueles a que se refere a doutrina alemã a respeito do dispositivo congênere.

5.3. A PROTEÇÃO ESTATAL DA FAMÍLIA E O ATIVISMO JUDICIAL

O dado mais relevante do Direito de Família contemporâneo foi a virada principiológica mediante a qual a exclusividade do casamento como forma de família juridicamente reconhecida e a supremacia marital foram substituídos pela pluralidade de formas de família, pela igualdade dos cônjuges e dos filhos, e pela primazia dos interesses destes. Há sobre isso razoável consenso.

Por outro lado, no entanto, há dissenso grave sobre o significado dessas transformações no tocante à concretização dos princípios constitucionais.

Tornou-se frequente, na doutrina e na jurisprudência brasileiras, a invocação da analogia e dos princípios da dignidade da pessoa humana (CF, art. 1º, III), da igualdade (CF, art. 5º, *caput*), e da inviolabilidade da intimidade e da vida privada (CF, art. 5º, X), para justificar a extensão de diversos direitos subjetivos a membros de formações familiares que não se encontram regulamentadas na lei, sobretudo a parceiros de uniões homossexuais.

A principal fonte de positivação desta corrente, no Brasil, tem sido as decisões do Tribunal de Justiça do Estado do Rio Grande do Sul (TJRS). No livro *Homoafetividade – o que diz a Justiça!*, Maria Berenice Dias reuniu as decisões "pioneiras" do Tribunal gaúcho.

A primeira dessas decisões foi proferida em 1999, no Agravo de Instrumento nº 599075496. O TJRS estabeleceu ser da competência das varas de família o julgamento de causas relativas à dissolução de sociedades de fato decorrentes de uniões homossexuais:

> *Relações homossexuais. Competência para julgamento de separação de sociedade de fato dos casais formados por pessoas do mesmo sexo.*
>
> Em se tratando de situações que envolvem relações de afeto, mostra-se competente para o julgamento da causa uma das varas de família, à semelhança das separações ocorridas entre casais homossexuais. Agravo provido.[32]

---

32. Rio Grande do Sul. Tribunal de Justiça do Estado do Rio Grande do Sul. Agravo de Instrumento nº 599075496, 8ª Câmara Cível, Rel. Des. Breno Moreira Mussi, acórdão de 17/06/1999. In: Dias, Maria Berenice. *Homoafetividade...*, p. 24.

O argumento central do acórdão é o art. 3º, inciso IV, da Constituição da República, que institui entre os fundamentos da República Federativa do Brasil a promoção do bem de todos, sem preconceito de origem, raça, sexo, cor, idade e quaisquer outras formas de discriminação. Não foi mencionado o art. 125, § 1º, da Constituição da República que atribui aos Estados competência para a organização da Justiça e ao Tribunal de Justiça a iniciativa da lei de organização judiciária.

A competência dos tribunais estaduais para a elaboração da respectiva lei de organização judiciária de cada Estado põe em evidência a contradição de o Tribunal gaúcho, no referido julgamento, ter contrariado lei que é de sua iniciativa originária.

Em 2004, o Superior Tribunal de Justiça, embora sem se referir ao art. 125, § 1º, da Constituição da República, reformou a referida decisão ao julgar o Recurso Especial nº 323.370-RS:

> *Competência. Relação homossexual. Ação de dissolução de sociedade de fato, cumulada com divisão de patrimônio. Inexistência de discussão acerca de direitos oriundos do Direito de Família. Competência da Vara Cível.*
>
> Tratando-se de pedido de cunho exclusivamente patrimonial e, portanto, relativo ao direito obrigacional tão-somente, a competência para processá-lo e julgá-lo é de uma das Varas Cíveis.
>
> Recurso especial conhecido e provido.[33]

Em 2000, na Apelação Cível nº 598362655, o TJRS reconheceu como união estável um relacionamento homossexual:

> *Homossexuais. União estável. Possibilidade jurídica do pedido.* É possível o processamento e o reconhecimento de união estável entre homossexuais, ante princípios fundamentais insculpidos na Constituição Federal que vedam qualquer discriminação, inclusive quanto ao sexo, sendo descabida discriminação quanto à união homossexual. E é justamente agora, quando uma onda renovadora se estende pelo mundo, com reflexos acentuados em nosso país, destruindo preceitos arcaicos, modificando conceitos e impondo a serenidade científica da modernidade no trato das relações humanas, que as posições devem ser marcadas e amadurecidas, para que os avanços não sofram retrocesso e para que as individualidades e coletividades possam andar seguras na tão almejada busca da felicidade, direito fundamental de todos. Sentença desconstituída para que seja instruído o feito. Apelação provida.[34]

O acórdão afirma a superioridade dos arts. 3º, incisos I e IV, e 5º, *caput*, da

---

33. Brasil. STJ, Recurso Especial nº 323.370-RS. 4ª Turma. Min. Barros Monteiro, acórdão de 14/12/2004, DJU 14/03/2005 p. 340, *RDDP*, v. 26, p. 202.

34. Rio Grande do Sul. TJRS, Apelação Cível nº 598362655, 8ª Câmara Cível, Rel. Des. José S. Trindade, acórdão de 01/03/2000, In: Dias, Maria Berenice. *Homoafetividade...*, p. 36.

Constituição da República, sobre o § 3º, do art. 226 da mesma Constituição, que reconhece a união estável entre homem e mulher como entidade familiar para efeito de proteção estatal. Ressalte-se que o acórdão relata que o reconhecimento da união estável homossexual destinava-se, no caso, ao recolhimento de direitos sucessórios. Estes foram deferidos, expressamente, pelo TJRS em razão de união homossexual noutro julgado:

> *União estável homoafetiva. Direito sucessório. Analogia.* Incontrovertida a convivência duradoura, pública e contínua entre parceiros do mesmo sexo, impositivo que seja reconhecida a existência de uma união estável, assegurando ao companheiro sobrevivente a totalidade do acervo hereditário, afastada a declaração de vacância da herança. A omissão do constituinte e do legislador em reconhecer efeitos jurídicos às uniões homoafetivas impõe que a Justiça colmate a lacuna legal fazendo uso da analogia. O elo afetivo que identifica as entidades familiares impõe seja feita analogia com a união estável, que se encontra devidamente regulamentada. Embargos infringentes acolhidos, por maioria.[35]

Como se vê, a própria ementa expressa os fundamentos da decisão. Argumentou-se existir omissão constitucional e legal. A colmatação da "lacuna" fez-se mediante uso da analogia com a união estável entre homem e mulher. Invocou-se, igualmente, o princípio da unidade da Constituição, entre outros (na seção 6.7 analisa-se o uso da analogia entre as espécies de família).

Em 2001, o mesmo TJRS admitiu a existência de união estável entre homossexuais para fins de partilha do patrimônio havido na constância do relacionamento:

> *União homossexual. Reconhecimento. Partilha do patrimônio. Meação. Paradigma.* Não se permite mais o farisaísmo de desconhecer a existência de uniões entre pessoas do mesmo sexo e a produção de efeitos jurídicos derivados dessas relações homoafetivas. Embora permeadas de preconceitos, são realidades que o Judiciário não pode ignorar, mesmo em sua natural atividade retardatária.
>
> Nelas remanescem consequências semelhantes às que vigoram nas relações de afeto, buscando-se sempre a aplicação da analogia e dos princípios gerais do direito, relevados sempre os princípios constitucionais da dignidade humana e da igualdade.
>
> Desta forma, o patrimônio havido na constância do relacionamento deve ser partilhado como na união estável, paradigma supletivo onde se debruça a melhor hermenêutica.
>
> Apelação provida, em parte, por maioria para assegurar a divisão do acervo entre os parceiros.[36]

---

35. Rio Grande do Sul. TJRS, Apelação Cível nº 70003967676, 7ª Câmara Cível, Rel. Desª Maria Berenice Dias, acórdão de 09/05/2003, por maioria. In: Dias, Maria Berenice. *Homoafetividade...*, p. 127.
36. Rio Grande do Sul. TJRS, Apelação Cível nº 70001388982, 7ª Câmara Cível, Rel. Des. José Carlos Teixeira Giorgis, por maioria, acórdão de 14/03/2001, In: Dias, Maria Berenice. *Homoafetividade...*, p. 46.

O voto vencedor, de grande erudição, buscou respaldo nos princípios da dignidade da pessoa humana e da igualdade, na aplicação da analogia e na "interpretação extensiva dos direitos fundamentais."

Finalmente, em 2006, o TJRS considerou possível a adoção por casal homossexual, argumentando com a primazia da proteção dos interesses da criança e do adolescente, tal como positivada no art. 227, *caput,* da Constituição da República:

> *Apelação cível. Adoção. Casal formado por duas pessoas de mesmo sexo. Possibilidade.* Reconhecida como entidade familiar, merecedora da proteção estatal, a união formada por pessoas do mesmo sexo, com características de duração, publicidade, continuidade e intenção de constituir família, decorrência inafastável é a possibilidade de que seus componentes possam adotar. Os estudos especializados não apontam qualquer inconveniente em que crianças sejam adotadas por casais homossexuais, mais importando a qualidade do vínculo e do afeto que permeia o meio familiar em que serão inseridas e que as liga aos seus cuidadores. É hora de abandonar de vez preconceitos e atitudes hipócritas desprovidas de base científica, adotando-se uma postura de firme defesa da absoluta prioridade que constitucionalmente é assegurada aos direitos da criança e dos adolescentes (art. 227 da Constituição Federal). Caso em que o laudo especializado comprova o saudável vínculo existente entre as crianças e os adotantes. Negaram provimento. Unanimidade. (TJRS, Ap. Cív. nº 700113801592, Rel. Des. Luiz Felipe Brasil Santos, j. 05.04.2006)

Até o momento, o Supremo Tribunal Federal (STF), intérprete maior da Constituição, não se posicionou claramente sobre a extensão dos direitos de família tradicionais a outras formas de família, independentemente de previsão legal específica.[37]

---

37. A Associação da Parada do Orgulho dos Gays, Lésbicas, Bissexuais e Transgêneros de São Paulo e a Associação de Incentivo à Educação e Saúde de São Paulo ajuizaram a Ação Direta de Inconstitucionalidade nº 3.300, para atacar o art. 1º da Lei nº 9.278/1996, que, ao regular o § 3º do art. 226 da Constituição, reconheceu, unicamente, como entidade familiar, a união estável entre homem e mulher. Visaram à qualificação jurídica de entidade familiar às uniões homoafetivas, sob a alegação de que o preceito atacado seria discriminatório. O processo foi, no entanto, extinto, sem julgamento do mérito, em razão de o dispositivo atacado já se encontrar revogado pelo art. 1.723 do Código Civil no momento em que a ação fora proposta. Embora o processo tenha sido extinto e não se tenha atacado o § 3º do art. 226 da Constituição da República, a questão foi analisada: "Cabe indagar, neste ponto, embora esse pleito não tenha sido deduzido pelas entidades autoras, se se mostraria possível, na espécie, o ajuizamento de ação direta de inconstitucionalidade proposta com o objetivo de questionar a validade jurídica do próprio § 3º do art. 226 da Constituição da República. A jurisprudência do Supremo Tribunal Federal firmou-se no sentido de não admitir, em sede de fiscalização normativa abstrata, o exame de constitucionalidade de uma norma constitucional originária, como o é aquela inscrita no § 3º do art. 226 da Constituição: "A tese de que há hierarquia entre normas constitucionais originárias dando azo à declaração de inconstitucionalidade de umas em face de outras é incompossível com o sistema de Constituição rígida. Na atual Carta Magna, 'compete ao Supremo Tribunal Federal, precipuamente, a guarda da Constituição' (art. 102, 'caput'), o que implica dizer que essa jurisdição lhe é atribuída para impedir que se desrespeite a Constituição como um todo, e não para, com relação a ela, exercer o papel de fiscal do Poder Constituinte originário, a fim de verificar se este teria, ou não, violado os princípios de direito suprapositivo que ele próprio havia incluído no

O Superior Tribunal de Justiça (STJ), por sua vez, tem refutado a tese prevalecente no Tribunal de Justiça do Rio Grande do Sul. Além da decisão proferida no Recurso Especial nº 323.370-RS, ao corroborar, em outra decisão, a competência das varas cíveis para a dissolução de sociedade de fato entre homossexuais, expressou o entendimento de que a referida relação não configura união estável:

> *Direito Civil e Processual Civil. Dissolução de sociedade de fato. Homossexuais. Homologação de acordo. Competência. Vara Cível. Existência de filho de uma das partes. Guarda e responsabilidade. Irrelevância.*
>
> 1. A primeira condição que se impõe à existência da união estável é a dualidade de sexos. A união entre homossexuais juridicamente não existe nem pelo casamento, nem pela união estável, mas pode configurar sociedade de fato, cuja dissolução assume contornos econômicos, resultantes da divisão do patrimônio comum, com incidência do Direito das Obrigações.
>
> 2. A existência de filho de uma das integrantes da sociedade amigavelmente dissolvida, não desloca o eixo do problema para o âmbito do Direito de Família, uma vez que a guarda e responsabilidade pelo menor permanece com a mãe, constante do registro, anotando o termo de acordo apenas que, na sua falta, à outra caberá aquele *munus,* sem questionamento por parte dos familiares.
>
> 3. Neste caso, porque não violados os dispositivos invocados – arts. 1º e 9º da Lei nº 9.278 de 1996, a homologação está afeta à vara cível e não à vara de família.
>
> 4. Recurso especial não conhecido.[38]

Os julgados citados, do Tribunal de Justiça do Rio Grande do Sul, são exemplos de muitos outros que traduzem o entendimento de que os direitos subjetivos privados relacionados à família – direitos sucessórios, a alimentos, a um regime de bens, à adoção, entre outros – são suscetíveis de aplicação às formações familiares não contempladas na Constituição e nas leis, por força de princípios constitucionais fundamentais e estruturantes, tais como os da dignidade da pessoa humana, da igualdade e da proteção à intimidade. Para a aplicação de tais direitos, não expressamente deferidos pela Constituição e pela legislação ordinária às uniões homossexuais, busca-se respaldo em procedimentos interpretativos como a analogia

texto da mesma Constituição. Por outro lado, as cláusulas pétreas não podem ser invocadas para sustentação da tese da inconstitucionalidade de normas constitucionais inferiores em face de normas constitucionais superiores, porquanto a Constituição as prevê apenas como limites ao Poder Constituinte derivado ao rever ou ao emendar a Constituição elaborada pelo Poder Constituinte originário, e não como abarcando normas cuja observância se impôs ao próprio Poder Constituinte originário com relação às outras que não sejam consideradas como cláusulas pétreas, e, portanto, possam ser emendadas. Ação não conhecida, por impossibilidade jurídica do pedido." (RTJ 163/872-873, Rel. Min. Moreira Alves, Pleno) (Brasil. STF, Ação Direta de Inconstitucionalidade nº 3.300-0. Rel. Min. Celso de Mello, acórdão de 03/02/2006. Disponível em: <www.stf.gov.br>. Acesso em 17 set. 2006).

38. Brasil. STJ, Recurso Especial nº 502.995-RN, 4ª Turma, Rel. Min. Fernando Gonçalves, acórdão de 26/04/2005, DJ, 16/05/2005, p. 353.

e a interpretação extensiva, e em tópicos da hermenêutica constitucional, como a supremacia dos direitos fundamentais e a unidade da Constituição.

Tratando-se de posição teórica relevante, conta com o apoio de parte significativa da doutrina.

Indubitavelmente, portanto, a compreensão adequada do tema exige analisar e ordenar, relativamente à proteção estatal da família, temas centrais e abrangentes do Direito Constitucional, como o dos métodos de interpretação constitucional, os princípios da interpretação constitucional, os princípios estruturantes da ordem constitucional e os direitos fundamentais à igualdade e à intimidade (na seção 6.6 sintetiza-se a crítica ao ativismo judicial no Direito de Família).

5.4. OS MÉTODOS DE INTERPRETAÇÃO DA CONSTITUIÇÃO

A discussão teórica sobre a atribuição dos direitos subjetivos tradicionais do Direito de Família a membros de famílias não reguladas pela lei e pela Constituição, ao confrontar princípios constitucionais fundamentais (Estado Democrático de Direito, dignidade da pessoa humana e princípio democrático) e direitos fundamentais (igualdade e intimidade), exige uma pré-compreensão destes.

Na tradição constitucional norte-americana, a confrontação de alguns desses princípios revelou duas perspectivas hermenêuticas distintas: o interpretativismo (*interpretativism) e o não-interpretativismo (non interpretativism).*[39] O estudo dos argumentos que fundamentam uma e outra serve à compreensão do problema no Brasil, uma vez que envolve os mesmos princípios estruturantes e direitos fundamentais. Saliente-se que essa divergência no plano da interpretação teve paralelo no direito alemão na disputa entre o *método jurídico* de Forsthoff e o *método científico-espiritual* de Smend, respectivamente.

Os interpretativistas entendem que a interpretação judicial da Constituição está limitada pela textura semântica desta. Valorizam o princípio democrático, sob duas premissas fundamentais:

a) pluralismo – as decisões sobre diferentes concepções de liberdade e de justiça dos diversos grupos políticos, religiosos e culturais devem ser confiadas a órgãos politicamente responsáveis;

b) relativismo de valores (*skepticism)* – deve-se rejeitar uma visão "fundamentalista" de valores; deve-se dar um peso relativamente maior aos valores defendidos por uma maioria democrática do que às posições de uma minoria ou de um órgão judicial.

39. Canotilho, J. J. Gomes. *Direito constitucional,* p. 197 *et seq.*

Nessa linha de entendimento, como o poder político democrático é o valor fundamental da Constituição, o juiz não pode substituir a decisão política legislativa da maioria democrática, embora não lhe seja negada a fiscalização dos atos legislativos. Assim, *no caso de não ser possível deduzir uma "regra jurídica", a competência decisória para a disciplina jurídica dos problemas pertence aos órgãos democraticamente eleitos.*[40]

Os não interpretativistas, diferentemente, admitem o apelo aos valores substanciais da Constituição (justiça, igualdade, liberdade), uma vez que o direito da maioria é limitado mesmo na presença de conceitos constitucionais vagos. O apelo a esses valores não abala a objetividade da interpretação, porquanto esta seja balizada pelo texto, pela história, pelos precedentes, pelas regras de procedimento e pelas normas de competência. É tarefa dos juízes realizar a mediação concretizadora dos princípios jurídicos abertos.[41]

Na família romano-germânica, a interpretação a partir de elementos não estritamente normativos, com caráter eminentemente prático, marcou o método científico espiritual, de Rudolf Smend, a "lógica do razoável" a que se refere Recaséns Siches e as teorias da argumentação jurídica: a tópica, de Theodor Viehweg, e a retórica, de Chaïm Perelman.[42]

Segundo Paulo Bonavides o método tópico, propugnado por Theodor Viehweg, foi o tronco do qual partiram as atuais teorias que buscam a renovação da interpretação constitucional na Alemanha, com a adesão dos civilistas Franz Wieacker, Joseph Esser e Coing.[43] A designação "tópico" advém da utilização de *topoi*, esquemas de pensamento, raciocínios, lugares-comuns ou pontos de vista, presentes na argumentação jurídica. A tópica indica um roteiro inverso ao da hermenêutica tradicional: em vez de buscar a solução correta a partir do enunciado normativo, por subsunção, quer descobrir a solução mais adequada ao problema, de acordo com os argumentos concretamente postos pelos interessados, superando, desse modo, o caráter aberto, fragmentário e indeterminado das normas constitucionais: *com a tópica, a norma e o sistema perdem o primado. Tornam-se meros pontos de vista ou simples* topoi, *cedendo lugar à hegemonia do problema, eixo fundamental da operação interpretativa.*[44]

A hegemonia do problema não só caracteriza a tópica, mas é também a razão maior das críticas endereçadas a ela, por conduzir à desconsideração da força vinculante da norma a ser aplicada.[45]

40. Op. cit., p. 198.
41. Op. cit., p. 198-199.
42. Pérez L., Antonio E. *Derechos humanos...*, p. 260.
43. Bonavides, Paulo. *Curso de direito constitucional*, p. 406 e 412.
44. Op. cit., p. 410.
45. Canotilho, J. J. Gomes. *Direito constitucional*, p. 214.

Preocupados em conciliar a força normativa da Constituição e a tópica, Frederich Müller e Konrad Hesse desenvolveram o método "hermenêutico-concretizador", para o qual a aplicação do direito pressupõe a concretização normativa, entendida como a densificação das normas segundo um procedimento de crescentes determinações que parte do texto constitucional, passa pelas normas gerais infraconstitucionais e completa-se com a decisão judicial, no caso concreto. Portanto, tal como a tópica, a concretização não é atividade meramente interpretativa.

Segundo o pensamento concretista, o texto normativo não contém a normatividade em si mesmo. Regulam o caso concreto: o corpo legislativo, o órgão de governo, o administrador, o juiz, o aparelho judiciário etc. O texto normativo constitucional apenas dirige e delimita as possibilidades legais de uma determinada concretização material do Direito. Por isso, não é possível isolar a norma da realidade: os elementos materiais constitutivos da norma são os dados da realidade que ela afeta. Há, portanto, uma implicação recíproca entre norma e realidade.[46]

Para Hesse, a concretização pressupõe a compreensão do conteúdo da norma e ambas só são possíveis em face de um caso concreto. Por isso, *a determinação do sentido da norma e sua aplicação a um caso concreto constituem um processo unitário*:[47]

> A vinculação da interpretação à norma a ser concretizada, à (pré)-compreensão do intérprete e ao problema concreto a ser resolvido, cada vez, significa, negativamente, que não pode haver método de interpretação autônomo, separado desses fatores, positivamente, que o procedimento de concretização deve ser determinado pelo objeto da interpretação, pela Constituição e pelo problema respectivo.[48]

A tarefa do intérprete consiste em:

a) descobrir o resultado constitucionalmente "correto", por meio de um procedimento racional e controlável;

b) fundamentar de forma racional e controlável esse resultado;

c) dotar o método jurídico de certeza e previsibilidade, de tal forma que não se decida somente porque se tem de decidir. Além disso, Hesse enfatiza que a Constituição é o próprio limite da atividade concretizadora. Portanto, prevalece o texto constitucional em face do problema.[49]

Alexy do mesmo modo adota a teoria da argumentação jurídica como modelo de aplicação do direito. Tal como Müller e Hesse, entende que o material dotado de autoridade prevalece na solução do problema: a lei, o precedente e a dogmática. Há, porém, casos que requerem valorações a partir de elementos não dotados de autoridade, como,

---

46. Bonavides, Paulo. *Curso de direito constitucional,* p. 420.
47. Op. cit., p. 397.
48. Hesse, Konrad. *Elementos de direito constitucional da república federal da alemanha,* p. 63.
49. Diniz, Márcio Augusto de Vasconcelos. *Constituição e hermenêutica constitucional,* p. 261.

por exemplo, o juízo moral. Portanto, nesses casos, a racionalidade da fundamentação jurídica depende da possibilidade de fundamentação racional dos juízos morais. Ele rejeita a dicotomia de posições racionalistas ou irracionalistas a respeito da possibilidade de aplicação de juízos morais, porque modernamente ficou demonstrada a impossibilidade de teorias materiais que pretendem poder dar uma resposta concludente para cada caso e, por outro lado, restou demonstrada a possibilidade de uma teoria moral procedimental que formula regras ou condições da argumentação racional.

Essa vinculação da moral ao direito faz-se em quatro estágios:

a) o discurso prático geral;

b) o procedimento legislativo;

c) o discurso jurídico;

d) o procedimento judicial.

Esses procedimentos têm como consequência a redução da insegurança do discurso prático geral de modo a assegurar a racionalidade das decisões e, portanto, a limitação do arbítrio:

> O fato de que no procedimento judicial as questões valorativas que tenham restado abertas pelo material dotado de autoridade não sejam objeto só de argumentação mas também da decisão não significa despedir-se da razão. De um lado, essas questões valorativas são decididas no marco de sujeições que, como mostra o modelo, são, enquanto tais, racionais; de outro, essas questões valorativas podem ser decididas sobre a base da argumentação prática racional, o que confere um caráter racional à decisão também quando, de acordo com as regras da argumentação prática racional, é possível mais de uma decisão.[50]

Tratando especificamente da argumentação que tem por objeto os direitos fundamentais (argumentação *iusfundamental*), Alexy afirma que ela não está sujeita às decisões tomadas no procedimento legislativo, porque é prioritária em relação a ele. Mas, se o legislador estabeleceu regras para regular as normas fundamentais, elas tornam-se vinculantes desde que não se possa aduzir razões jurídico-constitucionais contra a sua obrigatoriedade.

Canotilho expressamente adota algumas das premissas teoréticas e metodológicas do método jurídico-estruturante de Frederich Müller na formulação de um *método jurídico-funcional* que enfatiza ser o ponto de partida na interpretação-concretização das normas constitucionais as características funcionais específicas das competências de decisão dos vários órgãos constitucionais:

> as funções do Estado são exercidas por aqueles órgãos que, segundo sua estrutura interna, composição e métodos de trabalho, estão legitimados para tomar decisões eficientes segundo procedimentos justos e para suportar a responsabilidade pelos resultados da decisão.[51]

---

50. Alexy, Robert. *Teoría de los derechos fundamentales...*, p. 532.
51. Canotilho, J. J. Gomes. *Direito constitucional*, p. 216.

A análise da disputa entre métodos de interpretação e de concretização constitucional permite vislumbrar que a proliferação dos mesmos se faz acompanhar da ratificação de certas premissas que lhes são comuns:

a) o reconhecimento da força vinculante da Constituição e da superioridade das normas constitucionais;

b) a consideração do texto constitucional como elemento primário do processo interpretativo;

c) a existência de diversas instâncias de concretização que denotam a importância do "sujeito concretizante";

d) a relevância dos procedimentos decisórios e o caráter argumentativo e procedimental da concretização;

e) os tópicos (ou dogmas) da interpretação constitucional.

A formação de consenso sobre aspectos relevantes da hermenêutica constitucional explica não apenas a desnecessidade de adoção de determinado modelo teórico, com pretensão de exclusividade, pelas cortes constitucionais, mas, a par disso, a possibilidade de exercício de controle teórico de suas decisões.

5.5. PRINCÍPIOS DA INTERPRETAÇÃO CONSTITUCIONAL

A compreensão do significado das normas constitucionais em relação ao Direito de Família exige a apreensão prévia do significado de alguns princípios de interpretação constitucional, de alguns princípios fundamentais e de alguns direitos fundamentais.

Consideram-se princípios da interpretação constitucional:

a) o da unidade da Constituição;

b) o da concordância prática ou da harmonização;

c) o da interpretação das leis em conformidade com a Constituição;

d) o da prevalência da Constituição;

e) o da conservação das normas;

f) o da exclusão da interpretação conforme a Constituição, mas *contra legem;*

g) o da interpretação da Constituição conforme a lei;

h) o da conformidade funcional;

i) o da máxima efetividade;

j) o da força normativa da Constituição;

k) o do efeito integrador.[52]

52. Op. cit., p. 226-230.

Entre estes, os nove primeiros são os mais relevantes na interpretação e na aplicação das normas relativas ao Direito de Família, uma vez que há razoável consenso sobre a normatividade da Constituição e da máxima efetividade de suas normas.

5.5.1. Princípio da unidade da Constituição

O *princípio da unidade da Constituição* determina que o resultado da interpretação evite antinomias entre suas normas. O intérprete deve procurar harmonizar os pontos de tensão entre as normas constitucionais a concretizar, considerando-as como preceitos integrados num sistema unitário de regras e princípios.[53] O referido princípio contrapõe-se à tese das normas constitucionais inconstitucionais.

A questão foi enfrentada pelo Supremo Tribunal Federal no julgamento da Ação Direta de Inconstitucionalidade nº 815-3:

> Ação direta de inconstitucionalidade. Parágrafos 1º e 2º do art. 45 da Constituição Federal.
>
> - A tese de que há hierarquia entre normas constitucionais originárias dando azo à declaração de inconstitucionalidade de umas em face de outras é incompossível com o sistema de Constituição rígida.
>
> - Na atual Carta Magna "compete ao Supremo Tribunal Federal, precipuamente, a guarda da Constituição" (art. 102, 'caput'), o que implica dizer que essa jurisdição lhe é atribuída para impedir que se desrespeite a Constituição como um todo, e não para, com relação a ela, exercer o papel de um fiscal do Poder Constituinte originário, a fim de verificar se este teria, ou não, violado os princípios de direito suprapositivo que ele próprio havia incluído no texto da mesma Constituição.
>
> - Por outro lado, as cláusulas pétreas não podem ser invocadas para sustentação da tese da inconstitucionalidade de normas constitucionais inferiores em face de normas constitucionais superiores, porquanto a Constituição as prevê apenas como limites ao Poder Constituinte derivado ao rever ou ao emendar a Constituição elaborada pelo Poder Constituinte originário, e não como abarcando normas cuja observância se impõe ao próprio Poder Constituinte originário com relação às outras que não sejam consideradas como cláusulas pétreas, e, portanto, possam ser emendadas.
>
> Ação não conhecida por impossibilidade jurídica do pedido.[54]

No corpo do acórdão argumenta-se que o parágrafo único do art. 1º da Constituição da República assegura que todo poder se exerce nos termos da Constituição.

---

53. Op. cit., p. 226-227.

54. Brasil. STF, Ação Direta de Inconstitucionalidade nº 815-3, Rel. Min. Moreira Alves, acórdão de 28/03/1996, DJU 10/05/1996, p. 15.131.

O respaldo doutrinário do acórdão é amplo, a começar por Francisco Campos:

> Repugna, absolutamente, ao regime de constituição escrita ou rígida a distinção entre leis constitucionais em sentido material e formal; em tal regime, são indistintamente constitucionais todas as cláusulas constantes da Constituição, seja qual for o seu conteúdo ou natureza.[55]

Salientou-se ainda, que o próprio Otto Bachof, que firmou a doutrina das normas constitucionais inconstitucionais, ressalvou que o constituinte originário poderia estabelecer exceções aos princípios por ele positivados:

> Ademais, o próprio Bachof (ob. cit., págs. 54 e s.), que distingue a inconstitucionalidade de normas constitucionais por contradição com normas constitucionais de grau superior da inconstitucionalidade das normas constitucionais por "infração de direito supralegal positivado na lei constitucional", reconhece que, quanto à primeira dessas duas hipóteses, o constituinte originário, por não estar vinculado ao direito suprapositivo, inexistente no caso, tem liberdade para determinar quais sejam essas normas constitucionais de grau superior, podendo, igualmente, estabelecer exceções a elas, no próprio dispositivo que as encerra ou em outro, salvo se essas exceções forem arbitrárias.[56]

5.5.2. Princípio da concordância prática ou da harmonização

O *princípio da concordância prática* ou *da harmonização* decorre do princípio da unidade da Constituição e sua especificação é atribuída por Perez Luño a Konrad Hesse. Ele impõe a compatibilização dos bens jurídicos constitucionalmente protegidos na solução dos problemas interpretativos de modo a que cada um seja conservado, o que se faz mediante a "ponderação de bens" (*Güterabwägung*).[57] O Supremo Tribunal Federal consagrou o referido princípio no julgamento da Representação de Inconstitucionalidade nº 1.507.[58]

5.5.3. Princípio da interpretação da lei conforme à Constituição

O *princípio da interpretação da lei conforme à Constituição* determina que na interpretação de normas polissêmicas prevaleça o sentido que seja mais conforme à

55. Campos, Francisco. *Direito constitucional, v. I, p. 392. No mesmo sentido: Miranda, Jorge. Manual de direito constitucional,* v. II, p. 291.

56. Brasil. STF, Ação Direta de Inconstitucionalidade nº 815-3, Rel. Min. Moreira Alves, acórdão de 28/03/1996, DJU 10/05/1996, p. 15.131.

57. Pérez L., Antonio E. *Derechos humanos...*, p. 277; Hesse, Konrad. *Elementos de direito constitucional da república federal da alemanha*, p. 66.

58. O Supremo Tribunal Federal entendeu ser constitucional a Lei nº 5.991, de 17/12/1973, ao exigir a assistência de técnico responsável nas drogarias por respeitar a concordância prática entre a liberdade do exercício do comércio de medicamentos e o seu controle em benefício dos cidadãos. (Brasil. STF, Representação de Inconstitucionalidade nº 1.507, Rel. Min. Carlos Madeira, acórdão de 22/09/1988, DJU 09/12/1988, p. 32.676)

Constituição. Este princípio desdobra-se em quatro outros: o princípio da prevalência da Constituição; o princípio da conservação das normas; o princípio da exclusão da interpretação conforme a Constituição, mas *contra legem*; o princípio da interpretação da Constituição conforme a lei.[59]

5.5.4. Princípio da prevalência da Constituição

O *princípio da prevalência da Constituição* determina que entre as várias possibilidades de interpretação não se pode escolher uma contrária ao texto das normas constitucionais.

5.5.5. Princípio da conservação das normas

O *princípio da conservação das normas* impede a declaração de inconstitucionalidade de norma que possa ser interpretada conforme a Constituição.

5.5.6. Princípio da exclusão da interpretação conforme a Constituição mas *contra legem*

O *princípio da exclusão da interpretação conforme a Constituição mas "contra legem"* determina ao aplicador não contrariar o sentido de uma norma mediante uma interpretação conforme à Constituição.

5.5.7. Princípio da interpretação da Constituição conforme a lei

O *princípio da interpretação da Constituição conforme a lei* resulta da primazia dos métodos de concretização dos preceitos constitucionais estabelecidos por ela própria. O princípio da interpretação da lei conforme à Constituição pressupõe o reconhecimento de que o legislador democrático possui primazia na concretização do texto constitucional:

> A ideia da interpretação conforme supõe uma dupla presunção: subjetiva de que o legislador realizou sua função dentro dos limites constitucionais (*favor legislatoris);* e objetiva de que a lei se ajusta aos parâmetros estabelecidos pela Constituição *(favor legis).*[60]

Logo, a legislação é um meio auxiliar e subsidiário de interpretação da Constituição, o que leva à interpretação da Constituição conforme as leis: *Desse modo, o intérprete constitucional tem na atividade normativa do legislador um critério*

59. O referido critério de interpretação é citado em dezenas de julgados do Supremo Tribunal Federal, entre os quais o da Ação Direta de Inconstitucionalidade nº 1.586-PA, Rel. Min. Sydney Sanches, acórdão de 27/02/2003, DJU 29/08/2003, p. 16.

60. Pérez L., Antonio E. *Derechos humanos...*, p. 280.

básico para concretizar o conteúdo da Constituição e adaptá-lo às circunstâncias sociais e políticas.[61-62-63]

Jorge Miranda expressa, com precisão, os limites e o significado da interpretação conforme a lei:

> Na interpretação de preceitos da Constituição, é legítimo e pode ser conveniente considerar o modo como são aplicados na prática, em especial através da lei e das decisões dos tribunais. Todavia, evidentemente, não é o sentido que daí decorra que, só por isso, deve ser acolhido – porque não é a Constituição que deve ser interpretada em conformidade com a lei, mas sim a lei que deve ser interpretada em conformidade com a Constituição.[64]

5.5.8. Princípio da conformidade funcional

O *princípio da conformidade funcional* impede resultados que subvertam o sistema organizatório-funcional constitucionalmente estabelecido com base na separação dos Poderes e nas funções do Estado.

5.5.9. Princípio da máxima efetividade

O *princípio da máxima efetividade* preconiza que a uma norma constitucional deve ser atribuído o sentido que lhe dê maior eficácia. Canotilho ensina que *é hoje invocado no âmbito dos direitos fundamentais* (no caso de *dúvidas deve preferir-se a interpretação que reconheça maior eficácia aos direitos fundamentais).*[65]

Salgado designa-o *princípio da maior extensibilidade* e o justifica do ponto de vista filosófico:

---

61. Pérez L., Antonio E. *Derechos humanos...*, p. 280. Canotilho adverte que a "interpretação da Constituição conforme as leis" (*gestzeskonform Verfassungsinterpretation) "tem merecido sérias reticências da doutrina", entre outros motivos, pelo perigo de configurar uma interpretação inconstitucional seja porque "o sentido das leis passadas ganhou um significado completamente diferente na constituição", seja "porque as leis novas podem elas próprias ter introduzido alterações de sentido inconstitucionais" (Canotilho, J. J. Gomes. Direito constitucional,* p. 237).

62. O Supremo Tribunal Federal interpretou a Constituição conforme a lei ao estabelecer que o conceito de direito adquirido está no art. 6º, § 2º, da Lei de Introdução ao Código Civil. Reconheceu-se ao legislador a possibilidade de optar entre as diversas correntes teóricas que buscam determinar o sentido conceitual do referido instituto (Agravo Regimental no Agravo de Instrumento nº 135.632-4-RS, 1ª Turma, Rel. Min. Celso de Mello, acórdão de 10/10/1995, DJU 03/09/1999. No mesmo sentido: Agravo Regimental no Agravo de Instrumento nº 367.261-8-SC, acórdão de 30/04/2002, DJU 21/06/2002)

63. Em sentido contrário: "Lógica e cronologicamente, a Constituição não se beneficia dos conceitos e demais noções teóricas ressaídos do direito infraconstitucional. Precede a todo arsenal doutrinário de direito comum e tem suas 'verdades' construídas a partir dela mesma. Seu caminho exegético há de palmilhar-se pela senda lógica que vai da norma anterior à posterior; da fundamentante à fundamentada; da referente à referida; da superior à inferior, e não o inverso" (Bastos, Celso Ribeiro; Britto, Carlos Ayres. *Interpretação e aplicabilidade das normas constitucionais,* p. 13).

64. Miranda, Jorge. *Manual de direito constitucional,* p. 261.

65. Canotilho, J. J. Gomes. *Direito constitucional,* p. 227.

> As normas que definem ou outorgam direitos fundamentais têm de ter interpretação ampla, porque tais direitos não são mera concessão do Estado, mas: a) valores que não podem ser mutilados ou restringidos, e b) direitos universalmente destinados, ou seja, a todos os outorgados. Nesse caso, o intérprete tem de perquirir-lhe todo o alcance lógico, como, por exemplo, recorrer aos princípios explícitos ou implícitos da Constituição, que fundamentam o Estado de Direito. Não só a dimensão lógica desses direitos, mas também a axiológica, uma vez que, tendo os direitos fundamentais como conteúdo, valores, há de buscar o intérprete, na constelação dos valores a que pertence o conteúdo de um direito fundamental a sua explicitação, de forma a considerar protegidos outros que expressamente não se declararam como direitos, mas cuja postergação podem comprometer a plenitude da fruição do direito declarado.[66]

O Supremo Tribunal Federal decidiu com base no *princípio da máxima efetividade* o Agravo Regimental no Recurso Extraordinário nº 235.794-SC.[67]

5.6. PRINCÍPIOS FUNDAMENTAIS

A interpretação da proteção estatal da família diz respeito, igualmente, aos princípios fundamentais. Para tanto, impõe-se analisar tais princípios conforme concretamente positivados na ordem constitucional brasileira.

Os *princípios fundamentais* são os princípios estruturantes da ordem constitucional e, portanto, da ordem jurídica e traduzem as opções políticas fundamentais que ganharam juridicidade por meio da Constituição ao mesmo tempo que a conformaram.

A Constituição da República de 1988 foi, no direito brasileiro, a primeira a conter uma subdivisão dedicada aos princípios fundamentais. Sua posição no início do texto, anterior à própria enumeração dos direitos fundamentais, tem sido interpretada como evidência de que as respectivas normas são informadoras de toda a ordem constitucional, *inclusive (e especialmente) das normas definidoras de direitos e garantias fundamentais.*[68]

Os princípios fundamentais foram reunidos no Título I, arts. 1º a 4º, da Constituição da República. Entre eles, relativamente ao tema deste trabalho, cumpre destacar:

a) o princípio do Estado Democrático de Direito (art. 1º, *caput);*

b) o da dignidade da pessoa humana (art. 1º, inciso III);

c) o democrático (art. 1º, parágrafo único).

---

66. Salgado, Joaquim Carlos. Princípios Hermenêuticos dos Direitos Fundamentais, p. 33.

67. Brasil. STF, Agravo Regimental no Recurso Extraordinário nº 235.794-SC. 2ª Turma, Rel. Min. Gilmar Mendes, acórdão de 22/10/2002, DJU 14/11/2002, p. 45.

68. Sarlet, Ingo Wolfgang. *Dignidade da pessoa humana e direitos fundamentais na constituição federal de* 1988, p. 61.

Canotilho ensina que os princípios estruturantes mantêm entre si "relações de complementaridade, de condicionamento e imbricação" que põem em relevo sua especificidade e sua concordância prática: "a especificidade (conteúdo, extensão e alcance) própria de cada princípio não exige o sacrifício unilateral de um princípio em relação aos outros, antes aponta para uma tarefa de harmonização, de forma a obter-se a máxima efetividade de todos eles."[69]

A complementaridade manifesta-se, *e. g.*, na necessidade constitucional de que o Estado Democrático de Direito se realize mediante os processos democráticos e o respeito aos direitos fundamentais (dignidade, liberdade, igualdade) estabelecidos na própria Constituição; como se condicionam, o exercício do poder, no Estado Democrático de Direito, é determinado pela separação dos Poderes, funcionalmente harmônicos; estando imbricados, a compreensão de um princípio fundamental e de suas alterações são suscetíveis de repercutirem na compreensão que se tenha de outro.[70]

O fato de os princípios fundamentais terem sido positivados na ordem jurídica constitucional e sua imbricação sobrelevam que a interpretação dos princípios fundamentais tenha como parâmetro essencial o próprio texto da Constituição e que

> Não são, pois, expressões de um direito abstrato ou "pontos fixos", sistematicamente reconduzíveis a uma "ordem divina", "natural" ou "racional", sem qualquer referência a uma ordem política comunitária.[71]

Assim, pode-se estabelecer um roteiro de interpretação dos princípios fundamentais, cujo parâmetro essencial seja o próprio texto da Constituição, considerado em seu todo, em consonância com o princípio da unidade da Constituição. Em segundo lugar, em conformidade com o disposto no *caput* do art. 102 da Constituição da República, há que se respeitar a primazia do Supremo Tribunal Federal na interpretação das normas constitucionais. Enfim, não se pode olvidar o importante papel da Filosofia e da dogmática jurídica na interpretação constitucional, que se revela na formulação de pré-compreensões dos conceitos constitucionais, uma vez que são historicamente determinados, e na crítica aos diversos sentidos possíveis das normas constitucionais, de modo a assegurar e restaurar o caráter sistemático do direito, no qual reside sua racionalidade. Andrei Pitten Velloso expressou a relevância de se recorrer a uma pluralidade de fontes na interpretação constitucional:

> A Constituição pode ser interpretada também com base em textos normativos revogados e nos enunciados exteriorizados no processo de produção constitucional *lato sensu,* por ser inviável se negar por completo a possibilidade de emprego dos argumentos

69. Canotilho, J. J. Gomes. *Direito constitucional,* p. 348.
70. Op. cit., p. 347.
71. Op. cit., p. 346.

históricos e genéticos na empreitada interpretativa. Também os trabalhos doutrinários e as orientações jurisprudenciais devem ser levados em consideração, pois consistem em vinculações, posto que débeis, da argumentação jurídica e os "estudos acadêmicos" e a "atuação dos Pretórios", como bem exposto pelo Ministro Marco Aurélio, com o passar do tempo importam na consolidação da significação de determinados signos lingüísticos, fato que é uma constante em qualquer ciência.[72]

Atendendo a essas premissas, cabe examinar, sucintamente, os significados dos princípios fundamentais mais importantes na concretização da proteção estatal da família.

5.6.1. Princípio do Estado Democrático de Direito

Na perspectiva jurídico-constitucional, o *princípio do Estado Democrático de Direito,* positivado no art. 1º da Constituição da República do Brasil, apoia-se na defesa da soberania nacional, da cidadania, da dignidade da pessoa humana, nos valores sociais do trabalho e da livre iniciativa e no pluralismo político; assegura o respeito ao princípio democrático que se realiza mediante a representação política, por representantes eleitos, e alguns instrumentos de democracia direta, como o referendo, o plebiscito e a iniciativa popular de leis (CF, arts. 1º e 14); consagra a doutrina da separação dos Poderes (art. 2º) mediante a atribuição do Poder Legislativo ao Congresso Nacional (art. 44), às Assembleias Legislativas estaduais (art. 27) e às Câmaras municipais (art. 29); do Executivo ao Presidente da República (art. 76), aos governadores dos Estados (art. 28) e aos prefeitos municipais (art. 29); e do Judiciário aos diversos órgãos enumerados no art. 92 da Constituição; confere primazia à proteção dos direitos e garantias fundamentais ao determinar que sejam aplicados imediatamente (art. 5º, CF); define competências e atribuições (CF, arts. 21 a 25, 29, 30, 48 a 52, 84, 87, parágrafo único, 90, 91, § 1º, 96, 102, 103-A, 105, 108, 109, 114, 121, 124, parágrafo único, 129, 130-A, § 2º, 131, 132, 143, § 1º, 145, 147 a 149-A, 153 a 156, 184 e 194, parágrafo único) e procedimentos decisórios (CF, arts. 5º, XXIV, XXXIV a XXXVIII, XLV, XLVI, LIII a LVII, LXVIII a LXXV, LXXVII e LXXVIII, 37, II a IV, 53 §§ 3º a 6º, 59 a 62, 77 a 79).

O Supremo Tribunal Federal atribui diversos significados ao princípio do Estado Democrático de Direito: o respeito à Constituição da República e à lei, subordinando a elas o próprio Estado, mas, igualmente, os movimentos sociais, qualquer que seja o perfil ideológico que ostentem;[73] o respeito aos princípios do devido processo

---

72. Velloso, Andrei Pitten. *Conceitos e competências tributárias,* p. 49.

73. Brasil. STF, Medida Cautelar na Ação Direta de Inconstitucionalidade nº 2.213-DF, Rel. Min. Celso de Mello, acórdão de 04/04/2002, DJU 23/04/2004, p. 7.

legal e da ampla defesa;[74] ao princípio do juiz natural;[75] à coisa julgada;[76] ao dever de fundamentar as decisões judiciais;[77] aos direitos e às liberdades públicas, que garantem às minorias legislativas o direito público subjetivo assegurado pelo art. 58, § 3º, da Constituição;[78] e à liberdade de associação.[79]

Sobressaem, portanto, dois sentidos que o Supremo Tribunal Federal relaciona, com maior frequência, ao princípio do Estado Democrático de Direito: o respeito a normas jurídicas vigentes (constitucionais e infraconstitucionais) e às garantias constitucionais processuais. Estes significados têm correspondência nas construções filosófico-dogmáticas do Estado Democrático de Direito.

A prevalência das normas escritas, prévias, gerais e abstratas, na regulação das condutas, é característica do *Estado de Direito,* conceito que antecedeu e que está presente na conformação do Estado Democrático de Direito. Embora não tenha criado a expressão, atribui-se a Immanuel Kant a origem desta ideia na filosofia política. Para ele, o direito é uma condição de coexistência das liberdades individuais, que atribui ao Estado a garantia, mediante sua não ingerência, do livre desenvolvimento da liberdade:

> Immanuel Kant concebe, de fato, o Estado de Direito como Estado de razão, isto é, como a condição *a priori* (exigência universal da razão) para uma coexistência livre através do direito, entendido, por sua vez, como normatividade racional "porque a razão constitui o único fundamento de qualquer possível legislação positiva".[80]

Admite-se que o conceito de Estado de Direito traduz os seguintes princípios:[81]

> 1. Primazia da lei que regula toda a atividade estatal, tanto a esfera executiva como jurisdicional; entenda-se lei no sentido formal; ou seja, elaborada pelos órgãos legislativos do Estado; nas democracias liberais pelo Parlamento legislativo; eleito pelo corpo eleitoral. Os cidadãos são iguais perante a lei.

74. Brasil. STF, Recurso Extraordinário nº 247.262-BA – BA, 2ª Turma, Rel. Min. Marco Aurélio, acórdão de 13/02/2001, DJU 18/05/2001, p. 449.

75. Brasil. STF, Agravo Regimental no Agravo de Instrumento nº 177.313-MG, 1ª Turma, Rel. Min. Celso de Mello, acórdão de 23/04/1996, DJU 17/05/1996, p. 16.343.

76. Brasil. STF, Questão de Ordem na Intervenção Federal nº 590-CE, Rel. Min. Celso de Mello, acórdão de 17/09/1998, DJU 09/10/1998, p. 5.

77. Brasil. STF, Habeas Corpus nº 69.013-PI, 1ª Turma, Rel. Min. Celso de Mello, acórdão de 24/03/1992, DJU 01/07/1992, p. 10.556.

78. Brasil. STF, Mandado de Segurança nº 24.831-DF. Rel. Min. Celso de Mello, acórdão de 22/06/2005, DJU 04/08/2006, p. 26.

79. Brasil. STF, Recurso Ordinário em Mandado de Segurança nº 24.069-DF, 1ª Turma, Rel. Min. Marco Aurélio, acórdão de 22/03/2005, DJU 24/06/2005, p. 45.

80. Pérez L., Antonio E. *Derechos humanos...*, p. 217.

81. O Estado de Direito é um princípio central das teorias do Estado e da Constituição e seu significado apresenta inúmeras variações. Para um resumo das principais teorias sobre o referido princípio: Canotilho, J. J. Gomes. *Direito constitucional*, p. 348-395; Pérez L., Antonio E. *Derechos humanos...*, p. 212-245.

2. Um sistema hierárquico de normas que produz a segurança jurídica e que se concretiza no nível diferente das diversas normas e em seu correspondente grau e âmbito de validade.

3. Legalidade da administração, estabelecendo-se um sistema de recursos em benefício dos possíveis afetados.

4. Separação de poderes como garantia da liberdade e freio de possíveis abusos. Esta separação se interpreta de modos distintos.

5. Reconhecimento e garantia dos direitos e liberdades fundamentais incorporados à ordem constitucional.

6. Em alguns casos, exame de constitucionalidade das leis como garantia frente ao eventual despotismo do legislativo. Este exame se organiza e exerce de diferentes modos segundo os países.[82]

O princípio do Estado de Direito, nessa acepção kantiana, conforma o que se tem denominado "paradigma liberal de Direito e de Estado",[83] prevalecente nas ordens jurídicas ocidentais até as primeiras décadas do século XX. A partir de então, o modelo constitucional predominante no Ocidente passou a ser o do Estado de Bem-Estar Social.

Cattoni de Oliveira ensina que a ideia de Estado Democrático de Direito foi concebida como uma alternativa ao Estado de Bem-Estar Social e ao socialismo real:

> No esteio dos novos movimentos sociais, tais como o estudantil de 1968, o pacifista, o ecologista e os de luta pelos direitos das minorias, além dos movimentos contra-culturais, que passam a eclodir a partir da segunda metade da década de 60, a "nova esquerda", a chamada esquerda não-estalinista, a partir de duras críticas tanto ao Estado de Bem-Estar – denunciando os limites e o alcance das políticas públicas, as contradições entre capitalismo e democracia –, quanto ao Estado de socialismo real – a formação de uma burocracia autoritária, desligada das aspirações populares –, cunha a expressão Estado Democrático de Direito. O Estado Democrático de Direito passa a configurar uma alternativa de superação tanto do Estado de Bem-Estar quanto do Estado de socialismo real. Socialistas democráticos, democratas radicais e socialistas cristãos concebem, então o Estado Democrático de Direito como uma organização política que possibilitaria a transição democrática ao socialismo.[84]

O conceito foi positivado no art. 2º da Constituição da República Portuguesa de 1976 ("Estado de direito democrático") e no art. 1,1, da Constituição Espanhola de 1978 ("Estado social e democrático de Direito").[85]

---

82. Lucas Verdú, Pablo. *Curso de derecho político,* v. II, p. 238-239.
83. Oliveira, Marcelo Andrade Cattoni de. *Tutela jurisdicional e Estado Democrático de Direito*, p. 37.
84. Op. cit., p. 43.
85. Em sua redação original, o art. 2º da Constituição portuguesa expressamente referia-se ao objetivo de "assegurar a transição para o socialismo". O texto atual, que não contém esta expressão, resultou da Lei Constitucional nº 1/1989.

Uma importante teoria do direito que tem como elemento central o conceito de Estado Democrático de Direito é a de Habermas, exposta em *Direito e Democracia: entre Facticidade e Validade.*

Segundo Habermas, princípios jurídicos fundamentais e direitos fundamentais são representados de modo distinto nas diversas ordens jurídicas concretas. Mais do que variações de entendimentos a diversidade de tratamento revela paradigmas distintos, que, por sua vez, refletem distintas "teorias sociais do sistema jurídico".[86] Ele reconhece a predominância de dois paradigmas de direito: o do "direito formal burguês" e o do "Estado social." Sua proposta é a de *reforçar os contornos de um terceiro paradigma do direito, capaz de absorver os outros dois,* partindo da ideia de que *os sistemas jurídicos surgidos no final do Século XX, nas democracias de massas dos Estados sociais, denotam uma compreensão procedimentalista do direito.*[87]

Habermas identifica como problema central do direito (a *tensão entre facticidade e validade, imanente ao direito)* a tensão entre o princípio da segurança jurídica e a pretensão de tomar decisões corretas. Descarta as teses do direito natural e afirma que três teorias indicam respostas a essa questão central:

a) a da hermenêutica jurídica;
b) a do realismo;
c) a do positivismo jurídico.[88]

Ele analisa e critica essas três teorias. Sobre a hermenêutica jurídica afirma:

> o recurso a um *ethos* dominante, aprimorado por interpretações, não oferece, é verdade, uma base convincente para a validade de decisões jurídicas, em meio a uma sociedade pluralista, na qual diferentes situações de interesses e de forças religiosas concorrem entre si. O que para um vale como *topos* comprovado historicamente é, para o outro, pura ideologia ou preconceito.[89]

Realistas foram, segundo Habermas, a Escola do direito livre e da jurisprudência dos interesses, que, em comum, reclamavam a aplicação de determinantes extrajurídicos na prática judicial e não aceitavam uma distinção clara entre direito e política: o juiz deveria imitar o político e tomar *decisões voltado para o futuro e inspirando-se em orientações axiológicas que ele tem como racionais, isto é, fins políticos fundamentados uitilitaristicamente de acordo com o bem-estar econômico.*[90] Habermas rejeita as teses realistas por violarem a segurança jurídica, provocando a renúncia à pretensão de o direito estabilizar as expectativas de comportamento, como é sua função.

---

86. Habermas, Jürgen. *Direito e democracia: entre facticidade e validade,* v. I, p. 241.
87. Op. cit., p. 242.
88. Op. cit., p. 247.
89. Op. cit., p. 248.
90. Op. cit., p. 249.

Quanto ao positivismo jurídico, afirma que a pretensão deste é o de estabilizar as expectativas sem apoiar a legitimidade da decisão jurídica na autoridade de tradições éticas. Esse isolamento em relação à moral leva o positivismo a afirmar que nos casos difíceis (*hard cases)* o juiz decide conforme seu próprio arbítrio.[91]

Habermas analisa a teoria de Dworkin e adere à sua "compreensão deontológica": as decisões devem respeitar as regras; são possíveis e necessárias decisões "corretas" com base em princípios; o processo democrático da legislação introduz pontos de vista morais e finalidades políticas relevantes no direito; princípios não são "mandados de otimização", pois desse modo perderiam seu sentido de validade deontológica;[92] a interpretação consiste em reconstruir racionalmente e conceituar o direito vigente.

Neste último ponto, Habermas distancia-se de Dworkin. Enquanto este sugere que o juiz se comporte diante dos casos difíceis como se fora um "Hércules", capaz de conhecer e de atualizar todos os princípios e objetivos válidos necessários à justificação da solução "correta",[93] Habermas explica que a complexidade da tarefa do juiz é reduzida por meio da *compreensão jurídica paradigmática que prevalece num determinado contexto.*[94] Admitindo que *os paradigmas se coagulam em ideologias, na medida em que se fecham sistematicamente contra novas interpretações da situação e contra outras interpretações de direitos e princípios, necessárias à luz de novas experiências históricas,* Habermas sugere que "uma compreensão procedimentalista do direito delineie um nível no qual os paradigmas jurídicos, agora reflexivos, se abram uns aos outros e se comprovem na pluralidade de interpretações da situação.[95]

A referida "compreensão procedimentalista do direito" corresponde a uma "teoria da argumentação jurídica" (a teoria do direito habermasiana) segundo a qual as limitações do juiz-intérprete são supridas por um processo cooperativo no qual se destacam as qualidades dos argumentos e a estrutura do processo de argumentação. Tais pressupostos, segundo afirma, são capazes de levar à ultrapassagem da dimensão lógico-semântica e abrem a possibilidade de ingresso na dimensão pragmática do processo de fundamentação:[96]

> Para saber se normas e valores podem encontrar o assentimento racionalmente motivado de todos os atingidos, é preciso assumir a perspectiva, intersubjetivamente ampliada da primeira pessoa plural, a qual assume em si, de modo não-coagido e não-reduzido, as perspectivas da compreensão do mundo e da autocompreensão de todos os participantes.

---

91. Op. cit., p. 250-251.
92. Op. cit., p. 258.
93. Dworkin, Ronald. *Levando os direitos a sério,* Capítulo 4, p. 165 *et seq.*
94. Habermas, Jürgen. *Direito e democracia...,* p. 274.
95. Op. cit., p. 276.
96. Op. cit., p. 283.

> Para uma tal assunção ideal de papéis, praticada em comum e generalizada, recomenda-se a prática da argumentação. Como forma reflexiva do agir comunicativo, ela se caracteriza, por assim dizer, através de uma reversibilidade completa de todas as perspectivas dos participantes, *liberando* a intersubjetividade mais alta da coletividade. Através disso, o universal concreto, hegeliano, é sublimado na forma de uma *estrutura* comunicativa purificada de todos os elementos substanciais.[97]

Na perspectiva de Habermas, as determinações jurídicas relacionam-se às da moral, mas não são dependentes destas, uma vez que se apóiam numa racionalidade procedimental:

> É verdade que discursos jurídicos podem ser analisados seguindo o modelo de discursos morais, pois, em ambos os casos, se trata da lógica de aplicação de normas. Porém, a dimensão de validade mais complexa das normas do direito proíbe equiparar a correção de decisões jurídicas à validade de juízos morais e, nesta medida, considerá-la como um caso especial de discursos morais. As máximas de interpretação e princípios jurídicos, canonizados na metodologia, só serão atingidos satisfatoriamente por uma teoria do discurso, quando tivermos conseguido analisar melhor do que até hoje a rede de argumentações, negociações e comunicações políticas, na qual se realiza o processo de legislação.[98]

Finalmente, enfatiza que no Estado Democrático de Direito a Constituição não traduz uma "ordem jurídica global e concreta" que impõe uma forma de vida sobre a sociedade, mas que estabelece os procedimentos políticos mediante os quais os cidadãos produzem "condições justas de vida":

> E se – impulsionados pelas atuais circunstâncias do compromisso com o Estado social – pretendemos manter, não apenas o Estado de direito, mas o Estado Democrático de Direito e, com isso, a ideia da auto-organização da comunidade jurídica, então a constituição não pode mais ser entendida apenas como uma 'ordem' que regula primariamente a relação entre Estado e os cidadãos. O poder social, econômico e administrativo necessita de disciplinamento por parte do Estado de direito. De outro lado, porém, a constituição também não pode ser entendida como uma ordem jurídica global e concreta, destinada a impor *a priori* uma determinada forma de vida sobre a sociedade. Ao contrário, a constituição determina procedimentos políticos, segundo os quais os cidadãos, assumindo seu direito de autodeterminação, podem perseguir cooperativamente o projeto de produzir condições justas de vida (o que significa: mais corretas por serem eqüitativas). Somente as *condições processuais da gênese democrática das leis* asseguram a legitimidade do direito.[99]

97. Op. cit., p. 284.
98. Op. cit., p. 290-291.
99. Op. cit., p. 325-326.

Como admite o próprio Habermas, é ainda um dado a ser comprovado pela experiência histórica que a passagem do Estado Social ao Estado Democrático de Direito configure um novo paradigma do direito. Não se pode negar, contudo, que o modelo teórico habermasiano (que se situa nos contextos da experiência histórico-jurídica norte-americana e alemã) encontra consonância no direito brasileiro, uma vez que a Constituição de 1988, mais do que proclamar, expressamente, o princípio do Estado Democrático de Direito, detalhou inúmeros procedimentos de produção e de concretização do direito, denotando inegável valorização do caráter democrático do ordenamento jurídico.

Outrossim, embora o Supremo Tribunal Federal nunca tenha adotado qualquer modelo teórico como parâmetro para o exercício de suas funções, o fato de aplicar, com mais frequência, o princípio do Estado Democrático de Direito para garantir regras e princípios processuais denota haver consonância entre sua prática jurisprudencial e a teoria da argumentação jurídica de Habermas.

5.6.2. Princípio da dignidade da pessoa humana

A *dignidade da pessoa humana* foi positivada, como princípio fundamental, no art. 1º, inciso III, da Constituição da República.

O termo dignidade provém do latino *dignitas*: respeito. Na Antiguidade clássica relacionava-se à posição social do indivíduo, admitindo-se, pois, que houvesse indivíduos mais dignos e menos dignos. Segundo Sarlet, coube aos estóicos e, particularmente, a Cícero conceber a dignidade como um atributo de todos os homens, ao sustentar ser da natureza a prescrição de que *o homem deve fazer o bem a seu semelhante pela única razão de ser homem.*[100] Na Idade Média, Tomás de Aquino afirmou que a dignidade humana fundamenta-se na criação do homem à semelhança de Deus e na autodeterminação inerente ao ser humano.[101] No Renascimento, Pico Della Mirandola (1463-1494), escreveu o *Discurso sobre a Dignidade do Homem* em que, reinterpretando a criação, afirmou ter sido este dotado de livre-arbítrio por Deus.[102] Na Idade Moderna, Francisco de Vitoria (1492-1546) sustentou a liberdade e a igualdade dos índios, e que estes eram sujeitos de direito, contra as práticas genocidas que marcaram o início da colonização do continente americano.

Coube a Kant, no entanto, o estabelecimento de uma noção da dignidade da pessoa humana que se tornou essencial no desenvolvimento teórico do tema. Para ele, a dignidade (respeito) de toda pessoa deve ser pressuposta, porque, diferentemente das coisas, toda pessoa existe como fim em si mesmo:

---

100. Cícero. Dos Deveres, Livro III, VI. Cícero, Marco Túlio. *Dos deveres,* p. 120.
101. Sarlet, Ingo Wolfgang. *Dignidade da pessoa humana...,* p. 31.
102. Sarlet, Ingo Wolfgang. *Dignidade da pessoa humana...,* p. 32.

> Agora eu afirmo: o homem – e, de uma maneira geral, todo o ser racional – existe como fim em si mesmo, e não apenas como meio para o uso arbitrário desta ou daquela vontade. Em todas as suas ações, pelo contrário, tanto nas direcionadas a ele mesmo como nas que o são a outros seres racionais, deve ser ele sempre considerado simultaneamente como fim. Todos os objetos das inclinações têm um valor apenas condicional, pois se não existissem as inclinações e as necessidades que nelas se fundamentam seria sem valor o seu objeto. As próprias inclinações, porém, como fontes das necessidades, tão longe estão de possuir um valor absoluto que as torne desejáveis em si mesmas que, muito pelo contrário, melhor deve ser o desejo universal de todos os seres racionais em libertar-se totalmente delas. Portanto, o valor de todos os objetos que possamos adquirir pelas nossas ações é sempre condicional. Os seres, cuja existência não assenta em nossa vontade, mas na natureza, têm, contudo, se são seres irracionais, um valor meramente relativo, como meios, e por isso denominam-se coisas, ao passo que os seres racionais denominam-se pessoas, porque a sua natureza os distingue já como fins em si mesmos, ou seja, como algo que não pode ser empregado como simples meio e que, portanto, nessa medida, limita todo o arbítrio (e é um objeto de respeito).[103]

A positivação jurídica do princípio da dignidade da pessoa humana é obra do século XX e representa, mais particularmente, uma reação aos horrores da Segunda Guerra Mundial.

A Declaração Universal dos Direitos Humanos, de 1948, estabeleceu: *Art. I. Todas as pessoas nascem livres e iguais em dignidade e direitos. São dotadas de razão e consciência e devem agir em relação umas com as outras com espírito de fraternidade.* A Carta dos Direitos Fundamentais da União Europeia, de 2000, estabelece: *Art. 1º A dignidade do ser humano é inviolável. Deve ser respeitada e protegida.*

O princípio encontra-se positivado nas Constituições de vários países: Alemanha (art. 1º, alínea 1), Espanha (Preâmbulo e art. 10.1), Portugal (art. 1º), Itália (art. 3º), Grécia (art. 2), Chile (art. 1º), Guatemala (art. 4º), entre outros.

No direito alemão – dada a precedência histórica da positivação constitucional do princípio da dignidade da pessoa humana naquele país – as formulações teóricas sobre o significado deste princípio vêm sendo realizadas há décadas. Um conceito que se tornou referência na doutrina constitucional alemã, chegando a ser "canonizado", na expressão de Häberle, e que, segundo este *é ainda hoje a construção teórica mais convincente para a compreensão do princípio da dignidade humana do art. 1º, inciso I da LF,* [104] é o de Günter Dürig, para quem *a dignidade humana é*

103. Kant, Immanuel. *Fundamentação da metafísica dos costumes e outros escritos, p. 58-59. Muitos outros construíram teorias sobre a Dignidade da Pessoa Humana, como Hegel e Luhmann. As concepções destes deixam de ser mencionadas, porque aparentam ser incompatíveis com o significado jurídico-constitucional que foi ligado à Dignidade da Pessoa Humana, uma vez que partem do pressuposto de que a dignidade deve ser reconhecida e, portanto, não é inata à condição humana.*

104. Häberle, Peter. *A dignidade humana como fundamento da comunidade estatal*, p. 89-152, esp. p. 122.

atingida quando o homem concreto é degradado em objeto, num mero meio, numa grandeza substituível.[105]

Reconhece-se que a dignidade da pessoa humana corresponda a um conceito abstrato. O alto grau de abstração do conceito de dignidade da pessoa humana, contrasta, por outro lado, com o mais elevado nível hierárquico a que foi guindado nas constituições ocidentais. Assim, a reconhecida dificuldade de precisar os contornos do princípio da dignidade é acompanhada da imprescindível necessidade de o fazer, sempre que se analisem os direitos mais essenciais das ordens jurídicas modernas. Logo, torna-se imprescindível apontar noções que gozam de maior aceitação sobre o princípio da dignidade da pessoa humana.

Como dignidade da *pessoa*, entende-se que se refere ao ser humano individualmente considerado, não à humanidade como um todo, como poderia decorrer da expressão "dignidade humana". Por esta razão, a referência à pessoa tem como escopo evitar o sacrifício da dignidade desta em prol da dignidade humana.

É reconhecido, igualmente, que o princípio possui uma dimensão comunitária *por serem todos iguais em dignidade e direitos (na iluminada fórmula da Declaração Universal de 1948) e pela circunstância de nesta condição conviverem em determinada comunidade ou grupo.*[106]

Essa dimensão comunitária atrai a indagação sobre o caráter cultural do princípio da dignidade da pessoa humana. Häberle afirma que a resposta a esta questão somente é possível de um ponto de vista jusfundamental específico, uma vez que se relaciona às garantias e aos deveres jurídicos da pessoa, embora não exclua a possibilidade de uma análise "intercultural" da dignidade da pessoa humana: *A dignidade da pessoa humana possui uma referência cultural relativa, ela se situa no contexto cultural possuindo, contudo, também feições tendencialmente universais.*[107]

Finalmente, a dignidade da pessoa humana é, reconhecidamente, um atributo do ser humano, nas ordens jurídicas que consagram o referido princípio. Essa compreensão afina-se com as concepções metafísicas de Tomás de Aquino, Pico Della Mirandola, Francisco de Vitoria e Immanuel Kant.

Pode-se, pois, considerar que é um tópico da hermenêutica constitucional a compreensão do princípio da dignidade da pessoa humana como atributo essencial do ser humano. Esse tópico, entre outros desdobramentos, leva a duas questões que suscitam distinções teóricas e práticas (segundo a ordem jurídica concreta):

---

105. Günter Dürig (1958). In: Maunz/Dürig, Komm. z. GG Art. 1 Rn 1 ff. apud Habërle, Peter. *A dignidade humana...*, p. 89-152, esp. p. 119, nota de rodapé n. 215.
106. Sarlet, Ingo Wolfgang. *Dignidade da pessoa humana...*, p. 52. Corroborando essa dimensão intersubjetiva, Sarlet cita, nessa passagem, Hannah Ahrendt, Habermas, Hasso Hormann e Peter Häberle.
107. Häberle, Peter. *A dignidade humana...*, p. 89-152, esp. p. 127.

a) a relação entre o princípio fundamental da dignidade da pessoa humana e os direitos fundamentais;

b) a violabilidade do princípio da dignidade da pessoa humana.

A primeira questão que surge ao se confrontar a dignidade da pessoa humana com os direitos fundamentais diz respeito à sua posição em relação a estes. Importa verificar:

a) se o próprio princípio da dignidade da pessoa humana é, ou não, um direito fundamental;

b) se é premissa dos direitos fundamentais;

c) se confere direitos que não possam ser interpretados como direitos ou garantias fundamentais.

Na Lei Fundamental de Bonn, a dignidade da pessoa humana foi tratada na subdivisão dedicada aos direitos fundamentais. Ela abre, no art. 1º, o título reservado ao "catálogo" dos direitos fundamentais. Segundo Sarlet, a doutrina majoritária e a jurisprudência constitucional consideram-na, *simultaneamente um direito fundamental e um princípio fundamental da ordem de valores objetiva, havendo, contudo, quem negue o caráter de direito fundamental da dignidade da pessoa humana.*[108] Häberle considera a dignidade da pessoa humana uma norma fundamental do Estado que constitui a premissa dos direitos fundamentais, ao mesmo tempo em que estes a atualizam:

> A maioria dos direitos fundamentais individualmente considerados é marcada por uma diferenciada amplitude e intensidade no que diz com sua conexão com a dignidade humana. Os direitos fundamentais (individualmente considerados) subseqüentes, assim como os objetivos estatais e as variantes das formas estatais, têm a dignidade como premissa e encontram-se a seu serviço. No processo histórico do novo desenvolvimento estatal-constitucional dos direitos fundamentais, a construção jurisprudencial ou as novas formulações textuais de direitos fundamentais individualmente considerados atuam como novas atualizações do postulado-base de proteção da dignidade humana em face de novas zonas de perigo, por meio de um aperfeiçoamento jusfundamental.[109]

Diferentemente do que ocorreu na Alemanha, a dignidade da pessoa humana foi incorporada como princípio fundamental, em título que antecede o rol dos direitos e garantias fundamentais, nas constituições espanhola, portuguesa e brasileira. O referido fato jurídico-positivo indica tendência no sentido de interpretar a dignidade da pessoa humana como princípio fundamental da ordem jurídica estatal, e não, propriamente, como direito fundamental. Nesse sentido, é importante

---

108. Sarlet, Ingo Wolfgang. *Dignidade da pessoa humana...*, p. 67.
109. Häberle, Peter. *A dignidade humana...*, p. 129.

a informação de que na Espanha, o Tribunal Constitucional chegou a decidir

> pela impossibilidade de interposição de recurso de amparo com base direta e exclusiva na dignidade da pessoa humana, justamente por se tratar de princípio fundamental, de tal sorte que uma violação da dignidade apenas poderá ser impugnada no contexto de um direito fundamental específico derivado da dignidade.[110]

A distinção entre "princípios fundamentais" e "direitos fundamentais" não é mera decorrência do texto constitucional histórico; encontra respaldo no modelo filosófico que concebe a dignidade como atributo de todo ser humano (de todo ser racional) e que, estando em conformidade com a Constituição histórica, serve como pré-compreensão constitucionalmente adequada.

A negativa de caracterização da dignidade humana como direito fundamental reforça e justifica a posição deste princípio em relação aos direitos fundamentais, uma vez que há razoável consenso de que os direitos fundamentais representam um primeiro nível de concretização do princípio da dignidade da pessoa humana, e de que este constitui premissa daqueles.[111]

Admitir que os direitos fundamentais concretizam o princípio da dignidade da pessoa humana e que a dignidade da pessoa humana é premissa dos direitos fundamentais suscita indagar se os direitos fundamentais esgotam todo o conteúdo da dignidade da pessoa humana ou se, ao contrário, o princípio da dignidade da pessoa humana permite inferir direitos que não sejam direitos fundamentais. Para tanto, é necessário analisar a ordem jurídica concreta.

Na Constituição da República brasileira, os direitos e as garantias fundamentais formam um extenso rol, disposto nos arts. 5º a 17. Somente o *caput* do art. 5º dispõe sobre os direitos à vida, à liberdade, à igualdade, à segurança e à propriedade. Este artigo desdobra-se, ainda, em 78 incisos que dispõem sobre direitos individuais. O § 2º do art. 5º assegura ainda a existência de outros direitos fundamentais expressos na própria Constituição, de direitos fundamentais implícitos e, cominado com o § 3º do mesmo artigo, de direitos provenientes de tratados e convenções internacionais em que a República Federativa do Brasil seja parte.

Além de a enumeração dos direitos fundamentais ser extensa e aberta, deve-se atentar para a natureza principiológica das referidas normas e sua necessária abertura semântica. Saliente-se a esse respeito o direito de igualdade (art. 5º, *caput),*

---

110. Sarlet, Ingo Wolfgang. *Dignidade da pessoa humana...*, nota de rodapé n. 138.

111. Essa perspectiva está de acordo com a ideia expressa por Canotilho de que os princípios estruturantes são densificados mediante a articulação com outros princípios ou normas constitucionais de maior densidade. Num segundo nível, importam a concretização legislativa e a judicial (Canotilho, J. J. Gomes. *Direito constitucional,* p. 191).

interpretado como vedação de arbítrio (cf. nº 5.7.1, infra), e a proibição de "tratamento desumano ou degradante" (art. 5º, inc. III) de amplitude equiparável à da própria dignidade, capaz de alcançar, *a priori*, todas as situações em que o ser humano não seja tratado como fim em si mesmo.

As inegáveis extensão e abertura do rol dos direitos fundamentais na Constituição da República brasileira, a necessidade de assegurar ao princípio da dignidade da pessoa humana um sentido compatível com sua hierarquia na ordem jurídica e a consideração dos demais princípios fundamentais da República (notadamente, do princípio democrático), conduzem à admissão de que no ordenamento jurídico brasileiro a concretização do princípio da dignidade da pessoa humana seja sempre relacionada aos direitos fundamentais.[112]

Tal conclusão encontra respaldo na jurisprudência do Supremo Tribunal Federal, que tradicionalmente liga ao princípio da dignidade da pessoa humana sentidos claramente atinentes à esfera dos direitos fundamentais: direito à vida (negativa de extradição de estrangeiro condenado à morte);[113] razoabilidade (quanto à duração de prisão cautelar);[114] limitação da liberdade de expressão (expressão racista);[115] vedação da tortura;[116] direito ao nome;[117] direito de defesa.[118]

Finalmente, o entendimento de que a Constituição caracteriza a dignidade como atributo essencial da pessoa humana significa que dela nenhum ser humano pode ser despido na ordem jurídica brasileira. Assim, a dignidade da pessoa humana é um princípio inerente à própria ordem jurídica brasileira, que somente poderia ser negado com a inteira subversão do sistema jurídico vigente. É um elemento jurídico incondicional e apriorístico, não suscetível de prova ou dependente de demonstração

---

112. Sarlet informa que, embora prevaleça na Alemanha a ideia de que a Dignidade da Pessoa Humana é um princípio e um direito fundamental, W. Brugger questiona a possibilidade de dedução direta de direitos subjetivos a partir dela (*Menschenwürde, menschenrechte, grundrechte*, p. 19 et seq.); que Ernst Benda afirma serem os direitos fundamentais meros desdobramentos da Dignidade da Pessoa Humana (*Menschenwürde und persönlichkeitsrecht*. In: Benda; Mairhofer; Vogel (Orgs.), *Handbuch des verfassungsrechtes*, v. I, p. 166); e que este parece ser o entendimento da doutrina francesa, ao citar Domenique Rousseau (*Les libertés individuelles et la dignité de la personne*. Paris: Montchrestien, 1998, p. 70) (Sarlet, Ingo Wolfgang. *Dignidade da pessoa humana*..., p. 102-103).

113. Brasil. STF, Extradição nº 633-CH, Rel. Min. Celso de Mello, acórdão de 28/08/1996, DJU 06.04/2001, p. 67.

114. Brasil. STF, *Habeas Corpus* nº 87.241-RJ, 1ª Turma, Rel. Min. Cezar Peluso, acórdão de 21/03/2006, DJU 28/04/2006, p. 8.

115. Brasil. STF, *Habeas Corpus* nº 82.424-RS, Rel. p/ Acórdão Min. Maurício Corrêa, acórdão de 17/09/2003, DJU 19/03/2004, p. 17.

116. Brasil. STF, *Habeas Corpus* nº 70.389-SP, Rel. p/ Acórdão Min. Celso de Mello, acórdão de 23/06/1994, DJU 10/08/2001, p. 3.

117. Brasil. STF, Recurso Extraordinário nº 248.869-SP, 2ª Turma, Rel. Min. Maurício Corrêa, acórdão de 07/08/2003, DJU 12/03/2004, p. 38.

118. Brasil. STF, *Habeas Corpus* nº 89.176-PR, 2ª Turma, Rel. Min. Gilmar Mendes, acórdão de 22/08/2006, DJU 22/09/2006, p. 60.

de qualquer requisito. Tampouco importa a conduta da pessoa: seja ela vítima ou autora de violações, não se pode negar seja dotada da dignidade constitucional. Eis, por que, de fato, a dignidade da pessoa humana é inviolável, como proclamam o art. 1º da Carta dos Direitos Fundamentais da União Europeia, de 2000, e o art. 1 da Lei Fundamental de Bonn.

5.6.3. Princípio democrático

Ao estabelecer o *princípio democrático* como princípio fundamental da República Federativa do Brasil (art. 1º, parágrafo único), a Constituição da República o qualifica de diversos modos: impõe sua realização mediante a representação política, por representantes eleitos; estabelece instrumentos de democracia direta e semidireta, como a iniciativa popular de leis, o referendo e o plebiscito (arts. 1º e 14 da Constituição da República); estabelece o *quorum* de iniciativa de leis e de deliberações coletivas (arts. 51, I; 55, § 2º; 60, I, III); consagra a doutrina da separação dos Poderes (art. 2º) mediante a atribuição do Poder Legislativo ao Congresso Nacional (art. 44), às Assembleias Legislativas estaduais (art. 27) e às Câmaras municipais (art. 29); do Executivo ao presidente da República (art. 76), aos governadores dos Estados (art. 28) e aos prefeitos municipais (art. 29); e do Judiciário aos diversos órgãos enumerados no art. 92 da Constituição; confere primazia à proteção dos direitos e garantias fundamentais (art. 5º); estabelece o princípio da reserva de lei (art. 5º, II); o direito à segurança (art. 5º, *caput); o direito à livre manifestação do pensamento (art. 5º* IV) e de expressão (art. 5º, IX); o direito de reunião em locais públicos (art. 5º, XVI); assegura o devido processo legal (art. 5º, LIV), o contraditório e a ampla defesa (art. 5º, LV), entre outros.

De outro lado, o texto constitucional brasileiro estabelece limites ao princípio democrático ao vedar deliberações sobre emendas constitucionais tendentes a abolir a forma federativa de Estado, o voto direto, secreto, universal e periódico, a separação dos Poderes e os direitos e garantias individuais (art. 60, § 4º, da Constituição da República); ao atribuir ao Supremo Tribunal Federal a competência precípua de guardar a Constituição (art. 102, *caput*); e ao conferir competência a todo o Judiciário para a realização do controle de constitucionalidade difuso (arts. 97 e 102, II, *a*, e III, *a*, *b* e *c*).[119]

O Supremo Tribunal Federal relaciona o princípio democrático a princípios de organização política, à proteção dos direitos fundamentais e das garantias processuais.

---

119. Os referidos dispositivos não conferem, expressamente, aos juízes de direito, competência para o controle difuso da constitucionalidade das leis. Apesar disso, o entendimento geral é nesse sentido.

Relativamente à organização política o princípio democrático: impede a supressão ou prorrogação de eleições;[120] protege a existência de partidos políticos;[121] garante a autonomia funcional e organizacional dos partidos políticos;[122] impõe a publicidade das decisões parlamentares;[123] determina o respeito às minorias parlamentares;[124] exige respeito às normas constitucionais de acesso a cargos públicos;[125] permite o controle de atos de comissão parlamentar de inquérito.[126]

O Supremo Tribunal Federal já invocou o princípio democrático relativamente à proteção da intimidade contra atos do Estado;[127] impossibilidade de se invocarem razões de Estado para legitimar o desrespeito à Constituição da República;[128] e à necessidade de tipificação penal anterior, clara e precisa na configuração de crime.[129]

Quanto às garantias processuais, o Supremo Tribunal Federal já relacionou o princípio democrático à isonomia processual;[130] ao direito de petição;[131] e ao princípio do juiz natural.[132]

Finalmente, o princípio democrático reflete-se na garantia de publicidade dos atos estatais;[133] na possibilidade de responsabilização criminal do chefe do Poder

---

120. Brasil. STF, Representação nº 650-MG, Rel. Min. Ribeiro da Costa, acórdão de 22/09/1965, DJU *04/11/1965, p. 3037; Brasil. STF, Representação nº 322-GO, Rel. Min. Candido Motta, acórdão de 19/09/1957,* DJU *12/12/1957,* p. 16456.

121. Brasil. STF, Medida Cautelar na Ação Direta de Inconstitucionalidade nº 1.096-RS, Rel. Min. Celso de Mello, acórdão de 16/03/1995, DJU 22/09/1995, p. 30589.

122. Brasil. STF, Medida Cautelar na Ação Direta de Inconstitucionalidade nº 1.063-DF, Rel. Min. Celso de Mello, acórdão de 18/05/1994, DJU 27/04/2001, p. 57.

123. Brasil. STF, Medida Cautelar na Ação Direta de Inconstitucionalidade nº 1.057-BA, Rel. Min. Celso de Mello, acórdão de 20/04/1994, DJU 06/04/2001, p. 65.

124. Brasil. STF, Mandado de Segurança nº 24.831-DF, Rel. Min. Celso de Mello, acórdão de 22/06/2005, DJU 04/08/2006, p. 26.

125. Brasil. STF, Embargos de Declaração no Recurso Extraordinário nº 219.934-SP, Rel. Min. Ellen Gracie, acórdão de 13/10/2004, RT v. 94, n. 835, p. 151-155, 2005.

126. Brasil. STF, Mandado de Segurança nº 23.452-RJ, Rel. Min. Celso de Mello, acórdão de 16/09/1999, 12/05/2000, p. 20.

127. Brasil. STF, *Habeas Corpus* nº 84.758-GO. Rel. Min. Celso de Mello, acórdão de 25/05/2006, DJU 16/06/2006, p. 5.

128. Brasil. STF, Medida Cautelar na Ação Direta de Inconstitucionalidade nº 2.010-DF Rel. Min. Celso de Mello, acórdão de 30/09/1999, DJU 12/04/2002, p. 51.

129. Brasil. STF, Extradição nº 633-CH, Rel. Min. Celso de Mello, acórdão de 28/08/1996, DJU 06/04/2001, p. 67.

130. Brasil. STF, Agravo Regimental no Recurso Extraordinário nº 187.713-SP, 2ª Turma, Rel. Min. Marco Aurélio, acórdão de 23/05/1995, DJU 15/09/1995, p. 29573.

131. Brasil. STF, Medida Cautelar na Ação Direta de Inconstitucionalidade nº 1.247-PA, Rel. Min. Celso de Mello, acórdão de 17/08/1995, DJU 08/09/1995, p. 28354.

132. Brasil. STF, Habeas Corpus nº 73.801-MG, 1ª Turma, Rel. Min. Celso de Mello, acórdão de 25/06/1996, DJU 27/06/1997.

133. Brasil. STF, Mandado de Injunção nº 284-DF, Rel. p/ Acórdão Min. Celso de Mello, acórdão de 22/11/1992, DJU 26/06/1992, p. 10103.

Executivo;[134] e no dever de o Ministério Público defender a ordem jurídica.[135]

O principal elemento de exteriorização do princípio democrático é a regra da maioria que tradicionalmente é tida como o meio que permite maximizar a concordância entre a vontade individual e a do Estado. Há, portanto, relações essenciais entre democracia, autonomia individual e regra da maioria, como salienta Alf Ross (citado por Campilongo, p. 40):

> O que tem a ver a autonomia com a democracia? A relação dá-se pelo fato de que a democracia é a forma de governo que oferece o máximo de liberdade política, entendida como autonomia dos cidadãos. Este máximo é obtido justamente pelo princípio majoritário.[136]

A regra da maioria não é absoluta. No plano teórico, Campilongo enumera alguns de seus limites:

a) Quem escolhe?

b) O que se escolhe? Questões técnicas devem ser objeto de deliberações políticas? A maioria pode suprimir direitos da minoria?

c) Uma vez que o princípio da maioria é uma regra de decisão da esfera pública, como definir os limites de incidência da regra da maioria se as próprias balizas de separação entre o público e o privado são cada vez mais tênues?[137]

d) A regra da maioria mantém sua legitimidade diante do poder de grupos sociais e econômicos de bloquear a implementação de políticas públicas que os afetam?[138]

Como se vê, no plano teórico são muitos e importantes os questionamentos sobre a realização do princípio democrático mediante a aplicação da regra da maioria. No plano jurídico-positivo, no entanto, o próprio texto constitucional encarrega-se de dar respostas aos referidos dilemas.

A Constituição da República brasileira delimita, com precisão, o modo como, na sua vigência, se há de exercitar o princípio democrático ao precisar os meios, atribuir competências e definir regras e princípios que garantem a proteção da minoria. A proteção da minoria é operacionalizada, principalmente, mediante o catálogo dos direitos e garantias fundamentais, como acentuado por Hans Kelsen: "Esta proteção da minoria é a função essencial dos chamados direitos fundamentais e liberdades

---

134. Brasil. STF, *Habeas Corpus* nº 80.511-MG, 2ª Turma, Rel. Min. Celso de Mello, acórdão de 21/08/2001, DJU 14/09/2001, p. 49.

135. Brasil. STF, Recurso Extraordinário nº 163.231-SP, Rel. Min. Maurício Corrêa, acórdão de 26/02/1997, DJU 29/06/2001, p. 55.

136. Ross, Alf. Por que democracia? Madrid: Centro de Estudios Constitucionales, 1989, p. 109.

137. "(...) liberar ou reprimir o aborto?; desapropriar ou não um terreno particular?; autorizar ou proibir a instalação de uma indústria poluente? Para todas essas situações, a regra da maioria, violando ou não os limites da separação público/privado, pode gerar decisões não reconhecidas como legítimas pelos afetados" (Campilongo, Celso Fernandes. *Direito e democracia,* p. 51.

138. Campilongo, Celso Fernandes. *Direito e democracia,* p. 45-54.

fundamentais, ou direitos do homem e do cidadão, garantidos por todas as modernas constituições das democracias parlamentares".[139]

A proteção que os direitos fundamentais asseguram à minoria é, igualmente, uma garantia ao princípio democrático. Há, portanto, uma dialética entre o princípio democrático e os direitos fundamentais, uma vez que estes a um só tempo o limitam e garantem.[140]

Em suma, o princípio da unidade da Constituição permite inferir que toda ressalva ao princípio democrático encontra-se prevista no texto constitucional. Entre as exceções, avultam os direitos e garantias fundamentais que têm com aquele relação dialética, pois, apesar de limitá-lo, garantem-no. Todo o mais encontra-se subordinado ao princípio democrático, na forma prevista na própria Constituição que, em conformidade com o Princípio da Separação dos Poderes (art. 2º), indica o caminho do Parlamento, a regra da maioria e a elaboração legislativa para a satisfação dos interesses sociais legítimos.

5.7. DIREITOS FUNDAMENTAIS

A compreensão da proteção estatal da família – considerada ela mesma uma garantia constitucional – suscita, igualmente, analisar a incidência na matéria de alguns direitos fundamentais positivados na ordem constitucional brasileira, notadamente:

a) o direito fundamental da igualdade;

b) os direitos fundamentais à intimidade e à vida privada.

A incursão se justifica por ter-se tornado comum invocar os referidos direitos fundamentais na defesa da extensão dos direitos subjetivos privados de família próprios do casamento (direito a alimentos, regime de bens, sucessórios, entre outros) a outros tipos familiares, principalmente às uniões estáveis entre homem e mulher e às uniões homossexuais.

5.7.1. Igualdade jurídica ou isonomia

Igualdade jurídica e *isonomia* são termos equivalentes. *Isonomia* vem do grego *isos*, que significa igual, e *nómos*, que significa lei; designa o estado das pessoas sujeitas às mesmas leis e, por extensão, sujeitas aos mesmos direitos e deveres jurídicos.

Igualdade é a conformação entre duas ou mais coisas, consideradas sob um parâmetro predeterminado.[141] Eugênio Callioli explica que *a igualdade é uma relação*

139. Kelsen, Hans. *A democracia.* São Paulo: Martins Fontes, 1993, p. 68.

140. Canotilho, J. J. Gomes. *Direito constitucional.* 6. ed. Coimbra: Almedina, 1993, p. 431.

141. Cf. Canotilho, J. J. Gomes. *Direito constitucional,* p. 564: "o indivíduo *a* é igual ao indivíduo *b*, tendo

de comparação, pois dizemos que duas coisas são iguais quando, em relação a um ponto de comparação, ajustam-se ou conformam-se.[142]

Desde o alvorecer do racionalismo, na Grécia Antiga, os pitagóricos relacionaram a justiça à igualdade.[143] No apogeu da filosofia grega, a referida relação foi tema central da ética aristotélica.[144] Na filosofia cristã prevaleceu o princípio hierárquico próprio da organização político-social romana, como demonstra a doutrina de Tomás de Aquino.[145] Somente a partir do século XVII, com o advento da doutrina do contrato social, a igualdade dos homens passou a ser pressuposta nas doutrinas de Hobbes,[146] Rousseau[147] e Kant,[148] que prepararam o arcabouço teórico das revoluções liberais do século XVIII.[149]

A primeira declaração dos direitos do homem com valor jurídico foi a *Virginia Bill of Rights*, de 1776, que proclamou serem todos os homens, por natureza, igualmente livres e portadores de direitos que lhes são inerentes.[150] O reconhecimento de uma igualdade inerente a todos os homens esteve presente, do mesmo modo, na declaração de independência das colônias inglesas, elaborada por Thomas Jefferson,[151] e no art. 1º da Declaração dos Direitos do Homem e do Cidadão, de 1789, que ganhou força normativa ao ser incorporada como preâmbulo da Constituição francesa de 1791. Depois, os preceitos da Revolução conquistaram a Europa, devastando privilégios feudais e a rígida divisão estamental do Antigo Regime.

A igualdade que se realizou nesse contexto foi a *igualdade formal*, que desponta no enunciado *igualdade de todos perante a lei*. A igualdade formal é igualdade jurídica que se faz com abstração das desigualdades de fato. É igualdade normativa, do mundo do "dever-ser", diante da qual as desigualdades existentes entre os homens são irrelevantes para efeito de prevalência da lei, tal como ensinou Rui Barbosa:

---

em conta determinadas características. Um exemplo extraído da jurisprudência portuguesa: o indivíduo *a* (casado) é igual ao indivíduo *b* (solteiro) quanto ao acesso ao serviço militar na Marinha, desde que reúna as condi*ções de admissão legal e regularmente exigidas*". Alexy, Robert. *Teoría de los derechos fundamentales*, p. 387.

142. Callioli, Eugênio C. A igualdade jurídica entre o homem e a mulher: uma manifestação do direito como justo, p. 24-35, esp. p. 30.

143. Vecchio, Giorgio del. *Lições de filosofia do direito, p. 34. Taborda, Maren G. O princípio da igualdade em perspectiva histórica*: Conteúdo alcance e direções, p. 241-269, esp. p. 244.

144. Ética a Nicômacos, 1131a. Aristóteles. *Ética a Nicômacos*, p. 95-96.

145. Jacques, Paulino. *Da igualdade perante a lei*, p. 41.

146. Hobbes. *Leviatã*, p. 74.

147. Rousseau, Jean-J. *Discurso sobre a origem e os fundamentos das desigualdades entre os homens*, p. 234.

148. Taborda, Maren G. *O princípio da igualdade...*, p. 252.

149. Para uma reconstrução dessa evolução histórica: Rocha, Marco Túlio de Carvalho. *A igualdade dos cônjuges no direito brasileiro*, p. 79-85.

150. Taborda, Maren G. *O princípio da igualdade...*, p. 243. Silva, José A. da. *Curso de direito constitucional positivo*, p. 157.

151. Silva, José A. da. *Curso de direito...*, p. 159. Jacques, Paulino. *Da igualdade perante a lei*, p. 24.

> A regra da igualdade não consiste senão em quinhoar desigualmente aos desiguais, na medida em que se desigualam. Nesta desigualdade social, proporcionada à desigualdade natural, é que se acha a verdadeira lei da igualdade. O mais são desvarios da inveja, do orgulho, ou da loucura.[152]

O destinatário do princípio da igualdade, nessa acepção, é o juiz, como salienta Alexy:

> Nessa medida, o mandado de igualdade na aplicação do direito exige tão-somente aquilo que, de todo modo, vale se as normas jurídicas são válidas. Reforça a vinculação dos órgãos de aplicação do direito às normas ditadas pelo legislador, sem estabelecer exigências de nenhum tipo com respeito ao conteúdo dessas normas, vale dizer, sem vincular o legislador.[153]

Nesse sentido, portanto, a igualdade não representa nenhum limite às discriminações legislativas:

> Se o princípio geral de igualdade se limitasse a uma prática universalista de decisão, o legislador poderia levar a cabo qualquer discriminação sem violá-lo, sempre que fosse apresentada sob a forma de normas universais, algo que sempre é possível. Sob essa interpretação, a legislação nacional-socialista contra os judeus não violaria a fórmula "tratar igualmente os iguais e desigualmente os desiguais".[154]

A *igualdade material* é também igualdade normativa, do mundo do "dever-ser". Com ela não se estatui a igualdade de fato, tão somente a igualdade jurídica, de direitos e deveres. Por isso, diz-se que é "igualdade na lei".

A igualdade material, como já salientado, deflui, em geral, do mesmo enunciado normativo que expressa também a igualdade formal: *todos são iguais perante a lei.* Nas constituições em que o princípio não é expressamente referido ao conteúdo das leis, isto é, naquelas em que o texto constitucional limita-se a enunciar a "igualdade perante a lei", a interpretação do princípio como "igualdade material" ou "formal" é tarefa da doutrina e da jurisprudência e se faz conforme fatores históricos.[155]

É consensual, na atualidade, que o enunciado da "igualdade perante a lei" não se restringe a determinar a aplicação indistinta da lei a todos os cidadãos, mas que a própria lei deve ser elaborada de acordo com a isonomia.[156]

---

152. Barbosa, Rui. *Oração aos moços,* p. 55. Esse mesmo enunciado da regra da igualdade pode referir-se à igualdade material. A distinção encontra-se no destinatário da regra: se ela é referida apenas ao juiz, é igualdade formal, se é dirigida também ao legislador, é igualdade material. Rui Barbosa não explicitou sua opção, mas, do fato de ter sido o autor do texto da Constituição da República de 1891 e da admissão e defesa que faz das desigualdades humanas, sem distingui-las, somos levados a crer que ainda não compreendia a igualdade em sua dimensão material.
153. Alexy, Robert. *Teoría de los derechos fundamentales,* p. 382.
154. Alexy, Robert. *Teoría de los derechos fundamentales,* p. 386.
155. Cf. Campos, Francisco. *Direito constitucional,* p. 30: entende que as expressões "'a lei é igual para todos', 'todos são iguais perante a lei', ou 'todos têm direito à igualdade da lei', são variantes verbais do mesmo pensamento".
156. Bandeira de Mello, Celso A. *O conteúdo jurídico do princípio da igualdade,* p. 9.

No Brasil, o primeiro a tratar a igualdade sob o enfoque da igualdade material foi Francisco Campos. Para ele, o legislador era o principal destinatário do princípio, pois, do contrário, a ele *ficaria devassada a imensidade de um arbítrio sem fronteiras*.[157]

A igualdade material é um balizamento do conteúdo das leis e sua posição no sistema normativo indica que, *a priori*, as leis que lhe contrariem o sentido são inconstitucionais, sujeitas à anulação.

Se, por um lado, o princípio da igualdade não deve ser interpretado como autorização para o legislador estabelecer, arbitrariamente, qualquer diferenciação ou discriminação, por outro, não pode, evidentemente, significar a imposição absoluta de direitos e deveres iguais a todos.[158]

A fórmula clássica, atribuída a Platão e a Aristóteles – "tratar igualmente os iguais e desigualmente os desiguais" –, é a coluna vertebral da jurisprudência do Tribunal Constitucional Federal alemão.[159] Mas ela não explicita o conteúdo do mandamento da igualdade, porque não indica quem são os iguais e os desiguais.[160]

Quais discriminações o princípio da igualdade permite? Doutrina e jurisprudência afinam-se em torno da ideia de que são possíveis as discriminações feitas com base em critério razoável, tendo em vista a finalidade da norma.

Assim, segundo Alexy, a jurisprudência do Tribunal Constitucional Federal alemão sobre igualdade tem como fio condutor a ideia de que:

> a máxima da igualdade é violada quando para a diferenciação legal ou para o tratamento legal igual não é possível encontrar um fundamento razoável, que surja da natureza da coisa ou que, de alguma outra forma, seja concretamente compreensível, vale dizer, quando a disposição tem que ser qualificada como arbitrária.[161]

Bandeira de Mello esclarece que o nexo entre o fator de discrímen e o tratamento diferenciado não deve ser apenas razoável do ponto de vista lógico: deve ser também constitucionalmente pertinente. Assim, por exemplo, *não podem ser colocadas em desvantagem pela lei situações a que o sistema constitucional empresta conotação positiva*.[162]

Celso Bastos ensina que, tendo em vista os valores constitucionais, as leis podem ser inconstitucionais, constitucionais ou neutras. Esse último caso, complementa, *é o mais difícil e envolve o exercício de uma margem apreciável de juízo subjetivo por*

157. Campos, Francisco. *Direito constitucional*, p. 17.
158. Kelsen, Hans. *Teoria pura do direito*, p. 154.
159. Alexy, Robert. *Teoría de los derechos fundamentales*, p. 385.
160. Bandeira de Mello, Celso A. *O conteúdo jurídico...*, p. 11.
161. Alexy, Robert. *Teoría de los derechos fundamentales*, p. 391. Cf. também Canotilho, J. J. G. *Direito constitucional*, p. 565.
162. Bandeira de Mello, Celso A. *O conteúdo jurídico...*, p. 42.

parte do julgador, que buscará os valores dominantes e as concepções vigentes na sociedade à época.[163]

Para Alexy, a qualificação de um fundamento como razoável, ou seja, suficiente para justificar o tratamento diferenciado, é um problema de valoração.[164] Bandeira de Mello exemplifica: "Em determinado momento histórico parecerá lógico vedar às mulheres o acesso a certas funções públicas, e, em outras épocas, pelo contrário, entender-se-á inexistir motivo racionalmente subsistente que convalide a vedação".[165]

A relativa indeterminação da igualdade, que transparece nas expressões "razoabilidade entre o discrímen e o tratamento diferenciado", "compatibilidade do tratamento diferenciado com os valores constitucionais", "margem apreciável de juízo subjetivo pelo julgador" e necessidade de recurso a "valorações que levam em conta as concepções vigentes", advém da natureza principiológica da igualdade jurídica que sujeita a aplicação da norma às possibilidades jurídicas e reais existentes.[166]

O princípio da igualdade material limita a atividade do legislador, veda o exercício arbitrário do poder legiferante. Por isso, diz-se também que corresponde à proibição do arbítrio[167] ou de diferenciações fortuitas ou injustificadas, como prefere Bandeira de Mello.[168]

No direito norte-americano, o princípio da igualdade seguiu trajetória semelhante à que foi delineada aqui: passou da não regulamentação à positivação; reconheceu-se nele primeiro um sentido formal e, depois, a partir do mesmo enunciado normativo – *equal protection of the laws* –, a vinculação do legislador.[169] Em razão das discriminações raciais, os tribunais norte-americanos criaram vasta jurisprudência sobre a igualdade.

Antes de ser consagrada no texto constitucional, nos Estados Unidos, a igualdade foi um parâmetro ideológico. De início, a Constituição não a contemplava. Somente em 1868, após a guerra civil, o Congresso aprovou a 14ª Emenda que, juntamente com a 13ª e a 15ª, abolia a escravidão e garantia a liberdade individual e política dos antigos escravos.[170]

De acordo com sua expressão literal, o princípio da igualdade dirigia-se somente

---

163. Bastos, Celso R.; Martins, Ives G. *Comentários à Constituição do Brasil,* v. 2, p. 10.
164. Alexy, Robert. *Teoría de los derechos fundamentales,* p. 395. Cf. também Canotilho, *Direito constitucional,* p. 566.
165. Bandeira de Mello, Celso A. *O conteúdo jurídico...,* p. 39. *Cf. também, no mesmo sentido: Taborda, Maren. O princípio da igualdade...,* p. 262.
166. Alexy, Robert. *Teoría de los derechos fundamentales,* p. 86.
167. Canotilho, J. J. Gomes. *Direito constitucional,* p. 565. Cf. também Alexy, Robert. *Teoría de los derechos fundamentales,* p. 391.
168. Bandeira de Mello, Celso A. *O conteúdo jurídico...,* p. 18.
169. Rocha, Cármen L. A. *O princípio constitucional da igualdade,* p. 36-37.
170. Auer, Andreas. *Les "Mesures Positives" en faveur des femmes en droit americain,* p. 229-252, esp. p. 231.

aos estados federados. Em meados do século XX, mais precisamente a partir da decisão do caso Brown *v.* Board of Education, a Suprema Corte passou a entender que a igualdade incluía-se no princípio do devido processo legal e, com esse argumento, impunha-se também às autoridades federais.[171]

Durante os anos 60 do século passado, a Suprema Corte, sob a presidência do juiz Earl Warren, reconheceu que o legislador dispunha de larga liberdade de apreciação na escolha de critérios de diferenciação. Para ser conforme ao princípio da igualdade, seria suficiente que a discriminação fosse razoável, fundada num motivo válido.

Entretanto, algumas classificações legislativas foram consideradas suspeitas: apesar de não serem inconstitucionais deveriam ser examinadas com rigor. As classificações suspeitas somente seriam consideradas conformes ao princípio da igualdade quando necessárias à realização de um interesse público imperioso.[172]

Diferenciaram-se, portanto, três grandes categorias:

a) classificações ordinárias, para as quais é suficiente um "vínculo razoável com qualquer interesse público";

b) discriminações de gênero, que exigem um "vínculo substancial com um interesse público importante", configurando uma categoria intermediária entre as outras duas;

c) classificações suspeitas, que dependem de um "vínculo de necessidade para a realização um interesse público imperioso".[173]

A partir de 1965, o governo do presidente Lyndon B. Johnson foi responsável pela propagação do conceito de *affirmative action*, que a Suprema Corte norte-americana terminaria por adotar para designar

> a exigência de favorecimento de algumas minorias socialmente inferiorizadas, vale dizer, juridicamente desigualadas, por preconceitos arraigados culturalmente e que precisavam ser superados para que se atingisse a eficácia da igualdade preconizada e assegurada constitucionalmente na principiologia dos direitos fundamentais.[174]

Assim, passou-se de um conceito passivo a um conceito ativo; de meras proibições de discriminações, a medidas que promovem a igualdade de fato.

Essa breve visada sobre a jurisprudência norte-americana a respeito da igualdade serve para evidenciar argumentos que se aplicam à realidade brasileira.

---

171. 347 US 483 (1954). Estados Unidos da América. Suprema Corte dos Estados Unidos. Disponível em: <http://caselaw.lp.findlaw.com/scripts/getcase.pl?navby=case&court=us&vol=347&page=483>. Acesso em 21/11/2006.

172. Auer, Andreas. *Les* "Mesures Positives"..., p. 233.

173. Op. cit., p. 236. Essa caracterização das classificações legislativas em razão de sexo foi feita no caso Craig v. Boren.

174. Rocha, Cármen L. A. Ação afirmativa – O conteúdo democrático do Princípio da Igualdade Jurídica, esp. p. 86.

O princípio geral de igualdade está expresso no *caput* do art. 5º da Constituição brasileira de 1988, que o menciona duas vezes. Afirma a igualdade de todos perante a lei e veda distinções de qualquer natureza. Em seguida, reitera a garantia de igualdade aos brasileiros e estrangeiros residentes no País.

Os autores têm destacado que a topologia do dispositivo, o fato de encabeçar a disciplina constitucional dos direitos fundamentais, denota sua importância maior no sistema, inclusive com proeminência sobre todos os demais direitos fundamentais.[175]

Na Constituição anterior, o enunciado que continha o princípio da igualdade vedava, expressamente, distinções de sexo, raça, trabalho, credo religioso e convicções políticas. Na atual, como visto, adotou-se expressão mais ampla: além de especificarem-se os discrimens tradicionalmente vedados, no inciso IV do art. 3º proibiram-se "quaisquer outras formas de discriminação".

Os fatores que historicamente constituem elementos de rancor e repulsa entre os homens, *sem qualquer razão lógica ou juízo de valor justificado*, na expressão de Cármen Rocha,[176] foram tratados em dispositivos dispersos do texto constitucional.

A classificação das discriminações legislativas em ordinárias e suspeitas, admitindo-se uma terceira espécie que contempla as discriminações de gênero, amolda-se ao modelo constitucional brasileiro.

Em síntese: o princípio geral de igualdade determina deva ser observada a igualdade com a maior amplitude possível, diante das circunstâncias de fato e de direito; admite distinções baseadas em objetivos públicos legítimos eleitos pelo legislador e, de outro lado, proíbe discriminações arbitrárias.

Quanto à proteção estatal da família, levando-se em conta a pluralidade de formas de que se pode revestir, verifica-se que na Constituição da República não há qualquer princípio especial de igualdade relativo a essas diferentes formas, razão pela qual as diferenciações legislativas, para atenderem ao princípio geral da igualdade, necessitam apenas denotar razoabilidade em relação aos fins públicos eleitos pelo legislador.

5.7.2. Intimidade e vida privada

Os direitos fundamentais à *intimidade e à vida privada* foram positivados no inciso X do art. 5º da Constituição da República: *X – são invioláveis a intimidade, a vida privada, a* honra *e a imagem das pessoas, assegurado o direito a indenização pelo dano material ou moral decorrente de sua violação.*

A positivação dos direitos fundamentais à intimidade e à vida privada, num mesmo inciso, ao lado do direito à honra e à imagem, ressalta a correlação que há

175. Campos, Francisco. *Direito constitucional,* p. 12. Taborda, Maren G. *O princípio da igualdade...,* p. 267. Bastos, Celso R.; Martins, Ives G. *Comentários à constituição do Brasil,* p 13.

176. Rocha, Cármen L. A. *O princípio constitucional da igualdade,* p. 74.

entre eles: todos são, no plano do Direito Constitucional, expressões (concretizações) da dignidade da pessoa humana, e, no do Direito Privado, direitos da personalidade.

Embora no direito romano já houvesse a possibilidade de reparação de violações à pessoa mediante a *actio iniuriarum*, atribui-se a Hugo Donellus, no século XVI, a transposição do tema para o âmbito dos direitos subjetivos, referindo-se ao direito à vida, à integridade física, à liberdade e à reputação.[177]

Durante o século XIX, o tema foi retomado e desenvolvido pela pandectística, com destaque para Rudolf von Ihering, Josef Kohler, Regelsberger e Otto von Gierke. Os primeiros códigos modernos regularam escassamente a matéria: o Código napoleônico resumiu-se ao reconhecimento de direitos civis aos franceses e aos estrangeiros (arts. 8 e 11). Somente no início do século XX introduziram-se alterações no Código Civil francês que reconheceram os direitos da personalidade oponíveis *erga omnes,* insuscetíveis de apreciação econômica, inalienáveis e imprescritíveis.[178] O Código alemão, por sua vez, somente cuidou do direito ao nome (§ 12), tendo servido esta previsão legal de base para o desenvolvimento da doutrina dos direitos da personalidade, particularmente no período posterior à Segunda Grande Guerra Mundial. O Código Civil português de 1867, pioneiramente, dedicou um título aos *direitos originários,* estabelecendo a proteção dos direitos de existência, de liberdade, de associação, de apropriação e de defesa (arts. 359º a 368º).

Pérez-Luño ensina que a intimidade é o resultado do desenvolvimento dos núcleos urbanos e da divisão do trabalho, que levaram a uma clara diferenciação entre o domicílio e o local de trabalho, diferentemente do que ocorria até o período medieval.

Os direitos à intimidade e à vida privada representam o reconhecimento da faculdade assegurada ao indivíduo de se orientar segundo seu próprio entendimento.[179] Conforme explica Menezes Cordeiro:

> A vida privada compreende as mais diversas realidades: a origem e a identidade da pessoa; a sua situação de saúde; a sua situação patrimonial; a sua imagem; os seus escritos pessoais; as suas amizades e relacionamentos sentimentais; as suas preferências estéticas; as suas opções políticas e religiosas. Em rigor, a vida privada abrangerá tudo o que não seja público e profissional ou social.[180] (...) A privacidade traduz um círculo de liberdade independente do Estado e de terceiros e que o sujeito interessado poderá tratar como entender.[181]

177. Cordeiro, António Menezes. *Tratado de direito civil português: Parte geral,* t. III, p. 33-35.
178. Op. cit., p. 40-41.
179. Op. cit., p. 205.
180. Op. cit., p. 205.
181. Op. cit., p. 210.

De acordo com a doutrina germânica de H. Hubmann (citado por Pérez Luño, p. 328), o direito à privacidade leva a distinguir esferas em que se desenvolvem a vida do indivíduo:

a) a íntima, que corresponde à esfera das coisas secretas e se viola quando se noticiam segredos que deveriam permanecer ignorados;

b) a esfera privada, que protege a vida pessoal e familiar;

c) a esfera individual, que se refere a tudo o que se liga às peculiaridades da pessoa (a honra, o nome, a imagem).[182]

Já Vittorio Frosini (citado por Pérez Luño, p. 328) concebe o direito à vida privada como o de se retirar voluntária e temporariamente do convívio social, por meios físicos e psicológicos, em prol do anonimato e de reserva. Ele distingue quatro possíveis modalidades de isolamento:

a) solidão, caracterizada pela ausência material de contatos;

b) intimidade, que se dá quando o indivíduo se encontra num grupo reduzido, como no âmbito familiar;

c) anonimato, quando o indivíduo mantém a liberdade para identificações individuais;

d) reserva, que se constitui pela criação de uma barreira psicológica contra intromissões indesejadas.[183]

Pérez-Luño destaca que no direito norte-americano há uma tendência para se conceber o direito de privacidade (*privacy*) como o de controlar as informações que possam afetar à pessoa, ao lado dos sentidos tradicionais de não interferência. Trata-se de uma reação aos meios tecnologicamente avançados de comunicação:

> Em suma, trata-se de insistir, como síntese da análise desenvolvida até aqui, que em nossa época torna-se insuficiente conceber a intimidade como um direito garantidor (*status negativo*) de defesa frente a qualquer invasão indevida da esfera privada, sem contemplá-la, ao mesmo tempo, como um direito ativo de controle (*status* positivo) sobre o fluxo de informações que afetam a cada sujeito.[184]

Esta expansão do sentido do direito à intimidade tem levado a que outras questões ligadas às noções de liberdade, de autonomia e de participação sejam referidas àquela. Assim, nos Estados Unidos, em 1965, o direito à intimidade serviu de base para que fosse julgada inconstitucional lei do Estado de Connecticut que proibia o uso de contraceptivos;[185] em 1973, foram declaradas inconstitucionais normas

182. H. Hubmann. *Das Persönlichkeitsrecht, Böhlau*, Köln, 2. ed., 1967, p. 268 *et seq.*
183. Frosini, V. *Il diritto nella società tecnologica.* Milano: Giuffrè 1981, p. 279-280.
184. Pérez L., Antonio E. *Derechos humanos...*, p. 330.
185. Griswold *v.* Connecticut.

do Estado do Texas e de outros estados da União que proibiam o aborto, sob o entendimento de que a decisão sobre a referida prática deve ser tomada pela mulher a quem interessa mais do que ao Estado;[186] no caso Stanley *v.* Georgia a Suprema Corte declarou a inconstitucionalidade de lei que punia a posse de material obsceno em seu domicílio.

O Supremo Tribunal Federal atribui, entre outros, os seguintes significados aos direitos fundamentais à intimidade e à vida privada: proibição de abuso na quebra de sigilo bancário;[187] limitação do direito à informação;[188] não impedem o direito de investigar a paternidade;[189] não impedem a utilização de material orgânico da mãe (placenta) para averiguação de paternidade, contra a vontade daquela;[190] exigem a fundamentação de atos que ordenam a quebra dos sigilos bancários, fiscais e telefônicos;[191] proíbem a condução coercitiva do réu para a realização de exame de DNA na ação de investigação de paternidade.[192]

5.8. A FAMÍLIA COMO "BASE DA SOCIEDADE"

Inovação do texto constitucional de 1988 que pouco interesse despertou na doutrina brasileira foi a de ter o *caput* do art. 226 qualificado a família como "base da sociedade".

É razoável supor que a referida qualificação da família foi aceita sem maiores digressões por espelhar ideia antiga que encontra respaldo em tradicionais obras jurídicas.

A seu respeito, Paulo Luiz Netto Lôbo observou que *a família não é célula do Estado (domínio da política), mas da sociedade civil, não podendo o Estado tratá-la como parte sua.*[193]

Sérgio Buarque de Holanda ensina que a indistinção entre família e Estado *é prejuízo romântico que teve os seus adeptos mais entusiastas durante o século XIX. De*

186. Roe *v.* Wade.
187. Brasil. STF, *Habeas Corpus nº 84.758-GO, Rel.* Min. Celso de Mello, acórdão de 25/05/2006, DJU 16/06/2006, p. 5.
188. Brasil. STF, Recurso em Mandado de Segurança nº 23.036-RJ, 2ª Turma, Rel. p/ Acórdão: Min. Nelson Jobim, acórdão de 28/03/2006, DJU 25/08/2006, p. 67.
189. Brasil. STF, Recurso Extraordinário n. 248.869-SP, 2ª Turma, Rel. Min. Maurício Corrêa, acórdão de 07/08/2003, DJU 12/03/2004, p. 38.
190. Brasil. STF, Questão de Ordem na Reclamação nº 2.040-DF. Rel. Min. Néri da Silveira, acórdão de 21/02/2002, DJU 27/06/2003, p. 31.
191. Brasil. STF, Mandado de Segurança nº 23.879-DF, Rel. Min. Maurício Corrêa, acórdão de 03/10/2001, DJU 16/11/2001, p. 8.
192. Brasil. STF, *Habeas Corpus* nº 71.373-RS, Rel. p/ Acórdão Min. Marco Aurélio, acórdão de 10/11/1994, DJU 22/11/1996.
193. Lôbo, Paulo Luiz Netto. *Repersonalização das famílias*, p. 138.

acordo com esses doutrinadores, o Estado e as suas instituições descenderiam em linha reta, e por simples evolução, da família.[194]

A crítica à identificação da família com o Estado (ou com a sociedade) é enfatizada pelo mesmo autor:

> A verdade, bem outra, é que pertencem a ordens diferentes em essência. Só pela transgressão da ordem doméstica e familiar é que nasce o Estado e que o simples indivíduo se faz cidadão, contribuinte, eleitor, elegível, recrutável e responsável, ante as leis da Cidade. Há nesse fato um triunfo do geral sobre o particular, do intelectual sobre o material, do abstrato sobre o corpóreo e não uma depuração sucessiva, uma espiritualização de formas mais naturais e rudimentares, uma procissão das hipóstases, para falar como na filosofia alexandrina. A ordem familiar, em sua forma pura, é abolida por uma transcendência.[195]

Uma conciliação entre esta constatação sociológica e o enunciado do art. 226 da Constituição da República impõe salientar que o texto constitucional nesta, como em todas as suas passagens, não "descreve" uma realidade social, mas, como é sua função, "prescreve" normas para a organização social e do Estado.

Eis por que a ligação que o texto constitucional estabeleceu entre família e sociedade há de ser interpretada como um acento da proteção estatal referida no mesmo artigo.

5.9. SÍNTESE DOS FUNDAMENTOS CONSTITUCIONAIS DA PROTEÇÃO ESTATAL DA FAMÍLIA

Estudar o significado da proteção estatal que a Constituição da República expressamente confere à família suscita analisar a incidência dos demais preceitos constitucionais na matéria.

A Constituição da República de 1988 distingue-se, na história constitucional brasileira, pelo tratamento destacado que deu aos princípios fundamentais estruturantes e aos direitos e garantias fundamentais. Mais do que tê-los posicionados no início do texto, acresceu significativamente o catálogo dos direitos fundamentais no ordenamento jurídico brasileiro, ao positivar, entre outros, a dignidade da pessoa humana e os direitos fundamentais à intimidade e à vida privada. A princípios já tradicionalmente presentes na história constitucional brasileira, deu novas cores, enfatizando seu conteúdo e extensão, como no tocante aos princípios da democracia e da igualdade.

194. Holanda, Sérgio Buarque de. *Raízes do Brasil,* p. 141.
195. Op. e loc. cit.

Além disso, a Constituição da República criou instrumentos procedimentais para garantir os referidos direitos e fortaleceu os poderes do Supremo Tribunal Federal para a execução de sua tarefa maior de guarda da própria Constituição.

Para uma compreensão adequada do significado das transformações impostas pela Constituição da República de 1988 no ordenamento jurídico brasileiro não basta, no entanto, o mero reconhecimento dessas inovações. É necessário confrontar o conteúdo dos "novos" direitos, analisar os modelos teóricos nos quais se inspiraram, confrontar a interpretação que já receberam na própria tradição jurídica brasileira e no Direito Comparado, pois qualquer que seja a interpretação que lhes seja dada, os "novos" direitos inserem-se em determinado contexto histórico e representam determinada cultura, sem a qual se tornam ininteligíveis e, até mesmo, aleatórios.

A análise do preceito estabelecido no *caput* do art. 226 da Constituição da República denota tratar-se de uma *garantia institucional*, conceito que encontra raízes no Direito Constitucional alemão e que encontrou acolhimento no direito brasileiro há quase um século.

Seu significado na doutrina constitucional de antanho não difere do significado que lhe emprestam as doutrinas constitucionalistas da atualidade: expressa o dever de o Estado garantir certas instituições sociais expressamente contempladas na Constituição, configurando o reconhecimento de sua especial importância na conformação do programa constitucional.

As garantias institucionais, no entanto, não permitem que dela sejam inferidos, aleatoriamente, direitos. As técnicas de interpretação da Constituição indicam a necessidade de que as garantias institucionais sejam conjugadas com os demais dispositivos constitucionais, para efeito de aplicação. Técnicas que consagram a unidade da Constituição e que impedem sejam consideradas inconstitucionais normas insertas no texto originário.

Conjugam-se, ainda, com os princípios fundamentais estruturantes, entre os quais o princípio democrático, que confere primazia ao parlamento na concretização dos preceitos constitucionais, como corolário da representação política do povo.

Como ressaltado, entre os princípios fundamentais e o princípio democrático não há contradição. Há, sim, uma relação dialética mediante a qual os princípios fundamentais garantem e limitam o princípio democrático. Garantem-no, na medida em que asseguram os direitos da minoria; limitam-no, ao mesmo tempo, ao retirarem de sua incidência os direitos essenciais que conformam a ordem jurídica constitucional.

O princípio democrático tampouco conflita com o princípio da dignidade da pessoa humana. Este tem sido invocado, frequentemente, para justificar soluções jurídicas equivocadas, a partir do reconhecimento de sua singular posição no sistema normativo.

Uma interpretação verdadeiramente jurídica, porém, não pode prescindir da reconstrução teórica do princípio da dignidade da pessoa humana, sempre que se pretenda aplicá-lo. A confrontação das pré-compreensões ligadas ao princípio da dignidade da pessoa humana, desde a Antiguidade e, principalmente, a partir de Kant, contraria a afirmativa muito frequente de que seja um conceito marcado pela imprecisão.

Aberto todo conceito é. A dignidade da pessoa humana tem o sentido preciso de respeito ao ser humano, pelo fato de ser humano. As polêmicas sobre a dignidade da pessoa humana ligam-se, fundamentalmente, ao que se pode designar seu *aspecto funcional*, que consiste na possibilidade ou não de ser violada, ou, se se admitir a possibilidade de sua violação, na identificação das condutas que a violam.

As dissensões quanto a esses problemas são amenizadas pelo consenso de que os direitos fundamentais representam a concretização da dignidade da pessoa humana. Assim, mesmo quem considera a dignidade insuscetível de violação (por ser um atributo reconhecido incondicionalmente ao ser humano pela ordem jurídica) não nega a proteção a ser conferida aos direitos fundamentais que da dignidade emanam. Por caminhos distintos, chega-se ao mesmo destino.

Assim, uma vez que a dignidade da pessoa humana concretiza-se mediante os direitos fundamentais, justifica-se o razoável consenso que há, igualmente, sobre dever ser a mesma dignidade referida somente aos direitos mais essenciais, não submetidos às decisões políticas parlamentares que realizam o princípio democrático, uma vez que o limitam.

Quanto às técnicas de aplicação, a reconstrução dos fundamentos do Direito Constitucional brasileiro sobreleva o tópico da hermenêutica constitucional moderna da necessidade de serem concretizados procedimentalmente, nos moldes estabelecidos pela própria Constituição, de modo a permitir a legitimação das decisões mediante a participação em igualdade de condições de todos os atingidos.

Este tópico afasta argumentações que expressem a pretensão de aplicar os princípios constitucionais mediante a técnica anacrônica da subsunção. A interpretação baseada em procedimentos tem especial significação na solução dos *casos difíceis* (*hard cases*) – tais como os de lacuna, cláusulas gerais, antinomias e de colisões de princípios – em que

> (...) faltem valorações jurídico-positivas suficientemente concretizadas. Pois nesse caso, não só as possibilidades do pensamento sistemático deparam com limites inultrapassáveis, como também se verificam, em regra, as características da tópica: as normas só podem aqui ser preenchidas, em termos de conteúdo, através do juiz, de tal modo que este deve atuar como o legislador, decidindo, afetivamente, acerca da máxima do "comportamento correto".[196]

---

196. Canaris, Claus-Wilhelm. *Pensamento sistemático...*, p. 269-270.

Considerar as situações das *famílias atípicas* como *casos difíceis* por não gozarem de expressa regulação legal é, quase sempre, um erro baseado na equivocada compreensão dos princípios constitucionais – que de modo algum exigem tratamento idêntico às diversas formas de família – e de técnicas do Direito Privado, como o princípio da tipicidade dos direitos de família, segundo o qual os direitos subjetivos privados de família são somente os previstos expressamente em lei (cf. seção 6.7.3).

Por tais motivos, a extensão de direitos subjetivos privados a membros de famílias de fato viola o princípio democrático e o da reserva de lei (CF, art. 5º, II) que no Direito de Família significa, ordinariamente, a necessidade de expressa previsão legal.

A igualdade – ainda que no sentido mais forte e atual de *igualdade material* – continua a significar, de certo modo, o que a respeito dela ensinaram há dois milênios os gregos: o tratamento igual aos iguais; o tratamento diferenciado aos diferentes, na medida de suas diferenças. De certo modo, porque na modernidade o princípio geral da igualdade ganhou o significado bem mais preciso de vedação do arbítrio. A conjugação do princípio da igualdade com o princípio democrático leva ao entendimento de que o legislador pode utilizar como fator de discrímen, em regra, todos os que permitam o atendimento de um interesse público qualquer. Por outro lado, é inegável haver algum interesse público em se manterem distinções jurídicas a respeito das diversas formas de família. A própria Constituição assinala a existência de interesse público na diferenciação das formas de família ao regular apenas três de suas espécies e ao estabelecer regras diferenciadas para elas (CF, art. 226, §§ 1º a 5º).

De outro lado, é o próprio reconhecimento da abertura constitucional do conceito de família que reclama o tratamento jurídico diferenciado, pois é impensável que agrupamentos tão distintos quanto o de uniões matrimoniais, homossexuais, monoparentais e (por que, não?) poligâmicas atribuam a seus membros idênticos direitos privados.

Finalmente, há que se reconhecer o abuso na invocação dos princípios fundamentais da igualdade, da intimidade e da vida privada, na prática judiciária familiarista. A reconstrução dogmática dos referidos princípios denota com razoável clareza que os mesmos não justificam a extensão de direitos que a lei prevê para determinada forma de família (quase sempre, o casamento) às demais formas, notadamente às famílias de fato.

Tampouco os direitos fundamentais à intimidade e à vida privada conferem suporte à extensão de direitos subjetivos privados conferidos a determinado tipo de família às demais. A principal dimensão desses direitos continua a ser a negativa, que garante ao indivíduo um âmbito existencial livre de intervenções do Estado e de outros indivíduos.

A existência de movimentos sociais que defendem, politicamente, a extensão de direitos subjetivos privados típicos de família às uniões homossexuais põe em evidência que o debate diz respeito à esfera pública, não à esfera privada ou íntima. O reconhecimento do direito de as pessoas exprimirem sua afetividade na vida privada é amplo. Mesmo em países em que os setores mais conservadores da sociedade são mais ativos e organizados, o direito de liberdade na esfera íntima, inclusive no que diz respeito à sexualidade, tem sido reconhecido, como demonstra o fato de, nos Estados Unidos, terem sido julgadas inconstitucionais as leis que tipificavam criminalmente a "sodomia", por ofensa ao princípio da intimidade (*privacy*).

A conquista de direitos privados de família pertence à esfera pública e deve ser mediada pelos instrumentos de concretização do princípio democrático, uma vez que o exercício de tais direitos repercutem na vida social e na esfera privada de todos os indivíduos, não apenas na daqueles que reclamam a extensão de tais direitos. O Direito Privado conforma parte significativa do estatuto ético da sociedade. Vale lembrar, a este propósito, ter Miguel Reale cognominado o Código Civil de *constituição do homem comum*,[197] ao salientar ser o estatuto jurídico que regula as interações sociais da pessoa desde o nascimento até a morte. As normas de Direito Privado não são, pois, normas para a vida íntima; são normas de conduta que interessam a todos, mesmo àqueles que, concretamente, não estejam em condições de usufruir os direitos ou de cumprir os deveres por elas conferidos e impostos.

Em suma, nenhum raciocínio juridicamente válido é possível no sentido de se equiparar *ipso facto* quaisquer das distintas formas de família, notadamente os direitos subjetivos privados de que sejam titulares seus membros.

Assim, deflui do próprio texto da Constituição da República brasileira de 1988 que toda e qualquer família goza da proteção estatal. A proteção estatal da família, contudo, pode variar segundo o tipo familiar e a regulamentação que lhe for imposta pela lei, em atenção ao princípio fundamental democrático.

197. Reale, Miguel. Visão Geral do Projeto de Código Civil. *Revista dos Tribunais*, n. 752, ano 87, jun. 1998, p. 22-30.

6

Críticas e subsídios para uma teoria sociojurídica do Direito de Família

6.1. A CONSTITUIÇÃO E O CÓDIGO CIVIL COMO CENTROS DO DIREITO CIVIL

Um dado da experiência jurídica moderna é a constitucionalização do direito, que se pode perceber por diferentes manifestações:

a) a noção crescente da supremacia constitucional e da consequente vinculação do legislador;

b) a incorporação ao texto constitucional de temas tradicionalmente tratados apenas no plano da legislação infraconstitucional;

c) a irradiação do conteúdo material e axiológico da Constituição por todo o sistema jurídico.[1]

A constitucionalização alcança todos os ramos do Direito. O estudo de seus efeitos é elemento central da dogmática e da jurisprudência contemporâneas e induz respostas variadas.

1. Segundo Luís Roberto Barroso o marco da constitucionalização do Direito é a Lei Fundamental alemã, de 1949, com a criação do Tribunal Constitucional Federal, que assentou a supremacia dos direitos fundamentais e que estes instituem uma ordem objetiva de valores válida para todo o sistema. A partir de então, cortes constitucionais foram instaladas na Itália (1956), Chipre (1960), Turquia (1961), Grécia (1975), Espanha (1978), Portugal (1982), Bélgica (1984), Polônia (1986), Hungria (1990), Rússia (1991), República Tcheca (1992), Romênia (1992), República Eslovaca (1992), Eslovênia (1993), Argélia (1989), África do Sul (1996) e Moçambique (2003) (cf. Barroso, Luís Roberto. *Neoconstitucionalismo e constitucionalização do direito.* Disponível em: <http://www.migalhas.com.br/mostra_noticia_articuladas.aspx?cod=24089>. Acesso em 8 set. 2006).

No Direito Civil, uma corrente vê no fenômeno a "perda da centralidade do Código Civil"; a Constituição teria passado a ser o "centro reunificador do direito privado":

> O Código Civil certamente perdeu a centralidade de outrora. O papel unificador do sistema, tanto nos seus aspectos mais tradicionalmente civilísticos quanto naqueles de relevância publicista, é desempenhado de maneira cada vez mais incisiva pelo Texto Constitucional. Falar de descodificação relativamente ao Código vigente não implica absolutamente a perda do fundamento unitário do ordenamento, de modo a propor a sua fragmentação em diversos micro-ordenamentos e em diversos microssistemas, com ausência de um desenho global. Desenho que, se não aparece no plano legislativo, deve ser identificado no constante e tenaz trabalho do intérprete, orientado a detectar os princípios constantes na legislação chamada especial, reconduzindo-os à unidade, mesmo do ponto de vista de sua legitimidade.[2]

A "perda da centralidade" do Código Civil e o "papel unificador do sistema" exercido pela Constituição são conclusões de grande abrangência que exigem o discernimento de diferentes sentidos em que podem ser tomadas.

6.1.1. Uma relevante distinção entre as tradições jurídicas do Velho e do Novo Mundo

A análise da "perda da centralidade" do Código Civil e de eventual novo "papel centralizador do sistema" da Constituição somente pode ser realizada com referência a ordens jurídicas concretas, uma vez que demanda verificar a existência no sistema examinado de legislação codificada, do caráter rígido ou flexível da Constituição, dos meios de controle de constitucionalidade e do próprio conteúdo normativo do texto constitucional.

Entre as tradições jurídicas brasileira e italiana (esta constitui a base das reflexões de Perlingieri) há diferenças consideráveis no tocante à normatividade da Constituição e de seus meios de controle, que sugerem cautela na comparação dos problemas que interessam a ambas.

Necessário sublinhar, inicialmente, que a força normativa da Constituição foi admitida, por alguns, no Direito brasileiro desde a sua origem, ao contrário do que ocorreu nos sistemas jurídicos europeus. A respeito destes, pode-se ampliar a descrição que Konrad Hesse fez da ordem jurídica alemã:

> As constituições estavam longe de provocar ou programar modificações do Direito Privado porque não lhes correspondia uma eficácia vinculante frente ao legislador do

2. Perlingieri, Pietro. *Perfis do direito civil: introdução ao direito civil constitucional,* p. 6. No mesmo sentido: Tepedino, Gustavo. *A disciplina civil-constitucional das relações familiares,* p. 47-69, esp. p. 48.

Direito Privado. Tampouco podiam desempenhar uma função protetora e preservadora do Direito Privado. Para tal função só se podia tomar em consideração os direitos fundamentais; sua importância, no entanto, foi por demais escassa em todo o período da Monarquia Constitucional até 1918. Os direitos fundamentais não estavam em condições de garantir uma ordenação jurídica existente frente ao legislador. Isso pressuporia uma primazia da Constituição capaz de se impor frente às leis ordinárias, algo que nem sequer, até 1848, havia se desenvolvido ainda. E ainda menos se podia falar de uma competência dos juízes para examinar as leis do ponto de vista da compatibilidade de seu conteúdo com a Constituição, isto é, de uma faculdade judicial de controle material.[3]

No direito alemão, o referido entendimento tornou-se conhecido como *alte Lehre* ("teoria antiga") e, segundo Maria D'Oliveira Martins (p. 44) foi defendido por Gerhard Anschütz, para quem a lei encontrava legitimação nela própria, não necessitando de parâmetros exteriores. De acordo com esse entendimento, mesmo os direitos fundamentais restavam reduzidos a meros programas, sem sentido jurídico.[4]

De modo muito diferente do que se passou na Europa, já na virada do século XVIII ao século XIX o Novo Mundo descobriu o princípio da supremacia constitucional, que foi proclamado, em 1803, no famoso julgamento do caso Marbury *v.* Madison, pela Suprema Corte norte-americana, que assentou a invalidade das leis inconstitucionais e a competência dos órgãos judiciários para o exercício do controle da constitucionalidade difuso:

> Certamente todos esses que moldaram constituições escritas contemplam-nas como o fundamento e lei superior da nação, e portanto a teoria de cada um desses governos deve ser, que um ato da legislatura repugnante à Constituição é inválido.
>
> (...)
>
> Assim, a particular fraseologia da Constituição dos Estados Unidos confirma e fortalece o princípio, que se supõe ser essencial a todas as constituições escritas, que uma lei repugnante à Constituição é inválida, e que as cortes, assim como outros órgãos, são limitadas por esse instrumento.[5]

Demonstrando adesão ao princípio da supremacia constitucional, Teixeira de Freitas, o maior civilista brasileiro do século XIX, nas Consolidações das Leis Civis, enumerou diversos dispositivos normativos anteriores à Constituição Política do Império do Brasil, de 1824, que teriam sido por ela revogados, embora lamentasse a falta de reconhecimento dessas revogações:

> Quantas leis entre nós não incorreram desde logo em virtual e necessária revogação, por se tornarem incompatíveis com as bases da Carta Constitucional? Quantas outras não

---

3. Hesse, Konrad. *Derecho constitucional y derecho privado*, p. 35-37.
4. Anschütz, Gerhard, *Die Verfassung des Deutschen Reichs vom 11 August 1919,* Verlag von Georg Stilke, Berlin, 1987, p. 520.
5. <http://caselaw.lp.findlaw.com/scripts/getcase.pl?court=US&vol=5&invol=137>. Acesso em 26 maio 2008.

> se acham inutilizadas, ou modificadas, só por efeito das leis novas? A força do hábito, entretanto, as tem perpetuado, e para muitos é sempre grande argumento a falta de disposições designadamente revogatórias.
>
> Ainda se pensa (por exemplo), com o apoio da Ord. L. 4º T. 81, § 6º, que temos – servos da pena –, e que os condenados à morte não podem fazer testamento. O Código do Comércio no Art. 157 ainda fala da morte civil. A sanção da Ord. L. 2º T. 18 contra corporações de mão morta possuidoras de bens de raiz ainda se aplica, como se o comisso não fora confiscação. Também crê-se que os serviços feitos ao Estado são artigos de propriedade, que se pode ceder e legar na forma do caduco Regimento das Mercês de 19 de janeiro de 1671.[6]

Faltava, certamente, no direito brasileiro, a esse tempo, um sistema jurisdicional de controle da constitucionalidade, a definição de instrumentos processuais específicos de tutela dos direitos constitucionais, bem como um órgão especializado no controle da constitucionalidade das leis, uma vez que ao determinar a criação do Supremo Tribunal de Justiça (art. 163), a Constituição do Império não lhe conferiu essa competência. Como órgão revisor, cabia a ele "conceder ou denegar revistas nas causas e pela maneira que a lei determinar" (art. 164). A doutrina, majoritariamente, não reconhecia a possibilidade do controle de constitucionalidade das leis.[7]

Verdadeiro controle de constitucionalidade foi criado, no Brasil, pela Constituição Provisória de 1890, que instituiu o controle de constitucionalidade *in concreto*, atribuindo ao Supremo Tribunal Federal competência para julgar recursos contra decisões da Justiça dos Estados quando houvesse contestação da validade de leis ou atos dos Governos dos Estados em face da Constituição (art. 58, § 1º, b). A norma foi repetida no art. 59, § 1º, alínea *b,* da Constituição da República, de 1891. O controle difuso foi estabelecido pela Lei nº 221, de 20 de novembro de 1894, que autorizou qualquer juiz ou tribunal a "deixar de aplicar" as leis inconstitucionais:

> Art. 13. (...)
>
> § 10º. Os juízes e tribunais apreciarão a validade das leis e regulamentos e deixarão de aplicar aos casos ocorrentes as leis manifestamente inconstitucionais e os regulamentos manifestamente incompatíveis com as leis ou com a Constituição. É também de sua atribuição anular os atos ou resoluções ilegais das autoridades administrativas.

José Soriano de Souza, catedrático da Faculdade de Direito do Recife, em 1894, reconheceu a influência do direito norte-americano na formulação da Constituição

6. Teixeira de Freitas, Augusto. *Consolidações das leis civis,* v. I, p. XXXIII-XXXV.

7. Visconde do Uruguay. *Estudos praticos sobre a administração das provincias no Brasil: primeira parte.* Rio de Janeiro: Garnier, 1865, t. II, p. 294 e s.; Pimenta Bueno, José Antonio. *Direito publico brazileiro e analyse da constituição do imperio.* Rio de Janeiro: J. Villeneuve e C., 1857, p. 344 e s.

republicana a respeito do controle da constitucionalidade das leis:

> Ora, nossa Constituição contém disposição evidentemente inspirada pelo texto referido da Constituição americana.
>
> Diz o § 1º do art. 59 que "das sentenças das justiças dos Estados em última instância haverá recurso para o Supremo Tribunal Federal: 1º quando se questionar sobre a validade ou aplicação de tratados e leis federais, e a decisão do tribunal do Estado for contra ela; 2º quando se contestar a validade de leis ou de atos dos governos dos Estados em face da Constituição ou das leis federais, e a decisão do tribunal do Estado considerar válidos esses atos, ou essas leis impugnadas.
>
> Ora, para que o Supremo Tribunal sentencie nos casos referidos, é preciso que, tendo em vista as leis, tratados e a Constituição compare as sentenças dos tribunais dos Estados com aquelas leis, tratados e Constituição para poder apanhar o genuíno sentido dos termos da comparação, e manifestar a conformidade ou a desconformidade daqueles termos. Mas esse processo de comparação é interpretativo, pois interpretação não é outra coisa senão a tradução do verdadeiro pensamento de uma lei. Logo a Constituição fez do Supremo Tribunal Federal intérprete final das leis, dos tratados e da Constituição federais.[8]

Desde então todas as Constituições brasileiras trataram do controle judicial da constitucionalidade da lei, alargando os meios de controle, mediante a criação do controle concentrado, de meios processuais especificamente voltados a ele (mandado de injunção e ações diretas de inconstitucionalidade e de constitucionalidade) e incluindo as omissões no rol dos fatos sujeitos a controle (inconstitucionalidade por omissão).

A doutrina portuguesa reconhece a influência que teve o modelo americano e, particularmente, o brasileiro, no desenvolvimento do sistema de controle da constitucionalidade das leis daquele país:

> Portugal colheu, contrariamente aos demais países europeus, a influência do modelo americano de fiscalização da constitucionalidade e do sistema constitucional brasileiro. Como diz Gomes Canotilho, "não obstante a vincada influência do constitucionalismo francês no constitucionalismo português e do dogma, associado àquele, da preponderância do parlamento, o problema da fiscalização, pelos tribunais, dos "abusos legislativos expressos" em leis inconstitucionais não deixou de colocar-se" em Portugal. E colocou-se apresentando a solução de afastar as leis contrárias à Constituição e não a de "afastar a Constituição por amor às leis e à soberania do parlamento".[9]

8. Souza, José Soriano de. *Principios geraes de direito publico e constitucional.* Casa Editora, 1983, p. 366-367. No mesmo sentido: Cavalcanti, João Barbalho Uchoa. *Constituição federal brasileira: commentarios.* 2. ed. Rio de Janeiro: F. Briguiet e Cia., 1924, p. 294 e s.; Bastos, Filinto Justiniano Ferreira. *Manual de direito publico e de direito constitucional brasileiro:* de conformidade com o programa da Faculdade de Direito da Bahia. Bahia: Joaquim Ribeiro & Co., 1914, p. 271-272.

9. Martins, Maria D'Oliveira. *Contributo para a compreensão das figuras das garantias institucionais,* p. 109.

Assim, a perpetuação dos princípios da supremacia e da rigidez constitucionais, presentes desde a fundação do Estado brasileiro – e, por consequência, a subordinação da legislação civil à Constituição – não permite que se aviste, sob esse aspecto, qualquer "perda da centralidade do Código Civil". Sob o ângulo da hierarquia das normas, bem como dos instrumentos de controle de constitucionalidade, o Código Civil não poderia perder, no Brasil, uma centralidade que nunca possuiu. Para utilizar a expressão cunhada por Perlingieri, pode-se dizer que o Direito Civil brasileiro foi sempre um Direito Civil-Constitucional.

Tampouco a incorporação de temas do Direito Civil leva à conclusão de que a Constituição de 1988 impôs a "perda da centralidade do Código Civil". Como já salientado, a incorporação de regras do Direito Civil, particularmente do Direito de Família, pelas constituições brasileiras, iniciou-se com a Constituição de 1891 e foi, desde então, crescente.

Ao tratar de temas do Direito Civil, a Constituição da República de 1988 continuou a tradição de regular seus traços fundamentais. Fazendo-o, afastou-se, sem dúvida, do modelo tradicional, atendendo ao novo estatuto ético originado pelas imensas transformações sociais que ocorreram a partir da segunda metade do século XX.

Embora a Constituição de 1988 tenha positivado princípios e regras que contrariaram, substancialmente, a tradição jurídica familiarista, não há por que interpretar a "virada principiológica", da qual a Constituição da República de 1988 é um marco, como uma "virada metodológica" que tenha alterado as posições que a lei e a Constituição mantêm entre si.

6.1.2. Outra distinção essencial: sistemas externo e interno

O estudo do sistema jurídico e de sua alegada transformação, por eventual alteração de seu centro, impõe distinguir a existência de dois sistemas, o externo e o interno.

Considera-se sistema externo (também denominado abstrato-conceitual) a ordenação formal dos conteúdos jurídicos (conceitos de ordem) que os tornam cognoscíveis e comunicáveis mediante fórmulas redutoras que permitam exprimir grandes categorias de casos, através da pesquisa e da ordenação do que, neles, haja de regular, de comum ou de diferente, em função da diferença.[10]

---

10. Cordeiro, António Menezes. Introdução à edição portuguesa, p. LXV. Na mesma passagem, Menezes Cordeiro atribui a Philipp Heck (*Begriffsbildung und Interessenjurisprudenz, 1932*) a contraposição entre sistema interno e externo. Atribui-se aos humanistas do século XVI (Cujacius e Donellus) a elaboração do primeiro sistema externo mediante a ordenação do direito romano sedimentado no Corpus Juris Civilis segundo os diversos objetos (cf. op. cit., p. LXXVII). Sobre o "sistema externo", igualmente, Larenz, Karl. *Metodología de la Ciencia del Derecho*, p. 437 *et seq.*; Canaris, Claus-Wilhelm. *Pensamento sistemático e conceito de sistema na ciência do direito,* p. 26).

O sistema interno, em contraposição, foi considerado por Heck como "o que resulta da conexão objetiva das soluções aos problemas encontrados mediante a investigação dos interesses".[11] Explica-o, Menezes Cordeiro:

> O Direito civil teve uma origem tópica. Quando, na antiga sociedade romana, se atingiu um desenvolvimento sócio-cultural mínimo, tornou-se necessário instituir instâncias de decisão para os conflitos que, porventura, surgissem no seu seio. As soluções para tais conflitos eram alcançadas caso a caso, com base em considerações de oportunidade e de bom senso: não havia normas gerais e abstratas prévias que inculcassem vias de solução. E uma vez obtidas, tais soluções eram justificadas com recurso a referências – a tópicos – que concitassem a aprovação social. O decurso do tempo e o efetivo cuidado posto na decisão dos problemas permitiu o apuramento de certas regularidades de solução: as interações sociais, radicadas em estruturações minimamente estáveis, levam a que o igual seja resolvido de modo igual e o diferente de forma diferente, de acordo com a medida da diferença. Esta regularidade corresponde a uma certa lógica interna e faculta a formulação de regras que tornem previsíveis as soluções para litígios futuros. A esse conjunto de regras que facultem a obtenção – e a previsão – das soluções para os problemas que venham a colocar-se pode chamar-se sistema interno, na seqüência de Heck.[12]

O sistema interno é identificado por Carlos Alberto da Mota Pinto como uma ordenação em torno dos princípios básicos do Direito Civil, alguns dos quais explícita ou implicitamente protegidos pela Constituição:

> I – O reconhecimento da pessoa e dos direitos de personalidade.
> II – O princípio da liberdade contratual.
> III – A responsabilidade civil.
> IV – A concessão da personalidade jurídica às pessoas coletivas.
> V – A propriedade privada.
> VI – A família.
> VII – O fenômeno sucessório.[13]

Em suma, ainda que para fins didáticos, pode-se reconhecer que o Direito Civil possui dois sistemas: o externo e o interno. O sistema externo corresponde a categorias de caráter lógico-racional e encontra na ideia de código sua realização mais elevada. Diferentemente, o sistema interno, de caráter axiológico, sobreleva os valores e os princípios jurídicos, suas relações e efeitos.

Feita esta distinção, pode-se afirmar que o fenômeno da "constitucionalização do Direito" em nada subtraiu ao Código Civil o caráter de centralidade que possui relativamente ao sistema externo, uma vez que as categorias cognoscitivas que servem de

11. Larenz, Karl. *Metodología de la ciencia del derecho*, p. 81.
12. Cordeiro, António Menezes. *Tratado de direito civil português*, v. I, t. I, p. 65.
13. Pinto, Carlos Alberto da Mota. *Teoria geral do direito civil*. 3. ed. Coimbra: Coimbra Editora, p. 82-83.

estrutura ao Direito Civil (e. g., as noções de "pessoa", "bens", "fatos" e "atos jurídicos") em nada foram atingidas pelas regras constitucionais.

A centralidade da legislação civil no sistema externo alcança, muitas vezes, o próprio texto constitucional, na medida em que este se serve de conceitos elaborados pela civilística, como ocorre em relação ao "ato jurídico perfeito", ao "direito adquirido" e ao "casamento", entre muitos exemplos.

A "centralidade do Código Civil" relativamente ao sistema externo é reconhecida pelas fontes do Direito Público, como o Código Tributário Nacional, ao estabelecer:

> Art. 109. Os princípios gerais de direito privado utilizam-se para pesquisa da definição, do conteúdo e do alcance de seus institutos, conceitos e formas, mas não para definição dos respectivos efeitos tributários.
>
> Art. 110. A lei tributária não pode alterar a definição, o conteúdo e o alcance de institutos, conceitos e formas de direito privado, utilizados, expressa ou implicitamente pela Constituição Federal, pelas Constituições dos Estados, ou pelas Leis Orgânicas do Distrito Federal ou dos Municípios, para definir ou limitar competências tributárias.

Igualmente, o Direito Administrativo se serve dos conceitos e técnicas do Direito Civil, desde sua origem, como bem assinalou Sebastian Martin-Retortillo Baquer:

> Quando o Direito administrativo teve de levar a cabo a formulação sistemática de seus conceitos, de suas instituições, não pôde senão recorrer ao Direito Civil, possuidor já então de uma milenar tradição tecnicamente depurada. Isso se deveu fundamentalmente a uma razão que poderíamos qualificar de caráter substantivo: a estruturação da matéria administrativa com princípios "análogos" aos já formulados no Direito Civil. Influiu também, diretamente, o meio pessoal mediante o qual esta tarefa foi levada a cabo. O direito administrativo se formou teoricamente em um meio jurídico impregnado de tendências e de tradições civis, graças à obra de administradores, juízes, e membros do Parlamento que tinham sido formados na escola de Direito Civil e do Direito romano.[14]

Quanto ao sistema interno, não se pode dizer que no Direito brasileiro o Código Civil tenha perdido uma posição central, porque nunca a possuiu.

Relativamente à supremacia da Constituição, é correto afirmar que o Direito Civil brasileiro é, desde a origem, um Direito Civil-Constitucional. Isto não significa, obviamente, negar as transformações que conformam a "constitucionalização do Direito", mas assentar que a constitucionalização do Direito Civil é assimilável segundo as técnicas de interpretação e de aplicação das normas constitucionais elaboradas, no Direito brasileiro, por uma longa tradição e com observância dos

---

14. Martin-Retortillo, Sebastian Baquer. *El derecho civil en la génesis del derecho administrativo y de sus instituciones*, p. 33.

princípios constitucionais elementares do Estado Democrático de Direito, da democracia representativa, da separação dos Poderes e da reserva legal.

6.2. A TRADIÇÃO JURÍDICA

Outro equívoco frequente da doutrina familiarista brasileira contemporânea consiste na desconsideração do importante papel que possuem a história das instituições jurídicas na interpretação e no desenvolvimento dos institutos jurídicos do Direito de Família. Sob o pressuposto de que a Constituição da República de 1988 operou uma radical alteração nos rumos da regulamentação jurídica da família, é frequente abandonarem-se até mesmo os textos legais vigentes, notadamente o Código Civil e os preceitos que repetem dispositivos do Código Civil de 1916. O referido abandono da tradição jurídica (inclusive de textos que ainda vigoram) leva, com frequência, ao entendimento de que matérias inteiras encontram-se pendentes de regulamentação e a interpretações *contra legem*.

Exemplifica uma tal posição teórica a interpretação que o Superior Tribunal de Justiça vem consagrando a respeito do art. 1.614 do Código Civil, cujo conteúdo repete, *ipsis litteris*, o do art. 362 do Código Civil de 1916, e que subordina o direito de o filho reconhecido na menoridade impugnar a paternidade ao prazo decadencial de 4 anos a contar da aquisição da capacidade por maioridade ou por emancipação. Contra o preceito claro do referido dispositivo legal, bem fundamentado no princípio da segurança jurídica, o Superior Tribunal de Justiça entende que:

> A regra que impõe ao perfilhado o prazo de quatro anos para impugnar o reconhecimento só é aplicável ao filho natural que visa a afastar a paternidade por mero ato de vontade, a fim de desconstituir o reconhecimento da filiação, sem buscar constituir nova relação.[15]

Para o Superior Tribunal de Justiça, se o filho visa à constituição de nova paternidade, o prazo expressamente assinalado pelo Código Civil não se impõe. Trata-se, a toda evidência, de distinção que de modo algum se amolda ao preceito legal citado. Para desconsiderar o limite temporal, nenhum fundamento constitucional é invocado. Nem sequer se aponta antinomia com norma legal. Omite-se o fundamento maior do estabelecimento do prazo decadencial que é a necessidade de estabilização dos vínculos familiares o que, por sua vez, não passa de desdobramento deste que é considerado um princípio fundamental de todo e qualquer sistema jurídico: o princípio da segurança jurídica.

15. Brasil. STJ, Recurso Especial nº 242.486-MG, Rel. Min. Antônio de Pádua Ribeiro, DJU *25/02/2004;* Brasil. STJ, Recurso Especial nº 259.768-RS, Rel. p/ o acórdão. Min. Sálvio de Figueiredo Teixeira, DJU 22/03/2004, Revista Brasileira de Direito de Família 23/123.

A desinteligência de preceitos estabelecidos por uma longa tradição jurídica levou, igualmente, à revogação de importantes regras. Como exemplo, vale lembrar o art. 184 do Código Civil de 1916, que, sem qualquer explicação razoável, deixou de ser reproduzido no Código Civil de 2002. O referido dispositivo expressamente permitia a prova da *afinidade ilegítima* ou da filiação natural na fase de habilitação do casamento, com o único objetivo de evitá-lo.[16] A regra possibilitava a prova da filiação para evitar o casamento entre pessoas que, pelo vínculo biológico, estariam impedidas de se casar, sem que do reconhecimento desse vínculo resultasse o estabelecimento formal do vínculo de filiação. O Código Civil de 2002, no entanto, ao omiti-la, deixou aberta a questão sobre a possibilidade de se evitar o casamento de pessoas portadoras de vínculos biológicos que, uma vez juridicamente reconhecidos, torná-las-iam impedidas. A omissão sugere a possibilidade de realização válida do casamento, uma vez que os impedimentos matrimonias, como proibições que são, não admitem interpretação extensiva. A consequência de tal raciocínio é a possibilidade de violação da proibição moral do incesto.

Por mais radicais que tenham sido as transformações impostas ao Direito de Família pelos novos princípios constitucionais que regem a família, de modo algum é razoável o abandono "em bloco" de regras seculares, até mesmo pelo fato jurídico-positivo que consiste na conservação da maioria delas no Código Civil vigente.

Desvendar quais regras são incompatíveis com a Constituição da República de 1988 demanda análise particular de cada uma, inclusive de seu significado histórico.

O repúdio à tradição e à autoridade é um legado da tradição iluminista que as contrapunha às ideias de razão e de liberdade. Contudo, como assinalou Gadamer, a autoridade e, particularmente, a autoridade da tradição, não se contrapõe à razão nem indica subserviência, mas, ao contrário, "conhecimento" e "reconhecimento":

> reconhece-se que o outro está acima de um em juízo e perspectiva e que, consequentemente, seu juízo é preferencial ou tem primazia em relação ao próprio. A autoridade não se outorga, mas se adquire, e tem que ser adquirida se se quer apelar a ela. Repousa sobre o reconhecimento e, conseqüentemente, sobre uma ação da razão mesma que, tomando ciência de seus próprios limites, atribui ao outro uma perspectiva mais acertada. Este sentido corretamente entendido de autoridade não tem nada a ver com uma obediência cega ao comando. Na realidade não tem nada a ver com obediência, mas com reconhecimento.[17]

Entre os fundamentos de autoridade, a tradição se destaca. Gadamer adota a concepção romântica, que considera a tradição como fundamento de validade

16. Espínola, Eduardo. *A família no direito civil brasileiro,* p. 118-119; Carvalho Santos. Código Civil brasileiro interpretado, v. IV, p. 58-60.

17. Gadamer, Hans-Georg. *Verdad y metodo*, p. 347.

dos costumes. Estes, embora possam ser adotados por ato de liberdade, somente podem ser criados pela tradição. Diferentemente do que supunha o romantismo, para Gadamer tradição e razão não se opõem de modo irredutível:

> Na realidade a tradição sempre é também um momento da liberdade e da história. Ainda a tradição mais autêntica e venerável não se realiza, naturalmente, em virtude da capacidade de permanência do que de algum modo já está dado, mas necessita ser afirmada, assumida e cultivada. A tradição é essencialmente conservação, e como tal nunca deixa de estar presente nas mudanças históricas. No entanto, a conservação é um ato da razão, ainda que caracterizado pelo fato de não atrair atenção sobre si. Esta é a razão de que sejam as inovações, os novos planos, o que aparece como única ação e resultado da razão. Mas isto é só aparente. Inclusive quando a vida sofre suas transformações mais tumultuadas, como ocorre em tempos revolucionários, em meio da aparente mudança de todas as coisas se conserva muito mais legado antigo do que ninguém acreditaria, integrando-se com o novo em uma nova forma de validade. Em todo caso a conservação representa uma conduta tão livre como a transformação e a inovação.[18]

Interessante notar que a tradição – embora naturalmente conservadora, tanto quanto ligada à compreensão da realidade histórica, inclusive a realidade social contemporânea –, porquanto necessária à construção do novo, contém uma vertente prospectiva. A essa função do conhecimento histórico (e, portanto, da tradição), refere-se Franz Wieacker:

> Agora, porém, evidencia-se qual o contributo que o historiador do direito pode fornecer à dogmática jurídica da atualidade. O jurista prático orienta a sua decisão legislativa ou jurisprudencial a partir de uma multiplicidade de pontos de vista valorativos, entre os quais se destacam a lei, a ordem jurídica fundamental concorde com a constituição e as convenções morais da sua sociedade; pontos de vista que, por si sós, não bastam, no entanto, para uma concretização criadora. No sentido do desvendamento de quais destes pontos de vista são os mais decisivos, a história jurídica pouco pode contribuir naqueles problemas que só a nossa realidade social coloca: nada podemos esperar das informações e conselhos dos romanistas para a legiferação ou para a decisão judicial nos domínios da organização do comércio, da segurança social ou do direito das patentes. Diferentemente,

---

18. Gadamer, Hans-Georg, *Verdad y metodo*, p. 350. Popper endossa esta noção em três teses: "4. Em termos quantitativos e qualitativos, a fonte mais importante do nosso conhecimento é, de longe, – se excluirmos o conhecimento inato – a tradição. Muitas das coisas que sabemos foram adquiridas mediante exemplos, através daquilo que nos foi dito, daquilo que lemos, e também aprendendo a criticar, a enfrentar e a aceitar críticas, e a respeitar a verdade. 5. O fato de a maioria das fontes do nosso conhecimento serem tradicionais condena o anti-tradicionalismo como vão. Mas este fato não deve ser usado em apoio de uma atitude tradicionalista. Todo o nosso conhecimento tradicional (e mesmo o nosso conhecimento inato) está aberto a um exame crítico e pode ser aniquilado. Não obstante, sem a tradição, o conhecimento seria impossível. 6. O conhecimento não pode partir do nada – de uma tabula rasa – nem tampouco da observação. O avanço do conhecimento consiste, predominantemente, na modificação do conhecimento anterior. Ainda que possamos por vezes, como no caso da Arqueologia, progredir graças a uma observação fortuita, o significado da descoberta dependerá usualmente do seu poder de modificar as nossas teorias anteriores" (Popper, Karl. *Conjecturas e refutações*, p. 49).

contudo, nos domínios principais do direito privado, que colocam problemas permanentes, relativamente pouco dependentes da estrutura social, e que, além disso, se situam num determinado contexto de tradição, seja com a anterior história romano-comum da nossa ordem jurídica, seja com a do direito alemão. Aqui, a história do direito pode desenterrar do fundo dos tempos problemas e soluções – tal como o direito comparado os desencanta na vastidão da multiplicidade espacial das ordens jurídicas.[19]

Como é conhecido, as regras do Direito de Família brasileiro, notadamente as contidas no Código Civil, reproduzem, na essência, dispositivos originários do direito romano que foram, posteriormente, incorporados ao Direito Canônico, o qual, durante séculos, até a separação entre Estado e Igreja, produzia efeitos civis, ou seja, era juridicamente vinculante. A separação entre Estado e Igreja não importou ruptura da ordenação jurídica da família, uma vez que as regras do Direito Canônico foram reproduzidas, na maior parte, nos Códigos elaborados a partir do século XIX, resultando na presença de linhas de regularidade no Direito de Família, principalmente em relação ao casamento, que ligam o direito romano à contemporaneidade, como demonstram: o princípio da liberdade matrimonial; o caráter solene do ato do casamento; os impedimentos matrimonias; as nulidades matrimoniais; os poderes inerentes aos pais em relação aos filhos; os meios de dissolução do casamento; as presunções de filiação matrimonial; a delimitação das relações de parentesco e de afinidade; a adoção, entre outros.

Outro aspecto importante da tradição civilística é a unidade do sistema que se evidencia, particularmente, na sistematização das relações jurídicas privadas realizada pela pandectística. De seu legado resultou a elaboração do sistema externo, que tem na Parte Geral do Código Civil seu produto mais elevado. O desconhecimento do caráter sistemático do Direito Privado resulta na incapacidade de se perceberem os efeitos da incidência dos institutos da Parte Geral no Direito de Família. A desconsideração da incidência dos preceitos gerais do Direito Privado contribui para o obscurecimento das soluções aplicáveis a certos problemas jurídicos relacionados à família.

Um exemplo das dificuldades que surgem da desconsideração do caráter sistemático do Direito Privado diz respeito à impugnação da filiação. Partindo do pressuposto de que a filiação resulta, em regra, de um ato de reconhecimento levado a registro, tem-se que a impugnação da filiação é quase sempre a anulação daquele e faz-se segundo limites legais relativos ao prazo e à legitimidade (sobre a pluralidade de termos que designam a "impugnação da filiação confira-se a seção 7.7). O desfazimento do registro, sempre que ele reflita com fidelidade o ato que lhe deu causa,

19. Wieacker, Franz. *História do direito privado moderno,* p. 490.

é consequência da nulificação do ato de reconhecimento.[20] Apesar disso, alguns julgados insistem em considerar o registro como se fosse sempre realidade autônoma, estabelecendo a possibilidade de sua nulificação, mesmo quando já ultrapassado o prazo para a impugnação da filiação e mesmo quando ele retrata, fielmente, o ato que lhe deu existência.[21]

A própria incidência no Direito de Família das regras sobre nulidades contidas na Parte Geral só pode ser corretamente compreendida com o reforço dos dados históricos. Um erro que se tornou muito frequente na doutrina familiarista brasileira é a afirmativa de que tais regras não incidem no Direito de Família e que este se subordina a um sistema próprio de nulidades. O equívoco resulta da falta de percepção de que as regras de nulidades específicas a que se referem os arts. 1.548 a 1.564 do Código Civil não dizem respeito ao Direito de Família como um todo, mas, exclusivamente, ao casamento. O elemento topológico, o fato de estarem todos reunidos sob o título *Da Invalidade do Casamento*, não é o único a referendar essa conclusão. A história do Direito permite encontrar a origem dessa interpretação no Direito francês, particularmente na máxima *pas de nullité sans texte en matière de mariage*. Bem se vê que o dado histórico confirma que somente na disciplina do casamento há exceção à aplicação das regras sobre nulidades estabelecidas na Parte Geral. Tudo o mais – o direito da filiação, inclusive – fica sob a incidência do sistema das nulidades estabelecido na Parte Geral.

Finalmente, não se pode deixar de criticar dois outros equívocos que se têm cometido pelo desprezo à tradição relativamente às regras do Direito de Família:

---

20. Há polêmica quanto à natureza da "impugnação" feita pelo filho reconhecido prevista no art. 1.614 do Código Civil. Sérgio Gischkow Pereira sustenta que "o prazo de quatro anos nada tem a ver com inexistência, nulidade, anulabilidade e mesmo impugnabilidade por ser o reconhecimento contrário à verdade. Trata-se de hipótese de ineficácia por não-aceitação do reconhecido. *Este ângulo do tema é muito importante: o reconhecido pode rejeitar o pai registral, nos quatro anos, sem apresentar alegações de inexistência, nulidade, anulabilidade ou falsidade registral: basta que não concorde com a paternidade que lhe foi, digamos assim, imposta"* (A imprescritibilidade das ações de estado e a socioafetividade: repercussão do tema no pertinente aos arts. 1.601 e 1.614 do Código Civil, p. 435). No mesmo sentido Pontes de Miranda ensina que a possibilidade de o filho impugnar o reconhecimento voluntário nos 4 anos que se seguirem à maioridade corresponde à "ineficacização" do reconhecimento, enquanto a "anulação" reclama a prova de dolo, coação ou simulação no ato de reconhecimento (*Tratado de direito privado,* v. 9, p. 100). Bevilaqua é da mesma opinião: "Para essa impugnação não é necessária senão a sua própria vontade contrária ao reconhecimento. A pessoa perfilhada não quer a posição de filho natural do perfilhante, e assim o declara (*Código civil dos estados unidos do brasil comentado,* v. II, p. 334). Carvalho Santos, no entanto, não corrobora a tese. Afirma que a impugnação se liga a causas de anulação: "Pode versar a impugnação: sobre a incapacidade do reconhecente, a inobservância das formalidades essenciais ao ato do reconhecimento, e a inveracidade da afirmação de paternidade ou maternidade" (Carvalho Santos, J. M. de. *Código civil brasileiro interpretado,* v. V, p. 472-473).

21. "Sendo a declaração de vontade emanada de erro substancial, e havendo nos autos elementos bastantes a demonstrá-lo, cabível e procedente é a ação anulatória de registro civil." Minas Gerais. TJMG, Apelação Cível nº 1.0313.01.027.003-8/001, 1ª Câmara Cível, Rel. Des. Geraldo Augusto, *DJMG* 30/04/2004, Revista Brasileira de Direito de Família 26/122.

a) o entendimento de que o direito tradicional determinava a prevalência dos vínculos biológicos na fixação da filiação;

b) a ideia de que o afeto seja um novo valor na orientação dos temas do Direito de Família.

O direito tradicional nunca foi biologista. No direito romano, o princípio predominante era o da autoridade patriarcal, pois somente eram filhos os que fossem expressamente reconhecidos como tais pelo respectivo pai; na tradição cristã, o princípio predominante a respeito da filiação era o da proteção dos vínculos matrimoniais. Era esse critério que sempre impediu a quebra dos vínculos de filiação formados na constância do casamento, mesmo que resultassem de adultério *a matre*, a menos que a iniciativa partisse do próprio marido. De outro lado, foi esse critério que sempre impediu que os filhos espúrios fossem reconhecidos, ainda que sobre o vínculo biológico não pairassem dúvidas. Em ambos os casos o Direito contrapunha-se à realidade genética por prestigiar o casamento, que era o centro da tutela do Direito de Família.

Do mesmo modo, é equivocado o entendimento de que o afeto vem a ser um novo valor do Direito de Família. Em primeiro lugar, conforme analisado em 4.7.5, o afeto é uma marca presente em quase todas as formações familiares. Família sem afeto, considerado em sua dimensão filosófico-científica, somente é possível em situações raras, em que o vínculo advém da mera forma legal. A família, mesmo a família antiga, sempre foi núcleo essencial para o desenvolvimento das relações afetivas. A influência do ambiente familiar na formação psíquica do indivíduo é um dado elementar da Psicologia. É, igualmente, elementar que essa influência esteja presente em qualquer formação familiar, em qualquer cultura, em qualquer tempo. Assim, onde haja família, lá estarão, em regra, as relações afetivas. Contudo, mesmo se se considerar o afeto em sua acepção comum, não se pode negar que a família tradicional o tenha adotado, pelo menos, desde o surgimento do cristianismo, em cuja perspectiva o princípio do amor sempre ocupou a posição mais central e elevada, embora repudie as manifestações do "amor livre". Pode-se objetar que na Antiguidade e na Idade Média o amor cristão ainda não se impusera do modo como entendido hoje, mas, ainda nesta perspectiva, deve-se reconhecer o surgimento do "amor romântico" a partir do século XVIII.[22]

É certo que a Constituição da República de 1988, reflexo de um contexto

22. Neste sentido, Roudinesco, que distingue três grandes períodos na evolução da família: o da família tradicional, marcado por casamentos arranjados pelos pais e pela autoridade patriarcal; o da família moderna, fundada no amor romântico que, a partir do século XVIII "*sanciona a reciprocidade dos sentimentos e os desejos carnais por intermédio do casamento*" e que valoriza a divisão do trabalho entre os cônjuges; e, a partir dos anos 1960, a família contemporânea ou pós-moderna, "*que une, ao longo de uma duração relativa, dois indivíduos em busca de relações íntimas ou realização sexual*" (Roudinesco, Elisabeth. A família em desordem, p. 19).

maior de alterações comportamentais, estabeleceu um verdadeiro *giro copernicano* no Direito de Família. O referido giro, no entanto, não foi demarcado pelo reconhecimento do afeto como elemento das relações familiares – uma vez que sempre o foi – mas pelo término da supremacia marital, pela extensão da proteção estatal a todas as formas de família e pela primazia com que se asseguraram os interesses das crianças e dos adolescentes, tudo nos termos dos próprios princípios constitucionais renovadores.

Se se pretendesse resumir em uma só palavra esse movimento, poder-se-ia falar em "emancipação", "autonomia", "liberdade" ou "democratização" das relações familiares, termos que se empregam com inteira razão a outros agrupamentos e que denotam que as transformações do Direito de Família inserem-se num âmbito maior das transformações sociais.

6.3. CRÍTICA À ASSIMILAÇÃO DO DIREITO DE FAMÍLIA ÀS CIÊNCIAS DO "SER"

Outra tendência que se tornou comum no Direito de Família brasileiro é a de se invocar os subsídios de outros ramos do conhecimento, particularmente da Psicologia e da Psicanálise, para legitimar soluções a questões polêmicas do Direito de Família. Os "achados da Psicanálise" têm sido largamente utilizados como argumentos para a extensão de direitos subjetivos privados de família a formas de família atípicas, particularmente às uniões homossexuais. Por exemplo, argumenta-se ser possível que casal formado por pessoas do mesmo sexo venha a adotar (embora a lei expressamente autorize a adoção somente a casais heterossexuais), porque, para a Psicanálise, "pai" e "mãe" são conceitos correspondentes a "funções" que podem ser desempenhadas por qualquer pessoa, independentemente de seu sexo.

Sabe-se que a interdisciplinaridade é uma tendência saudada pela comunidade acadêmica e científica como remédio para o paradoxal desconhecimento criado pela própria multiplicação do conhecimento. O acoplamento dos aportes trazidos pelas ciências do comportamento ao Direito demanda, no entanto, cuidados. O Direito é disciplina normativa, do dever-ser; a ordem jurídica estatal é complexa e baseia-se, como já salientado, em princípios que são frutos históricos. A mediação entre os princípios jurídicos e o material científico de outras áreas faz-se segundo as técnicas estabelecidas pelo próprio Direito, tais como o auxílio à elaboração legislativa, a adstringência ao suposto fático normativo, a aplicação do princípio da razoabilidade e a elaboração da prova técnica.

De outro lado, os cuidados suscitados pelos argumentos auridos em outras técnicas ou ciências ligam-se à proteção de valores constitucionais, como o já citado princípio democrático. Vale, a esse respeito, portanto, em nome da liberdade e da democracia, relembrar a clássica distinção entre o mundo do *ser* e do *dever-ser*.

A referida distinção, os gregos já realizavam, como demonstram as noções que desenvolveram sobre *physis*, *nomos*, *teoria* e *praxis*. Hume foi o primeiro a utilizar os termos *ser* e *dever-ser* para diferenciar juízos, ligando o último aos sistemas morais.[23]

Foi Kant quem estabeleceu as bases de todo o pensamento que tem nessa dicotomia um elemento fundamental. Construiu seu sistema filosófico em torno da ideia de que a razão se desdobra em torno de dois elementos a que correspondem as noções de ser e de dever-ser: o *intelecto* e a *vontade*. Ao intelecto corresponde a *razão pura*; à vontade, a *razão prática*:

> É da vontade que surge a noção de dever ser, visto que só ela cria esse dever ser. Assim como o intelecto se ocupa do ser, a vontade cria o dever ser ou, como diz Hegel, "enquanto a inteligência se ocupa tão somente de captar o mundo como ele é, a vontade, ao contrário, procura fazer do mundo, antecipadamente, como ele deve ser".[24]

Kant explicou que não se pode deduzir uma norma a partir de dados da realidade natural:

> Com efeito, relativamente à natureza, a experiência dá-nos a regra e é a fonte da verdade; no que toca às leis morais a experiência é (infelizmente!) a mãe da aparência e é altamente reprovável extrair as leis acerca do que *devo fazer* daquilo *que se faz* ou querer reduzi-las ao que é feito.[25]

O inverso também é verdadeiro, sendo impossível impor normas de conduta ao mundo do ser:

> O *dever* exprime uma espécie de necessidade e de ligação com fundamentos que não ocorre em outra parte em toda a natureza. O entendimento só pode conhecer desta *o que é*, foi ou será. É impossível que aí alguma coisa *deva ser* diferente do que é, de fato, em todas estas relações de tempo; o que é mais, *o dever* não tem qualquer significação se tivermos apenas diante dos olhos o curso da natureza. Não podemos perguntar o que *deverá* acontecer na natureza; nem tampouco que propriedades *deverá* ter um círculo; mas o que nela acontece ou que propriedades este último possui.[26]

A distinção kantiana é a base do normativismo de Hans Kelsen, conforme por este explicitada:

> A distinção entre ser e dever-ser não pode ser mais aprofundada. É um dado imediato da nossa consciência. Ninguém pode negar que o enunciado: tal coisa é – ou seja, "o"

23. Salgado, Joaquim Carlos. *A ideia de justiça em Kant*, p. 173.
24. Op. cit., *p. 174*.
25. *Kr V B375*. Kant, Immanuel. *Crítica da razão pura*, p. 312.
26. *Kr V B575*. Kant, Immanuel. *Crítica da razão pura*, p. 471-472.

enunciado através do qual descrevemos um ser fático – se distingue essencialmente do enunciado: algo deve ser – com o qual descrevemos uma norma – e que da circunstância de algo ser não se segue que algo deva ser, assim como da circunstância de que algo deve ser não se segue que algo seja.[27]

Eis a razão das dificuldades enfrentadas por quem se propõe a extrair conclusões jurídicas a partir da análise de dados da experiência das ciências do ser. Os enunciados destas somente produzem resultados no Direito, nos moldes e segundo os limites estabelecidos pelo Direito para a sua absorção. Assim, ainda que a Psicologia viesse a assegurar definitivamente que o relacionamento homossexual seja incapaz de prejudicar filhos adotivos, tal fato não seria, por si só, capaz de justificar a adoção por pessoas do mesmo sexo, porque o direito de adotar não se liga apenas à função a ser realizada pelo adotante.

Há um *ethos* social a ser respeitado, uma vez que uma tal decisão não se circunscreve à vida íntima dos interessados imediatos. A referida permissão pertence ao espaço público e, neste, há sentimentos morais, costumes, preceitos religiosos, interesse do Estado de implementar políticas públicas, posições de setores mais conservadores assegurados pelo princípio democrático e pelos meios constitucionais de sua concretização, entre os quais o Princípio da Separação dos Poderes que impede o Poder Judiciário de legislar.

Fundamentalmente, toda sociedade possui tabus sexuais, padrões de moralidade relacionados às condutas sexuais. No próprio ordenamento jurídico brasileiro desconhece-se qualquer crítica à proibição do incesto que emana dos impedimentos matrimoniais. Tampouco encontra-se quem veja no princípio da monogamia matrimonial um cerceamento à intimidade ou à vida íntima de pessoas que queiram viver em poligamia.

Ao que parece, a corrente doutrinária familiarista que defende a extensão de direitos subjetivos de família às relações homossexuais, mesmo na ausência de regulação legal, distingue estas entre outras formas de relacionamento sexual a que o Direito deixa de ligar efeitos jurídicos privados. Trata-se de questionável contradição diante do fato de que tanto os relacionamentos homossexuais como os incestuosos e os poligâmicos têm em comum a característica de serem renegados, tradicionalmente, pela moral sexual.

Que as relações homossexuais tenham passado a ser admitidas em muitos círculos da vida social é dado notório.[28] Esse fato, contudo, não é suficiente, na falta de

---

27. Kelsen, Hans. *Teoria pura do direito,* p. 6.

28. Pesquisa realizada pelo Datafolha, publicada em 8 de abril de 2007, revelou que 49% da população brasileira era contrária à legalização da união homossexual, enquanto 42% eram favoráveis à medida, 7% se diziam indiferentes ao assunto e 2% não souberam opinar (*Folha de S.Paulo,* domingo, 8 de abril de 2007).

regulação legal, para se afirmar devam ser-lhe estendidos os "direitos" relativos às outras formas de família, seja porque cada forma de família possui características específicas que autorizam ao legislador tratá-las de modo diferenciado, seja porque a atribuição de direitos e deveres é, no sistema jurídico brasileiro, uma prerrogativa da lei, afora quando possam ser aduzidos diretamente do próprio texto constitucional, o que não é o caso.

Em suma, a conhecida diferenciação entre os mundos do "ser" e do "dever-ser" tem lugar realçado na discussão atual de dois temas centrais do Direito de Família:

a) no debate acerca da regulamentação das uniões homossexuais (e de outras formas de família), assegura e explica não serem determinantes dados da Psicologia que afirmem a igualdade entre pessoas de orientações sexuais distintas;

b) no tocante ao estabelecimento da filiação, evidencia que nem os vínculos biológicos nem os socioafetivos ligam as determinações jurídicas sobre o tema.

6.4. QUESTIONAMENTOS NAS CIÊNCIAS DO "SER"

Para o desenvolvimento do argumento de que as proposições das ciências do ser – particularmente, da Psicologia e da Psicanálise – não têm o condão de vincular o mundo normativo, não se questionou até aqui a possibilidade de um conhecimento científico sobre os dados provenientes dos referidos ramos do conhecimento, notadamente em relação às uniões homossexuais. Cumpre observar, no entanto, que os postulados da Psicologia e, particularmente, da Psicanálise, encontram-se longe de atingir consenso nas próprias áreas de conhecimento de que emanam. A diversidade de concepções sobre a formação da consciência e da sexualidade humana denota antagonismos graves que contrastam fortemente com o modo monolítico com que os "achados" das referidas ciências têm sido invocados pelos defensores da "teoria do afeto".

Convém observar mais uma vez que o Direito, ciência normativa, é autônomo em relação às ciências do ser, embora delas se utilize segundo suas próprias técnicas (elaboração legislativa; suposto fático normativo; princípio da razoabilidade; prova técnica). A autonomia dos mundos do ser e do dever-ser explica por que o Direito pode prescindir das soluções para as infindáveis controvérsias das ciências do ser.

A referida autonomia, uma vez que é relativizada pelas próprias técnicas do Direito, não significa indiferença em relação à produção das ciências do ser. Ao contrário. Significa que as conclusões das ciências do ser podem influenciar o mundo

Em 6 de abril de 2008 o mesmo instituto revelou que os contrários à união civil entre pessoas do mesmo sexo correspondiam a 45% da população brasileira, 39% eram favoráveis, 14% disseram ser indiferentes e 2% não saber (*Folha de S. Paulo*, domingo, 6 de abril de 2008).

do dever-ser jurídico, mediante as técnicas jurídicas. Eis por que, embora nunca sejam vinculantes para o Direito, as descobertas científicas de outras áreas podem ter relevância jurídica.

Sempre que no âmbito jurídico é utilizado argumento que se pretende científico, há a necessidade de se averiguar o grau de cientificidade de que este goza em sua origem. Relativamente aos argumentos que têm sido apresentados ao Direito de Família sob as vestes da cientificidade alguns mostram-se polêmicos na área de conhecimento de que provêm.

É certo que a existência de disputas e controvérsias em torno de determinados conceitos não lhes retira, somente por isso, o caráter científico, nem, muito menos, impede sua utilização pelo Direito. O Direito tanto pode se servir de conceitos científicos que gozam de aceitação geral como de conceitos científicos controversos. Mais do que isso: na elaboração e na aplicação do Direito é frequente e compreensível que se utilizem conceitos e ideias que, embora relacionados ao mundo natural, nem sequer gozam de *status* científico (assim ocorre, por exemplo, no tocante à interdição do incesto, que nunca dependeu de comprovação científica de riscos à saúde da prole, porquanto se fundamenta, principalmente, num sentimento moral).

Este raciocínio induz à desnecessidade de se perquirir sobre o grau de cientificidade dos argumentos baseados no mundo do ser. Seria, de fato, desnecessário proceder a esta análise se ela não estivesse sendo reclamada por uma significativa corrente doutrinária e jurisprudencial que se tem utilizado de dados, particularmente da Psicanálise, para sustentar teses jurídicas.

Aos postulados dos ramos de conhecimento do mundo do ser não se pode conceder, no Direito, um grau de confiabilidade maior do que gozam na área de conhecimento de que se originam. Em outras palavras, a introdução no discurso jurídico de postulados do mundo do ser, que são polêmicos no próprio contexto de investigação em que surgem, não tem o condão de lhes conferir um grau de legitimidade que originariamente não possuem.

As conexões entre as ciências do ser e o Direito de Família são estabelecidas principalmente a propósito do reconhecimento de direitos a membros de famílias não-matrimoniais e de questões relativas à filiação. No primeiro caso, a ênfase é posta no conceito de sexualidade. No tocante à filiação, duas correntes contrapostas invocam elementos distintos: uma, os vínculos genéticos reveláveis mediante a técnica de análise do DNA; outra, a realidade socioafetiva.

O campo da sexualidade humana é multidisciplinar; envolve perspectivas médico-biológicas, socioculturais e psicológicas que se complementam, pois a sexualidade humana é, além de manifestação biológica, uma construção histórica cujas formas e significados somente são compreensíveis no contexto sociocultural:

> Suas formas e seu conteúdo significativo só são compreensíveis no contexto de uma cultura socionormativa como um todo, incluindo a estratificação de gênero, os estereótipos de masculinidade e feminilidade, a linguagem das emoções, as representações do corpo e as regras de decência verbal.[29]

Há consenso de que toda sociedade estabelece normas de conduta sexual, interditando alguns comportamentos, admitindo uns e incentivando outros. Na sociedade ocidental, os preceitos de ordem sexual são formulados muitas vezes na forma de postulados da ciência médico-biológica, o que leva as condutas sexuais socialmente reprovadas a serem tratadas como patologias.

A qualificação de um comportamento sexual, depende, no entanto, do contexto: um comportamento sexual que se possa considerar "incorreto" do ponto de vista da reprodução humana pode ser considerado funcional num contexto de satisfação emocional ou de bem-estar.

A diversidade das concepções da ciência acerca da sexualidade evidenciam-se a propósito do modo como concebem a homossexualidade. Na área biológica, há linhas de pesquisa que buscam explicar a orientação sexual a partir de dados como a estrutura genética[30] e os hormônios. Ao lado desses fatores, outros, até mesmo excêntricos, já foram investigados: a morfologia do cérebro,[31] o desenvolvimento pré-natal, influências virais, ordem de nascimento dos filhos e a taxa de fertilidade da mãe. A Associação Psiquiátrica Americana (*American Psychiatric Association*) reconheceu em 1973 que a homossexualidade resulta de uma disfunção emocional. Na psiquiatria, a homossexualidade permaneceu como uma inversão sexual, uma anomalia psíquica, até 1974, quando a referida Associação decidiu retirá-la da lista das doenças mentais, após realizar um plebiscito. O modo inusitado que marcou a transição da concepção psiquiátrica da homossexualidade é ressaltado por Roudinesco:

> Em 1974, sob a pressão dos "movimentos de liberação", a *American Psychiatric Association* (APA) decidiu, através de um plebiscito, riscar a homossexualidade da lista das doenças mentais. O caso provocou um escândalo. De fato, ele indicou que a comunidade psiquiátrica norte-americana, na impossibilidade de definir cientificamente a natureza da homossexualidade, havia cedido à pressão da opinião pública, fazendo seus membros votarem sobre um

---

29. Kon, I. S. *Dicionário do pensamento social do século XX,* p. 685 (verbete: sexo).

30. Hamer, Dean H., Stella Hu, Victoria L. Magnuson, Nan Hu, and Angela M. L. Pattatucci (1993), "A Linkage Between DNA Markers on the X Chromosome and Male Sexual Orientation", *Science*, 261:321-327, July 16. Disponível em: <http://www.trueorigin.org/gaygene01.asp>. Acesso em 21/11/2006.

31. Simon LeVay foi o autor do primeiro estudo significativo que indicou a possibilidade de que a morfologia cerebral fosse a causa da homossexualidade. Ele mediu uma região do cérebro denominada núcleo intersticial do hipotálamo anterior (*interstitial nuclei of the anterior hypothalamus – INAH)* de cérebros de homossexuais e de heterossexuais, tendo encontrado sutis diferenças entre eles (Levay, Simon. A Difference in Hypothalamic Structure Between Heterosexual and Homosexual Men, *Science*, 253:1034-1037, 30 ago. 1991. Disponível em: <http://www.trueorigin.org/gaygene01.asp>. Acesso em 21/11/2006.

problema cuja solução não dependia de um processo eleitoral. Treze anos depois, em 1987, sem a menor discussão teórica, o termo perversão desapareceu da terminologia psiquiátrica mundial e foi substituído por parafilia, na qual não mais se incluiu a homossexualidade.[32]

Mais recentemente, pesquisas com gêmeos monozigóticos sugeriram que há alguma relação genética na definição da orientação sexual.[33] Mesmo esta ideia foi contestada sob a constatação de que irmãos biológicos (não gêmeos) e irmãos adotivos apresentavam as mesmas taxas de homossexualidade. Apesar disso, a taxa de correspondência entre irmãos gêmeos homossexuais é o dobro da que há entre irmãos homossexuais não gêmeos, o que contribui para o entendimento de que algum fator de ordem biológica pode colaborar para o fenômeno.

No plano das ciências do comportamento, a sexualidade foi objeto, primeiro, da *sexologia*, a "ciência do sexual", fundada por Richard von Kraft-Ebing (autor de *Psychopathia Sexualis*, de 1886), Albert Moll (autor de *Libido Sexualis*, de 1897) e Havelock Ellis (autor de *Estudos de Psicologia Sexual*, de 1897). Segundo Roudinesco, a sexologia não se preocupava com a terapêutica, mas com *a pesquisa literária sobre as diferentes formas de práticas e identidades sexuais: homossexualidade, heterossexualidade, bissexualidade, perversão, travestismo, transexualismo, zoofilia etc.*[34] A sexologia tinha, igualmente, preocupações jurídicas:

> Tal como a criminologia, a sexologia construiu-se, no fim do século XIX, no terreno da teoria da hereditariedade-degenerescência, quando os médicos e juristas de língua alemã começaram a encampar o domínio antes "privado" da sexualidade humana, no intuito de definir, científica e juridicamente, as condições de uma possível relação entre a norma e a patologia no seio de uma sociedade às voltas com o declínio da função paterna tradicional. Tratava-se, pois, de instaurar uma nova divisão entre a ordem jurídica, encarregada de sancionar os desafios julgados perigosos ou criminosos para a sociedade burguesa industrial, e a ordem psiquiátrica, cujo objetivo era o tratamento e a prevenção (higienista ou eugenista) da loucura sexual, fosse ela criminosa ou simplesmente desviante.[35]

Interessante notar, pois, que as primeiras iniciativas de ligar os estudos da sexualidade humana às práticas jurídicas (ao contrário do que se observa na realidade jurídica atual) não tinham como objetivo emancipar as minorias sexuais, mas reprimi-las. Um caráter emancipacionista dos estudos sexológicos surgiu nas teses de Wilhelm Reich, que visavam à liberação sexual, tendo transformado esta questão em objeto de um movimento político.

---

32. Roudinesco, Elizabeth; Plon, Michel. *Dicionário de psicanálise,* p. 352 (verbete: homossexualidade).
33. Bailey, J. Michael; Pillard, Richard. A Genetic Study of Male Sexual Orientation. *Archives of General Psychiatry*, December 1991. Disponível em: <http://en.wikipedia.org/wiki/Biology_and_sexual_orientation>. Acesso em 29 out. 2006.
34. Roudinesco, Elizabeth; Plon, Michel. *Dicionário de psicanálise...*, p. 702 (verbete: sexologia).
35. Op. e loc. cit.

Após a Segunda Guerra Mundial, a sexologia desenvolveu-se nos Estados Unidos com a contribuição de Alfred Kinsey, originariamente um entomologista e zoólogo. Kinsey publicou, de 1948 a 1953, o primeiro levantamento da vida sexual da população norte-americana. Ao analisar seus dados, concluiu que a maioria das pessoas é bissexual, por haver um *continuum* entre a heterossexualidade e a homossexualidade. Apenas a minoria pode ser considerada exclusivamente homossexual ou heterossexual. Segundo Roudinesco, *a partir da década de 1970, a sexologia não mais contribuiu verdadeiramente para o conhecimento, ao contrário do que havia acontecido na época da descoberta freudiana.*[36]

Estudos sexológicos focalizaram a homossexualidade na relação com os pais. A homossexualidade masculina seria consequência da rejeição paterna. Freud pode ser considerado o inaugurador dessa corrente. Para ele, alguns fatores que pareciam determinar a homossexualidade eram:

a) uma forte e incomum ligação com a mãe, que impediria o homem de se relacionar afetivamente com outra mulher;

b) o narcisismo, que importaria um menor esforço para se relacionar com pessoas do mesmo sexo;

c) uma atitude conformista com a sua psicossexualidade. Importante notar que a homossexualidade, na Psicanálise, foi derivada do conceito de bissexualidade, nunca tendo constituído ela própria, um conceito psicanalítico.[37]

Em carta de 9 de abril de 1935, enviada a uma norte-americana cujo filho era homossexual, Freud (citado por Roudinesco e Plon, p. 353) escreveu:

> A homossexualidade não é uma vantagem, evidentemente, mas nada há nela de que se deva ter vergonha: não é um vício nem um aviltamento, nem se pode qualificá-la de doença; nós a consideramos uma variação da função sexual provocada por uma suspensão do desenvolvimento sexual. Diversos indivíduos sumamente respeitáveis, nos tempos antigos e modernos, foram homossexuais, e dentre eles encontramos alguns dos maiores de nossos grandes homens (Platão, Leonardo da Vinci etc.) É uma grande injustiça perseguir a homossexualidade como um crime, além de ser uma crueldade.[38]

Os herdeiros de Freud não foram tolerantes em relação à homossexualidade. De dezembro de 1921 a janeiro de 1922, durante um mês, os dirigentes da *International Psychoanalytical Association* (IPA) debateram e se dividiram em relação à questão. Karl Abraham e Ernest Jones consideravam que os homossexuais eram incapazes de ser psicanalistas, uma vez que não podiam ser curados de sua inversão; Otto Rank defendeu que não se deveria rechaçar os homossexuais do mesmo modo como não

36. Op. cit., p. 703 (verbete: sexologia).
37. Op. cit., p. 350 (verbete: homossexualidade).
38. Freud, Sigmund. *Correspondance, 1873-1939* (Londres, 1960). Paris: Gallimard, 1966.

se poderia admitir fossem perseguidos pela lei. Prevaleceu a posição de Abraham e Ernest Jones, com a anuência de Freud, inclusive.

Durante mais de 50 anos, a IPA qualificou os homossexuais de pervertidos sexuais. Ora os julgava inaptos para o tratamento psicanalítico, ora os tinha como "curáveis" se a análise objetivasse orientá-los para a heterossexualidade, embora nunca tenha publicado nenhuma regra sobre o assunto. Anna Freud foi uma dos que defenderam a "cura" da homossexualidade, tendo chegado a desaconselhar a publicação da citada carta de seu pai:

> Há várias razões para isso, uma das quais é que, hoje em dia, podemos tratar de muito mais homossexuais do que julgávamos possível a princípio. A outra razão é que os leitores poderiam ver nela uma confirmação de que tudo o que a análise pode fazer é convencer os pacientes de que suas falhas ou "imoralidades" não são graves, e de que eles devem aceitá-las com alegria.[39]

O rompimento com esta posição deveu-se a Jacques Lacan que, ao fundar a *École Freudienne de Paris* (EFP), não só aceitou analisar homossexuais como os aceitou como analistas. Segundo Roudinesco, a tolerância de Lacan advinha de sua personalidade:

> Libertino e sedutor das mulheres, leitor de Sade e de Bataille e grande admirador da obra de Foucault, ele não tinha nenhum preconceito em relação às diversas formas da sexualidade humana. Do ponto de vista teórico, não introduziu modificações na doutrina freudiana do Édipo e da bissexualidade, mas, no plano clínico, pelo interesse especial que dedicou à paranóia e à sexualidade feminina, ele, mais do que Freud e Melanie Klein, abriu um caminho original para o estudo da homossexualidade feminina.[40]

Foram, no entanto, alguns psicanalistas lacanianos, juntamente com psicanalistas filiados à IPA, que investiram contra o Pacto de Solidariedade (Pacs), elaborado em 1999, na França, para regular relações homossexuais, entre os quais: Gilbert Diatkine (ex-presidente da Sociedade Psicanalítica de Paris), César Botella, Jean-Pierre Winter, Simone Korf-Sausse, Charles Melman e Pierre Legendre.[41]

Este último – apontado por Rodrigo da Cunha Pereira como um dos precursores

39. Freud, Anna apud Roudinesco, Elizabeth; Plon, Michel. *Dicionário de psicanálise...*, p. 354
40. Op. e loc. cit.
41. Diatkine, Gilbert. Identification d'un patient, *Revue Française de Psychanalyse* 4, v. LXII, 1999; Botella, César. L'Homosexualité(s): vicissitudes du narcissisme. *Revue Française de Psychanalyse* 4, v. LXII, 1999; Winter, Jean-Pierre. Gare aux enfants symboliquement modifiés. *Le Monde des Débats,* mars 2000: "A propósito, Simone Korf-Sausse comparou os homossexuais a clones incapazes de enfrentar qualquer coisa a não ser a 'lógica do mesmo' no *Libération* de 7 de julho de 1999. Por ocasião de um programa de televisão de junho de 2001 e de uma intervenção na RTL em 21 de junho, Charles Melman declarou que os 'filhos dos casais homossexuais seriam brinquedos de pelúcia destinados a satisfazer o narcisismo de seus pais'".

dos estudos interdisciplinares entre Direito e Psicanálise[42] – expressou-se de forma contundente, conforme Roudinesco (*A família em desordem*, p. 194):

> Concebedor de uma antropologia dogmática, Legendre vê nas instituições judaico-cristãs montagens simbólicas que permitem aos homens lutar contra as devastações do gozo ilimitado, do indivíduo "sem tabu" e da criança-rei. Assim, atribui ao Estado democrático moderno, herdeiro das ditas instituições, o dever de impor a seus súditos uma ordem simbólica cuja função seria salvaguardar as referências diferenciadas do homem e da mulher. Nessa perspectiva, o pai e a mãe são as imagens fundadoras da sociedade – e portanto da família – instituídas pelo direito: "Pensem nas iniciativas tomadas pelos homossexuais, declarou em 2001. O pequeno episódio do pacto de solidariedade revela que esse Estado abdicou de suas funções de garantia da razão. Freud mostrara a onipresença do desejo homossexual como efeito da bissexualidade psíquica... Instituir a homossexualidade com um *status* familiar é colocar o princípio democrático a serviço da fantasia. Isso é fatal, na medida em que o direito, fundado no princípio genealógico, abre espaço para uma lógica hedonista, herdeira do nazismo".[43]

Finalmente, não há como deixar de sublinhar o fato de que a *International Psychoanalytical Association* (IPA) continua a recusar aos homossexuais o direito de se tornarem psicanalistas.[44]

O recolhimento de algumas propostas que têm sido apresentadas nas ciências do ser – notadamente pela Psiquiatria, pela Psicologia e pela Psicanálise – a respeito da sexualidade humana e, particularmente, da homossexualidade, denota que ainda não alcançaram uma resposta suficiente ao convencimento de parcela significativa da comunidade científica. Essa é, igualmente, a conclusão de Maria Berenice Dias: "O fato é que a ciência tem pouco a explicar e ainda trata a homossexualidade como um enigma. As conclusões científicas têm sido sempre cientificamente refutadas. Parece que a explicação reside algures, entre o inato e o adquirido".[45]

Levando em conta o intuito, muito frequente, de se buscarem parâmetros para a criação e aplicação do Direito nas referidas ciências, é interessante consignar a impressão de que são estas que se têm respaldado nas concepções normativas, uma vez que as proposições "científicas" têm refletido as alterações do *ethos* social. Em outras palavras, ao invés de inspirar o mundo do dever-ser e, particularmente, o Direito, as ciências do ser mostram-se inspiradas pelas regras sociais e padrões de comportamento vigentes em cada época e lugar.

---

42. Pereira, Rodrigo da Cunha. *A sexualidade vista pelos tribunais*, p. 21-22.
43. Legendre, Pierre. *L'inestimable objet de la transmission*: Étude sur le Principes Généalogiques en Occident. Paris: Fayar, 1985.
44. Roudinesco, Elizabeth. *Por que a psicanálise?...*, p. 152.
45. Dias, Maria Berenice. *União homossexual...*, p. 37.

6.5. QUESTIONAMENTOS DAS CIÊNCIAS DO "SER"

Outra objeção à tentativa de se respaldarem as instituições do Direito de Família nos postulados das ciências do ser diz respeito aos questionamentos à própria cientificidade destes postulados.

Um ceticismo extremado a respeito das "ciências da mente" foi manifestado pelo jornalista especializado na crítica científica, John Horgan, na obra *A Mente Desconhecida: por que a Ciência não consegue replicar, medicar e explicar o cérebro humano* (*The undiscovered mind: how the human brain defies replication, medication and explanation*), publicada em 2000. Após analisar as principais teses acerca da consciência produzidas pela Neurociência, Psicanálise, Psicologia, Psiquiatria e refutar as tentativas da Matemática, da Física e da Filosofia, Horgan defende uma posição "misteriana" (termo que atribui ao filósofo Owen Flanagan) e que consiste na admissão de que a consciência *nunca venha a ser plenamente explicada nas bases científicas convencionais – ou, aliás, em qualquer base*:

> Para defender sua posição, os misterianos com freqüência recorrem a uma linha de raciocínio de empréstimo de Noam Chomsky. O lingüista do MIT fez distinção entre *problemas,* que ao menos em princípio parecem passíveis de resolução por métodos científicos convencionais, e *mistérios,* que parecem insolúveis até em princípio. Chomsky observou que todos os organismos possuem certas capacidades e limitações que resultam de sua biologia específica. Assim, um rato poderia aprender a se orientar num labirinto que requer virar à direita a cada junção ou alternar entre direita e esquerda; mas nenhum rato jamais aprenderá a se orientar num labirinto que requer virar à esquerda a cada junção correspondente a números primos. Esse talento excede suas capacidades cognitivas. Analogamente, certos problemas abordados pela ciência podem estar para sempre além da nossa capacidade de compreensão. Eles são mistérios, agora e possivelmente para sempre.
>
> Chomsky deu a entender em vários de seus textos que considera mistérios a consciência, o livre-arbítrio e outros aspectos da mente.[46]

Os críticos de Horgan acentuam ter ele ignorado a obra de Antonio Damasio, *O Mistério da Consciência* (*The feeling of what happens*), de 1999, considerada um marco na pesquisa da consciência, e de não compreender adequadamente o caráter temporário de todo postulado científico.

O futuro – talvez próximo – poderá refutar proposições céticas a respeito da consciência, como as de Horgan e de Chomsky. Contudo, no presente, a crítica destes soma-se aos trabalhos de inúmeros outros autores na refutação das teses sobre a mente humana predominantes no século XX.

---

46. Horgan, John. *A mente desconhecida,* p. 318.

No estudo do Direito de Família atual, importa constatar, fundamentalmente, a crítica de que é alvo, particularmente, a Psicanálise, uma vez que tem sido esta teoria a preferida por parte significativa da doutrina brasileira para justificar teses jurídicas a respeito da extensão de institutos de Direito de Família às chamadas famílias atípicas – principalmente às uniões homossexuais – bem como na interpretação de regras relativas à filiação.

Conforme Horgan, desde sua criação por Sigmund Freud, a Psicanálise tem seu valor científico contestado:

> Uma resenha crítica escrita em 1913 sobre o trabalho que muitos consideram a maior obra de Freud, *A Interpretação dos Sonhos,* viu nele "uma ausência total das características que conduzem ao avanço científico". Em 1916, *The Nation* censurou a psicanálise por "carecer de fundamentos teóricos e empíricos", e nesse mesmo ano o periódico *Currente Opinion* equiparou a "teoria sexual" de Freud à "hipótese do queijo fresco na composição da Lua". O romancista russo Vladimir Nabokov chamou Freud de "curandeiro" e "charlatão vienense". Nabokov depreciou "o vulgar, desprezível, fundamentalmente medieval mundo de Freud, com [...] seus rancorosos embriõezinhos espiando, de seus nichos naturais, a vida amorosa de seus pais".[47]

Críticas recentes à teoria psicanalítica foram exteriorizadas nas obras de Adolf Grünbaum (*The Foundations of Psychoanalysis: A Philosophical Critique*, de 1984);[48] Hans H. Eysenck (*Decline and Fall of the Freudian Empire*, de 1985);[49] Malcolm Macmilan (*Freud Evaluated*, de 1991);[50] E. Fuller Torrey (*Freudian Fraud*, de 1992);[51] Robin Tolmach Lakoff e James C. Coyne (*Father Knows Best: The Use and Abuse of Power in Freud's Case of "Dora"*, de 1993);[52] Allen Esterson (*Seductive Mirage*, de 1993);[53] Richard Webster (*Why Freud was Wrong*, de 1995);[54] Frederic Crews (*Unauthorized Freud*, de 1998).[55]

Em geral, rejeita-se o caráter científico da Psicanálise em razão:

a) das discrepâncias dos relatos clínicos freudianos;

b) da irrefutabilidade de seus argumentos (ou de sua infinita flexibilidade);

c) da não-comprovação de sua eficácia clínica.

A teoria psicanalítica foi criada por Freud a partir de relatos clínicos desenvolvidos

---

47. Op. cit., p. 67-68.
48. Grünbaum, Adolf. *The foundations of psychoanalysis.*
49. Eysenck, Hans H. *Decadência e queda do império freudiano.*
50. Macmilan, Malcolm. *Freud evaluated.*
51. Torrey, E. Fuller. *Freudian fraud.*
52. Lakoff, Robin Tolmach; Coyne, James C. *Father knows best.*
53. Esterson, Allen. *Seductive mirage.*
54. Webster, Richard. *Por que Freud errou.*
55. Crews, Frederic. *Unauthorized Freud.*

por ele próprio ou por outros, sendo considerados principais os casos de Anna O., de Dora, do Homem dos Ratos e do Homem dos Lobos. Sabe-se, no entanto, que em dois desses relatos, que deram origem a conceitos básicos da Psicanálise, não houve correspondência entre as hipóteses levantadas por Freud e os fatos que vieram a ser conhecidos.

Anna O. foi o caso que deu origem à Psicanálise. Este foi o pseudônimo que foi dado a Bertha Papenheim por seu médico, Joseph Breuer, amigo de Freud que, em 1873, descobriu o papel dos canais semicirculares do ouvido para o equilíbrio. Anna O. tinha 21 anos e ficara doente ao cuidar do pai, que sofria de um abscesso tubercular subpleurítico. Após a morte do pai, teve uma crise de tosse intensa, o que a levou a ser atendida por Breuer. Ela passou a sofrer lapsos de consciência, alucinações, a agir de maneira perturbada, gritando agressivamente, atirando almofadas nas pessoas e arrancando botões das roupas; passou a apresentar distúrbios de linguagem, perdendo a capacidade de falar a língua materna, passando a se comunicar em inglês, aparentemente, sem se dar conta do que fazia. Breuer diagnosticou o caso como histeria e iniciou um "tratamento pela conversa", que durou dois anos. Breuer e Freud publicaram a história de Anna O. em artigo conjunto denominado *Estudos sobre a Histeria*, em 1895, em que narraram a cura de Anna O. Somente após 1925, Ernst Jones revelou a verdadeira identidade de Anna O. e admitiu que *a pobre paciente não se saíra tão bem quanto se poderia deduzir da versão publicada por Breuer.*[56] A revelação do verdadeiro nome de Anna O. permitiu a reconstrução de sua verdadeira história. Ao contrário do que os relatos de Breuer levaram a crer, em 1882 ela fora internada num sanatório da cidade suíça de Kreuzlingen, extremamente doente e com dependência de morfina, que lhe fora receitada para sanar as dores da nevralgia. A suposição mais aceita, atualmente, para os males de Anna O. é a de que ela sofria de algum distúrbio neurológico, que dificilmente será identificado.[57]

O Homem dos Lobos foi a alcunha dada a Serguei Constantinovitch Pankejeff (1887-1979), um russo jovem e rico, que é considerado o mais importante caso clínico de Freud e cujo tratamento durou de 1910 a 1914. Após os suicídios de sua irmã e de seu pai e de contrair gonorréia, Serguei mergulhou em depressão. Durante o tratamento, Serguei relatou um sonho que tivera na infância em que a janela de seu quarto se abrira, permitindo-lhe avistar seis ou sete lobos brancos sentados sob uma grande nogueira. Com medo de ser comido pelos lobos ele gritou, atraindo a atenção de sua babá que acorreu em sua ajuda. Freud viu no caso a oportunidade para desenvolver sua tese sobre a sexualidade infantil. O sonho foi associado a uma história infantil

56. Webster, Richard. *Por que Freud errou...*, p. 112.
57. Op. cit., p. 121.

denominada *O Lobo e os Sete Cabritinhos.* Ao término, após inúmeras associações e suposições, Freud concluiu que Serguei, quando tinha um ano e meio de idade, havia presenciado um coito *a tergo* entre seus pais. O sonho foi interpretado como uma transposição regressiva do desejo de copular com o pai, isto é, de obter satisfação sexual do mesmo modo que sua mãe; seu objetivo sexual, a atitude passiva em relação ao pai, teria sucumbido à repressão e em seu lugar teria aparecido o medo do pai, revelado pela fobia ao lobo. Muitos anos depois, após a morte de Freud, Serguei deu uma entrevista a uma jornalista vienense, Karin Obholzer, a quem declarou que a famosa cena do coito *a tergo* certamente nunca teria acontecido, porque, na Rússia, as crianças jamais dormiam no quarto dos pais.

O fato de Freud muitas vezes ter pressuposto fatos que se provaram inexistentes, não implica fraude, para a Psicanálise, que admite uma distinção entre *saber* e *verdade*:

> Esses relatos clínicos indicam com clareza a separação que Freud fazia entre saber e verdade. Como Sócrates, ele atualizou a ideia de que é no diálogo que o sujeito descobre o que está recalcado: a cena primária, tal como situada na origem de sua vida e da diferença sexual. Pouco, importa, portanto, que essa cena seja inventada ou não, uma vez que ela enuncia a verdade de uma estrutura original que coloca o homem frente a seu destino e à tragédia de seu desejo. Vamos mais longe: essa cena extrai sua força significante do fato de ser construída. Ora, é precisamente essa disjunção, apesar de verificável nos relatos de análise e nos depoimentos dos pacientes, que é inadmissível para os adeptos do cientificismo, que sempre fazem o intelecto coincidir com a coisa, e o conhecimento com a verdade.[58]

A segunda objeção que se faz contra a Psicanálise diz respeito à irrefutabilidade de suas teses: por *ela ser quase infinitamente flexível: pode explicar praticamente qualquer observação.*[59]

A referida crítica repousa no modelo de ciência elaborado por Karl Popper, segundo o qual: *o critério do estatuto científico de uma teoria é a sua falsificabilidade, ou refutabilidade, ou testabilidade.*[60]

Com base no referido critério, Popper nega caráter científico à astrologia, à teoria marxista da História e à Psicanálise. Relativamente a esta, refere-se à teoria de Freud e à de Adler:

> As duas teorias psicanalíticas estavam noutra categoria. Eram simplesmente não-testáveis, irrefutáveis. Não havia nenhum comportamento humano imaginável que as pudesse contradizer. Não pretendo com isso significar que Freud e Adler não tivessem razão

58. Roudinesco, Elizabeth. *Por que a psicanálise?,* p. 93.
59. Horgan, John. *A mente desconhecida,* p. 70.
60. Popper, Karl. *Conjecturas e refutações,* p. 60.

> em determinadas coisas. Pessoalmente, não duvido de que muito do que disseram se reveste de uma importância considerável, e poderá bem vir a ter, um dia, o seu papel numa ciência psicológica passível de ser testada. Mas isto significa, de fato, que aquelas "observações clínicas" que os psicanalistas ingenuamente acreditam confirmar a sua teoria não estão em melhor posição para o fazer do que as comprovações diárias que os astrólogos encontram na sua prática. E no que se refere à epopéia freudiana do Ego, do Super-Ego e do Id, não haverá muito mais razões para lhe conferir um estatuto científico do que haveria em relação à coletânea homérica de histórias do Olimpo. Estas teorias descrevem alguns fatos, mas sob a forma de mitos. Contêm sugestões muito interessantes em matéria psicológica, mas que não são suscetíveis de ser testadas.
>
> Ao mesmo tempo, apercebi-me de que esses mitos podiam ser desenvolvidos e tornar-se testáveis; que, historicamente falando, todas – ou quase todas – as teorias científicas têm origem em mitos, e que um mito pode conter importantes antecipações de teorias científicas. Exemplos disso serão a teoria da evolução por ensaio e erro de Empédocles, ou o mito de Parmênides do Universo-bloco imutável, no qual nada acontece nunca, e que, se lhe acrescentarmos uma outra dimensão, se transforma no Universo-bloco de Einstein (no qual, de igual modo, nunca nada acontece, na medida em que tudo está, sob um ponto de vista tetradimensional, determinado e estabelecido desde o princípio). Pareceu-me, por conseguinte, que se uma teoria fosse considerada não-científica ou "metafísica" (como poderíamos dizer), não teria por isso de ser considerada irrelevante, insignificante, "desprovida de significado" ou "sem sentido". Mas não poderia pretender ser apoiada por provas empíricas em sentido científico – ainda que, num sentido genético, pudesse perfeitamente ser "resultado da observação".[61-62]

A crítica de Popper não é nova (a edição original de *Conjecturas e Refutações* foi publicada em 1963, além de já ter sido veiculada em outros trabalhos). Contra ela Roudinesco objetou que não há uma oposição irredutível entre *a ciência* e *as pseudociências*:

> Ora, essa divisão não dá conta nem dos laços que unem a ciência ao cientificismo, nem dos desvios do irracional, nem do status dos saberes racionais cujos métodos aparentam-se com os da ciência, nem da inclusão da subjetividade no campo das ciências do homem.[63]

Ela conclui que a racionalidade em Psicanálise pode residir na sua aptidão para inventar novos modelos explicativos e de sua capacidade permanente de reinterpretar os modelos antigos em função de uma experiência adquirida.

Nota-se que, em relação à questão de fundo sobre a cientificidade da Psicanálise

61. Op. cit., p. 61-62.
62. Após afirmar que "(...) Freud tinha uma habilidade assombrosa para elaborar teorias que não podem ser confirmadas nem refutadas decisivamente por meios empíricos", John Horgan argumenta que a teoria psicanalítica se baseia em estudos não conclusivos sobre o complexo de castração, a teoria dos sonhos, o complexo de Édipo e o inconsciente (*A mente desconhecida*, p. 74-83).
63. Roudinesco, Elizabeth. *Por que a psicanálise?*, p. 129.

as posições de Popper e de Roudinesco não conflitam, pois ambos concordam sobre a capacidade de a Psicanálise se reinterpretar. As conclusões sobre essa faculdade é que diferem: para Popper, retira-lhe o caráter de cientificidade; para Roudinesco, é a prova de sua racionalidade. Contudo, nem Popper recusa alguma racionalidade à Psicanálise, nem Roudinesco reclama para a Psicanálise um *status* científico. Um acordo entre concepções que negam valor científico à Psicanálise e as que afirmam sua racionalidade é, pois, absolutamente natural dentro de uma visão mais ampla do fenômeno do conhecimento.[64]

A terceira objeção contra a Psicanálise (e contra as psicoterapias, de um modo geral) diz respeito às dificuldades de comprovação de sua eficácia clínica. Como já referido, Freud justificava a eficácia da Psicanálise por meio de relatos de seus pacientes. Os relatos individuais, no entanto, não servem à aferição da eficácia de nenhum tratamento, uma vez que eles podem certificar o sucesso de qualquer um (inclusive de rituais de magia, ou de práticas reconhecidamente charlatonas).

As dificuldades iniciam-se na diagnose: discorda-se sobre o que deve ser considerado distúrbio, sobre a definição de determinado distúrbio e sobre a natureza de determinado distúrbio. Uma tentativa de superar essas dificuldades foi a publicação, em 1952, pela Associação Psiquiátrica Americana, do *Diagnostic and Statistical Manual of Mental Disorders* (*DSM*). Segundo Horgan, o referido manual e suas versões subsequentes somente acentuaram o subjetivismo da diagnose psiquiátrica.[65] A partir da década de 1950 foram compilados dados sobre pacientes de tratamentos psicanalíticos, que foram publicados em 1991 no Jornal da Associação Psicanalítica Americana, constatando-se que 60% a 90% dos pacientes apresentaram melhora significativa. Questionou-se, no entanto, que as avaliações de progresso tivessem sido feitas pelos próprios analistas; a falta de comparação com um grupo de controle; e terem sido aceitos somente pacientes considerados adequados para a Psicanálise.

Horgan cita dois outros estudos em que o tratamento psicanalítico não demonstrou qualquer eficácia, um realizado pelo Projeto de Prevenção da Delinquência de Cambridge-Sommerville, de 1937 a 1948, outro realizado por Hans Eysenck, em 1952, na Inglaterra.

Outro estudo citado por Horgan foi o elaborado por Lester Luborsky, professor de Psicologia da Universidade da Pensilvânia, intitulado *Comparative Studies of Psychoterapy: Is It True That "Everybody Has Won and All Must Have Prizes"?*, publicado em *Archives of General Psychiatry*, em 1975, que conclui serem os diversos tipos de tratamento psicoterápico eficazes de modo igual. O resultado foi dúbio,

64. Uma concepção de conhecimento afinada com esta proposição é a de Johannes Hessen, para quem até mesmo a religião e os mitos encontram-se abrangidos: Hessen, Johannes. *Teoria do conhecimento.*
65. Horgan, John. *A mente desconhecida,* p. 105-106.

por sugerir que os tratamentos psicoterápicos podem produzir um *efeito placebo*, isto é, que seus bons resultados advenham da mera expectativa positiva que geram no paciente.[66]

Diante de tantas dúvidas, os estudiosos mais céticos a respeito da eficácia dos tratamentos psicoterápicos e, particularmente, da Psicanálise, justificam a sobrevivência dos referidos métodos com base na tese de Thomas Kuhn, segundo a qual a superação de uma tese científica somente ocorre diante de outra que se demonstre capaz de dar respostas mais satisfatórias, o que, no âmbito das psicoterapias, ainda não teria ocorrido:

> Uma teoria científica, após ter atingido o status de paradigma, somente é considerada inválida quando existe uma alternativa disponível para substituí-la. Nenhum processo descoberto até agora pelo estudo histórico do desenvolvimento científico assemelha-se ao estereótipo metodológico da falsificação por meio da comparação direta com a natureza. Essa observação não significa que os cientistas não rejeitem teorias científicas ou que a experiência e a experimentação não sejam essenciais ao processo de rejeição, mas que – e este será um ponto central – o juízo que leva os cientistas a rejeitarem uma teoria previamente aceita baseia-se sempre em algo mais do que essa comparação da teoria com o mundo. Decidir rejeitar um paradigma é sempre decidir simultaneamente aceitar outro e o juízo que conduz a essa decisão envolve a comparação de ambos os paradigmas com a natureza, *bem como* sua comparação mútua.[67]

As críticas a Freud pecam, quase sempre, pelo anacronismo: avaliam-no e à sua obra, sob as luzes do conhecimento acumulado durante um século. O anacronismo, se é um defeito em qualquer análise histórica, no estudo da História da Medicina leva ao potencial perigo de se considerarem charlatões todos os estudiosos que não tiveram a posse das concepções científicas ora predominantes.

Contra os críticos pesa o fato de que, desde que surgiram, as psicoterapias vêm sendo aplicadas intensamente no tratamento de distúrbios mentais por profissionais das mais diversas formações. Trata-se de dado relevante num mundo marcado pelo pragmatismo. Assim, o fato de muitos tratamentos não terem alcançado o *status* de cientificidade reclamado pela Filosofia da Ciência não lhes retira o valor de tecnologia disponível para os objetivos a que se propõem, porquanto a maior parte da tecnologia atual, ao contrário do que comumente se pensa, não deflui do desenvolvimento da ciência básica. Trata-se de fenômeno observável mesmo na Engenharia, cujos achados possuem certa independência em relação aos conhecimentos da Física, da Matemática e da Química.

---

66. Op. cit., p. 110-124.
67. Kuhn, Thomas S. *A estrutura das revoluções científicas*, p. 107-108.

O valor das psicoterapias no tratamento de distúrbios mentais não significa, no entanto, como visto, tenham atingido um grau de conhecimento suficiente à solução das muitas polêmicas de que tratam, nem, muito menos, possam servir como base segura às formulações do Direito.

6.6. CRÍTICA AO ATIVISMO JUDICIAL

Para defender a extensão de institutos do Direito de Família a realidades não contempladas na lei, outro argumento que se utiliza é o que diz respeito à própria função jurisdicional. A legislação – principalmente o Código Civil – é apresentada como símbolo de uma realidade retrógrada, que já não reflete os avanços da sociedade (cf. seção 5.3).

Na falta de alterações legislativas que atendam aos anseios de extensão dos direitos de família às situações "novas", a jurisprudência passa a ser apresentada como o verdadeiro motor capaz de levar à evolução do Direito, em detrimento de outras fontes. É o magistério de Maria Berenice Dias:

> A postura da jurisprudência, juridicizando e inserindo no âmbito do Direito de Família as relações homoafetivas, como entidades familiares, é um marco significativo. Inúmeras outras decisões despontam no panorama nacional a mostrar a necessidade de se cristalizar uma orientação que acabe por motivar o legislador a regulamentar situações que não mais podem ficar à margem da Justiça. Consagrar os direitos em regras legais talvez seja a maneira mais eficaz de romper tabus e derrubar preconceitos. Mas, enquanto a lei não vem, é o Judiciário que necessita suprir a lacuna legislativa, mas não por meio de julgamentos permeados de preconceitos ou restrições morais de ordem pessoal.[68]

É importante frisar que o ativismo judicial não se tem restringido às questões relativas à extensão de regulamentação jurídica às uniões homossexuais. Entre muitos outros exemplos possíveis, em 2004 o Tribunal de Justiça do Rio Grade do Sul examinou uma ação em que o autor pretendia o direito a alimentos e o de receber pensão previdenciária e tratamento médico por parte do Instituto de Previdência do Estado do Rio Grande do Sul (Ipergs), em razão da morte de seus pais de criação. O Tribunal não apenas julgou procedentes os pedidos, como declarou a adoção informal do postulante, com base na paternidade socioafetiva, invocando, para tanto, o ativismo judicial:

> *Ação declaratória. Adoção informal. Pretensão ao reconhecimento. Paternidade afetiva. Posse do estado de filho. Princípio da aparência. Estado de filho afetivo. Investigação de paternidade sócio-afetiva. Princípios da solidariedade humana e dignidade da pessoa humana. Ativismo judicial. Juiz de família. Declaração da paternidade. Registro.*

68. Dias, Maria Berenice. *Homoafetividade...*, p. 19.

A paternidade sociológica é um ato de opção, fundando-se na liberdade de escolha de quem ama e tem afeto, o que não acontece, às vezes, com quem apenas é a fonte geratriz. Embora o ideal seja a concentração entre as paternidades jurídica, biológica e sócio-afetiva, o reconhecimento da última não significa o desapreço à biologização, mas atenção aos novos paradigmas oriundos da instituição das entidades familiares.

Uma de suas formas é a "posse do estado de filho", que é a exteriorização da condição filial, seja por levar o nome, seja por ser aceito como tal pela sociedade, com visibilidade notória e pública.

Liga-se ao princípio da aparência, que corresponde a uma situação que se associa a um direito ou estado, e que dá segurança jurídica, imprimindo um caráter de seriedade à relação aparente.

Isso ainda ocorre com o "estado de filho afetivo", que além do nome, que não é decisivo, ressalta o tratamento e a reputação, eis que a pessoa é amparada, cuidada e atendida pelo indigitado pai, como se filho fosse.

O ativismo judicial e a peculiar atuação do juiz de família impõe, em afago à solidariedade humana e veneração respeitosa ao princípio da dignidade da pessoa, que se supere a formalidade processual, determinando o registro da filiação do autor, com veredicto declaratório nesta investigação de paternidade sócio-afetiva, e todos os seus consectários.

Apelação provida, por maioria.[69]

Percebe-se uma compreensão otimista e equivocada da jurisprudência como fonte do direito que, embora sem precedentes na história do direito brasileiro, muito se aproxima da *Escola do Direito Livre* alemã ou do ativismo judicial norte-americano. Ambas representam reações ao racionalismo de cunho científico, cujo apogeu se situa a partir do século XVIII.[70]

Oscar Bülow tornou-se o precursor da Escola do Direito Livre ao publicar, em 1885, *Lei e Jurisprudência* (*Gesetz und Richteramt*), na qual defendeu ser toda sentença judicial não só a aplicação de uma norma disponível, mas uma tarefa jurídico-criadora. Bülow não estabeleceu os parâmetros para o exercício desse poder criador por parte do juiz, deixando margem ao surgimento da "doutrina do Direito livre", expressão que veio a ser cunhada por Eugen Ehrlich, em 1903, em *Freie Rechtsfindung und Freie Rechtswissenschaft*.

Até esse ponto, a Escola do Direito Livre somente havia estabelecido as bases de um entendimento amplamente aceito na atualidade: a de que toda sentença é fruto de uma atividade criadora. A virada subjetivista dessa Escola, e que se tornou sua característica, ocorreu por meio da obra de Hermann Kantorowicz, sob o pseudômino Gnaeus Flavius, *A Luta pela Ciência do Direito* (*Der Kampf um die*

69. Brasil. TJRS, Apelação Cível n. 70008795775, 7ª Câmara Cível, Rel. Des. José Carlos Teixeira Giorgis, acórdão de 23/06/2004. Disponível em: <http://www.tj.rs.gov.br/site_php/jprud2/resultado.php>. Acesso em 4 nov. 2006.

70. Larenz, Karl. *Metodología de la ciencia del derecho*, p. 81.

Rechstswissenschaft), de 1906. Kantorowicz defendeu haver, ao lado do Direito estatal, equivalente a ele, um "Direito livre", criado pelo juízo jurídico dos membros da comunidade jurídica, da jurisprudência e da Ciência do Direito, que é, como todo Direito, fruto da vontade:

> A vontade de chegar a uma resolução previamente segura guia a seleção dos dispositivos legais que fundamentam tais resoluções. O que chamamos num caso particular interpretar extensiva ou analogicamente, no outro literal ou, inclusive, restritivamente, não é "precisamente a lei e a lógica, mas o Direito livre e a vontade". Em todos os casos o verdadeiro "autor" é precisamente a "vontade"; a dedução lógica é "aparência vazia".[71]

A Escola do Direito Livre foi uma reação contra o positivismo legal e contra a jurisprudência conceitual e chegou a preconizar que o juiz estaria legitimado e mesmo obrigado a se desviar da lei sempre que a considerasse injusta ou inadequada. Os riscos que essa metodologia atrai para a sistematização do Direito foram salientados por Wieacker:

> Com o convite à decisão segundo os interesses concretos do caso isolado, esta orientação abandonou em todo o caso o caráter normativo do direito e da justiça, que exige o tratamento igual das *coisas iguais* e, assim, abriu mão da possibilidade de generalização de deveres concretos e suscetíveis de serem tipificados e de obter princípios normativos formulados em geral. (...) A função do juiz já não devia ser a realização da norma, mas, de certo modo, um *social engineering*, a conformação social do ponto de vista do bem comum.[72]

Se a Escola do Direito Livre pode ser considerada um marco na compreensão da função jurisdicional, ao contestar o dogma da subsunção, foi, por outro lado, o fundamento teórico-jurídico do autoritarismo nacional-socialista, como salienta García Máynez, com apoio em Claude du Pasquier:

> O movimento do direito livre segue desenvolvendo-se na Alemanha depois da guerra de 1914 e, a partir de 1933, adquire enorme importância dentro da concepção nacional-socialista do direito.
>
> O advento deste regime trouxe consigo uma completa renovação das ideias dominantes na Alemanha sobre o direito e a missão do juiz. "As construções lógicas dos romanistas foram repudiadas: as novas gerações confiam no sentido inato do direito que o juiz encontra em si mesmo, sob a condição de que seja de raça pura e se inspire não num individualismo fora de moda, mas na concepção universalista do direito e de Estado(...)" A lei "já não é senão um dos aspectos do direito na técnica da vida pública moderna, mas não o único". Existe também "um direito não escrito que se depreende da alma do povo alemão e se adapta às necessidades da vida nacional, direito claramente reconhecido, sentido e energicamente realizado pelo juiz germânico".[73]

---

71. Op. cit., p. 83.
72. Wieacker, Franz. *História do direito privado moderno*, p. 671-672.
73. García Máynez, Eduardo. *Introducción al estudio del derecho*, p. 350.

Certamente não é intenção dos atuais defensores do ativismo judicial que a base teórica que assumem ao tratar dos temas do Direito de Família possa, um dia, colaborar para o renascimento de um regime político de feições autoritárias, tal como ocorreu na Alemanha. Contudo, não é demais relembrar essa lição histórica, uma vez que o autoritarismo político, em sentido estrito, não é o único capaz de infligir malefícios. Impor à ordem pública normas de comportamento que não derivam dos padrões constitucionais, nem tampouco de uma legislação democraticamente elaborada igualmente o é.

Outra conclusão a que leva o raciocínio anterior é a de que o ativismo judicial, tal como vem sendo exercitado em nome da "teoria do afeto", não pode ser considerado apenas como uma proposta hermenêutica distinta, cabível, como outras, nos quadros da ordem jurídica vigente. Ao contrário: embora invoque muitos institutos do Direito Constitucional, muitos instrumentos da hermenêutica jurídica e o respaldo das ciências do ser, o ativismo judicial familiarista brasileiro mostra-se absolutamente incapaz de justificar convincentemente suas teses (a própria multiplicidade de argumentos atesta este fato). Refugindo à tendência contemporânea de relativização de todas as ideias, pode-se afirmar serem injurídicas – porque são ilegais e inconstitucionais – as extensões de direitos privados de família relativos a determinado tipo familiar a outro a que não tenham sido expressamente atribuídos.

6.7. CRÍTICA À ANALOGIA ENTRE TIPOS DE FAMÍLIA

Tornou-se frequente o recurso à analogia para a extensão de direitos relacionados a uma determinada formação familiar a outra, sob o argumento de existência de lacuna (cf. seção 5.3).

Necessário, pois, averiguar se a atribuição de estatutos diferenciados a diferentes formações familiares implica a criação de lacunas e, portanto, se é adequada a utilização da analogia para estender direitos subjetivos atribuídos pela lei aos membros de determinado tipo familiar a membros de outro.

6.7.1. Completude e lacunas do ordenamento jurídico

Os questionamentos acerca de "lacunas" dizem respeito à "completude" do ordenamento jurídico: *a propriedade pela qual um ordenamento jurídico tem uma norma para regular qualquer caso.*[74]

É incompleto um ordenamento em que não se possa aferir se determinada conduta é permitida ou proibida, o que somente ocorre se o juiz pode deixar de

74. Bobbio, Norberto. *Teoria do ordenamento jurídico,* p. 115.

julgar casos que lhe sejam submetidos (*non liquet*) ou se pode julgar com base em regras de outro sistema.[75]

A ausência de norma reguladora denomina-se "lacuna" e ocorre em duas circunstâncias:

a) quando o ordenamento jurídico dá solução insatisfatória ao caso. A ausência de regra satisfatória é identificada, doutrinariamente, como "lacuna ideológica" ou "imprópria". "Lacunas ideológicas" são lacunas *de iure condendo* (de direito a ser estabelecido), que somente podem ser solucionadas mediante produção legislativa;

b) quando o ordenamento jurídico não regula expressamente o caso. A ausência de regulação expressa é conhecida como "lacuna real" ou "própria". As "lacunas reais" são lacunas *de iure condito* (do direito já estabelecido), que atraem questionamentos sobre sua colmatação mediante a atividade integrativa.

Noberto Bobbio indica como provável origem histórica do "dogma da completude" a tradição românica medieval porquanto considerasse o direito romano expresso no *Corpus Juris Civilis* fonte capaz de fornecer ao intérprete solução a todos os problemas jurídicos.[76]

O "dogma da completude" manteve-se nos períodos correspondentes à estatização do direito (com a formação dos Estados nacionais) e ao surgimento das grandes codificações do século XIX.

Coube à Escola do Direito Livre, com Bülow, Ehrlich e Kantorowicz o ataque ao "dogma da completude", numa época em que as insuficiências da legislação codificada já haviam sido expostas pelo processo de industrialização e urbanização das sociedades europeias, na segunda metade do século XIX, e pelo surgimento de teorias sociológicas que, entre outros achados, afirmaram o distanciamento entre a sociedade civil e o Estado (cf. seção 6.6).

A reação à Escola do Direito Livre levou à superação da fase dogmática e à justificação crítica da completude do ordenamento jurídico.

Os positivistas negaram houvesse lacunas no ordenamento jurídico. Karl Bergbohm, em *Jurisprudência e filosofia do direito*, de 1892, e Santi Romano, no ensaio *Observações sobre a completude do ordenamento estatal*, de 1925, defenderam que toda atividade humana ou é juridicamente regulada ou não, configurando esferas do juridicamente relevante e do juridicamente irrelevante: *tertium non datur;* logo, não haveria lacunas.[77] O que seria uma liberdade juridicamente irrelevante? Se uma liberdade juridicamente relevante é uma liberdade à qual corresponde um dever de tolerância e respeito por parte de terceiros e do próprio Estado, uma liberdade

75. Op. cit., p. 118.
76. Op. cit., p. 120.
77. Apud op. cit., p. 129.

juridicamente irrelevante seria uma liberdade a que se pudesse opor com o uso da força privada.

Contra a referida tese objeta-se que não existe uma tal liberdade juridicamente irrelevante nos Estados modernos, nos quais prevalece o monopólio estatal do uso da força.

Hans Kelsen levou ao extremo essa crítica. Segundo Kelsen, a ausência de regulação de determinada conduta implica que ela seja regulada negativamente, no sentido de não ser proibida ou de ser "negativamente permitida": *quando a ordem jurídica não estatui qualquer dever de um indivíduo de realizar determinada conduta, permite esta conduta.*[78] Ainda segundo Kelsen, *a existência de uma "lacuna" só é presumida quando a ausência de uma tal norma jurídica é considerada pelo órgão aplicador do Direito como indesejável do ponto de vista da política jurídica.*[79] Kelsen considerava que a autorização legislativa para o uso da analogia significa uma atribuição de poderes ao juiz para que ele sobreponha sua concepção ético-política à do legislador, quando esta é julgada insatisfatória.

Outra teoria que visou a justificar a completude do sistema mediante a negativa da existência de lacunas foi elaborada por E. Zitelmann, no ensaio *As lacunas no direito*, de 1903, e Donato Donati, em *O problema das lacunas do ordenamento jurídico*, de 1910. Defenderam a existência de uma "norma geral exclusiva" que exclui do âmbito de regulamentação de cada norma todo comportamento por ela não regulado.

A partir da observação de que o ordenamento contém, ao lado da *norma geral exclusiva*, *normas gerais inclusivas* (como a do art. 4º da Lei de Introdução ao Código Civil brasileiro), que mandam que o juiz recorra, em caso de lacuna, à analogia, à equidade ou aos princípios gerais do direito, Norberto Bobbio defendeu que, diante de cada caso não regulado expressamente, o intérprete é levado a escolher entre uma e outra. Nessa teoria as lacunas deixaram de ser consideradas situações em que há falta de regulamentação expressa, passando a ser caracterizadas *pela falta de um critério para a escolha de qual das duas regras gerais, a exclusiva ou a inclusiva, deva ser aplicada.*[80]

A superação do positivismo corresponde ao estágio atual da Teoria Geral do Direito. Uma das decisivas críticas ao positivismo diz respeito à sua incapacidade de dar solução satisfatória ao problema das "lacunas", pois suas teses terminam por deixar à margem do pensamento jurídico os critérios para integrá-las, ao apelarem ao arbítrio, à experiência e à sensibilidade do juiz. Nesse sentido, as observações de

78. Kelsen, Hans. *Teoria pura do direito*, p. 263.
79. Op. cit., p. 264.
80. Bobbio, Norberto. *Teoria do ordenamento jurídico*, p. 137.

Menezes Cordeiro sobre o positivismo jurídico: *a decisão concreta é fruto, afinal, não da Ciência do Direito, mas de fatores desconhecidos para ela, comprometendo, com gravidade, a previsibilidade, a seriedade e a própria justiça de decisão.*[81]

Na perspectiva do pensamento sistemático, que concebe o direito como um sistema ordenado de princípios e regras que visam à realização da ideia de justiça – e que, por isso, é entendido como *teleológico* ou *axiológico* –, não apenas se admite a presença de lacunas no sistema como é indicado meio de serem solucionadas pela própria Ciência do Direito.

Partindo-se da noção de que "lacuna" é uma referência à incompletude da lei, ela somente pode ocorrer se a ausência de regulamentação é acompanhada de uma aspiração da lei à regulação completa de determinado setor do ordenamento jurídico.[82]

Assim, não há lacuna:

a) no "silêncio eloquente da lei", isto é, se cabe a inferência de que houve o propósito de não positivar determinado instituto ou regra;

b) no "espaço livre de direito", ou seja, nas situações meramente não regulamentadas.

Em tais casos, o princípio da separação dos poderes impede o juiz de criar norma para o caso concreto.

Lacuna há, *e. g.*, relativamente à legitimação do companheiro para a ação de interdição e curatela. O art. 1.768 do Código Civil confere legitimidade apenas aos parentes, ao cônjuge, ao tutor e ao Ministério Público. Não obstante, o art. 1.775 do Código Civil confere primazia ao companheiro para o exercício da curatela. A lacuna consiste na contradição de se dar primazia para o exercício da curatela a alguém a quem o texto da lei não dá legitimidade para a ação.

De modo semelhante, ao fixar as causas de incapacidade matrimonial o Código Civil somente faz referência a situações relacionadas à menoridade (arts. 1.517 a 1.520). Os demais incapazes somente são mencionados nos arts. 1.548, I, e 1.550, IV, que regulam, respectivamente, a nulidade e a anulabilidade do casamento. Assim, há lacuna nos arts. 1.517 a 1.520 relativamente a algumas pessoas que não possuem capacidade matrimonial.

Afere-se a existência ou não de lacuna a partir da própria lei, da intenção reguladora que lhe serve de base (interpretação histórica), dos fins por ela perseguidos (interpretação teleológica) e dos princípios gerais do direito: *uma lacuna legal é uma "incompletude contrária ao plano" da lei.*[83]

81. Cordeiro, António Menezes. Introdução à edição portuguesa, p. XXIII-XXIV.
82. Larenz, Karl. *Metodología de la ciencia del derecho,* p. 364.
83. Op. cit., p. 366.

O recurso à interpretação teleológica e aos princípios do direito permite, portanto, a identificação de lacunas.

Em relação às críticas positivistas conclui-se:

a) a comparação não se faz entre o modelo legislado e um "direito ideal"; faz-se entre a lei e elementos mais amplos (possivelmente de maior hierarquia, como no caso de se tratar de princípios constitucionais) do próprio ordenamento jurídico. A colmatação de lacunas, numa sistemática teleológica, não se dá com a utilização de elementos ideológicos do juiz; quando muito, pode-se admitir que representam a concretização de elementos ideológicos positivados no próprio sistema;

b) a autorização legislativa para o uso da analogia assegura que o ordenamento jurídico não é completo nem incompleto, mas "completável" diante de todo caso concreto.

No Brasil, a "completabilidade" do ordenamento jurídico é assegurada pelo *princípio da inafastabilidade do controle jurisdicional*, ou *princípio da proteção judiciária*, ou ainda *princípio de ubiquidade da justiça*, consagrado no art. 5º, inciso XXXV, da Constituição da República: *a lei não excluirá da apreciação do Poder Judiciário lesão ou ameaça a direito.*

O referido dispositivo corresponde ao primeiro parágrafo do art. 24 da Constituição da República italiana (*Todos podem agir em juízo para a tutela dos próprios direitos e interesses legítimos*), que, segundo Italo Andolina, veda *a eventual introdução no nosso sistema processual da regra do* non liquet, *que consentiria ao juiz não decidir (o mérito) na ausência de prova suficiente.*[84]

No plano legislativo, o art. 126 do Código de Processo Civil e o art. 4º da Lei de Introdução ao Código Civil brasileiro concretizam o *princípio da inafastabilidade do controle jurisdicional.* Ambos determinam que o juiz aplique as normas legais e, na falta delas, a analogia, os costumes e os princípios gerais de direito. A equidade somente é autorizada nos casos expressos em lei (art. 127 do Código de Processo Civil).

6.7.2. A analogia

Analogia é um dos meios de colmatação das lacunas da lei, assim como o recurso a normas de outro sistema (*e. g.*, ao direito natural, ao romano ou ao canônico), o recurso a outras fontes do direito (*e. g.*, ao costume, à equidade ou à doutrina) e aos princípios gerais do direito.

Historicamente, o uso da analogia antecedeu à constatação científica das lacunas no ordenamento jurídico, pois remonta às origens do direito, como demonstra a seguinte passagem do *Digesto*:

---

84. Andolina, Italo. *Il modello costituzionale del processo civile italiano*, p. 87.

> 12. Não se podem compreender nas leis ou nos senadoconsultos determinadamente todos os casos; mas quando em alguma ocasião está manifesto seu sentido, deve o que exerce jurisdição proceder por analogia, e deste modo proferir sentença (Juliano, *D.* I, 3, 12).[85]

A analogia permite aplicar a um caso não regulamentado a mesma disciplina dada a um caso regulamentado *semelhante*. Seu estudo pertence à lógica. Aristóteles, no *Órganon* (*Analíticos Anteriores*, II, 24) dela cuidou sob a designação de *paradigma*, posteriormente traduzida para o latim como *exemplum*.[86] Eis o esquema do raciocínio por analogia:

M é P
S é semelhante a M
S é P

Embora aparente o rigor de um silogismo, o referido raciocínio não o possui, porque esconde vício conhecido como *quaternio terminorum*, porquanto há um quarto termo oculto: a conclusão (S é P) só é verdadeira se S é semelhante a M a respeito de uma qualidade suficiente para que M seja P, ou seja, não uma semelhança qualquer, mas uma *semelhança relevante*.

Da inferência lógica, propriamente dita, a analogia diferencia-se por não permitir uma conclusão que vá além da probabilidade:

> A isso há que somar a constatação positiva de que o fato a ser julgado iguala em todos seus aspectos ao legalmente regulado, assim como a constatação negativa de que as diferenças que restam não são de tal índole que excluam aqui a valoração legal. Na analogia jurídica se trata, portanto, sempre de um processo de pensamento valorativo e não unicamente de uma operação mental lógico-formal.[87]

Em direito, a *semelhança relevante* é a que diz respeito à *ratio legis*, como expresso na máxima *Ubi eadem ratio, ibi eadem juris dispositio* (onde há o mesmo motivo, há também a mesma disposição de direito). *Ratio legis* é *aquilo pelo qual a lei é posta e sem o qual não seria posta* (*Id propter quod lex lata est et sine quo lata non esset*).[88]

No plano axiológico a analogia respalda-se no princípio de justiça de tratar igualmente os iguais, conforme já sugeriam os pitagóricos (cf. seção n. 5.7.1). Ela responde, igualmente, à necessidade técnica e social de solucionar casos não previstos expressamente na lei.[89]

---

85. Juliano. *Cuerpo del derecho civil romano*, t. I, p. 210.
86. Aristóteles. *Órganon*, p. 244-245.
87. Larenz, Karl. *Metodología de la ciencia del derecho*, p. 374-375.
88. Salgado, Joaquim Carlos. Analogia, p. 64.
89. Op. cit., p. 61-62.

O fato de a analogia não configurar raciocínio lógico-formal em sentido estrito não impede o controle racional das decisões por ela fundamentadas, pois é racional a interpretação teleológica, voltada à consecução da justiça:

> A questão de se uma regra legal permite um argumento *a contrario*, ou se, quando isto não ocorre, pode oferecer as bases para um argumento de analogia – uma analogia particular ou, em conexão com outras regras, uma analogia geral –, para um "argumentum a maiore ad minus" ou para reconhecer um princípio jurídico geral, já não é, por conseguinte, uma questão de Lógica formal senão da teleologia legal e da valoração expressa nela, vale dizer, da *ratio legis*. Mas a decisão a favor de uma ou outra opção de nenhum modo é, como poderia parecer numa consideração superficial, para deixar à apreciação subjetiva de quem em cada caso julga, senão que há de se fazer prudentemente com os meios com que conta o pensamento orientado aos valores, o pensamento teleológico.[90]

No mesmo sentido, conclui Salgado que a analogia jurídica utiliza as duas dimensões da razão: a valorativa e a operativa: *Ela é um processo em que ambas as dimensões da razão, a operativa e a valorativa, dialeticamente se articulam para resultarem na unidade da solução ou aplicação.*[91]

6.7.3. Da analogia no Direito de Família

A analogia tem sido frequentemente invocada pela doutrina e pela jurisprudência para efeito de atribuição de direitos relativos às famílias "típicas" – notadamente, o casamento e a união estável entre homem e mulher – a membros de "famílias atípicas" – notadamente, às uniões homossexuais (cf. seção n. 5.3).

Para julgar a adequação do uso da analogia, o primeiro passo consiste em verificar a existência ou não de lacuna. Relativamente às formas de família pode-se traduzir a questão do seguinte modo: o reconhecimento de diferentes formas ou tipos familiares significa a necessidade de reconhecer a todos os mesmos direitos subjetivos de família? A *ratio legis* aconselha a extensão de direitos subjetivos, notadamente de direito privado, previstos pela lei para determinada formação familiar aos membros de outra?

O dado inicial, inquestionável, é ter a tradição cristã imposto, durante séculos e até recentemente, um tratamento exclusivo às famílias fundadas no casamento. Desse modo, as regras do Direito de Família dirigiam-se em sua quase totalidade ao matrimônio.

O segundo dado é a abertura do conceito de família operada pela Constituição da República de 1988 que resultou no reconhecimento, igualmente inquestionável, de formações familiares não-matrimoniais para efeito de proteção do Estado.

---

90. Larenz, Karl. *Metodología de la ciencia del derecho*, p. 384.
91. Salgado, Joaquim Carlos. Analogia, p. 63.

O reconhecimento de tipos familiares distintos permite em relação a cada um deles a pesquisa de dois aspectos:

a) o gênero subjacente;

b) a diferença específica.

O gênero subjacente a qualquer tipo familiar é ser "família". Nas seções 2.4, 2.5, e 3.3 foram analisadas normas que têm como suposto fático a "família". Assim, toda realidade social que possa ser caracterizada como "família" atrai o tratamento jurídico regulado por preceitos que tenham como base a "família".

A proteção estatal instituída pelo art. 226 da Constituição da República assegura todos os tipos de "família" contra medidas do próprio Estado que possam violá-los (cf. seção 5.1.4).

A referida proteção é igualmente concretizada por leis que criam direitos subjetivos aos membros dos diversos tipos familiares, entre os quais os que dizem respeito à liberdade de planejamento familiar, ao bem de família e a programas públicos assistenciais.

Por outro lado, a própria admissão de existência de espécies de família assegura haver entre elas distinções relevantes.

As diferenças ontológicas e jurídicas entre as espécies de família, mais do que exigência meramente lógica, são determinadas pela moral, pelos costumes e pela própria Constituição da República, que assinala a existência de interesse público na diferenciação das formas de família ao regular apenas três de suas espécies e ao estabelecer regras diferenciadas para elas (CF, art. 226, §§ 1º a 5º).

De outro lado, como já assinalado na seção 5.9, é o próprio reconhecimento da abertura constitucional do conceito de família que reclama o tratamento jurídico diferenciado, pois é impensável que agrupamentos tão distintos quanto as uniões matrimoniais, uniões estáveis entre homem e mulher, uniões homossexuais, famílias monoparentais e (por que, não?) poligâmicas atribuam a seus membros idênticos direitos privados.

A ideologia de gênero afirma ser preconceituoso o tratamento diferenciado conferido pelo ordenamento jurídico aos tipos familiares. A referida crítica costuma esconder dado básico reconhecido pelas ciências sociais, pela Psicologia e pela Antropologia, que é a necessária existência de tabus sexuais na sociedade.

Toda sociedade possui padrões de moralidade sexual. Numa sociedade complexa como as sociedades estatais há inúmeros padrões de conduta sexual. O direito, como parâmetro máximo de conduta em tais sociedades, não pode servir a todos os padrões de moralidade sexual existentes. Na escolha do padrão predominante, importa observar os preceitos instituidores do Estado Democrático de Direito: que a escolha se faça pelos meios democráticos previstos na Constituição e que observem os direitos e garantias fundamentais.

Outro dado que leva à consideração de que o tratamento jurídico diferenciado aos diversos tipos familiares não permite se vislumbre a existência de lacunas no ordenamento jurídico é a constatação de que a regulamentação no Direito de Família não significa, necessariamente, uma "vantagem", no sentido de um favorecimento da lei em relação aos membros de um tipo familiar regulado, porque os direitos subjetivos de família são, em geral, bifrontais, caracterizando um poder-função ou um direito-dever.

Assim, se se compara o casamento com as uniões informais, vê-se que se diferenciam, substancialmente, pelo maior formalismo do primeiro relativamente à contração e ao desfazimento. A comparação do caráter formal do casamento com o caráter informal das uniões de fato não permite avistar qualquer "vantagem" daquele em relação a estas, embora seja uma diferença essencial.

Se há alguma vantagem na diversidade de formas de constituição de família, ela não se localiza no confronto das qualidades de umas em relação às demais, mas na liberdade conferida aos cidadãos de optarem pela que mais lhes convém, segundo as necessidades de cada um.

O mesmo raciocínio vale para os demais direitos subjetivos de família. Uma formação familiar que atribua direito a alimentos ou a um regime de bens não é mais "vantajosa" do que outra que não seja contemplada pelos referidos "direitos". Graças ao caráter bifrontal dos direitos de família, ter direito a alimentos ou a um regime de bens significa, igualmente, estar reciprocamente obrigado a alimentos e à partilha de bens.

A identificação de lacunas pela comparação entre direitos subjetivos relativos a famílias reguladas (famílias típicas) e não reguladas (famílias atípicas) é afastada, em regra, pelo princípio da tipicidade dos direitos de família.

O princípio da tipicidade é um princípio técnico que favorece a interpretação restritiva e a regra geral exclusiva: se a situação jurídica não é regulada, não é possível aplicar-lhe qualquer atribuição normativa. Neste sentido é a lição de Oliveira e Muniz:

> Importa esclarecer que os direitos de família e os negócios jurídicos familiares estão submetidos ao princípio do *numerus clausus.* Os direitos e negócios jurídicos de família são típicos e nominados (casamento, reconciliação, adoção, reconhecimento voluntário de filho etc.) Tal situação se traduz, por exemplo, na necessidade de a família conjugal ter assento no casamento, tal como a lei o disciplina. Por sua vez, as pessoas que desejam pôr fim à sociedade conjugal, só poderão fazê-lo, por exemplo, pelo desquite por mútuo consenso, com obediência à regulamentação que lhe é dada pela lei.[92]

---

92. Oliveira, José Lamartine Corrêa de; Muniz, Francisco José Ferreira. *Direito de família,* p. 34. No mesmo sentido: Campos, Diogo Leite. *Lições de direito da família e das sucessões,* p. 141.

O princípio da tipicidade dos direitos de família milita no sentido de impedir que se invoque a *ratio legis* para estender os direitos subjetivos típicos de determinada formação familiar a outra, uma vez que a *ratio legis* do Direito de Família está em estatuir, expressamente, todos os direitos e deveres relativos à família.

Assim, é absolutamente incorreto vislumbrar lacuna na falta de previsão legal para que casal homossexual adote. O legislador, segundo o princípio da tipicidade dos direitos de família, regulou as hipóteses em que é permitida a adoção por duas pessoas, conjuntamente: devem ser casadas ou viverem em união estável. Assim, qualquer outra situação que escape à referida determinação legal não foi por ela contemplada. Cuida-se de um silêncio eloquente da lei.

Como já salientado, a analogia tem como base o princípio da igualdade (*tratar igualmente os iguais*...) Relativamente ao princípio da igualdade, a seção 5.7.1 cuidou da inexistência de qualquer princípio especial de igualdade entre as diversas espécies de famílias. As espécies de famílias submetem-se apenas ao princípio geral de igualdade que, por sua vez, é satisfeito com o atendimento, pelo legislador, de algum interesse público, no estabelecimento de discrímens.

O interesse público visado pelo legislador pode consistir no respeito a tabus sexuais cuja presença, no meio social, é absolutamente necessária.

Os conflitos ideológicos sobre a matéria dizem respeito à disputa de quais tabus sexuais devem ser tomados em conta na regulamentação dos institutos jurídicos concernentes à família. A referida disputa culmina numa "escolha da sociedade" (*choix de societé*), expressão consagrada pela doutrina francesa.

Por sua vez, a possibilidade de uma "escolha social", mediada pelos procedimentos democráticos constitucionalmente estabelecidos, leva à constatação de que o princípio democrático penetrou o espaço doméstico, sendo esta a razão maior do assombro de espíritos conservadores e liberais, como será analisado na seção seguinte.

6.8. LIBERDADE E AUTONOMIA NO ESTATUTO JURÍDICO DA FAMÍLIA

Outro equívoco muito frequente na doutrina familiarista brasileira contemporânea é o de interpretar as transformações sociais, particularmente a maior liberdade em relação ao comportamento sexual, como sinal de uma tendência à aprovação social das relações homossexuais. Por esta ótica, a extensão de direitos privados de família às uniões homossexuais seria uma espécie de destino inevitável de toda sociedade e, paralelamente, toda resistência a essa "evolução", retrógrada.

Esse raciocínio estaria respaldado em bases empíricas jurídico-positivas: a crescente regulamentação de relações homossexuais em diversos países do mundo. De fato, a união civil entre homossexuais foi juridicamente instituída na Dinamarca (1989), Noruega (1993), Suécia (1995), Holanda (1998), Finlândia (2001), Portugal (2001), Alemanha (2002), Catalunha (2001), Groenlândia e Islândia. Na França, em 1999, concedeu-se valor jurídico ao Pacto Civil de Solidariedade (Pacs) para casais heterossexuais e homossexuais que desejem atribuir efeitos jurídicos à sua relação. O casamento entre homossexuais foi permitido na Holanda (2001), Bélgica (2003), Espanha (2005) e Canadá (2005). Nos Estados Unidos, o Estado de Vermont instituiu a união civil entre homossexuais em 2001; Massachusets permitiu o casamento entre homossexuais em 2004; a Corte de Nova Iorque autorizou o casamento entre homossexuais também em 2004.

A aprovação constante e progressiva de leis e a prolação de medidas judiciais que admitem a extensão de direitos privados de família às uniões homossexuais colabora para o entendimento de que se trata de um movimento histórico, em escala mundial, a que, cedo ou tarde, os povos tenderiam a se alinhar.

Há, contudo, outros dados. Segundo Lynn D. Wardle, presidente da *International Society of Family Law* (*ISFL*), muitos Estados norte-americanos manifestaram-se contra a adoção das uniões homossexuais:

> No entanto, trinta e seis estados americanos adotaram leis rejeitando expressamente as uniões do mesmo sexo e, em todo estado americano em que a questão da legalização do casamento entre pessoas do mesmo sexo foi colocada para os eleitores para aprovação, os votantes rejeitaram-na de modo esmagador: 69-29 no Havaí, 69-31 no Alaska, 61-39 na Califórnia, 70-30 em Nebraska e 70-30 em Nevada. Então, é provável que somente poucos, se é que algum outro estado vai reconhecer as uniões civis de Vermont.[93]

Semelhantemente, em todo o mundo, inúmeros projetos visando à regulação das relações homossexuais vêm sendo rejeitados ou postergados pelos parlamentos, como o Projeto de Lei nº 1.151/1995, de autoria da Deputada Marta Suplicy, que visava à criação da união civil entre pessoas do mesmo sexo.

O que demonstram as referidas manifestações a favor e contra a regulamentação das uniões homossexuais não é, pois, uma tendência (quanto mais inevitável) de sua regulação, mas a expansão do ideal democrático, sua penetração em domínios impensáveis noutros tempos, como já salientado por Campilongo:

> A regra da maioria adotada pelas democracias contemporâneas – sempre combinada ao crescente processo de alargamento da cidadania política ao longo dos últimos duzentos anos – fez da participação política de massas um fenômeno inédito na história da civilização.[94]

93. Wardle, Lynn D. *Questões de família*: a importância da estrutura familiar e da integridade familiar, p. 25-57, esp. p. 32.

94. Campilongo, Celso F. *Direito e democracia...*, p. 56.

A coexistência de diferentes esferas de atuação social corresponde a diferentes modos e níveis de realização do princípio democrático, da autonomia e da emancipação. Uma tal análise deflui da tese de Boaventura Sousa Santos, que distingue quatro modos básicos de produção do poder político aos quais correspondem quatro modos básicos de produção do direito ("conjuntos fundamentais de relações sociais"):

a) espaço doméstico;
b) espaço do trabalho;
c) espaço da cidadania;
d) espaço mundial.

O reconhecimento da existência dessas diferentes esferas de atuação social auxilia a compreensão de que o princípio democrático pode se realizar diferentemente em cada uma delas:

> Para Boaventura, a política liberal – mas não apenas ela – limita a luta democrática ao espaço da cidadania, isto é, o espaço do Estado e da sua legalidade. Essa prática permite a reprodução de relações sociais assimétricas nas demais esferas do poder. Dito de outro modo: aplicar a regra da maioria para as decisões coletivas ou coletivizadas no plano estatal pode, eventualmente, servir de critério para a expansão de formas democráticas nos demais espaços (do trabalho, da família e mundial). Mas pode, também permitir a reprodução de desigualdades nos demais espaços (no campo do poder caósmico).[95]

Embora o princípio da democracia, no plano político nacional, possa coexistir com formas autocráticas de regulação das relações nas outras esferas, a análise das instituições jurídicas brasileiras permite afirmar que o desenvolvimento do sentimento democrático atingiu o espaço doméstico. Quanto a este, é notório o apelo que fazem à cooperação e à capacidade de autorregulação o princípio da igualdade dos cônjuges (CF, art. 226, § 5º) e o da igualdade entre homens e mulheres (CF, art. 5º, II).

Conquanto se reconheça crescente autonomia dos indivíduos na vida matrimonial, são as famílias não-matrimoniais que se apresentam como espaço privilegiado para o exercício da autorregulação da vida familiar. É legítimo interpretar que o reconhecimento jurídico das famílias não-matrimoniais homenageia a capacidade de autorregulação, a autonomia e a emancipação de seus membros, ao mesmo tempo que o Estado lhes garante proteção.

A opinião de que a família tende a ser um espaço de realização da liberdade individual já era sustentada, há algumas décadas, por João Baptista Villela: "O contraponto da constitucionalização é a tendência já aqui registrada (cf. supra,

95. Campilongo, Celso F. *Direito e democracia...*, p. 93.

n. 5), para o reconhecimento de um largo espaço à autonomia dos indivíduos em sede de casamento e família".[96]

A autonomia dos indivíduos no âmbito da família ressalta o crescente reconhecimento do princípio da subsidiariedade que, originário do Direito Canônico, serve como critério de delimitação das esferas de competência em situações em que uma dada organização social (*e. g.*, a família) se encontre abrangida por outra (*e. g.*, o Estado):

> É da melhor tradição da cultura ocidental que o Estado não deve intervir onde as pessoas tenham as condições básicas de agir por si mesmas. Se não se lhes reconhecer a faculdade de auto-organização e autogoverno, elas tenderão a permanecer no estágio que corresponde à interveniência da tutela: o da incapacidade, na sua expressão técnico-jurídica, ou o da menoridade no sentido kantiano.
>
> (...) "O domínio externo do casamento e da família, sua relação com a sociedade e o Estado, está na jurisprudência da Corte Constitucional Federal clara e inequivocamente definido: Prevalece o princípio da subsidiariedade" (grifos do original).
>
> A intervenção, ali, fica assegurada para a eventualidade de ser necessária. Até lá, porém, quem deve *jogar o jogo* do casamento e da família são seus próprios integrantes. Não o Estado por eles e para eles, em função vicária e castratória.[97]

Vale lembrar que o referido princípio foi positivado no art. 1.513 do Código Civil de 2002 em termos que permitem aplicá-lo a todas as formas de organização familiar, uma vez que não se direciona exclusivamente ao casamento.

Em suma, a "evolução" da família e do Direito de Família corresponde a um movimento ético de maior amplitude, observável nas diversas esferas da vida social, que consiste no incremento da liberdade, da autonomia e da convivência democrática. Maior liberdade corresponde a maior possibilidade de alterar padrões de comportamento tradicionais; não significa que, necessariamente, esses padrões devam ser alterados; um determinismo dessa espécie seria o oposto da liberdade e da democracia.

96. Villela, João Baptista. *Liberdade* versus *autoridade no estatuto patrimonial do casamento,* p. 87.
97. Op. cit., p. 92.

7 A proteção à paternidade

7.1. A CRISE DO DIREITO DA FILIAÇÃO

Entre os institutos de Direito Privado que concretizam a proteção estatal da família determinada pelo art. 226 da Constituição da República, os que dizem respeito à proteção dos vínculos filiais são, provavelmente, os mais importantes.

A filiação tornou-se um dos temas mais polêmicos do Direito atual. Para tanto, contribuem razões de ordem prática, relacionadas ao estágio de desenvolvimento social e científico e fenômenos propriamente jurídicos.

O final do século XX e o início deste século têm sido marcados por significativos avanços das ciências biológicas. Particularmente importantes para o Direito da filiação foram a invenção da pílula anticoncepcional, a descoberta da técnica de identificação dos vínculos genéticos por meio de análise do DNA e as invenções de diversas técnicas de reprodução assistida.

Entre todos os aportes da biologia, a invenção dos métodos contraceptivos é apontada como o que mais influenciou os padrões de comportamento na segunda metade do século XX e como um dos fatores determinantes da revolução sexual iniciada nos anos 1960 – ao lado da industrialização e da urbanização.

Embora as descobertas científicas estejam relacionadas com as mudanças comportamentais, são estas as que justificam de modo mais claro e imediato as muitas perplexidades no terreno da filiação. A revolução sexual trouxe consigo a dessacralização do casamento, a dissolubilidade do vínculo, a admissão social de outras formas de organização familiar, o incremento das incertezas acerca da filiação.

Alterações no plano social, por maiores que sejam, não impõem, necessariamente, alterações no plano da normatividade. Não necessariamente. Contudo, o fortalecimento da cidadania, da autonomia e da emancipação levaram a que fossem considerados prioritários o interesse da criança e do adolescente e à igualação jurídica dos filhos, princípios positivados no *caput* e no § 6º, do art. 227, da Constituição da República de 1988.

No tocante ao Direito brasileiro da filiação, as inovações técnico-científicas da Biologia somaram-se a uma surpreendente incompreensão do fenômeno, em si, ao desconhecimento dos institutos jurídicos que tradicionalmente o regulam, a regras legais deficientes, contraditórias e equivocadas e a um baixo conhecimento em matéria de aplicação do Direito Constitucional às relações de Direito Privado, resultando num caráter assistemático do Direito relativo à matéria.

As dificuldades acumulam-se em vários níveis e direções: no plano normativo mais concreto, além de a legislação continuar a manter regras que nasceram defeituosas no Código Civil de 1916 (*e. g.*, o art. 1.604 do Código Civil de 2002), incorporou outras imprecisas e obscuras a ponto de não permitirem aferir, com segurança, se revogaram normas anteriores ou se foram revogadas por outras posteriores (*e. g.*, o art. 27, da Lei nº 8.069, Estatuto da Criança e do Adolescente); na interseção do Direito de Família da filiação com outras disciplinas jurídicas, verifica-se a positivação de regras que, igualmente, não se coadunam (*e. g.*, o art. 242, *caput*, do Código Penal, com a redação que lhe foi dada pela Lei nº 6.898/1981); o "diálogo das fontes" sobre o tema é um diálogo de surdos no qual a doutrina se omite em relação à lei e à jurisprudência, os tribunais em relação à lei e à doutrina, e a própria legislação é criada em dissintonia com as demais regras vigentes, a jurisprudência e as construções teóricas; finalmente, no plano doutrinário assiste-se a um surpreendente desconhecimento dos institutos jurídicos e dos valores que referenciam a matéria.

Eis por que se afirma, em suma, que o Direito brasileiro nesta parte carece de uma sistematização que deveria ser empreendida por ampla reforma legislativa. As dificuldades relativas à regulamentação jurídica da filiação, decerto, não se restringem às fronteiras nacionais. Como já referido, as inovações sociais de grande amplitude que incidiram no tema – notadamente, as descobertas científicas, a alteração dos costumes e o advento de novos valores – são fenômenos compartilhados por toda a cultura ocidental. Contudo, no Brasil, a irracionalidade foi acentuada por acidentes locais.

O primeiro, a omissão do instituto da posse de estado de filho no Código Civil de 2002, que remonta à sua supressão no Projeto de Código Civil de 1916. Quem o afirma é Clóvis Beviláqua ao relatar que o art. 348 do Código Civil de 1916

– correspondente ao art. 1.604 do Código Civil de 2002 – resultou *de mutilação imposta, pela Câmara, ao art. 431 do Projeto revisto e 409 do primitivo.* O art. 409 do primitivo Projeto do Código Civil de 1916, transposto para o art. 431 do Projeto revisto, prescrevia que *se o estado da pessoa declarado no registro correspondesse à posse em que se achava, não poderia ela reclamar outro.*[1] O referido texto inspirava-se, claramente, no art. 322 do Código Civil francês, de 1804. A posse de estado de filho, no Direito francês, entre outras, tem a função de estabilizar os vínculos de filiação. Na falta desse instituto, o Direito brasileiro apoiou-se na técnica que limita a determinados prazos o direito de impugnar a filiação. Esta técnica foi, durante décadas, suficiente. Contudo, ao se defrontar com a tendência biologista no final do século XX, mostrou suas deficiências por não fornecer respostas adequadas a um grande número de situações: afinal, por que o mero transcurso do tempo deveria impedir a quebra de um vínculo de filiação que não correspondesse ao vínculo biológico?

O segundo acidente legislativo brasileiro foi a Lei nº 6.898/1981 que, ao alterar o art. 242 do Código Penal, tipificou como crime o ato de *registrar como seu o filho de outrem*, visando a dar ao agente tratamento mais benigno do que tinha até então. Antes da referida lei, o registro de filho alheio apenas podia ser tipificado como falsidade ideológica, crime que exige o intuito de lesar direitos alheios (art. 299 e parágrafo único, do Código Penal). A inserção da conduta no *caput* do art. 242 do Código Penal possibilitou a aplicação do perdão judicial previsto no parágrafo único do art. 242, se o crime for praticado por motivo de reconhecida nobreza.[2] Note-se a via transversa adotada pelo legislador: a fim de possibilitar a não punição de quem houvesse registrado filho de outrem por motivo de reconhecida nobreza, tipificou como crime a referida conduta! Como é natural, o proceder tortuoso do legislador tem seu preço. O novo tipo penal produz, potencialmente, consequências graves nas esferas criminal e cível, deletérias não apenas para o autor do registro, como também para os demais interessados. Isto, porque a tipificação penal de determinada conduta significa sua proibição; por sua vez, a proibição legal induz à nulidade do ato, nos termos do art. 166, inciso VII, do Código Civil. Assim, o referido dispositivo do Código Penal torna-se um argumento para a impugnação dos vínculos filiais sempre que ao vínculo jurídico não corresponda o vínculo biológico.

O terceiro acidente legislativo foi o art. 27 da Lei nº 8.069, Estatuto da Criança e do Adolescente, que deixou abertas várias questões ao preconizar que o reconhecimento do estado de filiação é direito personalíssimo, indisponível e imprescritível:

a) Que se há de entender por "reconhecimento do estado de filiação"? Sabendo-se

1. Beviláqua, Clóvis. *Código civil dos estados unidos do brasil comentado*, v. II, p. 313.
2. Fragoso, Heleno Cláudio. *Lições de direito penal*, v. II, p. 118.

que as ações de filiação são a de impugnação e a de reconhecimento, refere-se a ambas?

b) Que significa dizer que tal direito é personalíssimo? Seria somente invocável pelo próprio filho? Os herdeiros já não teriam legitimidade para a ação de investigação da paternidade? Está de acordo com o caráter "personalíssimo" desse direito a representação dos incapazes por seus representantes legais no exercício do direito de ação? Os pais já não mais poderiam vindicar o estado de filho de seus descendentes? O referido caráter personalíssimo não teria sido, então, revogado pelo § 5º do art. 2º da Lei nº 8.560/1992?

c) Que significa a imprescritibilidade propugnada pelo referido dispositivo? Teriam sido revogados todos os prazos impostos pelo Código Civil de 1916 para a propositura das ações de filiação? Neste caso, o referido dispositivo teria sido revogado pelo Código Civil de 2002 ao manter quase todos os prazos previstos no Código Civil de 1916?

O quarto acidente legislativo foi a revogação expressa do art. 337 do Código Civil de 1916, pela Lei nº 8.560/1992. O art. 337 do Código Civil de 1916 era a sede legislativa da presunção *pater is est*. Sem ele, o Código Civil de 1916 continuou a determinar a presunção de que tenham sido concebidos na constância do casamento os filhos nascidos 180 dias, pelo menos, depois de seu início, e até os 300 dias subsequentes à dissolução da sociedade conjugal. Contudo, a presunção *pater is est*, propriamente dita, isto é, a presunção de que os filhos concebidos na constância do casamento são filhos do marido, encontra-se sem base legal desde a revogação do art. 337 do Código Civil de 1916, uma vez que nem o Código Civil de 2002, nem qualquer lei posterior, a reintroduziu no sistema. As consequências dessa revogação ainda encontram-se carentes de adequadas avaliações teóricas.

O quinto consistiu na imprescritibilidade da ação de impugnação dos filhos matrimoniais pelo marido, imposta pelo art. 1.601 do Código Civil de 2002, como salientado por João Baptista Villela na peça teatral *Art. 1.601.*[3] Além de toda insegurança jurídica provocada pela ilimitação temporal da faculdade atribuída ao marido para impugnar os filhos nascidos de sua mulher, o referido tratamento acabou por diferenciar, significativamente, os filhos matrimoniais em relação aos não-matrimoniais e aos adotivos, suscitando perquirir sobre sua constitucionalidade, em razão do disposto no art. 227, § 6º, da Constituição da República.[4]

Finalmente, o citado art. 227, § 6º, da Constituição, ao estabelecer iguais direitos e qualificações aos filhos lançou outras dúvidas sobre a matéria, ainda não respondidas, clara e adequadamente, pela civilística contemporânea: por qual motivo ela

3. Villela, João Baptista. Art. 1.601, p. 71-84.
4. Rocha, Marco Túlio de Carvalho. Prazo para impugnar a paternidade, p. 25-41, esp. p. 36.

não atingiria os institutos relativos ao estabelecimento e quebra do próprio vínculo de filiação?

São muitas, pois, as dificuldades a enfrentar no tratamento do tema da filiação. O emaranhado de problemas, a perda da noção de sistema na matéria, levou a que o Direito da filiação se tornasse essencialmente tópico, suscitando o juízo frequente de que "as soluções devem ser encontradas caso a caso".

A referida conclusão, a rigor, significa verdadeira negativa do próprio Direito. Insurgir-se contra ela é tarefa irrecusável da Ciência do Direito. É, igualmente, uma missão da própria cidadania, à luz dos princípios, direitos e garantias fundamentais consagrados na Constituição da República, entre os quais, o princípio do Estado Democrático de Direito, que pressupõe a subordinação a regras previamente postas, e a proteção estatal da família, que atrai a proteção dos vínculos de filiação.

Na falta de regras legais mais precisas, cumpre à Ciência do Direito empreender a difícil tarefa de conjugar os três princípios constitucionais que mais diretamente referem-se aos vínculos de filiação – proteção estatal da família (CF, art. 226, *caput*); maior interesse da criança (CF, art. 227, *caput*); igualdade dos filhos (CF, art. 227, § 6º) – com a legislação vigente, apontando, nesta, as regras que se devam reputar inconstitucionais, inclusive as que se possam sujeitar à interpretação conforme à Constituição, sem redução de texto.

Além do material normativo positivado nas fontes legislativas, essa hermenêutica "hercúlea" há de considerar ainda os valores que regem a filiação e as diferentes técnicas jurídicas criadas para regulamentar esses valores, entre as quais a da posse de estado de filho, como elemento estabilizador dos vínculos filiais.

Na presença de um emaranhado de antinomias que não asseguram ao intérprete desvendar respostas numa região do Direito – particularmente, brasileiro –, cumpre reconhecer o caráter nomológico ou criptonormativo da Ciência do Direito a fim de homenagear, a um só tempo, ambos os pilares essenciais de qualquer sistema jurídico: a segurança e a justiça.

7.2. O CARÁTER CULTURAL DA FILIAÇÃO E DOS VÍNCULOS QUE A DETERMINAM

A filiação é um fato da cultura. Sobre isso não há qualquer dúvida, nem se admite objeção.

Eventuais dúvidas relativas à natureza cultural dos vínculos de filiação devem-se à proximidade que o instituto mantém com o fato biológico da procriação. De fato, não há filiação se não houver, antes, procriação. Contudo, a procriação não estabelece, por si, o vínculo de filiação, que somente surge a partir de determinações sociais. Nas complexas sociedades contemporâneas o marco normativo fundamental é o jurídico. Assim, se se pretende averiguar as condições que levam à filiação, em tais sociedades, deve-se consultar o sistema jurídico vigente (o fato de ser a filiação estabelecida pelo direito assevera seu caráter cultural, como será analisado adiante).

A análise do fenômeno da filiação revela três espécies de vínculos: o biológico, o socioafetivo e o jurídico. Tais vínculos têm sido denominados, equivocadamente, como "verdade biológica", "verdade socioafetiva" e " verdade jurídica", expressões originárias do direito francês. O termo "verdade" é empregado de modo equivocado, pois "verdade" é a adequação de uma "proposição" a um fato; é qualidade da proposição, não do fato. O fato, em si, não é verdadeiro nem falso; somente existente ou não existente. O que é verdadeira ou falsa é a proposição a respeito de determinado fato.

A distinção entre o vínculo biológico e o socioafetivo é elementar, como afirma Guilherme de Oliveira: *Para qualquer etnólogo ou antropólogo a afirmação de que a paternidade social não coincide com a paternidade biológica é de uma vulgaridade crassa.*[5]

Enquanto os vínculos biológico e socioafetivo são vínculos do mundo do ser, o vínculo jurídico distingue-se de ambos por pertencer ao mundo da normatividade.

Os referidos vínculos, quase sempre, coincidem: o filho em sentido jurídico possui, em regra, vínculos biológico e socioafetivo em relação aos pais.

Os questionamentos jurídicos sobre a filiação surgem, essencialmente, quando da dissociação dos vínculos biológico e socioafetivo. Nas situações em que um se encontra desacompanhado do outro costuma aparecer a necessidade de se determinar qual deles deve juridicamente prevalecer.

As regras que dão respostas a esta questão, relativamente às diversas situações concretas da vida social, conformam o instituto jurídico da filiação.

No plano abstrato, pré-normativo, as regras a serem postas tanto podem vir a privilegiar o vínculo biológico como o socioafetivo. Ao se instituir, por exemplo, a adoção, é a formação de um vínculo socioafetivo que se pretende criar ou confirmar; nas ações de investigação de paternidade, ao contrário, é o vínculo biológico que serve de critério ao estabelecimento do jurídico.

Mais do que uma mera possibilidade, estabelecer o vínculo jurídico conforme o vínculo biológico ou o socioafetivo é uma imposição da razoabilidade. Não teria sentido uma regra que viesse a prestigiar o estabelecimento de um vínculo jurídico filial entre pessoas que não estivessem ou não viessem a ser vinculadas genética ou socioafetivamente.

Não há contradição entre o reconhecimento de que a filiação é um fenômeno da cultura e o de que há nela um vínculo biológico. A uma, porque a geração humana

5. Oliveira, Guilherme de. *Critério jurídico da paternidade,* p. XIX.

é fenômeno cultural; a duas, porque a valorização jurídica do fato biológico é, igualmente, um fenômeno da cultura, como o é toda e qualquer determinação do direito.

Afirmar o caráter cultural da geração humana explicita a íntima conexão que há, quase sempre, entre os vínculos biológico e socioafetivo. O devotamento dos pais aos filhos é, de fato, um dado ético essencial. Tão importante, que não só a ética, como o próprio Direito o exige desde antes da concepção, ao impor aos futuros pais o planejamento familiar (CF, art. 226, § 7º). Essa imposição constitucional é somente um espectro do amplíssimo fenômeno afetivo que leva à concepção humana e que dispensa maiores determinações legais, por enraizar-se nos mais profundos recônditos da alma onde repousam os instintos.

Pode-se objetar ser uma ilusão inferir que a gênese humana, hoje e ontem, percorra sempre os caminhos da afetividade. Deve ser mesmo impossível (além de indesejável) calcular os que nascem da indiferença, da imprecaução ou contra os anseios dos pais. Ainda nesses numerosíssimos casos há que se admitir que a cultura está na origem do vínculo biológico, porque, de qualquer modo, resulta de um comportamento e, portanto, do exercício da liberdade.

O segundo argumento para se negar que haja oposição entre o vínculo biológico e a cultura é, por si só, um fundamento suficiente. Mesmo se a procriação humana fosse independente do comportamento humano (e não é) ainda assim a valoração jurídica do vínculo biológico estaria situada no âmbito da cultura, pela razão elementar de que toda determinação jurídica pertence ao mundo da cultura, uma vez que o Direito é sempre e em toda a sua extensão um fenômeno cultural.

Portanto, não se pode afirmar, *a priori*, que a fixação dos vínculos filiais a partir do vínculo genético represente qualquer contravenção ao caráter cultural da filiação, mas pode-se perceber em tais situações a contemplação de um valor fundamental da cultura e do Direito: a responsabilidade, como salientado por Arnoldo Medeiros da Fonseca há algumas décadas:

> Nenhuma culpa tem o filho ilegítimo da conduta, porventura desregrada, dos pais. Deixando de lado qualquer sentimentalismo, podemos dizer, com Pouzol, que, nascido do casamento ou fora dele, rico ou pobre, o filho tem o direito de viver, e que a este direito corresponde precipuamente, da parte daqueles que o procriaram, o dever imperioso de nutri-lo e educá-lo.[6]

Em resumo, é fora de dúvida que a filiação humana é um fenômeno cultural; pode-se distinguir, na filiação, vínculos biológicos, socioafetivos e jurídicos; este último diferencia-se substancialmente dos outros dois por situar-se no plano da normatividade; todos dizem respeito aos domínios da cultura; a relação entre o vínculo

6. Fonseca, Arnoldo Medeiros da. *Investigação de paternidade,* p. 148-149.

biológico e a cultura é assegurado por originar-se do comportamento humano e por ser valorizado pela cultura, porquanto o seja; a fixação jurídica da filiação somente se justifica se coincidente com o vínculo biológico ou com o socioafetivo; havendo coincidência entre os vínculos biológico e socioafetivo, deve coincidir, igualmente, o vínculo jurídico; é tarefa do Direito, ao regular a filiação, estabelecer os critérios de prevalência dos vínculos biológico e socioafetivo.

7.3. ESTABELECIMENTO DO VÍNCULO DE FILIAÇÃO: UMA QUESTÃO DE CRITÉRIOS

No período pagão do direito romano, o elemento definidor das relações de família, de parentesco e de filiação era a *patria potestas*:

> No período pagão, repousando a família sobre a *patria potestas* e a comunidade do culto doméstico – deuses, fogo e repasto fúnebre – cuja guarda competia ao *pater familias*, o parentesco resultava não dos laços do sangue e do afeto, mas do vínculo civil resultante daquela comunidade.[7]

Os liames biológicos eram dispensáveis. Mesmo o nascido da mulher casada somente passava à condição de filho do marido dela mediante o ato de reconhecimento:

> A entrada deste filho na família assinalava-se por ato religioso. Era preciso, primeiramente, obter bom acolhimento do pai. Este, a título de senhor e de guarda vitalício do lar e de representante dos antepassados, devia pronunciar-se sobre se o recém-nascido era ou não da família. O nascimento só constituía o laço físico; esta declaração do pai criava o vínculo moral e religioso. Esta formalidade apresentou-se igualmente com força obrigatória, tanto em Roma como na Grécia e na Índia.[8]

Os filhos naturais não podiam ser reconhecidos. Nos últimos estágios do direito romano, a partir da primeira Constituição imperial, de Constantino, os filhos concubinários (*liberi naturales*) passaram a poder ser legitimados pelo pai.[9]

A proibição de se reconhecerem os filhos naturais advinha da regra *pater is est quem nuptiae demonstrant*, que, diferentemente de seu significado atual, não expressava uma presunção de paternidade em relação ao marido:

> E a razão de se não permitir o reconhecimento estava na regra do direito romano de que "*pater is est quem nuptiae demonstrant*". Ela não indicava uma presunção de paternidade quanto à pessoa do marido, como, aliás, é compreendida e aplicada no direito atual, senão que, fora do casamento, não há absolutamente pai.[10]

---

7. Souza Neto, José Soriano de. *Do reconhecimento voluntário dos filhos ilegítimos*, p. 33.
8. Fustel de Coulanges, Numa Denis. *A cidade antiga*, p. 49.
9. Souza Neto, José Soriano de. *Do reconhecimento voluntário...*, p. 39.
10. Op. cit., p. 40.

Por outro lado, para suprir a falta de descendência natural, importante para a manutenção do culto doméstico, o direito romano admitia a adoção. A filiação deste modo constituída o era para todos os efeitos, uma vez que o filho adotivo era introduzido no culto ancestral.[11]

Fundamental era a distinção que se fazia entre agnados e cognados. Os primeiros eram parentes no sentido civil, os últimos os que possuíam vínculos de sangue, por descenderem de ancestral comum. Nos primeiros tempos o vínculo agnatício era juridicamente o mais relevante: *aqueles cuja qualidade é somente de cognados, não fazem parte da família civil; para ser dessa família há que se ter o título de* agnados.[12] O vínculo cognatício, a princípio, era relevante como impedimento matrimonial. Não se podia casar com ascendentes, descendentes, irmãos, nem com irmãos de ascendentes (fundamentalmente, tio). O direito pretoriano criou a *bonorum possessio unde cognati*, conferindo direitos sucessórios entre cognados; o *senatus-consulto* Orfitiano atribuiu aos *liberi naturales* a qualidade de herdeiros de sua mãe.[13] No Baixo Império, a partir de Constantino, os filhos nascidos de uniões concubinárias (*liberi naturales*) passaram a poder ser legitimados; Justiniano concedeu-lhes direito a alimentos e direitos sucessórios.[14]

Já em tempos de predomínio do direito canônico, o Papa Leão III condenou o *concubinato e restringiu as prerrogativas que o direito justinianeu havia concedido aos* liberi naturales.[15] Os costumes bárbaros colaboraram para novo retraimento da condição dos filhos não-matrimoniais: *o bastardo considerava-se estranho, tanto em relação a seu pai, como à sua mãe. Não tinha direitos sucessórios, nem a qualquer proteção.*[16]

Com o tempo, os filhos naturais adquiriram direito a alimentos, embora não pudessem reivindicar o reconhecimento de seu estado de filiação:

> Esta concessão de direitos alimentares, não só contra o pai mas também contra os herdeiros legítimos, não importava serem reconhecidas outras prerrogativas aos bastardos: ao contrário, eles não têm família, seu nascimento não lhes confere nenhum direito, e a investigação de paternidade, revestida de maiores efeitos, estava fora de cogitações.[17]

Segundo Caio Mário, por volta do século XVII os direitos alimentares já se exerciam mediante a prova da paternidade, a partir da indicação feita pela mãe. Da

11. Pereira, Caio Mário da Silva. *Reconhecimento de paternidade e seus efeitos*, p. 8.
12. Petit, Eugène. *Tratado elementar de direito romano*, p. 121.
13. Fonseca, Arnoldo Medeiros da. *Investigação de paternidade...*, p. 54.
14. Petit, Eugène. *Tratado elementar de direito romano*, p. 141.
15. Pereira, Caio Mário da Silva. *Reconhecimento de paternidade...*, p. 13.
16. Fonseca, Arnoldo Medeiros da. *Investigação de paternidade...*, p. 65.
17. Pereira, Caio Mário da Silva. *Reconhecimento de paternidade...*, p. 13.

ação não resultava o reconhecimento da filiação, mas apenas o direito aos alimentos ao filho e à sua mãe.

Diferentemente, em Portugal, as Ordenações Afonsina, Manuelina e Filipina admitiram a investigação da paternidade, mediante a prova do concubinato dos pais ou "presunções e conjecturas graves". Quanto aos efeitos, no entanto, distinguia-se entre filhos naturais de plebeus (peões) e de nobres: os primeiros adquiriam o direitos sucessórios, os últimos, não.[18]

Na França, o reconhecimento judicial da paternidade foi criado pela Lei de 12 Brumário do ano II da Revolução Francesa (02/11/1793) e tinha como requisito a prova da posse de estado. No Código Civil francês, a investigação judicial da paternidade de início somente era possível em caso de rapto (art. 340, do Código Civil francês). Somente com a Lei nº 93-22, de 8 de janeiro de 1993, deixaram de existir limites à investigação de paternidade. A mesma Lei de 12 Brumário criou, na França, a perfilhação, que veio a ser positivada no art. 335 do Código de Napoleão, com exclusão dos filhos espúrios.[19]

Na ordem jurídica francesa são aptos a produzir efeitos jurídicos mesmo os chamados "reconhecimentos mentirosos" ou "reconhecimentos de complacência", isto é, aqueles que não correspondam aos vínculos biológicos e que são frequentemente utilizados no lugar da adoção, conforme ensina Rainer Frank.[20]

Relativamente à filiação legítima, dois institutos destacaram-se na história do Direito, a presunção *pater is est* e a posse de estado de filho, ambas com origens no direito romano.

Embora possa ter tido, no direito romano, o significado de uma proibição ao marido de reconhecer filhos não-matrimoniais, a regra *pater is est* desenvolveu-se como uma presunção de que os filhos matrimoniais têm como pai o marido da respectiva mãe, se casada. Trata-se de presunção relativa que sempre pôde ser rompida pelo próprio marido, segundo elementos que variaram no transcurso da história.

A presunção *pater is est* sempre se faz acompanhar da presunção de que os filhos nascidos em determinado prazo tenham sido concebidos na constância do casamento. Trata-se de critério que privilegia não o vínculo biológico, mas o matrimonial. Assim, mais do que expressar um vezo biologista, a presunção *pater is est* homenageia a paz da família matrimonial, como acentua Guilherme de Oliveira:

> Vejo, através de regimes exemplares, que a importância da paternidade biológica foi suplantada pelo mérito de outros interesses: a defesa do casamento e do estatuto de filho

18. Fonseca, Arnoldo Medeiros da. *Investigação de paternidade...*, p. 73-74.
19. Pereira, Caio Mário da Silva. *Reconhecimento de paternidade...*, p. 14.
20. Frank, Rainer. La signification différente attachée a la filiation par le sang en Droit Allemand et Français de la famille, p. 635-655, esp. p. 639.

"legítimo", ou a proteção da autonomia da vontade do progenitor "ilegítimo". Assim, o *pater* distinguiu-se freqüentemente do *genitor*. O pai jurídico era o homem que o casamento da mãe indicava – sendo difícil mostrar, contra a aparência, que o marido não era o progenitor; valia, pois, um critério "nupcialista" na determinação da paternidade. Ou então, fora do casamento, o pai jurídico era aquele que manifestava a vontade de assumir o estatuto correspondente – sendo raro impor-se o estatuto ao progenitor relapso; valia, pois, um critério "voluntarista" para a determinação da paternidade.[21]

Eis, portanto, dois equívocos a evitar: considerar que a tradição jurídica ocidental anterior à invenção dos métodos de identificação do DNA e à Constituição brasileira de 1988 tenha sido ou biologista, ou apoiada em meras ficções. As presunções e demais regras estabelecidas a respeito da filiação quase sempre tiveram como pano de fundo a proteção do casamento, razão pela qual assiste razão a Guilherme de Oliveira ao referir-se a elas como *nupcialistas*.

De outro lado, a respeito do direito francês posterior ao Código Civil, deve-se admitir que foi, fundamentalmente, *voluntarista*, por somente admitir o surgimento de vínculos de filiação, em regra, mediante ato de livre vontade do pai e da mãe, mesmo no tocante à filiação matrimonial, uma vez que é de sua tradição permitir que o parto se dê em situação de anonimato,[22] além de permitir que terceiro reconheça filho nascido de mulher casada (art. 313-1, do Código Civil francês).

O sentido voluntarista do Código de Napoleão foi apoiado pela doutrina francesa. Arnoldo Medeiros da Fonseca em sua monumental monografia sobre investigação da paternidade enumera pareceres de muitos autores favoráveis a que a investigação judicial da paternidade somente viesse a ter como efeito o de sujeitar o réu ao pagamento de alimentos (*action à fin de subsides*), ao argumento de que a condição paterna somente poderia advir de ato de vontade. Neste sentido, cita Mayet, Mauveaux, Guérin de Litteau, Savatier, Coste-Floret e Ambroise Colin.[23] No mesmo sentido era a opinião de Carbonnier, para quem as restrições à investigação

---

21. Oliveira, Guilherme de. *Critério jurídico da paternidade*, p. XX. 1993.
22. "É verdade que o artigo 56 do Código Civil exige que todo nascimento seja objeto de uma declaração junto ao oficial do estado civil no prazo de três dias. No entanto, por certo não é necessário indicar o nome da mãe e, por conseqüência, o nome do pai (art. 57 al. 1ª, combinado com o art. 323 al. 1ª do Código Civil). O oficial do estado civil não pode empreender investigações de ofício. Em tal caso, o recém-nascido será inscrito no registro de nascimento, como nascido de pais desconhecidos. O Código da família e de ajuda social prevê regras particulares para a mãe que deseja conservar de modo durável seu 'segredo de maternidade': uma mulher grávida pode dar à luz anonimamente, nas maternidades, ou em hospitais públicos e permanecer durante três meses após o nascimento, a fim de conservar seu 'segredo' (art. 41 al. 3) e entregar, em seguida, sempre de maneira anônima, seu filho à assistência pública" (Frank, Rainer. La signification différente attachée a la filiation par le sang en Droit Allemand et Français de la famille, p. 637).
23. Fonseca, Arnoldo Medeiros da. *Investigação de paternidade*..., p. 154-157.

da paternidade representavam uma harmonia filosófica que, a um só tempo, exaltavam a igualdade e a liberdade, uma vez que os liames jurídicos somente passam a existir se o genitor reconhece espontaneamente o filho;[24] Jean Hauser e Danièle Huet-Weiller, que ressaltam ser o direito da filiação não apenas o direito da filiação biológica, mas também da filiação querida e vivida;[25] Mulliez, que afirma o triunfo da vontade de ser pai sobre o fato de ser genitor;[26] e Gérard Cornu, que defende ser o direito da filiação um direito da vida, do interesse da criança, da paz das famílias, das afeições, dos sentimentos morais e da ordem estabelecida.[27] Semelhante posição é defendida, no Brasil, por João Baptista Villela, desde o final da década de 1970.[28]

O viés *biologista* da filiação é recente na história do direito. Destaca-se, a seu respeito, o direito alemão, no qual, após 1933, a Corte Suprema (*Reichsgericht*), sob a influência da ideologia racial do nacional-socialismo, admitiu uma ação de estabelecimento da filiação, com base no vínculo genético, cujo objeto não era o de modificar o estado de filiação, conhecida como ação de conhecimento da própria origem. Mais proximamente, em 31 de janeiro de 1989, a Corte Constitucional consagrou a ideia de que cada filho possui o direito de conhecer suas origens genéticas e que tal direito seria protegido pelo princípio geral de proteção da personalidade (art. 2, al. 1, combinado com o art. 1, al. 1, da Lei Fundamental). Admite-se a oposição entre o exercício desse direito e a proteção estatal que é devida à família e ao casamento, com base no art. 6 da Lei Fundamental. No caso que deu origem a esse entendimento, o óbice constitucional foi suplantado, porque os pais registrais anuíram com o pedido.

No Direito Processual, a tendência biologista alemã reflete-se no § 372 do Código de Processo Civil, que obriga qualquer pessoa (não apenas as partes do processo) a aceitar se submeter a exames biológicos, sob pena de multa e prisão, regra que se originou de outra, introduzida no sistema processual alemão em 1938.[29]

O direito de conhecimento da própria origem aplica-se, na Alemanha, inclusive

24. Carbonier, Jean. *Essais sur les Lois*, 1979, p. 100 *apud* Frank, Rainer. La signification différente attachée a la filiation par le sang en Droit Allemand et Français de la famille, p. 647.

25. Hauser, J.; Huet-Weiller, D. *Droit Civil*: La Famille, 1989, p. 192 *apud* Frank, Rainer. La signification différente attachée a la filiation par le sang en Droit Allemand et Français de la famille, p. 647

26. Mulliez, J. Révolutionnaires, Nouveaux Pères? Forcément Nouveaux Pères! Le Droit Révolutionnaire de la Paternité. *La Révolution et l'Ordre Juridique Privé: Rationnalité ou Scandale?* Actes du Colloque d'Orléans, p. 373, du 11-13 sept. 1986 *apud* Frank, Rainer. La signification différente attachée a la filiation par le sang en Droit Allemand et Français de la famille, p. 647.

27. Cornu, G. *Droit civil*: la famille, 1984, p. 299 *apud* Frank, Rainer. La signification différente attachée a la filiation par le sang en Droit Allemand et Français de la famille, p. 647

28. Villela, João Baptista. Desbiologização da paternidade. *Revista Forense, Rio de Janeiro, n. 271, p. 45-51, jul./set. 1980. Cf.*, no mesmo sentido: Villela, João Baptista. Procriação, paternidade & alimentos, p. 131-146.

29. Frank, Rainer. L'Examen Biologique sous Contrainte dans le cadre de l'Établissement de la Filiation en Droit Allemand, p. 906.

a propósito de métodos de reprodução assistida, o que levou hospitais públicos a se recusarem a praticá-la, em razão dos riscos jurídicos.[30] O direito de dar à luz anonimamente – cuja origem remonta à invenção da "roda dos expostos" atribuída a Guy de Montpellier, em 1160 – nunca houve na Alemanha, onde prevaleceu a instituição do *Munt*, que obriga o pai de família a cuidar de todos os que lhe estão submetidos, diferentemente da posição senhorial conferida ao pai na tradição romana. As divergências religiosas, igualmente, explicam a impossibilidade do abandono das crianças pelos pais na Alemanha:

> De outro lado, a Igreja católica, nos sistemas jurídicos submetidos ao direito romano, favoreceu, a qualquer preço, o sistema da roda dos expostos, a presença de orfanatos favorecia a multiplicação das crianças abandonadas, enquanto este sistema baseado no "abandono" foi considerado como contrário à moral nos países de influência protestante, e, assim, em importantes partes do território alemão.[31]

O reconhecimento de filiação em desconformidade com o vínculo genético foi dificultado na Alemanha, desde quando a perfilhação se tornou possível, em 1969, até quando entrou em vigor a lei que reformou o direito de filiação, em 1º de julho de 1998, período em que ela dependia do consentimento do oficial da juventude (*Jugendamt*), a quem cabia o poder de expressar a vontade do filho no ato de reconhecimento. A intervenção do oficial da juventude impedia "reconhecimentos mentirosos".[32] Depois da reforma, a mãe passou a ser a representante da criança para o ato de reconhecimento voluntário da paternidade.[33]

Na Inglaterra, o critério biológico combina-se com a proteção do maior interesse da criança. Não há prazos nem restrições à legitimidade para impugnar a filiação. Tampouco a regra *pater is est* tem o sentido de firmar uma presunção absoluta em relação ao marido da mãe. Os tribunais podem impor a realização de exames biológicos e julgam com base no interesse da criança.[34]

O viés biologista tem predominado, igualmente, na jurisprudência brasileira, desde a invenção das técnicas de identificação genética pelo DNA, seja ao admitir como documento novo capaz de justificar o ajuizamento de ação rescisória o resultado de exame de DNA realizado após o trânsito em julgado da ação de investigação

---

30. Frank, Rainer. La signification différente attachée a la filiation par le sang en Droit Allemand et Français de la famille, p. 641.
31. Op. cit., p. 645.
32. Op. cit., p. 638.
33. Op. cit., p. 41.
34. Op. cit., p. 35.

da paternidade;[35] para "relativizar" os efeitos da coisa julgada;[36] para admitir a investigação da paternidade mesmo por quem possua vínculo paternal estabelecido no registro;[37] e, principalmente, para desconsideração dos prazos legais que limitam a impugnação da paternidade.[38]

---

35. "O exame de DNA realizado após a prolação da sentença é documento hábil a aparelhar a AR, como documento novo, considerando que os autos não revelaram desídia ou desinteresse total do réu-investigado na feitura do dito exame durante o curso regular do processo. A coisa julgada submete-se aos próprios comandos emergentes da lei, não sendo capaz de inibir o pedido rescisório, ancorado em exame de DNA realizado por ambas as partes e que afasta a paternidade anteriormente reconhecida" (Minas Gerais, TJMG, Ação Rescisória nº 352925-2/000, 3º G.C.Cív., Rel. Des. Célio Cesar Paduani, por maioria, DJMG 08/10/2004, *Revista Brasileira de Direito de Família* 27/137).
36. "I – Não excluída expressamente a paternidade do investigado na primitiva ação de investigação de paternidade, diante da precariedade da prova e da ausência de indícios suficientes a caracterizar tanto a paternidade como a sua negativa, e, considerando que, quando do ajuizamento da primeira ação, o exame pelo DNA ainda não era disponível e nem havia notoriedade a seu respeito, admite-se o ajuizamento de ação investigatória, ainda que tenha sido aforada uma anterior com sentença julgando improcedente o pedido. II – (...) III – A coisa julgada, em se tratando de ações de estado, como no caso de investigação de paternidade, deve ser interpretada *modus in rebus*. Nas palavras de respeitável e avançada doutrina, quando estudiosos hoje se aprofundam no reestudo do instituto, na busca sobretudo da realização do processo justo, 'a coisa julgada existe como criação necessária à segurança prática das relações jurídicas e as dificuldades que se opõem à sua ruptura se explicam pela mesmíssima razão. Não se pode olvidar, todavia, que numa sociedade de homens livres, a Justiça tem de estar acima da segurança, porque sem Justiça não há liberdade" (Brasil, STJ, Recurso Especial nº 226.436, 4ª T., Rel. Min. Sálvio de Figueiredo Teixeira, acórdão de 28/06/2001). No mesmo sentido: Minas Gerais. TJMG, Ap. nº 0611.03.003.214-2, 5ª C. Cív., Rel. Des. Dorival Guimarães Pereira, acórdão de 16/09/2004, por maioria, DJMG, 08/10/2004. *"Na primitiva ação de investigação de paternidade proposta, a improcedência do pedido decorreu de confissão ficta pelo não-comparecimento da mãe do investigando à audiência de instrução designada. Considerando, assim, que a paternidade do investigado não foi expressamente excluída por real decisão de mérito, precedida por produção de provas, impossível se mostra cristalizar como coisa julgada material a inexistência do estado de filiação, ficando franqueado ao autor, por conseguinte, o ajuizamento de nova ação. É a flexibilização da coisa julgada".* (Brasil. STJ, Recurso Especial nº 427.117-MS, 3ª T., Rel. Min. Castro Filho, DJU 16/02/2004) "1. Tem-se por admissível ação negatória de paternidade, nada obstante tenha sido esta reconhecida mediante acordo realizado nos autos de investigatória proposta pelo investigante. Precedente. 2. Apelo provido. Maioria" (Distrito Federal. TJDF, Apelação Cível nº 2002.07.1.005175-3, 3ª T., Rel. p/ o acórdão. Des. Estevan Maia, DJU 12/05/2005, *Revista Brasileira de Direito de Família* 32/131).
37. "'A ação de investigação de paternidade pode ser proposta independentemente da ação de anulação do registro de nascimento do investigante, cujo cancelamento é simples conseqüência da ação que julga procedente a investigatória, sem necessidade de expresso pedido de cumulação' (STJ, Min. Ruy Rosado de Aguiar). 'O exame do DNA constitui-se, atualmente, segundo a melhor doutrina e entendimento jurisprudencial, dominante, na prova mais segura nas ações de investigação de paternidade, cujo resultado forma elemento de convicção definitivo para atribuição da paternidade' (Des. Mazoni Ferreira)" (Santa Catarina. TJSC, Apelação Cível nº 1999.017678-9, 2ª Câm. de Direito Civil, Rel. Des. Luiz Carlos Freyesleben, DJSC 13/09/2004; *Revista Brasileira de Direito de Família* 26/123).
38. "O assento de nascimento decorrente de falsa declaração é nulo e, a todo tempo, a pessoa que tenha fundado interesse em torná-lo de nenhuma consequência, poderá, através de pretensão regularmente deduzida, requerer ao juiz que assim o declare" (Santa Catarina. TJSC, 2ª Câm. Cív., 04/07/1975; *RT* 484/186). "O direito do filho de buscar a paternidade real, com pedido de anulação retificação de registro de nascimento em caso de falsidade praticada pela mãe é imprescritível, não se aplicando o disposto no art. 178, § 9º, VI, do CC" (Brasil. STJ, Agravo Regimental no Recurso Especial nº 440.472-RS, 3ª T., Rel. Min. Antônio de Pádua Ribeiro. DJU 19/05/2003; *Revista Brasileira de Direito de Família,* n. 20, p. 146).

O estabelecimento da filiação não-matrimonial faz-se por meio de perfilhação, que consiste numa manifestação de vontade e nisto reside seu aspecto voluntarista. Os §§ 1º e 2º, do art. 52, da Lei nº 6.015, e o art. 242 do Código Penal levam ao entendimento de que há uma presunção relativa de que a perfilhação cria um vínculo jurídico consoante ao vínculo biológico. A consideração desses dois aspectos faz concluir que o critério de estabelecimento da filiação no reconhecimento voluntário é misto.

Ao longo da história foram muitos, portanto, os critérios e condições que serviram ao estabelecimento do vínculo jurídico da filiação: a vinculação ao culto religioso do pai e a seu poder patriarcal; o livre reconhecimento; a notoriedade da gravidez e do parto, relativamente à mãe; o vínculo jurídico matrimonial; a determinação judicial; a posse de estado.

Além de variados, os referidos critérios apresentam-se nas ordens jurídicas concretas em combinações diversas. Ou seja, a análise do instituto da filiação nos diversos sistemas jurídicos evidencia que não se submetem, exclusivamente, a um critério, mas a "critérios", embora algum entre eles prepondere.

No direito brasileiro, vigoraram, na vigência do Código Civil de 1916, o critério voluntarista na adoção; o critério matrimonial, no estabelecimento da paternidade dos filhos concebidos na constância do casamento; o critério biológico nas hipóteses em que a lei permitia as ações de investigação da maternidade e da paternidade; um critério misto, voluntarista e biológico, no estabelecimento da maternidade e da paternidade não-matrimonial.

A posse de estado de filho, como já salientado na seção 7.1, não chegou a vigorar no Direito brasileiro como critério de estabelecimento da paternidade, em razão da alteração do Projeto Bevilaqua, durante sua tramitação no Congresso Nacional, embora tenha subsistido como meio de prova da filiação legítima (art. 349, II, do Código Civil de 1916).

Constatar a possível multiplicidade de critérios de filiação leva a concluir pela impossibilidade de se propugnar *de lege lata*, para uma ordem jurídica concreta, qualquer solução dogmática que não se baseie nas regras jurídico-positivas vigentes. A referida adstringência, ademais, homenageia e concretiza o princípio democrático relativamente ao tema da filiação.

"A regra que impõe ao perfilhado o prazo de quatro anos para impugnar o reconhecimento só é aplicável ao filho natural que visa a afastar a paternidade por mero ato de vontade, a fim de desconstituir o reconhecimento da filiação, sem buscar constituir nova relação" (Brasil. STJ, Recurso Especial nº 242.486-MG, 3ª T., Rel. Min. Antônio de Pádua Ribeiro, DJU 25/02/2004; Brasil. STJ, Recurso Especial nº 259.768-RS, 4ª T., Rel. p/ o acórdão. Min. Sálvio de Figueiredo Teixeira, DJU 22/03/2004, *Revista Brasileira de Direito de Família* 23/123).

7.4. A POSSE DE ESTADO DE FILHO COMO FUNDAMENTO E LIMITE DO CRITÉRIO SOCIOAFETIVO

Instituto fundamental para a compreensão do estatuto jurídico da filiação é o da posse de estado de filho.

Suas origens estão nos textos do direito romano *Non epistolis* (C., 4, 19, 13),[39] *Non nudis* (C., 4, 19, 14)[40] e *Si vicinis* (C., 5, 4, 9).[41]

Os romanos, embora tenham tratado da posse de estado, não a sistematizaram. Quem o fez foram os canonistas e os civilistas. Segundo Demoulin-Auzary, a noção de posse de filiação surgiu sob forma processual: *De fato, as ocorrências mais antigas de uma posse relacionada a um estado se situam nas glosas sobre o escrito* Non nudis, *atribuindo o encargo da prova ao adversário do "filho" e parece remontar à metade do século XII.*[42-43]

Os elementos constitutivos da posse de filiação, elaborados a partir dos textos romanos, foram objeto dos cânones *Transmissae* (de Alexandre III, que viveu de 1159-1181) e *Per tuas* (elaborado por Inocêncio III, que viveu de 1198-1216): *nomen*, *tractatus* e *fama*. Segundo Carbonier, o nome, diferentemente de seu significado atual, referia-se a uma *nominatio* pelo pai: o fato de o pai designar o filho como tal; o *tractatus* era uma espécie de reconhecimento voluntário; a *fama*, o reconhecimento público.[44]

O instituto perdeu importância no período que se seguiu ao Concílio de Trento, com o surgimento dos registros paroquiais.

O Edito de Nantes, promulgado pelo rei francês Henrique IV em 13 de abril de 1598, concedeu, ainda que de maneira limitada, direitos religiosos, civis e políticos aos protestantes da França. Embora tenha reconhecido a Igreja Católica como igreja

39. Código de Justiniano 4, 19, 13: "13. Os mesmos Augustos e Césares a Justino. – O parentesco de consanguinidade não se contrai por cartas, mas pelo nascimento ou pela solenidade da adoção (...)" (*Cuerpo del Derecho Civil Romano*: Código, t. I, p. 437).

40. Código de Justiniano 4, 19, 14: "14. Os mesmos Augustos e Césares a Municiano. – Nem por simples afirmativas, nem com falsa confissão, ainda que ambas as partes o consintam, se não concebidos em matrimônio legítimo, ou mediante adoção solene, os filhos se constituem como tais por direito civil para os pais (...)" (Op. e loc. cit.).

41. Código de Justiniano 5, 4, 9: "9. O Imperador Probo, Augusto, a Fortunato. – Se sabendo-o os vizinhos ou outras pessoas tivestes mulher em tua casa para procriar filhos, e deste matrimônio nasceu uma filha, embora não se tenham elaborado os instrumentos nupciais, nem os pertencentes à filha nascida, nem por isso tem menos força a verdade do matrimônio ou do nascimento da filha" (Op. cit., p. 550).

42. Demoulin-Auzary, Florence. *Les Actions d'État en Droit Romano-Canonique: Mariage et Filiation (XIIe-XVe Siècles)*, p. 237.

43. A conversão de figuras processuais em realidades substantivas é conhecida como *substancialização* e, ao lado da *simplificação,* consiste num dos movimentos que colaboram para a sistematização do direito (cf. Cordeiro, António Menezes. *Tratado de direito civil português*, v. 1, t. I, p. 855.)

44. Carbonier, Jean. *Droit civil,* p. 215.

oficial, seus antigos direitos, propriedades e rendimentos, reservou aos huguenotes, cerca de 15% da população, direitos religiosos de culto em muitas áreas, exceto num raio de 30 quilômetros ao redor de Paris, direitos civis, tribunais próprios, elegibilidade para cargos públicos além de 200 locais fortificados.

Sua revogação, em 1685, por Luís XIV, além de ocasionar o êxodo de 300 mil huguenotes para outros países da Europa e para os Estados Unidos, deixou em aberto o modo como, a partir de então, deveriam ser comprovados os casamentos dos que, não sendo católicos, não se submetiam aos registros paroquiais.

Para resolver o problema, os parlamentos passaram a apelar à posse de estado. Essa situação durou até 1787, quando outro edito permitiu o casamento civil para os protestantes.

Com a Revolução, a posse de estado passou à condição de prova do estado de filiação prevista na Lei de 2 de Brumário, ano II; depois, no Código Civil de 1804, tornou-se elemento de prova do casamento (arts. 195 a 197) e da filiação legítima (art. 322).

A Lei nº 72-3, de 3 de janeiro de 1972, cujo escopo principal era o de estabelecer um regime igualitário entre os filhos, estendeu o instituto da posse de estado à filiação natural (art. 322 do Código Civil) – ela revogou a distinção histórica entre filhos naturais simples e filhos adulterinos – e especificou os elementos que a compõem (arts. 311-1 e 311-2), entre os quais a continuidade.[45]

Em 4 de julho de 2005 foi promulgada a Ordenança nº 2005-759, que alterou o sistema jurídico francês da filiação para promover a igualdade entre os filhos; unificar as condições de estabelecimento da maternidade; harmonizar os procedimentos judiciais de investigação dos vínculos; reforçar o vínculo de filiação; preservar o filho de conflitos de filiação; simplificar e harmonizar o regime das ações de impugnação, especificamente a legitimidade ativa e os prazos; precisar os requisitos da posse de estado.[46]

Suprimiu-se, assim, a distinção formal entre filhos legítimos e naturais, bem como o instituto da legitimação.

De acordo com o art. 311-1 do Código Civil francês a posse de estado de filho se estabelece por uma reunião suficiente de fatos que revelam o vínculo de filiação, entre os quais os principais são:

---

45. A continuidade, ou seja, a prolongação temporal, apresenta-se sempre como requisito essencial para a própria configuração da posse, razão pela qual é exigido igualmente, no Direito das Coisas, para o deferimento de tutelas possessórias e para configurar a usucapião. É o que ensina Humberto Theodoro Júnior: "A ideia jurídica de posse traz em si a qualidade de fenômeno duradouro, de fato continuado." (Theodoro Júnior, Humberto. *Curso de direito processual civil: Procedimentos especiais,* v. III, p. 128).

46. Para o estudo das inovações introduzidas no Direito francês pela Ordenança nº 2005-759, de 4 de julho de 2005, cf. Massip, Jacques. *Le nouveau droit de la filiation.*

a) que a pessoa tenha sido tratada como filha e que ela própria tenha tratado como pais os que a trataram assim;

b) que a pessoa tenha sido reconhecida como filha pela sociedade, pela família e pela autoridade pública;

c) que a pessoa seja portadora do nome de família daqueles que a criaram.

O art. 311-2 do Código francês estabelece que a posse de estado deve ser contínua, pacífica, pública e não equívoca. Não se admite a posse na presença de vícios, fraude ou violência.

Para efeito de prova a posse de estado passou a depender de declaração judicial a que a lei denomina *ato de notoriedade*. São legitimados para requerê-lo os pais e o filho. De acordo com o art. 317 do Código Civil francês foi estabelecido o prazo de 5 anos, a contar do término da posse de estado, para o ajuizamento da ação.

A filiação declarada mediante *ato de notoriedade* pode ser impugnada por qualquer interessado no prazo de 5 anos (art. 335).

Os efeitos da ações de filiação somente são oponíveis a terceiros que delas tenham participado (art. 324); os demais podem se valer da *oposição de terceiro*, no prazo de 10 anos, para afastar os efeitos da sentença em relação a eles próprios.

Os principais efeitos da posse de estado de filho no direito francês, após a Ordenança nº 2005-759, passaram a ser:

a) estabilizador (ou consolidador): quando ela se soma ao título torna-se incontestável após cinco anos do término da posse de estado (art. 333) e ninguém pode contestar a filiação se a posse de estado conforme o título durar mais de cinco anos a contar do nascimento ou do ato de reconhecimento (art. 333, al. 2);

b) de exclusão: a ausência de posse de estado conforme o título permite a qualquer interessado impugnar o vínculo de filiação no prazo de 10 anos a contar do ato que a estabeleceu (art. 334).

Sob a influência do Código Civil francês, outros países adotaram o instituto, como Itália (art. 173 do Código Civil antigo e art. 238, do atual) e Portugal (art. 117 do Código Civil).

Apesar de a *posse de estado de filho* ser, de fato, uma construção da técnica jurídica que valoriza o elemento socioafetivo, deve-se ressaltar que ela, por seus próprios limites (o conceito de posse), indica circunstâncias em que o vínculo socioafetivo não deve prevalecer: situações em que o vínculo socioafetivo decorre de fraude ou de violência.

O exame de caso que ganhou notoriedade nacional auxilia a compreensão dessa assertiva.

O "Caso Pedrinho" veio a público em 2002. Os fatos que culminaram na condenação de Vilma Martins Costa, na anulação do registro de nascimento e no retorno de Pedrinho ao convívio com seus pais biológicos, encontram-se narrados na sentença do juiz da 10ª Vara Criminal de Goiânia-GO.[47]

Em 21 de janeiro de 1986, Vilma Martins Costa, apresentando-se como Assistente Social da maternidade Casa de Saúde e Maternidade Santa Lúcia – atual Hospital Santa Lúcia, situada na SHLS, em Brasília, ingressou no apartamento onde estava internada Maria Auxiliadora Rosalino Braule Neto, que no dia anterior havia dado à luz Pedro Rosalino Braule Pinto. Mediante subterfúgios, Vilma subtraiu o menor Pedrinho da referida maternidade e de sua mãe. Logo em seguida, retornou a Goiânia-GO, onde vivia, levando a criança consigo. Apresentou a criança a seu companheiro, Osvaldo Martins Borges (falecido em 16 de outubro de 2002), a quem afirmou ser fruto de gravidez dela própria. Ao que consta, Osvaldo não teria desconfiado da farsa. Ele registrou a criança como seu filho e de Vilma em 2 de abril de 1986, dando-lhe o nome de Osvaldo Martins Borges Júnior. A principal motivação de Vilma teria sido seduzir Osvaldo Martins Borges que, na época, era casado há 29 anos com uma terceira pessoa, com quem tivera cinco filhos e de quem veio a se separar. Vilma, Osvaldo, "Osvaldo Júnior" e outra "filha" do casal, Roberta Jamilly Martins Borges (que se descobriu ter sido, igualmente, subtraída na infância) viveram juntos por mais de 16 anos, até a morte de Osvaldo. No dia seguinte à morte deste, a família reuniu-se na casa de sua primeira mulher, oportunidade em que um dos presentes noticiou a existência do caso Pedrinho em Brasília, salientando a coincidência entre as datas de nascimento do referido "Pedrinho" e de Osvaldo Martins Borges Júnior. Uma das netas de Osvaldo, Gabriela Azevedo Borges, resolveu averiguar melhor os acontecimentos. Ao acessar a página da internet *Missing Kids*, constatou semelhanças físicas entre o "senhor de Brasília" que se dizia pai de Pedrinho e "Osvaldo Júnior". Sua descoberta culminou na abertura de processos judiciais, na condenação criminal de Vilma e na devolução de "Pedrinho" ao lar de seus genitores.

Que se formou um vínculo socioafetivo entre "Pedrinho" e "Vilma" (e Osvaldo Martins Borges e "Roberta") não há dúvida, tendo a imprensa noticiado declarações dele próprio nesse sentido, no momento em que reencontrou seus genitores:

> "Eu sou seu pai, viu?", repetia Jayro no ouvido do rapaz, durante almoço em uma churrascaria em Goiânia com a família de Brasília e a mãe adotiva, Vilma Martins Costa. "Eu sei, meu pai", retribuiu Osvaldo Martins Borges Júnior, nome que recebeu da família de Goiás e que pretende manter, apesar de os pais biológicos lhe chamarem de Pedrinho. Ele também afirmou que continuará morando em Goiânia, mas conviverá com as duas famílias.[48]

47. Disponível em: <http://conjur.estadao.com.br/static/text/3778,1>. Acesso em 23 jul. 2006.
48. Fim de uma longa espera de 16 anos. Estado de Minas, Belo Horizonte, 11 nov. 2002. *Caderno Nacional*, p. 9.

Então, que resposta caberia ao questionamento sobre a manutenção do vínculo filial, se se tomasse por base apenas o elemento afetivo neste caso? Que afeto houve entre "Pedrinho" e seus pais biológicos na falta de qualquer relacionamento? Afirmar que o afeto ligou-se à ausência seria clara hipostasiação. Como proteger, no entanto, um vínculo estabelecido mediante violência e fraude?

Questionamentos desse tipo estão presentes, igualmente, na obra de Fernanda Otoni de Barros, psicóloga judicial do Tribunal de Justiça de Minas Gerais e doutora em Sociologia e Política pela UFMG, *Do direito ao pai,* na qual, após analisar três casos marcados pela conformação da filiação socioafetiva mediante fraude, denota grande perplexidade: "Ao concluir esta pesquisa sobre as relações da paternidade com o ordenamento jurídico, tenho certeza de que a realização deste trabalho abriu algumas questões que interrogam o direito e a psicanálise, mas não as respondeu".[49]

Uma resposta possível a esses questionamentos, originária da Ciência do Direito, encontra-se nos limites que o próprio instituto da posse de estado impõe à socioafetividade ao excluir da esfera de proteção do Direito situações que agridem valores fundamentais do sistema, como a boa-fé e a segurança pública.

7.5. O DESVIO BRASILEIRO

O art. 409 do primitivo Projeto do Código Civil de 1916, transposto para o art. 431 do Projeto revisto, prescrevia que *se o estado da pessoa declarado no registro correspondesse à posse em que se achava, não poderia ela reclamar outro.*[50]

O referido texto inspirava-se, claramente, no art. 322 do Código Civil francês, de 1804, já revogado:

> Art. 322. Ninguém pode vindicar um estado contrário ao que lhe dá seu título de nascimento e a posse conforme a este título.
>
> E reciprocamente, ninguém pode contestar o estado de quem possui uma posse conforme a seu título de nascimento.

Relata Beviláqua que o art. 348 do Código Civil de 1916, correspondente ao art. 1.604 do Código Civil de 2002, resultou *de mutilação imposta, pela Câmara, ao art. 431 do Projeto revisto e 409 do primitivo.*

O art. 348 do Código Civil de 1916 ganhou com o Dec.-lei nº 5.860/1943 complemento que o harmonizou com a exegese que já lhe havia sido dada pelo autor do projeto do Código Civil de 1916, segundo a qual a proibição de vindicação de

49. Barros, Fernanda Otoni. *Do direito ao pai*, p. 115.
50. Beviláqua, Clóvis. *Código civil dos estados unidos do brasil comentado,* v. II, p. 313.

estado contrário ao do registro de nascimento cederia em caso de erro ou falsidade do registro.

O referido complemento, apesar de ter abrandado o rigor do art. 348, não lhe conferiu o sentido que o Anteprojeto originariamente pretendia inserir no corpo do Código Civil de 1916.

O Anteprojeto, inspirado no art. 322 do Código Civil francês, visava a conferir estabilidade aos vínculos familiares mediante a valoração da situação fática resultante da posse de estado. A proibição de vindicar estado contrário ao registro visava ao mesmo resultado pelo modo tortuoso e confuso que consiste na aparente valorização do registro. Tortuoso, porque, conforme logo entendeu a doutrina, a proibição não poderia ser absoluta, uma vez que o registro no nosso Direito está sempre sujeito à prova de validade. Confuso, porque, com o abrandamento que decorria logicamente da interpretação sistemática e que foi evidenciado com o acréscimo da expressão "salvo provando-se erro ou falsidade do registro", o art. 348 do Código Civil de 1916 tendia à inutilidade, porquanto, mesmo na sua ausência, certamente a ninguém seria possível atacar o estado que resultasse do registro sem provar erro ou falsidade. Em outras palavras, para indicar o papel do registro no estabelecimento da filiação, o art. 348 do Código Civil de 1916 poderia ter sido escrito, vantajosamente, com o conteúdo elementar que hoje é expresso no art. 1.603 do Código Civil de 2002: *A filiação prova-se pela certidão do termo de nascimento registrada no Registro Civil.*

O único vestígio da posse de estado de filho presente no Código Civil de 2002 é o do art. 1.605, ao preceituar a possibilidade de se provar a filiação, na falta ou defeito do termo de nascimento, mediante *veementes presunções resultantes de fatos já certos.*[51]

Mesmo admitindo-se que o referido dispositivo refira-se, implicitamente, à posse de estado de filho, o fato é pouco relevante uma vez que, no Direito brasileiro atual, a prova necessária à formação de um vínculo de filiação, quando necessária, é a técnico-biológica.

De lege ferenda, há, sim, a necessidade de se instituir a posse de estado de filho, no Direito brasileiro, como elemento estabilizador ou consolidador dos vínculos, de modo a promover a segurança das relações de filiação. O presente estudo sustenta, no entanto, a possibilidade de aplicação do referido instituto no estado atual do direito brasileiro, como será exposto adiante.

51. Neste sentido: Fachin, Luiz Edson. *Comentários ao novo código civil*, v. XVIII, p. 98 *et seq*. Este autor defende que o art. 1.593 do Código Civil, ao estabelecer que "O parentesco é natural ou civil, conforme resulte de consanguinidade ou outra origem", acolheu a paternidade socioafetiva, "fundada na posse de estado de filho" (op. cit., p. 22 passim). Uma interpretação sistemática do próprio Código Civil de 2002, que leve em consideração o inciso V do art. 1.597, induz à conclusão de que a "outra origem" do parentesco civil mencionada no art. 1.593 não é outra senão a "inseminação artificial heteróloga" autorizada pelo marido.

7.6. A IGUALDADE DOS FILHOS NO ESTABELECIMENTO DA FILIAÇÃO

As regras relativas ao estabelecimento da filiação dizem respeito aos vínculos materno e paterno.

As ações de filiação não têm natureza dúplice. O art. 348 do Código Civil de 1916 (equivalente ao art. 1.604 do Código Civil de 2002) foi interpretado durante muito tempo como proibição de se ajuizar ação de investigação da filiação antes de se ter anulado a filiação preexistente.[52] Atualmente, contudo, os tribunais têm admitido, por economia processual, a propositura concomitante das ações e até, impropriamente, a cumulação de pedidos.[53]

Presume-se que a mãe seja sempre conhecida (*mater semper certa est*), embora tal presunção não seja absoluta. No direito brasileiro, a maternidade é estabelecida mediante:

a) declaração ao Oficial do Registro Civil (art. 1.603 do Código Civil e art. 50 da Lei nº 6.015, de 1973);

b) adoção;

c) investigação judicial.

O registro continua a ser o elemento determinante da maternidade (art. 1.603, Código Civil). O Código Civil de 2002 não inovou a matéria. Ainda é atual a explicação de Beviláqua: "A inscrição do registro faz certa a maternidade, e importa reconhecimento do filho, porque deve ser feita por pessoa idônea, conhecedora do que afirma, e porque a mãe e as pessoas interessadas terão conhecimento do que está exarado no registro".[54]

Muitos são os que podem e devem declarar o nascimento: o pai, a mãe, o parente mais próximo, médicos e administradores de hospitais, pessoa idônea da casa em que ocorrer o parto, pessoas encarregadas da guarda do menor (art. 52 da Lei nº 6.015). A lei facilita o registro ao não exigir provas por parte do declarante. Atende à necessidade de cada um e de todos de possuírem mãe e homenageia a presunção de boa-fé que deve cercar as ações humanas.[55]

Se a mãe não for conhecida aplicam-se à criança as "medidas de proteção" previstas no Estatuto da Criança e do Adolescente (Lei nº 8.069/1990, arts. 90 a 98, 101 e 102).

---

52. Wald, Arnoldo. *O novo direito de família*, p. 202.

53. Veloso, Zeno. *Direito brasileiro da filiação e paternidade, p. 101-103. A cumulação de pedidos de impugnação e de estabelecimento da filiação viola o art. 292 do Código de Processo Civil, que somente a admite relativamente a um mesmo réu. Este, contudo, não tem sido o entendimento prevalecente nos tribunais brasileiros.*

54. Bevilaqua, Clovis. *Código civil dos estados unidos do brasil comentado*, v. II, p. 325.

55. "A lei parte do pressuposto de que seja verdadeira a declaração feita pela pessoa que foi registrar o parto, para o que exige seja idônea essa pessoa" (Carvalho Santos, J. M. de. *Código civil brasileiro interpretado*, v. V, p. 411).

Tradicionalmente, presume-se que o filho matrimonial tem como pai o marido de sua mãe: *pater is est quem nuptiae demonstrant.*

A referida presunção foi positivada no art. 337 do Código Civil de 1916: *São legítimos os filhos concebidos na constância do casamento, ainda que anulado (art. 217), ou nulo, se se contraiu de boa-fé.*

Nesse Código, ela era complementada pelas presunções estabelecidas no art. 338, que indicavam, com base em critério temporal, os filhos concebidos na constância do casamento.

No entanto, como assinala Luiz Felipe Brasil Santos, a Lei nº 8.560, de 1992 revogou o art. 337 do Código Civil de 1916, que consagrava a presunção *pater is est* e não há no Código Civil de 2002 nenhum dispositivo equivalente àquele artigo, embora o conteúdo do art. 338 do mesmo Código de 1916 tenha sido repetido, com acréscimos, no art. 1.597 do Código Civil de 2002. [56]

Assim, na perspectiva jurídico-positiva, pode-se afirmar ter sido revogada a referida presunção.

A revogação no direito brasileiro desta regra milenar não tem sido objeto de reflexões mais aprofundadas na doutrina, nem, tampouco, tem sido reconhecida na prática jurídica forense ou na registral.

Prevalece, ainda, nas lições, o entendimento de que os filhos nascidos na constância do casamento presumem-se do marido, sendo certo que o Código Civil continua a estabelecer as presunções de que os filhos que se encontram em certas circunstâncias são filhos concebidos na constância do casamento, conforme determina o art. 1.597. Mais do que isso, há de se reconhecer que, embora com má técnica, o rol daqueles que se presumem concebidos na constância do casamento foi até aumentado, com a inclusão dos pressupostos fáticos estabelecidos nos incisos III, IV e V do referido artigo, que dizem respeito à reprodução assistida. Má técnica, afirma-se, porque, a rigor, não tratam de fatos que gozam de notoriedade suficiente para embasar qualquer presunção. Como "presumir" que um filho nascido anos após o falecimento do marido seja filho deste?

Uma crítica à tese que propugna a revogação da regra *pater is est* partiu de João Baptista Villela, no período anterior à vigência do Código Civil de 2002:

> A própria Lei nº 8.560, de 29 de dezembro de 1992, que revogou expressamente os arts. 332, 337 e 347 do Código Civil, deixou intactos os demais artigos do capítulo, e se propôs, na ementa, a regular "a investigação dos filhos havidos fora do casamento". Por que não também a dos havidos no casamento? A resposta é simples: porque estes não têm o que investigar. Seu pai é o marido de sua mãe.[57]

56. Santos, Luiz Felipe Brasil. A incerteza da paternidade (certa): a presunção *pater est* está abolida, p. 5.
57. Villela, João Baptista. O modelo constitucional da filiação: verdade e superstições, p. 121-149, esp. p. 130-131.

Embora tenha sido elaborada na vigência do Código Civil de 1916, a crítica de Villela ainda pode ser respaldada nos arts. 1.607 e 1.609 do Código Civil de 2002, que se referem ao reconhecimento dos filhos *havidos fora do casamento.*

Em favor da revogação da regra *pater is est* pode-se contra-argumentar:

a) a revogação da referida presunção colabora para a "equalização" dos direitos dos filhos, em conformidade com o art. 227, § 6º, da Constituição da República;

b) de acordo com o *princípio da máxima efetividade,* deve prevalecer a interpretação que confira a maior eficácia aos preceitos constitucionais, principalmente tratando-se de norma definidora de direitos fundamentais.

c) deve-se reconhecer que o enfraquecimento da referida presunção é um fenômeno que alcança toda a cultura ocidental, motivado pela liberação dos costumes e pela perda das funções tradicionalmente atribuídas à família;

d) os direitos de família seguem o princípio da tipicidade, somente existindo aqueles contemplados na lei;

e) as presunções legais devem ser expressas;

f) os arts. 1.607 e 1.609 do Código Civil não devem ser interpretados *a contrario,* uma vez que essa interpretação os afasta do princípio da igualdade dos filhos;

g) a denominação do capítulo que regula o reconhecimento é, no Código Civil de 2002, genérica – *Do Reconhecimento dos Filhos* –, não distinguindo mais entre filhos matrimoniais e não-matrimoniais;

h) não se pode mais afirmar que a presença da regra *pater is est* no sistema jurídico torne-o mais "operativo", uma vez que são numericamente crescentes as ações de impugnação fundamentadas na inexistência de liames biológicos.[58]

Quanto aos efeitos, a revogação da regra *pater is est* induz que a paternidade dos filhos matrimoniais obedeça às mesmas regras vigentes para os filhos não-matrimoniais, isto é, que somente possa ser estabelecida por perfilhação (art. 1.603 do Código Civil; art. 50 e seguintes, especialmente art. 55, da Lei nº 6.015, de 1973)

58. Pontes de Miranda já alertava para as dificuldades práticas da regra *pater is est:* "Se a pessoa que se pretende filha legítima de alguém não foi registrada como filha do marido de sua mãe, mas como filha de terceiro, ou com a revelação explícita de ser filha ilegítima, dois preceitos do Código Civil como que se enfrentam: o do art. 348, segundo o qual ninguém pode vindicar estado contrário ao que resulta do registro do nascimento, e o art. 337 (pai é o marido da mãe). O Tribunal de Justiça de São Paulo resolveu certo caso eliminando o art. 348: se foi registrado o filho como ilegítimo, ou de outrem, o registro não opera contra a presunção. Ora, é demasiado simplista tal decisão: o pai pode não ter estado, desde muito, no lugar em que residiu a mãe, caracterizando-se a impossibilidade de coabitação, e aí pode vencer o art. 337, e não o art. 348, se além disso, o pretendido pai ignorava tal filho?" (Pontes de Miranda, Francisco Cavalcanti. *Tratado de direito de família,* p. 44-43). Por sua vez, Luiz Edson Fachin ensina que a jurisprudência solucionou o conflito, sem apoio legal, considerando cessada a presunção *pater is est* pelo estabelecimento da filiação em relação a outrem, que não o marido, mediante reconhecimento voluntário ou judicial (cf. Fachin, Luiz Edson. Estabelecimento da filiação e paternidade presumida, p. 142 *et seq).*

e que, não havendo a perfilhação, os interessados possam se valer de ação judicial (arts. 1.605 e 1.606 do Código Civil).

As formas do ato de perfilhação são as referidas no art. 1.609 do Código Civil: declaração no termo de nascimento, escrito público ou particular, testamento[59] ou manifestação dirigida ao juiz.

No Direito brasileiro, o art. 1.607 do Código Civil admite que o pai perfilhe sem o consentimento da mãe. É necessário o assentimento do filho maior (art. 1.614 do Código Civil).

Relativamente à capacidade civil de quem pretende perfilhar, diante do silêncio da lei, três respostas são possíveis:

a) exigir-se a capacidade civil plena;

b) admiti-la aos relativamente incapazes;

c) admiti-la mesmo aos absolutamente incapazes.

Entre elas, a primeira parece a mais correta, embora a segunda seja a que prevalece na doutrina, em razão de os maiores de 16 anos poderem testar (art. 1.860, parágrafo único, do Código Civil) e de o testamento ser instrumento hábil à perfilhação (art. 1.609, inciso III, do Código Civil).[60]

A perfilhação não é negócio, mas ato jurídico em sentido estrito ou ato lícito, como a maior parte dos atos relativos ao Direito de Família. Caio Mário ensina haver *infindável polêmica* sobre a natureza jurídica do reconhecimento voluntário de paternidade.[61] Entende ser *"ato jurídico" que não é negócio jurídico, porque os seus efeitos são determinados em lei.*[62] O reconhecimento voluntário é irrevogável (art. 1º da Lei nº 8.560). É, no entanto, anulável, como qualquer manifestação de vontade, pela ocorrência de causas enumeradas legalmente.

Como decorre da própria natureza dos atos jurídicos em sentido estrito, seus efeitos são casuísticos, estabelecidos pela lei para cada um. O Código Civil de 2002 inovou o tema e ressaltou a precariedade dos desenvolvimentos teóricos a respeito dos atos jurídicos em sentido estrito ao admitir, pela primeira vez, no plano da legislação brasileira, a distinção entre "negócios jurídicos" e "atos lícitos". Aos primeiros corresponde toda a regulamentação precisa, abrangente e minuciosa dos

59. Se o testamento for público, o reconhecimento vale ainda que o testamento seja revogado; se particular, só se torna irrevogável com a morte do testador (Pontes de Miranda, Francisco Cavalcanti. *Tratado de direito de família,* p. 104).

60. Pereira, Caio Mário da Silva. *Reconhecimento de paternidade...*, p. 63; Venosa, Sílvio de Salvo. *Direito civil...*, v. 6, p. 294. Código Civil português: "Artigo 1.850º – Capacidade – 1. Têm capacidade para perfilhar os indivíduos com mais de dezesseis anos, se não estiverem interditos por anomalia psíquica ou não forem notoriamente dementes no momento da perfilhação. 2. Os menores, os interditos não compreendidos no número anterior e os inabilitados não necessitam, para perfilhar, de autorização dos pais, tutores ou curadores."

61. Pereira, Caio Mário da Silva. *Reconhecimento de paternidade...*, p. 58.

62. Op. cit., p. 60.

arts. 104 a 184, do Código Civil. Aos atos jurídicos em sentido estrito, no entanto, o legislador reservou apenas um artigo, o 185 do Código Civil, estabelecendo que a eles se devem aplicar os dispositivos relativos ao negócio jurídico, *no que couber*.

Admitindo-se que a perfilhação é um ato jurídico em sentido estrito, tanto se pode, com base no referido dispositivo, concluir que "cabe" exigir de quem pretende realizar a perfilhação a capacidade civil, como o contrário.

Um dado a observar relativamente aos atos jurídicos em sentido estrito é o de que geralmente dispensam a capacidade civil, como no caso da posse (arts. 1.196 a 1.224 do Código Civil), da descoberta (arts. 1.233 a 1.237), da usucapião (arts. 1.238 a 1.244 e 1.260 a 1.262), das construções e plantações (arts. 1.253 a 1.259), da ocupação (art. 1.263), do achado de tesouro (art. 1.264 a 1.266), da especificação (arts. 1.269 a 1.271), entre outros. Da análise dos atos jurídicos em sentido estrito positivados no Código Civil brasileiro pode-se concluir que entre as normas estabelecidas para os negócios jurídicos, não cabe aplicar, em regra, aos atos jurídicos em sentido estrito, as concernentes à capacidade civil. Isto é, somente se pode exigir a capacidade civil para a prática de atos jurídicos em sentido estrito nas hipóteses em que a lei especificamente o faz.

Relativamente ao reconhecimento da filiação há, no entanto, exigência legal de capacidade, ainda que implícita. O art. 52 da Lei nº 6.015, de 1973, estabelece como um dos critérios para que outras pessoas o realizem o "impedimento" do pai ou da mãe (Lei nº 6.015, art. 52, §§ 2º e 3º). O mesmo termo, "impedimento", é empregado pelo art. 1.631 do Código Civil relativamente à suspensão do poder familiar de um dos pais, hipótese em que é conferido, com exclusividade, ao outro, sendo certo que, doutrinariamente, reconhece-se ser a incapacidade civil uma das causas que provocam o "impedimento" que leva à suspensão do poder familiar. É conforme ao direito positivo, portanto, o entendimento de que a incapacidade civil é causa que impede a qualquer dos pais declarar a filiação, perfilhar ou exercer o poder familiar.

O reconhecimento dos filhos pode anteceder o nascimento do filho, bem como realizar-se após o falecimento deste, se ele tiver deixado descendentes (Código Civil, art. 1.609, parágrafo único). É irrevogável (art. 1.610 do Código Civil).

Na falta de reconhecimento voluntário, o interessado pode ajuizar ação de investigação de paternidade. O art. 1.606 do Código Civil e o art. 3º da Lei nº 8.560, de 1992, atribuem legitimidade ativa para a referida ação ao suposto filho; aos herdeiros deste, se o suposto filho tiver morrido incapaz;[63] ao Ministério

63. O Superior Tribunal de Justiça já admitiu a investigação judicial pelos netos contra o avô, após falecido o filho (Recurso Especial nº 269-RS, Rel. Min. Waldemar Zveiter, DJU, 07/06/1990). A referida decisão foi reafirmada no julgamento da Ação Rescisória nº 336 (Brasil. STJ, AR 336-RS, Rel. Min. Aldir Passarinho Junior, acórdão de 24/08/2005, *Revista Brasileira de Direito de Família* 32/130). A restrição legal parece, contudo,

Público;[64] a qualquer interessado (inclusive o suposto pai, se o filho for incapaz,

---

absolutamente adequada, uma vez que sua falta significa permitir aos descendentes estabelecer vínculo que o maior interessado, em vida, rejeitou. Assim, é de admitir que o art. 1.606 do Código Civil de 2002 derrogou o art. 2º, § 5º, da Lei nº 8.560/1992, no tocante à hipótese regulada por aquele.

64. A posição do Ministério Público na investigação de paternidade tem sido objeto de diversos questionamentos. É substituto processual e legitimado extraordinariamente: "A substituição processual compreende duas espécies, a legitimação extraordinária (= *pedir em nome próprio direito alheio) e a representação processual (= agir quando autorizado por alguém)*" (Costa, José Rubens. *Tratado do processo de conhecimento*, p. 89). "O MP tem legitimidade para propor ação de investigação de paternidade, como substituto processual, nos termos da Lei nº 8.560, de 29/12/1992, art. 2º, § 4º, e do art. 127 da CF, por se tratar de direito indisponível" (RT 717/227; Negrão, Theotonio. *Código de Processo Civil*, p. 178). É necessária a anuência da mãe: *"Ementa: Recurso Extraordinário. Constitucional. Processual Civil. Legitimidade ativa do Ministério Público para ajuizar ação de investigação de paternidade. Filiação. Direito indisponível. Inexistência de Defensoria Pública no Estado de São Paulo.* 1. A Constituição Federal adota a família como base da sociedade a ela conferindo proteção do Estado. Assegurar à criança o direito à dignidade, ao respeito e à convivência familiar pressupõe reconhecer seu legítimo direito de saber a verdade sobre sua paternidade, decorrência lógica do direito à filiação (CF, arts. 226, §§ 3º, 4º, 5º e 7º; 227, § 6º). 2. A Carta Federal outorgou ao Ministério Público a incumbência de promover a defesa dos interesses individuais indisponíveis, podendo, para tanto, exercer outras atribuições prescritas em lei, desde que compatível com sua finalidade institucional (CF, arts. 127 e 129). 3. O direito ao nome insere-se no conceito de dignidade da pessoa humana e traduz a sua identidade, a origem de sua ancestralidade, o reconhecimento da família, razão pela qual o estado de filiação é direito indisponível, em função do bem comum maior a proteger, derivado da própria força impositiva dos preceitos de ordem pública que regulam a matéria (Estatuto da Criança e do Adolescente, art. 27). 4. A Lei nº 8.560/1992 expressamente assegurou ao Parquet, desde que provocado pelo interessado e diante de evidências positivas, a possibilidade de intentar a ação de investigação de paternidade, legitimação essa decorrente da proteção constitucional conferida à família e à criança, bem como da indisponibilidade legalmente atribuída ao reconhecimento do estado de filiação. Dele decorrem direitos da personalidade e de caráter patrimonial que determinam e justificam a necessária atuação do Ministério Público para assegurar a sua efetividade, sempre em defesa da criança, na hipótese de não reconhecimento voluntário da paternidade ou recusa do suposto pai. 5. O direito à intimidade não pode consagrar a irresponsabilidade paterna, de forma a inviabilizar a imposição ao pai biológico dos deveres resultantes de uma conduta volitiva e passível de gerar vínculos familiares. Essa garantia encontra limite no direito da criança e do Estado em ver reconhecida, se for o caso, a paternidade. 6. O princípio da necessária intervenção do advogado não é absoluto (CF, art. 133), dado que a Carta Federal faculta a possibilidade excepcional da lei outorgar o *jus postulandi* a outras pessoas. Ademais, a substituição processual extraordinária do Ministério Público é legítima (CF, art. 129; CPC, art. 81; Lei nº 8.560/1992, art. 2º, § 4º) e socialmente relevante na defesa dos economicamente pobres, especialmente pela precariedade da assistência jurídica prestada pelas defensorias públicas. 7. Caráter personalíssimo do direito assegurado pela iniciativa da mãe em procurar o Ministério Público visando a propositura da ação. Legitimação excepcional que depende de provocação por quem de direito, como ocorreu no caso concreto. Recurso Extraordinário conhecido e provido. (Brasil. STF, Recurso Extraordinário nº 248.869-SP. Rel. Min. Maurício Corrêa, j. 07/08/2003, DJU 12/03/2004). Contra: Viegas, João Francisco Moreira. Reconhecimento da paternidade – observações à Lei nº 8.560/1992. *Revista dos Tribunais*, v. 699, p. 11-15, esp. p. 14. Rio Grande do Sul. TJRG, Apelação Cível nº 598.293.876, Rel. Des. Sérgio Fernando Vasconcellos Chaves, j. 25/11/1998. *"Tem o Ministério Público legitimidade extraordinária para postular a investigação de paternidade de filhos havidos fora do casamento, nos termos do art. 2º*, §§ 4º e 5º, da Lei nº 8.560/1992, de sorte que desnecessária a prévia intimação da genitora para que procure o serviço de assistência gratuita ofertado pelo Estado" (Brasil. STJ, Recurso Especial nº 0050596-4, Rel. Min. Aldir Passarinho Júnior, j. 07/11/2000, DJU 12/02/2001, RSTJ 147/321). O TJMG firmou entendimento sobre a legitimidade do Ministério Público na Uniformização de Jurisprudência nº 56.381-7. Contra: *"Ação de investigação de paternidade – Ministério Público – Ilegitimidade para propositura da ação. Proibição constitucional – Atuação como "custos legis".* – A Constituição veda ao MP a representação judicial e, por exclusão, a propositura de ação civil privada, sendo incompatível com o texto constitucional qualquer lei anterior que autorizasse o MP a patrocinar demandas de interesses exclusivos de particulares,

pois o capaz pode recusar o reconhecimento, art. 1.614 do Código Civil).[65]

Dependendo de quem tenha tido a iniciativa da ação, deve esta ser proposta contra o pai ou os herdeiros do pai (art. 27 da Lei nº 8.069, de 1990, Estatuto da Criança e do Adolescente). Qualquer interessado pode contestar (art. 1.615 do Código Civil; principalmente o suposto filho, se a ação for ajuizada pelo suposto pai).[66]

---

ainda que se trate de pessoas carentes. Nas ações de investigação de paternidade, em que se objetiva a defesa de interesse personalíssimo, o MP atua como *custos legis* e não como parte: a legitimidade para a substituição processual de terceiros é assegurada pela Constituição Federal ao Ministério Público para a propositura de ação civil pública, nas hipóteses expressas e restritas elencadas no art. 129" (TJMG, Ap. Cível nº 24759/ 5ª Câmara Cível, Rel. Des. Campos Oliveira, acórdão de 01/09/1994, DJMG de 28/06/1995).

65. Embora o art. 1.607 do Código Civil, e o art. 52 da Lei nº 6.015 não exijam a anuência da mãe para o reconhecimento da paternidade, o § 2º deste último artigo permite ao oficial do Registro Civil submeter o ato à apreciação judicial quando o registro for requerido fora dos prazos legais estabelecidos no art. 50 da Lei nº 6.015.

66. *Anulação de registro – Reconhecimento da paternidade – Ilegitimidade ativa – Reforma da sentença – Prosseguimento da ação civil – Ação de anulação parcial de assento de nascimento proposta por quem se diz pai de menor registrada como filha do concubino da mãe da ré – Sentença que declara o autor parte ilegítima e extingue o processo sem exame do mérito apelações do Ministério Público e do autor buscando a reforma total da sentença.* 1. Assim como a jurisprudência reconheceu ao filho o direito de investigar a verdade real a respeito do seu assento de nascimento e aos pais registrais o direito de também buscarem a mesma verdade real, é de se admitir o direito de ação com o mesmo objetivo a quem se diz o pai biológico de menor registrada como sendo filha de terceiro. 2. (...) 3. (...)" (TJRJ, Apelação Cível nº 2004.001.01156, 16ª C. Cív., Rel. Des. Miguel Ângelo Barros, acórdão de 01/06/2004). *Agravo de instrumento. Vindicação de paternidade. Alegação de existência de filho adulterino* "a matre" *registrado pelo marido da mãe. Carência de ação inexistente. Possibilidade de terceiro vindicar a condição de pai. Acolhimento do pedido para obstar, em um primeiro momento, a realização de exame de DNA. Direcionamento da Instrução Probatória para a averiguação de paternidade sociólogica.* 1. A Lei nº 8.560/1992, ao remover qualquer restrição para o reconhecimento de filhos extramatrimoniais assegura o interesse jurídico para eventual demanda que tenha essa finalidade. Em decorrência, também aquele que não figura como o pai registral, mas alega ser o genitor, tem legitimidade para postular, em nome próprio, em ação que visa à vindicação de paternidade. 2. Na atualidade, o enfoque valorativo que orienta a formação dos vínculos de paternidade e filiação, em razão dos princípios constitucionais de assistência à criança (art. 227, CF) e de respeito à dignidade da pessoa humana, e, em especial, por força do art. 1.593 do atual CCB, privilegia a paternidade sociológica. 3. Assim, é possível extrair do ordenamento jurídico os fundamentos que conduzem ao reconhecimento da paternidade sociológica, revelada pela "posse do estado de filho" em condições de gerar efeitos jurídicos, tais como a manutenção da relação jurídica de paternidade sem que entre pai e filho haja identidade genética. 4. Por estes motivos, em que pese reconhecer que o autor não é carecedor de ação, merece ser acolhida a inconformidade dos agravantes para obstar a realização imediata de exame de DNA entre os envolvidos na demanda para que, em primeiro lugar, se proceda à averiguação da existência de posse de estado de filho, pois, como dito, o sistema atual recepciona a formação de vínculos jurídicos de parentesco mesmo se ausente a identidade genética entre o pai jurídico e o filho. Somente após, se constatado que, sob a perspectiva do melhor interesse da criança, não há óbice a que se busque a verdade sob o prisma estritamente genético, é que esta deverá ser viabilizada, aí então com a realização do exame pericial de DNA. *Deram parcial provimento, à unanimidade*" (Rio Grande do Sul. TJRS, Agravo de Instrumento nº 70012792412, Rel. Des. Luiz Felipe Brasil Santos, j. 07/12/2005). *Filiação. Filho adulterino* "a matre" *registrado pelo marido da mãe. Possibilidade de terceiro vindicar a condição de pai. Paternidade jurídica. Paternidade biológica. Paternidade sócio-afetiva.* 1. A Lei nº 8.560/1992, ao remover qualquer restrição para o reconhecimento de filhos extramatrimoniais pelos respectivos pais, assegura-lhes o interesse jurídico para eventual demanda que tenha essa finalidade. Em decorrência, tanto o pai quanto a mãe têm legitimidade para postular em nome próprio, em ação que visa a vindicação de paternidade ou maternidade. 2. A despeito da ausência de regulamentação em nosso direito quanto à paternidade sociológica, a partir dos princípios constitucionais de proteção a criança (art. 227, CF),

7.7. *CONTESTAR, NEGAR, DESCONHECER* OU *IMPUGNAR* OS VÍNCULOS DE FILIAÇÃO?

O debate sobre o tema filiação torna-se particularmente aceso e problemático ao se considerar a possibilidade de impugnação do vínculo.

A invenção de técnicas que propiciaram a identificação dos liames genéticos mediante análise do DNA deu ímpeto à ideia de se ligar a filiação ao vínculo biológico e de se acoimar de *fictícios* (ou mesmo, *mentirosos*) os vínculos de filiação que não correspondam a essa ideia.

Tornou-se comum o equívoco de se aplicar o conceito de *verdade real*, proveniente do Direito Processual Civil, às relações de parentesco, ao se defender ser a genética o elemento decisivo. O equívoco está no fato de que o entendimento oposto não se apoia na defesa de uma *verdade formal*. Não é uma *ficção* que se defende, ao se afirmar que a *filiação* não é necessariamente ligada ao fator genético.

Em outras palavras, nega-se a existência de um significado intrínseco, *a priori*, de *filiação* e, logo, que a ideia de *filiação* esteja ligada, aprioristicamente, ao elemento genético ou ao socioafetivo.

O primeiro questionamento que surge ao se abordarem as possibilidades de quebra de vínculos filiais diz respeito ao termo a ser utilizado para designar o fenômeno.

Era da tradição jurídica o emprego de termos diferentes para designar o rompimento dos vínculos filiais conforme fossem decorrentes do casamento ou não. Essa mesma terminologia variava segundo os diversos sistemas jurídicos.

Nesse sentido, Caio Mário ensina que

> contestação de paternidade *é a ação que* tem por objeto negar o *status* de filho ao que goza da presunção decorrente da concepção na constância do casamento, *enquanto* impugnação ou desconhecimento de paternidade a que visa a negar o fato da própria concepção, ou provar a suposição de parto, e, por via de consequência, a condição de filho.[67]

---

assim como da doutrina da integral proteção consagrada na Lei nº 8069/1990 (especialmente nos arts. 4º e 6º), é possível extrair os fundamentos que, em nosso direito, conduzem ao reconhecimento da paternidade sócio-afetiva, revelada pela "posse do estado de filho", como geradora de efeitos jurídicos capazes de definir a filiação. 3. Entretanto, o pedido formulado na ação não tem esse conteúdo, mas visa, de modo exclusivo, desconstituir o registro de nascimento da menor, sem atribuição de paternidade ao autor/agravado. Assim, dada a forma equivocada como foi posta a pretensão, não ostenta o autor legítimo interesse para a demanda. A desconstituição do registro seria mera decorrência da atribuição da paternidade ao autor/agravado. Porém, como esta não consta do pedido – e não poderia a sentença ir além do postulado – resta o autor órfão de interesse legítimo para propor a demanda nos termos em que foi formulada, a qual, se procedente, traria como consequência, simplesmente, a circunstância de que a menor ficaria sem qualquer paternidade reconhecida, o que não pode ser admitido, até em consideração aos superiores interesses da criança. Deram provimento (TJRS, AI nº 599296654, 7ª C. Cível, Rel. Des. Luiz Felipe Brasil Santos, acórdão de 18/08/1999).

67. Pereira, Caio Mário da Silva. *Instituições de direito civil*, v. V, p. 180.

O art. 1.601 do Código Civil brasileiro de 2002 emprega o termo *contestar* no mesmo sentido propugnado pelo ilustre civilista, repetindo, neste aspecto, o Código Civil de 1916 (arts. 339, 340, 344). Já no art. 1.608 do Código Civil de 2002, correspondente ao art. 356 do Código Civil de 1916, a palavra *contestar* é relacionada à maternidade, no sentido da *contestação de estado* dos franceses.[68] Quanto à negatória, Paulo Dourado de Gusmão é enfático: *negatória de paternidade é o mesmo que impugnação de paternidade.*[69]

A palavra *contestar* é polissêmica, mesmo quando se quer expressar a quebra de vínculos filiais. Na França, *contester* é tido como sinônimo de *désaveu* (negar).[70] Na doutrina italiana, corrobora a assertiva a lição de Antonio Cicu:

> Pelos diversos objetivos que tem a ação de contestação se pode distingui-la antes de tudo segundo ataque o ato de nascimento ou a posse de estado; e em ambas as hipóteses se ataca a maternidade, o matrimônio, a concepção no matrimônio, a paternidade.[71]

O termo *contestar* encontra-se, pois, arraigado na tradição jurídica. A intenção de evitá-lo liga-se ao fato de ter sido utilizado durante muito tempo como fator de diferenciação. Seu uso não causa, todavia, prejuízo ou desprestígio à "moderna teoria da ação."[72]

Termo que se encontra na legislação e na doutrina italiana é *desconhecimento,* que se justifica, segundo Cicu, por expressar o repúdio do marido ao filho que a lei presume ter ele *reconhecido* como seu.[73] Consta nos arts. 244 a 247 do Código Civil italiano, relacionado, exclusivamente, à filiação legítima, uma vez que para a ilegítima o referido Código prefere o termo *impugnação* (arts. 263 a 267).

O Código Civil português, referindo-se aos filhos matrimoniais estipula, nos arts. 1.838º a 1.848º, as condições para a *impugnação* do vínculo.

No direito brasileiro atual, convém utilizar o termo *impugnar* ao se referir aos diversos casos de anulação do ato de reconhecimento, quer se trate de filhos matrimoniais ou não-matrimoniais, tal como o fez Pontes de Miranda em diversas passagens de sua obra.[74]

---

68. Beviláqua, Clóvis. *Direito da família,* p. 316.
69. Gusmão, Paulo Dourado de. *Dicionário de direito de família,* p. 746.
70. Carbonier, Jean. *Droit civil,* p. 255.
71. Cicu, Antonio. *La filiazione,* p. 64.
72. Fachin, Rosana. Da filiação, p. 111-124, esp. p. 116.
73. Cicu, Antonio. *La filiazione,* p. 94.
74. P. ex.: referindo-se ao conteúdo do art. 344, do Código Civil de 1916, substituiu o termo "contestar" por "impugnar": "Cabe privativamente ao marido o direito de impugnar a legitimidade dos filhos nascidos de sua mulher" (*Tratado de direito de família, v. III, p. 50);* cf., igualmente, o título do § 209 (op. cit.), sobre a "contestação da filiação legítima": "§ 209. Impugnação indireta da legitimidade da filiação".

A opção por um termo que leva à indiferenciação das várias situações que têm em comum a quebra do vínculo filial justifica-se sob as luzes do princípio da igualdade jurídica dos filhos, determinada pelo art. 227, § 6º, da Constituição brasileira de 1988.

Ressalte-se que, diferentemente dos sistemas jurídicos europeus, no Direito brasileiro o referido dispositivo constitucional não só determinou a igualdade de direitos e de deveres entre os filhos, mas, taxativa e literalmente proibiu *quaisquer designações discriminatórias relativas à filiação.*

Deste modo, correta a interpretação predominante que considera inconstitucional o emprego da terminologia jurídica que tradicionalmente distinguia os filhos como legítimos, ilegítimos, naturais, espúrios, adulterinos e incestuosos. No passado, a pluralidade das situações jurídicas dos filhos levou a que o ato de impugnar a filiação fosse diferenciado segundo as mesmas situações. Deixou de existir, por conseguinte, qualquer motivo para se distinguir entre *contestação de legitimidade*, *contestação de filiação*, *contestação de estado*, *negatória*, e outras expressões que significavam, de um modo ou de outro, a desconstituição do vínculo de filiação, uma vez que esta pode ser designada de modo mais simples e claro pelo vocábulo *impugnação.*

Outros dois motivos há para a uniformização terminológica, um de direito material, outro de direito processual.

Na perspectiva do direito material, a natureza do ato que visa ao rompimento do vínculo de filiação é sempre anulação de um ato de reconhecimento (ou de uma declaração).

Finalmente, a prática de se classificarem as ações segundo as pretensões de direito material é tida como de importância reduzida no Direito Processual Civil.[75]

7.8. A IMPUGNABILIDADE DO VÍNCULO DE FILIAÇÃO: UMA QUESTÃO DE PRINCÍPIOS

A impugnabilidade dos vínculos filiais diz respeito aos dois pilares de qualquer sistema jurídico: a justiça e a segurança.

O princípio da justiça, de origem aristotélica, impõe tratar o igual de modo igual e o diferente de forma diferente, na medida de sua diferença. Conectado a uma ordem jurídica, o referido princípio faz pressupor a obediência aos critérios estabelecidos por esta mesma ordem ("tratar o igual de modo igual").[76] Assim, ao eleger um determinado critério jurídico da filiação, a ordem jurídica deve, tendencialmente, permitir que os respectivos conflitos alcancem solução em conformidade com ele.

75. Cintra, Antônio Carlos de Araújo; Grinover, Ada Pellegrini; Dinamarco, Cândido Rangel. *Teoria geral do processo*, p. 267.

76. Canaris, Claus-Wilhelm. *Pensamento sistemático e conceito de sistema na ciência do direito*, p. 18.

De outro lado, a segurança jurídica é considerada, igualmente, um valor supremo de todo o sistema jurídico.[77] Seu significado, no tocante ao vínculo de filiação, foi superiormente decantado por João Baptista Villela:

> Todos os argumentos que militam em favor da prescrição – estabilidade das relações jurídicas, os limites da memória, a segurança, a certeza etc. – ganham aqui um especial e extremo relevo. Se a uma situação patrimonial modesta e reles já convém beneficiar com os favores da indisputabilidade prescricional, tornando-a preclusa e, portanto, imune a questionamentos, o que não dizer da paternidade, ela própria a encarnação do sólido e do permanente no universo afetivo de cada um? Pai é o contraponto da fragilidade e da insegurança em que está irremediavelmente imersa a criança, com seus medos e desvalias. Pai é ainda o porto aonde acorrem os adultos nas crises que o destino lhes propõe e de que nenhuma alma está livre. Morto, a imagem do pai continua a ser evocada e a cumprir seu misterioso destino de pensar as feridas do tempo. As ciências e as artes ditas da alma – psicologia, psiquiatria, psicanálise etc. – já insistiram *ad nauseam* na indispensabilidade de uma figura referencial permanente (*Bezugsperson*) a partir de cuja intervenção a criança constitui suas estruturas e se afirma em relação ao mundo.[78]

Como salientado na seção 7.3, as culturas atribuem o vínculo de filiação segundo diferentes critérios, tais como: a submissão a uma forma religiosa, a submissão ao poder patriarcal, o concepção na constância do casamento, a manifestação de vontade dos pais, a posse de estado de filho, o vínculo biológico, entre outros.

A impugnabilidade do vínculo filial significa a possibilidade de o vínculo vir a ser desfeito em razão de não ter sido estabelecido em conformidade com os critérios positivados na ordem jurídica. A segurança dos vínculos de filiação é alcançada mediante as seguintes técnicas:

a) posse de estado de filho;
b) caducidade;
c) limitação dos legitimados a agir;
d) limitação dos meios de prova;
e) irrevogabilidade;
f) coisa julgada.

Na falta da posse de estado de filho, já estudada na seção 7.4, a segurança nos vínculos de filiação, no direito brasileiro, restou garantida, principalmente, pela imposição de prazos decadenciais, ao lado da limitação da legitimidade ativa e dos meios de prova. A coisa julgada, igualmente, serve à perpetuidade dos vínculos, notadamente em relação aos filhos adotivos e aos reconhecidos judicialmente.

77. Op. cit., p. 22.
78. Villela, João Baptista. O modelo constitucional..., p. 137.

O Código Civil de 1916 continha restrições aos meios probatórios, no tocante ao estabelecimento do vínculo, que foram consideradas revogadas pela Constituição de 1988, ao instituir a igualdade dos filhos (art. 227, § 6º). As restrições repetidas pelo Código Civil de 2002 devem ser consideradas arbitrárias e, portanto, inconstitucionais, em razão do surgimento da técnica de exame do DNA (incisos I e II do art. 1.605 do Código Civil).[79]

Os fundamentos éticos para a imposição de prazos para a impugnação dos vínculos filiais são, de acordo com Guilherme de Oliveira:

a) o perigo do enfraquecimento das provas;

b) o dano resultante de uma insegurança prolongada;

c) a proteção da família conjugal.

Segundo afirma, este valor primou no regime, tendo sido mais forte do que a tutela dos direitos do marido.[80]

Interessante notar que os prazos que limitam o direito de impugnar a filiação são, de fato, decadenciais, não prescricionais. Não se sujeitam a impedimento, suspensão, ou interrupção. Transcorridos, fulminam o próprio direito de impugná-la.

"Prescrição" tem, atualmente, em direito, significado técnico preciso. Prescrição e decadência distinguem-se pela natureza dos direitos subjetivos a que se referem: direitos a uma prestação e direitos potestativos. Os direitos a uma prestação são protegidos por ações condenatórias que visam a uma obrigação de dar, fazer ou não fazer alguma coisa. Os direitos potestativos, ao contrário, não atribuem poder de reclamar atuação alheia, mas o de intervir na esfera jurídica de outrem, sem o concurso da vontade deste (ex.: utilizar parte do terreno vizinho para construir um muro divisório, revogar mandato, requerer divórcio etc.). As ações que os protegem têm natureza constitutiva.[81]

A prescrição é a perda do direito de ação, em caso de violação do direito, pela inércia do titular durante determinado lapso de tempo (art. 189 do Código Civil). É suscetível de ocorrer nas hipóteses em que há, para o titular, direito a uma prestação. A decadência – que importa a perda do direito subjetivo – diz respeito a direitos potestativos, os quais não são suscetíveis de lesão:

> Se não posso exigir da outra parte que me dê, faça ou não faça alguma coisa, como poderá meu direito ser violado? Como o direito ao divórcio poderá ser violado? Como poderá ser violado o direito do pai de contestar a legitimidade do filho de sua esposa? Evidentemente, nenhum dos dois poderá ser violado. Poderão, sim, ser ou não exercidos.[82]

---

79. Boscaro, Márcio Antonio. *Direito de filiação,* p. 164.
80. Oliveira, Guilherme de. *O critério jurídico da paternidade,* p. 372.
81. Chiovenda, Giuseppe. *Instituições de direito processual civil,* v. 1. p. 17 *et seq.*
82. Fiuza, César. *Direito civil,* p. 131.

Segundo essa técnica – que bem diferencia decadência e prescrição e inspirou a organização do texto do novo Código Civil – percebe-se que as ações de estado são imprescritíveis, independentemente de proclamações legais. São imprescritíveis, porque não visam a restaurar lesões a direitos. São imprescritíveis, conforme o art. 27, do Estatuto da Criança e do Adolescente, já o eram antes do referido Estatuto e sempre serão. [83]

Do fato de serem imprescritíveis as ações de estado não se pode inferir que os direitos a que se referem não possam estar sujeitos à decadência. Uma coisa é a prescrição da ação, outra, a decadência do direito.

Nem todos os direitos subjetivos potestativos se sujeitam à decadência. Em muitos casos, no entanto, visando à segurança jurídica, a lei impõe-lhes prazos para que sejam exercidos.

O direito de impugnar a paternidade nunca esteve sujeito à prescrição, embora tenha sempre se sujeitado a prazos decadenciais.

Importante salientar que não há no texto constitucional brasileiro vigente qualquer menção aos critérios em que se deva basear a filiação. A escolha destes, bem como a das condições para eventual rompimento dos vínculos é matéria disciplinada na legislação ordinária, submetida, portanto, ao princípio democrático. É ao legislador que cabe a primazia de estabelecer as regras relativas à filiação, devendo levar em conta as exigências práticas da sociedade e a harmonia do sistema.

7.9. DA IGUALDADE DOS FILHOS NA IMPUGNAÇÃO DA PATERNIDADE

De acordo com o Código Civil de 1916, a ação para impugnar a paternidade dos filhos matrimoniais cabia privativamente ao marido (art. 344).[84] Admitia-se que

83. Villela já havia ressaltado que o art. 27, da Lei nº 8.069 não representou inovação quanto ao prazo para investigar a paternidade: "Também o direito à simples investigação da paternidade era exercitável por toda a vida, mas o Código não o dizia. Antes do Estatuto da Criança e do Adolescente, a base para o entendimento repousava no silêncio do Código quanto a prazo para o exercício e em ser a investigação da paternidade um direito da personalidade" (Villela, João Baptista. O modelo constitucional..., p. 132).

84. A Lei nº 8.069, Estatuto da Criança e do Adolescente, ao dispor, no art. 27, que o estado de filiação é direito personalíssimo, conferiu legitimidade ativa ao próprio filho, que pode exercitá-la, enquanto menor, mediante representação da mãe, nos termos do art. 21 da mesma Lei. Se o pai discordar sobre a propositura da ação, cabe ao juiz resolver a divergência (cf. Rocha, Marco Túlio de Carvalho. *A igualdade dos cônjuges no direito brasileiro*, p. 211. No mesmo sentido: Tepedino, Gustavo. A disciplina jurídica..., p. 558: "Tais obstáculos hão de ser revisitados à luz da isonomia constitucional e da legislação especial, que mitigam o rigor da presunção, autorizando o filho, representado pela mãe, ou em nome próprio, após atingir a maioridade, a propor a contestação"). De resto, em outros países, a legitimidade para contestar a paternidade vem sendo atribuída à mãe, ao filho e, até, ao pai biológico e ao Ministério Público (cf. Oliveira, José Lamartine Corrêa de; Muniz, Francisco José Ferreira. *Direito de família*, p. 44; Veloso, Zeno. *Direito brasileiro...*, p. 62-63).

qualquer interessado pudesse propor a ação se o filho nascesse fora dos intervalos demarcados pelo art. 338 do referido Código.[85] O prazo para o exercício da ação era de 2 meses, contados do nascimento, se o marido estivesse presente (art. 178, § 3º), ou de 3, se o marido estivesse ausente do lar ou se lhe tivesse sido ocultado o nascimento, contados, respectivamente, do dia de seu retorno ou do em que tivesse tomado conhecimento do fato (art. 178, § 4º, I).

O Código Civil de 2002, ao invés de fixar prazos para o exercício do direito de impugnar a paternidade dos filhos matrimoniais, declarou ser imprescritível a ação, tornando o direito do pai de negar a paternidade do filho havido no casamento, se não eterno, ao menos, vitalício (art. 1.601).

Quanto à impugnação da paternidade de filhos não-matrimoniais, reconhecidos voluntariamente, o Código Civil de 1916 não estabelecia qualquer prazo específico, sendo o melhor entendimento o de que, a seu respeito, devia-se aplicar o prazo de 4 anos, conforme o art. 178, § 9º, inciso V, alíneas *a* e *b*, por se tratar de anulação de ato jurídico.[86] O Código Civil de 2002 não alterou a situação: não foi estabelecido, mais uma vez, qualquer prazo de impugnação específico. O art. 178, do novo Código Civil, mantém o de 4 anos para a anulação do ato por vício de consentimento.

Por outro lado, em caso de nulidade absoluta (ou de *inexistência* do ato, para os que admitem a autonomia desta última categoria) não havia, como não há, prazos para o ajuizamento da ação.[87-88]

---

85. Pontes de Miranda, F. C. *Tratado de direito privado,* t. IX, p. 40.

86. Os referidos dispositivos aplicam-se tanto aos contratos como aos atos jurídicos unilaterais: "Isto posto, pergunta-se: a ação de que trata o texto em exame nasce somente de contratos viciosos ou nasce também de atos jurídicos unilaterais viciosos? Nasce também de atos jurídicos unilaterais viciosos. Esta resposta se funda na lógica jurídica, e se funda igualmente na própria letra do texto que se analisa, o qual, nas letras *b, c, d,* já não emprega mais a expressão restrita 'contratos', mas sim a expressão mais lata 'atos'" (Carpenter, Luiz F. *Da prescrição,* p. 646).

87. Vale dizer: a faculdade de requerer a anulação do ato não está sujeita a decadência. Brasil. Superior Tribunal de Justiça. Os atos jurídicos nulos não prescrevem, podendo ser declarados nulos a qualquer tempo. Recurso Especial nº 7.364-SP, j. 10/11/1997, 3ª T., Rel. Min. Carlos Alberto Menezes Direito. Disponível em <www.stj.gov.br>. Brasil. Superior Tribunal de Justiça. Segundo boa parte da doutrina, a nulidade, além de insanável, é imprescritível. Recurso Especial nº 89.768-RS, 3ª T., Min. Nilson Naves, 21/06/1999. Brasil. Superior Tribunal de Justiça. Embora a lei classifique a irregularidade do ato jurídico, quer no plano do direito material, quer do processual, segundo a valoração ou "gravidade" do vício que o acoima – ato nulo ou anulável –, vale ressaltar a imprescindibilidade da declaração judicial da sua invalidade. Recurso Especial nº 184.703-MS, 4ª T., Min. Sálvio de Figueiredo Teixeira, acórdão de 21/06/9199. Brasil. Superior Tribunal de Justiça. A ausência de consentimento ou outorga uxória em declaração de transferência de imóvel pertencente ao patrimônio do casal é ato jurídico absolutamente nulo e, por isso, imprescritível, podendo sua nulidade ser declarada a qualquer tempo, além de não produzir qualquer efeito jurídico. Recurso Especial nº 385.549-SP,3ª T., Rel. Min. Antônio de Pádua Ribeiro, 28/08/2000.

88. Quais são as causas de nulidade do reconhecimento? Pontes de Miranda as enumera: *Tratado de direito de família,* § 227. Além dessas causas, sobressai a advinda da violação do art. 242, do Código Penal.

Ao filho reconhecido após adquirir capacidade civil plena, a lei não faculta impugnar o reconhecimento voluntário, porquanto exige seu consentimento expresso no ato do reconhecimento (art. 4º, Lei nº 8.560; art. 1.614 do Código Civil). Embora sujeito às causas de nulidade, é, pois, irrevogável o reconhecimento voluntário do civilmente capaz.[89]

O filho que tiver sido reconhecido ao tempo em que era civilmente incapaz pode impugnar o reconhecimento voluntário de sua paternidade no prazo de 4 anos a contar da data em que atingir a maioridade ou for emancipado (art. 1.614 do Código Civil).[90]

A princípio, o Superior Tribunal de Justiça manteve-se, sem trepidar, nos trilhos da legislação civil, consagrando este que parece ser o único entendimento possível, mesmo após o Estatuto da Criança e do Adolescente:

> O reconhecimento voluntário da paternidade, realizado quando ainda menor o perfilhado, somente pode ser por este impugnado dentro nos quatro anos que se seguirem à sua maioridade ou emancipação. Mesmo a impugnação fundada na inveracidade da declaração (falso ideológico) se sujeita ao referido prazo decadencial, cujo transcurso "in albis" – sem manifestação de insurgência de qualquer espécie – conduz à inviabilidade de desconstituição do ato de reconhecimento, tornando definitiva a relação de parentesco entre reconhecente e reconhecido (Recurso Especial nº 38.856-RS, Rel. Min. Sálvio de Figueiredo).[91]

Depois, o Superior Tribunal de Justiça mudou de orientação, passando a julgar que os referidos prazos não prevalecem:

> Direitos de Família e Processual Civil. Direito intertemporal. Investigação de paternidade cumulada com anulação de registro civil. Regime posterior ao Art. 27 do Estatuto da Criança e do Adolescente. Decadência da Ação de Impugnação do Reconhecimento. Inocorrência. Arts. 178, § 9º, vi, 348 e 362, CC. Orientação da Turma. Agravo. Lei nº 9.756/1998. Posterior decisão de mérito, transitada em julgado. Agravo prejudicado. Recurso especial não conhecido.

89. Cf. nota anterior.

90. A redação do art. 362 diferia ligeiramente da do art. 178, § 9º, VI: neste havia a menção expressa a "filho natural", incluída no texto por sugestão de Pontes de Miranda, para evitar a possibilidade de que esse dispositivo viesse a ser aplicado aos filhos legítimos. A identidade de conteúdo era garantida, apesar dessa diferença, por estar o art. 362 no capítulo dedicado ao reconhecimento dos filhos ilegítimos. O fato de o art. 178, § 9º, VI, não ter sido reproduzido no Código Civil de 2002 contribui para a tese ora defendida.

91. Disponível em <www.stj.gov.br>. Brasil. Superior Tribunal de Justiça. A ação de reconhecimento para impugnar o reconhecimento filial é prescritível, *ex vi* do disposto nos arts. 178, § 9º, inciso VI, e 362, do Código Civil, exceção legal ao princípio da imprescritibilidade das ações pertinentes ao estado das pessoas. Recurso Especial nº 1.380-RJ, Rel. Min. Gueiros Leite. Brasil. Superior Tribunal de Justiça. A norma do art. 178, § 9º, VI, do Código Civil, implicou exceção ao princípio da imprescritibilidade das ações relativas ao estado das pessoas. Recurso Especial nº 19.244-PR, Rel. Min. Athos Carneiro.

I – Em face do Estatuto da Criança e do Adolescente, têm-se por revogados os arts. 178, § 9º, VI, e 362, do Código Civil, que fixavam em quatro anos o prazo da ação de impugnação ao reconhecimento, contados da maioridade ou da emancipação. (...) (Superior Tribunal de Justiça (STJ), Recurso Especial nº 79.640-RS, Rel. Min. Sálvio de Figueiredo Teixeira, j. 21/10/1997).[92]

Na doutrina, Gustavo Tepedino,[93] José Carlos Malta Marques,[94] Euclides Benedito de Oliveira[95] e Theotonio Negrão[96-97] manifestaram-se no mesmo sentido. Eduardo Cambi, em *O paradoxo da verdade biológica e socioafetiva na ação negatória de paternidade, surgido com o exame do DNA, na hipótese de "adoção à brasileira"*[98] afirmou que, tanto quanto a investigatória de paternidade, a ação negatória seria imprescritível: "Ambas as ações são imprescritíveis, pois, por recaírem sobre o estado da pessoa, têm como objeto o direito personalíssimo à historicidade pessoal (Súmula n. 149/STF e art. 27/ECA)".[99]

Por *reconhecimento da paternidade* designa-se, tradicionalmente, tão só a perfilhação dos filhos não-matrimoniais; uma vez que aos filhos matrimoniais toca a presunção da paternidade (*pater is est*), seu vínculo seria apenas declarado, não reconhecido. Não há, todavia, nenhum obstáculo jurídico ou semântico para atribuir à expressão sentido que abranja não apenas o estabelecimento da paternidade dos filhos não-matrimoniais, como também o dos matrimoniais.

Desse modo, parecia razoável a conclusão de Gustavo Tepedino no sentido de que o filho matrimonial podia impugnar o reconhecimento da paternidade, com fundamento na isonomia, na vigência do Código Civil de 1916:

---

92. No mesmo sentido: Brasil. STJ, Recurso Especial nº 112.208-RS, Rel. Min. Sálvio de Figueiredo Teixeira, p. 28/06/1999; Brasil. STJ, Recurso Especial nº 278.845-MG, Rel. Min. Ruy Rosado de Aguiar, acórdão de 20/02/2001; Brasil. STJ, Recurso Especial nº 146.548-GO, Rel. Min. César Asfor Rocha, acórdão de 29/08/2000.

93. Tepedino, Gustavo. A disciplina jurídica da filiação na perspectiva civil-constitucional. In: Pereira, Rodrigo da Cunha (Coord.). *Direito de família contemporâneo*, p. 559.

94. Marques, José Carlos Malta. Ação negatória de paternidade – decadência, p. 47-57.

95. Oliveira, Euclides Benedito de. Liberdade, igualdade e veracidade no reconhecimento de filhos, p. 21-30, 2000.

96. Negrão, Theotonio. *Código Civil e legislação civil em vigor*, p. 119, nota ao art. 362.

97. Arnaldo Rizzardo afirma que a impugnação de paternidade pelo marido sujeita-se aos prazos do art. 178, §§ 3º e 4º, do Código Civil (p. 592), ao mesmo tempo que considera a negatória imprescritível: "Assim, como a ação de investigação de paternidade é imprescritível, da mesma forma o é a negatória da paternidade, podendo ser promovida durante toda a existência. O estado da pessoa constitui emanação da personalidade, sendo indisponível" (*Direito de família*. Rio de Janeiro: Aide, 1994, v. II, p. 662). Se a negatória é imprescritível para o filho, como afirma, não deveria ser também para o pai?

98. Cambi, Eduardo, p. 19-20.

99. Como prova de que o autor entende que a imprescritibilidade significa a perpetuidade do direito de impugnar a filiação, acrescenta adiante: "Por outro lado, tendo alguém sido irregularmente inscrito, no registro civil, como sendo filho verdadeiro, nada impede que, *passados muitos anos*, os 'falsos pais' venham a juízo e, mediante ação negatória de paternidade, dissolvam o vínculo de parentesco" (Cambi, Eduardo, p. 19-20).

> Interpretando-se tais preceitos à luz da proibição constitucional de discriminação da filiação, vê-se que a possibilidade de propositura de ação de impugnação de reconhecimento, atribuída ao filho extramatrimonial pelo art. 362 do Código Civil, há de alcançar necessariamente o filho havido na constância do matrimônio, sob pena de se lhes oferecer tratamento desigual.[100]

Logo, segundo essa interpretação, o prazo para o filho matrimonial impugnar a paternidade era de 4 anos, a contar da maioridade ou da emancipação.

Essa conclusão – dependente, na vigência do Código Civil de 1916, de raciocínio analógico – deflui diretamente do art. 1.614 do Código Civil vigente. Embora o texto deste dispositivo seja idêntico ao do art. 362, do Código de 1916, tem novos destinatários. Enquanto o art. 362, do Código Civil de 1916 situava-se no capítulo do "Reconhecimento dos *Filhos Ilegítimos*", o art. 1.614, do novo Código Civil situa-se no do "Reconhecimento dos *Filhos*". Se o legislador pretendesse que todos os dispositivos deste capítulo fossem direcionados apenas aos filhos nascidos fora do casamento, teria adicionado ao substantivo *filhos*, na denominação do capítulo, o adjetivo *não-matrimoniais*, ou outro equivalente. Note-se que, neste mesmo capítulo, a lei é expressa ao dispor exclusivamente para o filho "havido fora do casamento" (cf. arts. 1.607, 1.609, 1.611, do novo Código Civil).

Dessarte, com base em disposição expressa da lei, o filho matrimonial pode impugnar o reconhecimento, nos 4 anos que se seguirem à maioridade ou à emancipação, com base no mesmo dispositivo legal que permite a impugnação pelos filhos não-matrimoniais.

7.10. DA INCONSTITUCIONALIDADE DO ART. 1.601 DO CÓDIGO CIVIL

Ao estabelecer a igualdade dos filhos, a Constituição da República o fez de modo peremptório e agudo. Não apenas referiu-se à igualdade de direitos, como prescreveu lhes fossem aplicadas as mesmas qualificações. Como se não bastasse, proibiu que a respeito dos filhos fossem utilizadas quaisquer designações discriminatórias (CF, art. 227, § 6º).

Trata-se, indiscutivelmente, de norma definidora de direitos fundamentais, a respeito da qual vale o § 1º do art. 5º do mesmo texto constitucional, que lhe confere aplicação imediata.

Apesar da irrecusável força e extensão da equiparação determinada pela Constituição da República, sobrevive, no direito brasileiro, o entendimento de que filhos matrimoniais e não-matrimoniais diferenciam-se relativamente aos modos de estabelecimento e de impugnação de seus respectivos vínculos.

---

100. Tepedino, Gustavo. *A disciplina jurídica...*, p. 567.

Contribuem para que esta posição continue a ser sustentada a tradição milenar de distinguir os filhos matrimoniais entre os demais filhos, a própria regulamentação constitucional de certos aspectos do casamento (art. 226, §§ 1º, 2º, 5º e 6º), a legislação e a experiência jurídica estrangeira, uma vez que, no direito europeu, de um modo geral, a igualdade dos filhos não tem significado tratamento igualitário no tocante à constituição e à impugnação dos vínculos.

O argumento teleológico que sustenta a distinção é tradicional: a presunção relativa à filiação dos concebidos na constância do casamento é um reflexo da fidelidade conjugal. O tratamento diferenciado relativamente à impugnação, por sua vez, seria um reflexo dessa diferença originária.

Uma objeção que se pode levantar, no mesmo plano da teleologia, é a de que a família contemporânea tende a ser um espaço de privacidade e eudemonista, em que deve preponderar a autorregulação e, por consequência, avessa às intervenções estatais que disponham, principalmente, a respeito do comportamento dos membros. Sobre o surgimento dessa tendência há mais de um século, Villela trouxe a lição de Freundestein:

> Se o ser da família é intimidade; se ela própria constitui para os seus membros o terreno da moralidade individual, então ela tem a sua lei para o interior e é, ela própria, uma lei. Para o espaço interior o direito civil só pode assegurar as condições. Intervir apenas ali, onde a família se volta para o exterior e o seu círculo intercepta outros círculos. Fora daí, quando a família deixa de ser precisamente isso, quando os seus membros entram em contato com instituições públicas, como, por exemplo, no testamento, na tutela e no divórcio.[101]

A capacidade de autotutela dos cônjuges foi exaltada por Villela – a propósito da aplicação do princípio da subsidiariedade ao casamento – ao afirmar que

> ... é só pela atribuição aos nubentes e cônjuges de um poder auto-regulativo primário que se poderá conduzir o instituto a uma idade verdadeiramente adulta.
>
> É da melhor tradição da cultura ocidental que o Estado não deve intervir onde as pessoas tenham as condições básicas de agir por si mesmas. Se não se lhes reconhecer a faculdade de auto-organização e autogoverno, elas tenderão a permanecer no estágio que corresponde à interveniência da tutela: o da incapacidade, na sua expressão técnico-jurídica, ou o da menoridade no sentido kantiano.[102]

Em texto mais recente, Villela foi ainda mais enfático:

101. Freudenstein, G. *Der Pecuniäre Contract in der Ehe.* 3. Aufl., Leipzig, Woldemar Urban, 1884, S. 1 apud Villela, João Baptista. *Liberdade* versus *autoridade no estatuto patrimonial do casamento...*, p. 73.

102. Villela, João Baptista. *Liberdade* versus *autoridade no estatuto patrimonial do casamento...*, p. 91-92.

> Legisla-se sempre, e cada vez mais, sobre o imaginável e o inimaginável, como se a regra do Estado apusesse aos assuntos uma espécie de selo de qualidade. Esta atitude supõe, mas também alimenta a *infantilização* das pessoas individualmente consideradas e a *castração* da sociedade civil. É como se umas e outra fossem incapazes de adotar, por si mesmas, regras de convivência e de composição dos seus interesses. E, portanto, devessem estar sob a permanente tutela de uma superorganização, o Estado, supostamente tão sábio, arguto, sensível e prudente, que lhes devesse ditar até mesmo como viver uma experiência amorosa. Na verdade, o casamento ou qualquer outra forma de associação íntima entre pessoas só interessa ao Estado sob dois estritos aspectos: a proteção dos filhos menores e a adequada liquidação de um eventual patrimônio promíscuo que se tenha formado.[103]

Bem se percebe haver razões para que o Estado não continue a regrar aspectos relacionados à intimidade da família, tal como os que dizem respeito às relações sexuais do casal. É legítimo inferir que a menor regulamentação da vida familiar importe a extinção de efeitos que, tradicionalmente, estejam ligados a essa regulamentação, como é o caso da regra *pater is est.*

Ainda no plano teleológico, a extinção da presunção de que o marido é pai dos filhos da mulher reforça o caráter voluntarista da assunção do vínculo, tão exaltado por todos os que têm especial apreço pelo critério socioafetivo.

Do ponto de vista prático, a revogação da regra *pater is est* evita as incontáveis dificuldades que surgem sempre que a mulher casada engravida de parceiro com quem não é casada, mesmo estando separada de fato.

Admitida a igualdade dos filhos matrimoniais e não-matrimoniais relativamente aos modos de estabelecimento da paternidade, nenhuma razão subsiste para que aos mesmos seja atribuído tratamento diferenciado relativamente à impugnação do vínculo paterno.

A não fixação de prazo para impugnar a paternidade destoa de outras regras relativas ao estabelecimento do vínculo paterno-filial. Três situações escapam da incidência do art. 1.601; situações nas quais o pai não pode impugnar a paternidade:

a) quando o reconhecimento tiver sido judicial, em razão da imutabilidade da coisa julgada;

b) quando filhos não-matrimoniais houverem sido reconhecidos voluntariamente, por ser irrevogável o reconhecimento dos mesmos (arts. 1.609 e 1.610 do Código Civil);

c) quando o vínculo paterno-filial resulta de adoção, por ser esta, igualmente, acobertada pelo manto da coisa julgada (art. 1.623 do Código Civil).

---

103. Villela, João Baptista. Família hoje, p. 71-86, esp. p. 80-81.

Fácil concluir: a perpetuidade do prazo para impugnar a paternidade tornou-se uma espada de Dâmocles para os filhos matrimoniais. Só para estes. O art. 1.601 do Código Civil faz com que a certeza sobre a paternidade dos filhos matrimoniais somente esteja assegurada após a morte do pai (e somente se ocorrida sem que este tenha iniciado a ação, porque, caso contrário, os herdeiros do impugnante podem continuá-la).

Outra incongruência do art. 1.601 do Código Civil é a que exsurge da justificação que lhe dão seus defensores. Afirmam que a "imprescritibilidade das ações de estado", da qual fazem derivar o direito vitalício de impugnar a paternidade de filhos matrimoniais, é um direito personalíssimo. Personalíssimo, de quem? Infere-se seja do filho, porquanto proclamado no Estatuto da Criança e do Adolescente, lei que cuida da "proteção integral à criança e ao adolescente" (art. 1º, Lei nº 8.069).

A incongruência está no fato de que o "direito à historicidade pessoal", do filho, está sendo tido, por parte da doutrina e dos julgados, como fundamento para a imprescritibilidade da ação do pai! Essa linha de interpretação, equivocada, faz com que um direito personalíssimo do filho redunde em sujeitá-lo, durante toda a vida do pai, à possibilidade de ter sua condição de filho impugnada.

A igualdade dos filhos, aplicada ao prazo da impugnação da paternidade, tem como efeito garantir igualdade de tratamento para filhos matrimoniais e não-matrimoniais, assegurando que o pai somente pode impugnar a filiação de todos, por erro, dolo ou coação, no prazo de 4 anos, em conformidade com o art. 178 do Código Civil, asseverando a inconstitucionalidade do art. 1.601 do Código Civil na parte em que torna imprescritível o direito do marido de impugnar a filiação dos filhos nascidos de sua mulher.[104-105]

Finalmente, se se admite que a proteção dos vínculos filiais é um consectário da proteção que o Estado deve à família, há que se admitir que a extensão do prazo decadencial para a ação de impugnação aos filhos matrimoniais é uma necessidade imposta pelo princípio da proteção estatal da família, ou, no mínimo, conforme a ele.

---

104. Em Portugal o referido prazo é de 2 anos (Código Civil, art. 1.842º); na Espanha (Código Civil, art. 136) e na Argentina (Código Civil, art. 259), de 1 ano; na França, de 6 meses (Código Civil, art. 326).

105. A inconstitucionalidade do art. 1.601 do Código Civil, por ofensa ao art. 227 da Constituição da República, foi vislumbrada por Sérgio Gishkow Pereira que, no entanto, a rejeitou sob o argumento de que "dificilmente esta construção teria base jurídica, pois resultaria em indeterminação completa sobre qual seria o prazo de prescrição, ou mais corretamente de decadência, que regeria a espécie (...)" A proposta de aplicação do prazo de 4 anos, com os argumentos expostos, afasta o referido temor de "indeterminação" do prazo. (Cf. Pereira, Sérgio Gishkow. A imprescritibilidade das ações de estado e a socioafetividade, p. 431).

8 A proteção à maternidade

8.1. *MATER SEMPER CERTA EST?*[1]

Sabe-se que a maternidade é quase sempre certa, em razão da notoriedade da gravidez. A impugnação da maternidade pode ocorrer na falta do vínculo biológico materno-filial. Entende-se que qualquer pessoa que tenha interesse material ou moral possui legitimidade para ajuizar a ação,[2-3] e que esta é "imprescritível".

A doutrina mais tradicional indica duas causas para a inexistência do vínculo da maternidade:

---

1. D. 2, 4, 5: "5. *Paulus libro IV. ad Edictum – quia semper certa est, etiamsi vulgo conceperit; pater vero is est, quem nuptiae demonstrant*".
2. Pereira, Lafayette Rodrigues. *Direitos de família,* p. 261-262. Lafayette ressalva que tal ação "não tem por fim destruir a presunção – *pater est quem nuptiae demonstrant* – entende somente com os filhos que não estão debaixo da proteção daquela máxima, como no caso de nulidade do casamento, de concepção antes do matrimônio etc." Tal afirmativa parece fundada no esquecimento de que a presunção *pater is...* baseia-se na presumível certeza da maternidade. Se se nega o próprio vínculo com a mãe, como pretender a prevalência da presunção *pater is...*, que é daquela dependente? Por isso, assiste razão a Pontes de Miranda: "A ação cabe, portanto, a todos aqueles a quem aproveita o julgamento da ilegitimidade: I) (...). II) (...). III) Pela prova do parto suposto, porque o art. 344 confere ao marido, privativamente, apenas o direito de impugnar a 'legitimidade' dos filhos nascidos de sua mulher, e o que se quer provar é o não-nascimento desses filhos ou desse filho, *a suppositio partus,* que os Códigos Penais inserem entre os crimes contra o estado civil. IV) Pela não-identidade da pessoa que se diz filho, uma vez que se trata igualmente de indivíduo não-nascido da mulher, o que também constitui crime (...)" *(Tratado de direito privado,* t. IX, p. 41).
3. No mesmo sentido de Pontes de Miranda: Beviláqua, Clóvis. *Direito da família,* p. 316-317.

a) parto suposto;[4]

b) falsa identidade do alegado filho.

O surgimento do exame de DNA propiciou maior certeza no estabelecimento do vínculo biológico e facilitou a prova. Em razão disso, outras situações capazes de ensejar a impugnação da maternidade (situações cuja prova, sem o referido exame, seria extremamente difícil ou impossível), ganharam relevo, tais como:

a) "adoção à brasileira" ou "de fato" (um casal registra como sua uma criança nascida de outrem, com a anuência explícita ou tácita dos pais biológicos);

b) substituição (troca involuntária de bebês);

e) maternidade por substituição, "gestação de substituição", "barriga de aluguel", "locação de útero" ou "maternidade de sub-rogação" (mulher gera embrião a partir do material genético de outra; cf. Enunciado nº 129, Jornada de Direito Civil);[5]

f) doação de óvulo.

Estes casos têm os seguintes elementos em comum: a mãe juridicamente estabelecida não é a mãe biológica; no Direito brasileiro o vínculo da maternidade não é protegido em relação a terceiros; o vínculo jurídico entre mãe e filho pode ser desfeito e, consequentemente, podem desaparecer todos os vínculos familiares do filho. Por isso, não há dúvida de que a impugnação do vínculo materno conduz a consequências muito mais graves do que a da paternidade.

Apesar de envolverem aspectos polêmicos, os exemplos fazem supor, de pronto, a necessidade de aprimoramento da legislação brasileira sobre a impugnação da maternidade.

---

4. Código Penal, Dec.-lei nº 2.848, de 07/12/1940: "Art. 242. Dar parto alheio como próprio; registrar como seu o filho de outrem; ocultar recém-nascido ou substituí-lo, suprimindo ou alterando direito inerente ao estado civil: Pena – reclusão, de 2 (dois) a 6 (seis) anos. Parágrafo único. Se o crime é praticado por motivo de reconhecida nobreza: Pena – detenção, de 1 (um) a 2 (dois) anos, podendo 'o juiz deixar de aplicar a pena'".

5. A maternidade por substituição é implicitamente admitida, no Direito brasileiro, pelo art. 9º, da Lei nº 9.263, de 12/01/1996: "Art. 9º. Para o exercício do direito ao planejamento familiar, serão oferecidos todos os métodos e técnicas de concepção e contracepção cientificamente aceitos e que não coloquem em risco a vida e a saúde das pessoas, garantida a liberdade de opção". A Resolução nº 1.358/1992, do Conselho Federal de Medicina, admite a "gestação de substituição" (doação temporária de útero) se a doadora genética tiver problema médico que impeça ou contraindique a gestação, acrescentando que "as doadoras temporárias do útero devem pertencer à família da doadora genética, num parentesco até o segundo grau, sendo os demais casos sujeitos à autorização do Conselho Regional de Medicina". Finalmente, determina que "a doação temporária de útero não poderá ter caráter lucrativo ou comercial". A jurisprudência francesa considerou ilícita qualquer convenção com o objetivo de transferir a filiação. Em 31 de maio de 1991 a Corte de Cassação julgou que a maternidade por substituição infringe a indisponibilidade do corpo humano e a do estado das pessoas. Assim, prevalece, na França, o entendimento de que a gestação determina quem é a mãe (Carbonier, Jean. *Droit civil,* t. 2, p. 240). No Brasil, Francisco Vieira Lima Neto entende ser o pacto ilícito *(A maternidade de substituição e o contrato de gestação por outrem*, p. 44); Taisa Maria Macena de Lima defende a licitude, observadas determinadas condições (*Filiação e biodireito*: uma análise das presunções em matéria de filiação em face da evolução das ciências biogenéticas, p. 143-161, esp. p. 147-150).

8.2. O ESTADO DA MATÉRIA NA LEGISLAÇÃO BRASILEIRA DESDE 1917

O único dispositivo do Direito brasileiro que se refere expressamente à impugnação da maternidade é o art. 1.608, do Código Civil de 2002, cujo conteúdo repete o art. 356, do Código Civil de 1916.

A referência expressa do art. 1.608 à mãe não exclui, segundo o entendimento dominante, a legitimidade de outros interessados para a propositura da ação (notadamente, o pai que consta no registro e seus herdeiros, o pai e a mãe biológicos, o próprio filho e seus herdeiros, o Ministério Público), porque se trata de se obter declaração de nulidade absoluta.[6]

Outro engano a ser evitado é a aparente restrição das provas de que se pode valer para impugnar o vínculo "(...) só poderá contestá-la, provando (...)". A prova, por qualquer meio, da não correspondência entre o registro e a maternidade biológica permite, segundo a opinião corrente, a contestação da maternidade, uma vez que a expressão "(...) falsidade do termo, ou das declarações neles contidas" (equivalente a "falsidade material ou ideológica") configura dicotomia que abrange todas as causas imagináveis de falsa maternidade.

Em sua literalidade, o art. 1.608 diz pouco a respeito do instituto, não permite antever sua natureza e induz a equívocos. Para se ter uma noção abrangente sobre a impugnação da maternidade é necessário, inicialmente, conjugar o art. 1.608 com os arts. 1.604 e 166, inciso VII, do Código Civil, e com o art. 242 do Código Penal, com a redação que lhe foi dada pela Lei nº 6.898, de 30 de março de 1981.

A doutrina e a jurisprudência frequentemente deixam de interpretar a impugnação da maternidade sob as luzes desses dispositivos, embora a consideração dos mesmos possa corroborar, à primeira vista, a conclusão tradicional de ser nulo o reconhecimento realizado segundo o tipo penal citado. Tal conclusão, no entanto, pode e deve ser afastada ao se considerar, num segundo momento, a moderna doutrina criminalista e os possíveis desdobramentos do *caput* do art. 226 da Constituição da República, como será analisado adiante.

8.3. APELO À RETÓRICA

O tratamento jurisprudencial da matéria demonstra que os tribunais aceitavam a solução legal, que não impõe limites à impugnação da maternidade. Recentemente, no entanto, surgiram decisões que a contrariam.

6. A quebra do vínculo pode fundar-se em anulabilidade. Embora aparentemente suscetíveis de anulação, por falta de correspondência genética, certos vínculos na verdade não o são ou não deveriam ser, mesmo nos quadros da legislação vigente, conforme será exposto.

Em 1953, o Tribunal de Justiça de São Paulo julgou admissível a retificação de registro de nascimento em caso de "adoção à brasileira" que impressiona por permitir ver os incríveis tormentos que o formalismo excessivo somado a uma equivocada ideia da filiação podem criar:

> Assento de nascimento – Engano – Filho de pais incógnitos registrado como legítimo de determinado casal – Retificação pretendida mediante averbação à margem do termo respectivo – Admissibilidade à vista da prova do erro – Art. 348 do Código Civil, com a redação dada pelo Decreto-lei nº 5.860, de 30 de setembro de 1943.
>
> (...)
>
> Relatam os autores J. R. P. e T. B. R. P. que, sendo casados desde 21 de novembro de 1941, estéril foi o seu consórcio até o presente, apesar de seu intenso desejo de ter filhos, para o que chegaram, até, a recorrer a tratamentos médicos. Desanimados de obter descendência direta, a que pudessem dispensar carinho e afeto paternal resolveram adotar uma criança, que viesse a ocupar, em seu lar, o lugar de filho, que fosse o objetivo mesmo de sua existência, vazia por essa lacuna.
>
> Manifestando esse desejo a várias pessoas de suas relações, em fins de outubro de 1951 vieram a receber um telefonema de pessoa que não se identificou, pedindo-lhes que comparecessem com urgência ao Hospital da Saúde, desta Capital, a fim de conhecerem uma moça que, dizendo-se vítima de um momento de irreflexão, concebera e estava prestes a dar à luz, prontificando-se, assim, a entregar-lhes o fruto de suas entranhas, sob o compromisso solene de que jamais procurariam conhecer-lhe a identidade.
>
> Assumido esse compromisso, a 26 de outubro daquele ano foi-lhes entregue a filha da aludida moça, nascida dois dias antes naquele Hospital, donde se retirou a puérpera pouco depois, tomando destino ignorado.
>
> No mesmo dia 26, dirigiu-se o autor-varão ao Cartório competente para fazer o registro da referida criança como filha adotiva do casal. Informado por um moço que se encontrava no Cartório não ser isso possível, por não ter o autor ainda 50 anos, aconselhou-o, entretanto, a efetuar o registro da criança como filha do casal, como era usual e lícito, conselho que lhe fora dado anteriormente, por outra pessoa.
>
> Feito dessa maneira o registro de nascimento, como se de fato se tratasse de uma filha do casal, foram os autores mais tarde, todavia, informados de que aquele registro, embora realizado com a mais absoluta boa fé e com o mais nobre intuito, constituía uma irregularidade, de possíveis graves consequências. Deliberando sanar aquela irregularidade, com toda a lealdade ingressaram em Juízo com esta ação, para o fim de ser declarado que a menor a que se refere o aludido assentamento é filha de pais incógnitos e não, como por engano foi declarado, filha legítima deles autores, fazendo-se à margem do termo respectivo a necessária averbação, reservando-se os autores, outrossim, o direito de, oportunamente, nos termos e pela forma prevista em lei, fazerem a adoção da criança em seu poder.[7]

7. São Paulo. TJSP, Apelação Cível nº 62.246, Rel. Des. Raphael de Barros Monteiro, acórdão de 09/04/1953, RT 212/310. Os nomes verdadeiros foram substituídos por iniciais pelo autor.

Em 1976 o Tribunal de Justiça de São Paulo confirmou a procedência de ação ajuizada por casal que requerera a anulação do registro de nascimento de menor púbere que até então tinha como neto:

> A verdade a respeito da origem desse menor está muito bem explicada nos autos; referido casal residia em Campos do Jordão e tinha três filhas; como desejasse uma criança do sexo masculino, pediu a um médico da Santa Casa que lhe conseguisse um menino para ser criado por ele; daí algum tempo o menino lhe foi entregue e desde então passou a viver na companhia do casal e das filhas legítimas; mas, algum tempo depois, V.S. veio a esta Capital e aqui acabou por registrá-lo como seu filho no Cartório do Registro Civil das Perdizes, dando-o como nascido de sua mulher D.M.M.A.C. Ao que tudo parece indicar, D.M.M.A.C. estava conivente com o registro falso, pois confirma o alegado por seu marido (fls. 98-99); e o fato era conhecido dos autores, na qualidade de avós maternos, pois o próprio autor-varão depôs no sentido de que, em princípio, não se opôs a que fosse feito o registro falso.[8]

O conflito entre a lei e o sentimento de justiça, a norma manifestamente injusta, abala o profissional do Direito. Nos últimos tempos, torna-se nítido o esforço jurisprudencial de dar aos casos concretos que envolvem impugnação do vínculo maternal soluções justas, ainda que contrárias às regras permissivas que regem a matéria no Direito brasileiro. O esforço de superação do texto legal faz-se notar pelo uso, às vezes exagerado, de argumentos retóricos.

Tome-se como exemplo dessa atitude a bela sentença de Carmen Bittencourt, Juíza de Direito em Taguatinga-DF, proferida em processo cujo objeto era a impugnação da maternidade de duas pessoas por um irmão interessado em não dividir a herança dos pais. O primeiro dos réus (uma mulher nascida em 1962) conviveu com a mãe por 27 anos, e com o pai por 36 anos; o outro (aparentemente nascido em 1982), conviveu com a mãe por 7 e com o pai por 16 anos. O convívio, em ambos os casos, somente cessou com a morte da mãe e do pai. A parte central da sentença que julgou improcedente o pedido deixa transparecer os dados essenciais deste caso de "adoção à brasileira":

> *Data maxima venia* dos que não comungam da opinião deste Juízo, pensamos que em matéria de Direito de Família não só o sistema de nulidades deva sofrer temperamentos, mas a própria lei civil, para abarcar as mudanças e as demandas sociais. Além de tudo, deve ter o julgador generosidade suficiente para equilibrar os interesses em conflito, optando antes pelo bem-estar do espírito do que pelo do bolso.
>
> Ao propor a presente ação, o autor se descuidou de valores importantes que devem reinar entre os membros que compõem uma família, tais como solidariedade e comunhão,

---

8. São Paulo. TJSP, Embargos Infringentes nº 241.614, Rel. Des. Andrade Junqueira, acórdão de 18/05/1976, *apud* Bussada, Wilson. *Código Civil brasileiro interpretado pelos tribunais,* v. 2, t. V, p. 253.

demonstrando querer apenas para si o fruto do trabalho de seu pai. Esqueceu-se de que ainda que alcançasse seu intento, jamais poderia apagar os anos de convivência desfrutados por seu pai e os réus, na qualidade de pai e filhos. Esqueceu-se de que estaria devolvendo-os à sociedade sem identidade e sem um sobrenome a que se relacionar. Esqueceu-se de que seria apenas o solitário detentor de um patrimônio maculado pelo egoísmo e desrespeito pela vontade de seu pai, demonstrada anos antes de seu nascimento e movida por sentimentos que hoje não tem condições de entender. Esqueceu-se de que poderia se arrepender deste gesto mesquinho, quando já fosse tarde demais.

Ressalte-se que, no exemplo citado, a impugnação do vínculo foi feita pelo "irmão" do impugnado. Nas impugnações aviadas pelo próprio perfilhador, as respostas dos tribunais têm sido ainda mais veementes:

> Descabe a pretensão anulatória do registro de nascimento do filho da companheira, lavrado durante a vigência da união estável, já que o ato tipifica verdadeira adoção, que é irrevogável. (TJRS, AC 598.300.028, 7ª C, Cív. Relª Desª Maria Berenice Dias, j. 18/11/1998).
>
> Quem, sabendo não ser o pai biológico, registra como seu filho de companheira durante a vigência de união estável estabelece uma filiação socioafetiva que produz os mesmos efeitos que a adoção, ato irrevogável. (TJRS, EI 599.277.365, 4º G. C. Cív., Relª Desª Maria Berenice Dias, DJRS, 21/10/1999)

8.4. O SISTEMA FRANCÊS

O estudo do Direito francês é particularmente importante para o estudo do instituto jurídico da filiação, por nele ter-se desenvolvido e sistematizado o instituto da "posse de estado" como técnica de estabilização dos vínculos filiais.

No Direito francês, a ação que visa a impugnar a maternidade é tradicionalmente denominada *action en contestation d'état* (ação de contestação de estado), por romper, em regra, não apenas o vínculo materno, mas, via de consequência, o paterno e todos os demais vínculos familiares do indivíduo.[9]

Saliente-se que os prazos relativos à propositura de ações de estado, na França, são tidos como prescricionais, logo, sujeitos, ordinariamente, à suspensão e à interrupção.[10]

Além disso, as ações de estado estão submetidas ao prazo máximo de prescrição de 10 anos. O termo inicial é a data em que o indivíduo se viu privado de seu estado, nas ações de reivindicação de estado, ou a em que tiver entrado na posse de estado, no caso de contestação.

9. Rubellin-Devichi, Jacqueline (Org.). *Droit de la famille*, p. 469.

10. Diferentemente, o Código Civil brasileiro de 2002 estabeleceu distinção entre prescrição e decadência baseada na doutrina de Peter Weir, segundo a qual as ações de estado são sujeitas à decadência, quando a lei estabelece prazo.

Pode-se concluir que, mesmo para o "outro genitor", o próprio indivíduo ou os "que se pretendem seus parentes verdadeiros" a ação de contestação de estado estará prescrita após 10 anos (no caso do próprio indivíduo pode-se somar a este prazo o da incapacidade absoluta, que suspende a prescrição). Até mesmo o direito de investigar os vínculos de filiação prescreve, naquele sistema.

Outro aspecto que diferencia o Direito francês do brasileiro, no tocante à filiação, é o que diz respeito à própria fixação do vínculo de filiação. No Brasil, como se sabe, ter um pai e uma mãe tem sido considerado um direito fundamental, como tal, indisponível. Prova disto é o art. 2º da Lei nº 8.560, de 29 de dezembro de 1992, que criou a investigação *ex officio*, a cargo do Ministério Público:[11]

> Art. 2º Em registro de nascimento de menor apenas com a maternidade estabelecida, o oficial remeterá ao juiz certidão integral do registro e o nome e prenome, profissão, identidade e residência do suposto pai, a fim de ser averiguada oficiosamente a procedência da alegação.

Na França, o sigilo é garantido. A doutrina entende, a propósito do art. 57, do Código Civil, ser autorizado ao declarante omitir o nome da mãe e do pai no termo de nascimento. Também a entrega da criança ao serviço de assistência social pode ser feita no anonimato. Do mesmo modo, na adoção. A defesa do sigilo suscita refletir: não tem, igualmente, o indivíduo, o direito fundamental de não conhecer a própria origem?

8.5. ESTABILIZAÇÃO DA FILIAÇÃO: PRAZO LEGAL *VERSUS* VERIFICAÇÃO *IN CONCRETO*

Sempre é possível indagar sobre a conveniência de haver fixação legal de termo ou prazo para direitos que, por sua natureza, são subordinados ao transcurso do tempo.

A fixação de termo ou prazo liga-se à segurança jurídica. Facilita aos destinatários das normas, aos órgãos aplicadores e aos profissionais do Direito a aferição da existência ou da inexistência do direito que lhe está submetido. Contribui, em outras palavras, para a maior operatividade do Direito.

É a regra, o que ocorre na maioria das vezes em que os direitos subjetivos têm com o tempo relação de dependência, como demonstram os muitos prazos prescricionais e decadenciais e os limites etários estabelecidos na legislação.

Algumas situações jurídicas do tempo dependentes ficam, no entanto, sujeitas à

11. O art. 7º da Convenção Internacional sobre os Direitos da Criança reconhece a todas as crianças o direito de conhecer seus pais, também conhecido como direito ao conhecimento da própria origem.

verificação judicial. Tal ocorre, por exemplo, na união estável. A lei somente exige, no tocante ao tempo, que seja proveniente de "relacionamento duradouro". O que seja "relacionamento duradouro", no entanto, é tarefa do juiz definir.

No Direito brasileiro, na ausência da "posse de estado", a estabilização dos vínculos de filiação ficaram a cargo de prazos decadenciais estabelecidos no Código Civil de 1916, os quais, em sua maior parte, foram mantidos no Código Civil de 2002, não obstante os ataques de parte da doutrina e da jurisprudência dominante do Superior Tribunal de Justiça.

Como visto, a par de estabelecer prazos (até mesmo para a investigação da paternidade) o Direito francês, bem como o italiano, o espanhol e o português, consagraram o instituto da "posse de estado".

Qual seria a melhor solução para repor o Direito brasileiro no caminho do respeito aos valores afetivos e sociais que permeiam, indubitavelmente, a filiação? Ambas as soluções são tecnicamente possíveis.

Melhor solução é combinar ambas, como fez o legislador francês, mediante a Ordenança nº 2005-759, de 4 de julho de 2005 que exige o transcurso de prazo mínimo de 5 anos para a caracterização da posse de estado.

8.6. IMPRESCRITIBILIDADE DAS AÇÕES DE ESTADO: PRINCÍPIO GERAL DO DIREITO?

Proclamada no art. 27 do Estatuto da Criança e do Adolescente (Lei nº 8.069/1990), a imprescritibilidade das ações de estado tem sido tomada, no Direito brasileiro, como decorrência natural e inevitável do princípio da dignidade da pessoa humana.

Que um tal juízo não é isento de críticas, demonstra-o o Direito comparado, conforme exposto nas seções anteriores.[12]

Há mais, no entanto. Mesmo nos limites do Direito brasileiro, a referida ideia não reinou sempre absoluta. Contrariou-a, em primeiro lugar, o art. 178, § 6º, inciso XII, do Código Civil de 1916, ao estabelecer a prescrição ânua da *ação dos herdeiros do filho para prova da legitimidade da filiação; contado o prazo da data do seu falecimento se houver morrido ainda menor ou incapaz.*

Contrariaram-na, ainda, opiniões de muitos que entenderam subordinarem-se as ações de estado (a de investigação da paternidade, inclusive) ao prazo

12. Prazos para investigar a paternidade há ou havia ainda na Inglaterra (1 ano), Suíça (1 ano), Bélgica (3 anos), Holanda (5 anos), Uruguai (5 anos), Portugal (1 ano após a morte do pretendido pai) (Cf. Gomes, Orlando; Carneiro, Nélson. *Do reconhecimento dos filhos adulterinos*, v. II, p. 621).

geral de prescrição estabelecido no Código Civil: Clóvis Beviláqua[13], Astolfo de Resende[14], Carlos Maximiliano[15], Filadelfo Azevedo[16], Lino de Morais Leme[17], Vieira Ferreira[18].

A referida divergência, levada aos tribunais, justificou o estabelecimento da Súmula nº 149, do Supremo Tribunal Federal, consagrando a imprescritibilidade da ação investigatória da paternidade e a prescritibilidade da de petição de herança.

8.7. ESPECULAÇÕES SOBRE OS EFEITOS DA TIPIFICAÇÃO PENAL

A Lei nº 6.898/1981, ao alterar o art. 242 do Código Penal, tipificou como crime o ato de "registrar como seu o filho de outrem", visando a dar ao agente tratamento mais benigno do que tinha até então. Antes da referida Lei, o registro de filho alheio apenas podia ser tipificado como falsidade ideológica em assentamento do registro civil (art. 299 e parágrafo único, do Código Penal).[19] A inserção da conduta no *caput* do art. 242 do Código Penal possibilitou a aplicação do perdão judicial previsto no parágrafo único do art. 242, se o crime for praticado por motivo de reconhecida nobreza.[20]

Note-se a via transversa adotada pelo legislador: a fim de possibilitar a não punição de quem houvesse registrado filho de outrem por motivo de reconhecida nobreza, tipificou como crime a referida conduta.[21]

Como é natural, o proceder tortuoso do legislador tem seu preço. O novo tipo penal produz, potencialmente, consequências graves nas esferas criminal e cível, deletérias não apenas para o autor do registro, como também para os demais interessados.

Na esfera criminal considera-se que a alteração agravou a situação do agente, porquanto, já era o entendimento dominante, a falsidade ideológica somente se

13. Beviláqua, Clóvis. *Código Civil comentado,* v. 2, p. 340.
14. Resende, Astolfo de. Parecer, p. 105.
15. Maximiliano, Carlos. *Direito das sucessões,* v. I.
16. Azevedo, Philadelpho, p. 455.
17. Leme, Lino de Morais, p. 1.
18. Ferreira, Vieira, p. 673.
19. O referido tipo penal estava previsto no Código Penal de 1969, promulgado pela Junta Militar mediante o Dec.-lei nº 1.004, de 21 de outubro de 1969, que nunca chegou a vigorar.
20. Fragoso, Heleno Cláudio. *Lições de direito penal,* v. II, p. 118.
21. "Com a nova redação do art. 242 do Código Penal dada pela Lei nº 6.898/1981, deu-se, sem dúvida alguma, nova tipificação penal ao fato de alguém registrar como seu filho de outrem ainda que por motivo de reconhecida nobreza, porquanto esse fato assim motivado é definido, agora, como crime que dá margem a detenção de um a dois anos, embora possa o juiz deixar de aplicar a pena. Anteriormente, ele só podia ser enquadrado no art. 299, conjugado com seu parágrafo único, do Código Penal, como falsidade ideológica, sendo o dolo específico o elemento subjetivo desse delito. E a jurisprudência – inclusive a desta Corte (RE nº 93.419, onde se invoca o HC nº 43.513) – entendia, predominantemente, que o motivo nobre afastava o dolo específico exigido pelo crime de falsidade ideológica" (*Habeas Corpus* nº 61.655-CE, RTJ 111/608).

configura quando há a finalidade de *prejudicar direito, criar obrigação ou alterar a verdade sobre fato juridicamente relevante.* Na falta desse intuito (dolo específico), crime não há. É o que explicou Celso Delmanto:

> Todavia, a doutrina e a jurisprudência mais modernas invariavelmente entendiam que não havia o crime quando a falsidade do registro era praticada por motivo nobre, ou seja, quando o falso beneficiava o menor em vez de prejudicar seus direitos. Corretamente, sustentava-se a atipicidade do fato, em vista da ausência do elemento subjetivo do tipo que o art. 299 requer (STF, RE 93.419, RT 551/404; TFR, APn 29, DJU 02/04/1980, p. 2.003; TJSP, Ap. 139.695, RT 542/339; Ap. 137.750, RT 528/322; TJRJ, Ap. 568, RT 525/428). A inovação introduzida teve, teoricamente, a intenção de beneficiar os autores daqueles registros. Na prática, porém, ela poderá até prejudicá-los. Na dependência de ser reconhecida ou não a existência do elemento subjetivo do tipo nesta figura (vide nota tipo subjetivo), aquelas pessoas só poderão obter o perdão judicial, em vez de conseguir a absolvição.[22]

Que efeitos a criminalização do registro de filho de outrem teria gerado na esfera cível? A tipificação penal de determinada conduta significa sua proibição. Por sua vez, a proibição legal induz à nulidade do ato, nos termos do art. 166, inciso VII, do Código Civil,[23] princípio que remonta ao Código de Justiniano (*C.* 1, 14, 5):

> Mandamos que em geral seja aplicável também a todas as interpretações das leis, tanto antigas como novas, de tal maneira que baste ao legislador tão só ter proibido o que não quer que se faça, e seja lícito inferir da vontade da lei o mais como se estivesse expresso, isto é, que se se tiver feito o que pela lei se proíbe fazer, não só se tenha por inútil, mas também por não feito, ainda quando o legislador somente tiver proibido que se faça, e não tiver dito especialmente, que deva ser inútil o que se fez. Mas ainda se se tiver seguido alguma coisa do feito com proibição da lei, ou por causa dela, mandamos que também esta seja inútil.[24]

Assim, poder-se-ia concluir que toda vez que o registro de filho de outrem configurasse crime, o reconhecimento seria inquinado de nulidade absoluta. O Tribunal de Justiça de Santa Catarina possui aresto nesse sentido: "O assento de nascimento decorrente de falsa declaração é nulo e, a todo tempo, a pessoa que tenha fundado interesse em torná-lo de nenhuma consequência, poderá, através de pretensão regularmente deduzida, requerer ao juiz que assim o declare".[25]

Mesmo admitindo que o ato que configura crime resulta nulidade na esfera

---

22. Delmanto, Celso. *Código penal comentado,* p. 385.

23. Para uma crítica do art. 145 do Código Civil de 1916, impreciso quanto a normas proibitivas: Carvalho, Francisco Pereira de Bulhões. *Sistemas de nulidades dos atos jurídicos,* p. 134-138.

24. *Cuerpo del derecho civil romano.* Segunda Parte, Código, Tomo I, p. 147.

25. Santa Catarina. TJSC, 2ª Câm. Cível, 04/07/1975, *RT,* v. 484, p. 186.

cível, não se há de admitir que a nulidade ocorra em todos os casos em que se dê o reconhecimento de filho de outrem como próprio.

Para que o ato do reconhecimento seja nulo é necessária a configuração de crime; para que crime haja, no entanto, é necessário mais do que a conduta objetiva, o tipo subjetivo, qual seja, o dolo, a intenção de registrar filho alheio como próprio.

Portanto, o registro de filho alheio não deve ser considerado nulo nem tampouco configurar crime quando o agente realiza o reconhecimento ignorando que o filho não é seu. Neste caso, ter-se-ia configurado erro por parte do agente. Erro que, segundo as técnicas do Direito Privado, somente sujeita o ato jurídico à anulabilidade.

É de concluir que, nesta perspectiva, qualquer que venha a ser a causa, o registro de filho alheio como próprio gera, no Direito brasileiro, nulidade do ato: nulidade absoluta ou relativa. Tudo depende do elemento subjetivo do autor do reconhecimento: se desconhecia que o registrando não era seu filho o ato poderia ser por ele anulado por erro; se tivesse agido com conhecimento da inexistência do vínculo, o ato seria absolutamente nulo, por infringir proibição legal.

Percebe-se aqui outra dificuldade: se o ato do reconhecimento é viciado por erro, por que não aplicar o limite de 4 anos para a mãe impugná-lo (Código Civil, art. 178)? Por que o entendimento generalizado e tradicional na doutrina e na jurisprudência de que "a ação é imprescritível"?[26]

Na mesma linha, no entanto, das indagações anteriores, pode-se perguntar: se o registro resultar de erro não deveria haver restrição dos legitimados a promover a anulação, com base no art. 177 do Código Civil?

Os argumentos expostos justificariam que os problemas enumerados na seção n. 8.1, *supra*, fossem solucionados de um só modo: em todos os casos a filiação que consta no registro civil não deveria resistir à impugnação uma vez comprovada a inexistência de liame biológico entre o filho e a mãe. Tal indesejável solução pode e deve ser afastada em homenagem à ética e à cultura, sem prejuízo do direito posto que, como será analisado, não impede, mas atende a esse anseio.

---

26. O art. 185 do Código Civil determina que aos atos jurídicos lícitos que não sejam negócios jurídicos sejam aplicadas as disposições relativas a estes, "no que couber". Pergunta-se: que disposições relativas aos negócios jurídicos não são aplicáveis aos atos jurídicos em sentido lato? Mota Pinto, tendo em mira o Direito português, sugere não devam ser aplicados aos "atos jurídicos pessoais" as normas inspiradas na tutela da confiança: "Assim, sempre que para um ato pessoal – perfilhação, adoção etc. – for relevante como causa de invalidade um qualquer fundamento (p. ex., erro), deve entender-se, na falta de preceito especial, que a relevância desse fundamento não exige o conhecimento, cognoscibilidade ou suspeita da sua existência pela contraparte, por não haver aqui, dado o conteúdo do negócio, quaisquer expectativas dignas de tutela" (Pinto, Carlos Alberto da Mota. *Teoria geral do direito civil,* p. 420). A passagem é de interesse não só por denotar a aplicação das regras a respeito dos atos jurídicos em geral à matéria, como por demonstrar que a referida aplicação não se pode dar sem as adaptações necessárias.

8.8. UM ARGUMENTO BASEADO NO CONCEITO DE TIPICIDADE MATERIAL E NA CONSTITUIÇÃO

A conclusão de que é nulo o reconhecimento realizado segundo o tipo penal citado pode e deve ser afastada ao se considerar a moderna doutrina criminalista bem como os possíveis desdobramentos do *caput* do art. 226 da Constituição da República.

A conclusão de que o ato de "registrar como seu o filho de outrem" é conduta legalmente proibida por ter sido tipificada no art. 242 do Código Penal deflui do tradicional conceito de "tipo penal".

Modernamente, contudo, a doutrina de Von Beling (1906), que conceitua crime como conduta típica antijurídica e culpável (chamada quadrangular, quadrimembrada, trinômico ou tridimensional) tem cedido terreno à doutrina funcionalista de Claus Roxin, que acrescenta a responsabilidade como um *plus* à culpabilidade. A responsabilidade refere-se ao fato de a conduta ser merecedora de pena no caso concreto, segundo os postulados da Política Criminal. Afastam-na a bagatela (ou princípio da insignificância), a falta de justa causa para o exercício do *jus persequendi in judicio* (a prescrição virtual, por exemplo), a adequação da conduta ao contexto social em que foi produzida. Tudo no sentido de se deixar o Direito Penal como a última *ratio* do sistema normativo, aplicável apenas às lesões realmente graves.[27]

Em outras palavras, a ausência da responsabilidade deve levar à absolvição por inexistência de crime e, portanto, de proibição fundada na tipificação penal.[28]

---

27. Constantino, Carlos Ernani. A responsabilidade no funcionalismo, p. 13-14

28. O princípio da insignificância tem encontrado acolhimento na jurisprudência brasileira: *"Ementa: Princípio da Insignificância. Identificação dos vetores cuja presença legitima o reconhecimento desse postulado de política criminal. Consequente descaracterização da tipicidade penal, em seu aspecto material. Delito de furto. Condenação imposta a jovem desempregado, com apenas 19 anos de idade. "Res furtiva" no valor de R$ 25,00 (equivalente a 9,61% do salário mínimo atualmente em vigor). Doutrina. Considerações em torno da jurisprudência do STF. Cumulativa ocorrência, na espécie, dos requisitos pertinentes à plausibilidade jurídica do pedido e ao 'periculum in mora'. Medida liminar concedida.* (...) Como se sabe, o princípio da insignificância – que deve ser analisado em conexão com os postulados da fragmentariedade e da intervenção mínima do Estado em matéria penal – tem o sentido de excluir ou de afastar a própria tipicidade penal, examinada na perspectiva de seu caráter material, consoante assinala expressivo magistério doutrinário expendido na análise do tema em referência (Francisco de Assis Toledo, *Princípios Básicos de Direito Penal*, p. 133/134, item n. 131, 5. ed., 2002, Saraiva; Cezar Roberto Bitencourt, *Código Penal Comentado*, p. 6, item n. 9, 2002, Saraiva; Damásio E. De Jesus, *Direito Penal – Parte G*eral, v. 1/10, item n. 11, *h*, 26. ed., 2003, Saraiva; Maurício Antonio Ribeiro Lopes, *Princípio da Insignificância no Direito Penal*, p. 113/118, item n. 8.2, 2. ed., 2000, RT, v. g.). O princípio da insignificância – que considera necessária, na aferição do relevo material da tipicidade penal, a presença de certos vetores, tais como (a) a mínima ofensividade da conduta do agente, (b) a nenhuma periculosidade social da ação, (c) o reduzidíssimo grau de reprovabilidade do comportamento e (d) a inexpressividade da lesão jurídica provocada – apoiou-se, em seu processo de formulação teórica, no reconhecimento de que o caráter subsidiário do sistema penal reclama e impõe, em função dos próprios objetivos por ele visados, a intervenção mínima do Poder Público em matéria penal. Isso significa, pois,

Contemporaneamente, faz-se a distinção entre "tipicidade formal" e "tipicidade material". Para a teoria monista-funcional do crime, o tipo penal envolve a exigibilidade da conduta conforme a norma:

> De todo o exposto, pode-se concluir nos seguintes termos: o ato de tipificar uma conduta como criminosa (isto é, a opção política por criminalizar) já parte do pressuposto da exigibilidade da conduta conforme a norma, razão pela qual em todos os "momentos" de verificação do injusto penal impõe-se indagar sobre tal circunstância. Logo, forçoso é reconhecer que as várias categorias dogmáticas carecem de autonomia, já que não passam de "momentos" ou "níveis" ou "graus" de aferição do caráter criminoso do fato. E, se assim é, não será exagero dizer que a tipicidade (total), num sistema funcional, compreende: a) a realização dos elementos do tipo (positivos, negativos e normativos); b) a ausência de causas gerais de justificação; e c) a ausência de causas especiais de justificação.[29]

Discute-se se há, ao lado das causas de exclusão de culpabilidade previstas em lei, outras, por inexigibilidade de conduta diversa. Segundo informa Paulo Queiroz, na doutrina estrangeira a resposta tem sido negativa. A doutrina brasileira majoritária, contudo, tem entendido que sim. Entre outros argumentos em favor da tese, afirma:

> ... admitir que só por meio de lei se possa reconhecê-la é, a um só tempo, votar reverência desmedida ao legislador, expressando uma desconfiança, também desmedida, à atuação do juiz, ignorando, assim, que interpretar é criar direito, inevitavelmente, dada a irredutível margem de livre apreciação judicial (Larenz). Finalmente, o princípio da divisão de poderes, que não é um fim em si mesmo, nem absoluto, há de estar a serviço

---

que o sistema jurídico há de considerar a relevantíssima circunstância de que a privação da liberdade e a restrição de direitos do indivíduo somente se justificarão quando estritamente necessárias à própria proteção das pessoas, da sociedade e de outros bens jurídicos que lhes sejam essenciais, notadamente naqueles casos em que os valores penalmente tutelados se exponham a dano, efetivo ou potencial, impregnado de significativa lesividade. Revela-se expressivo, a propósito do tema, o magistério de Edilson Mougenot Bonfim e de Fernando Capez ('*Direito Penal* – Parte Geral', p. 121/122, item n. 2.1, 2004, Saraiva): 'Na verdade, o princípio da bagatela ou da insignificância (...) não tem previsão legal no direito brasileiro (...), sendo considerado, contudo, princípio auxiliar de determinação da tipicidade, sob a ótica da objetividade jurídica. Funda-se no brocardo civil *minimis non curat praetor* e na conveniência da política criminal. Se a finalidade do tipo penal é tutelar um bem jurídico quando a lesão, de tão insignificante, torna-se imperceptível, não será possível proceder a seu enquadramento típico, por absoluta falta de correspondência entre o fato narrado na lei e o comportamento iníquo realizado. É que, no tipo, somente estão descritos os comportamentos capazes de ofender o interesse tutelado pela norma. Por essa razão, os danos de nenhuma monta devem ser considerados atípicos. A tipicidade penal está a reclamar ofensa de certa gravidade exercida sobre os bens jurídicos, pois nem sempre ofensa mínima a um bem ou interesse juridicamente protegido é capaz de se incluir no requerimento reclamado pela tipicidade penal, o qual exige ofensa de alguma magnitude a esse mesmo bem jurídico *(grifei).*" (Brasil. STF, *Habeas corpus* nº 84.412-SP, Rel. Min. Celso de Mello, acórdão de 29/06/2004, DJU 02/08/2004)

29. Queiroz, Paulo de Souza. *Direito penal,* p. 113.

> da realização dos valores constitucionais fundamentais, em especial a dignidade da pessoa humana (CF, art. 1º, III).[30]

Duas decisões, colacionadas pelo citado autor, ilustram a aplicação do referido entendimento:

> Uso de passaporte falso (art. 304 do CP). Inexigibilidade de conduta diversa, causa supralegal de exclusão da culpabilidade. I – Utilização de passaporte falso para permitir ingresso nos Estados Unidos da América por pessoa à procura de melhores oportunidades e condições de vida. II – Cabe ao juiz distinguir situações perigosas à ordem e à segurança jurídica daqueles que configuram meros "desvios de conduta". Precedente. III – Conduta que, apesar de adequada ao modelo legal do art. 304, do CP, não merece resposta penal. Não é justo nem jurídico responsabilizar penalmente o agente quando, nas circunstâncias, não lhe era exigível conduta diversa. IV – Recurso conhecido, porém improvido.
>
> Tóxico. Tráfico. Coação Moral Irresistível. Configuração. Caso Concreto. Sentença confirmada. Diante do quadro fático do caso, em que se mostra ré uma pobre mulher, catadora de papéis e latinhas de cerveja, mãe de dois filhos pequenos, moradora de casebre da periferia, refém do ex-amásio e traficante, que a obrigava a guardar e comercializar a droga, sob ameaça de tomar o filho, conforme provado nos autos, é de se confirmar a sentença de primeiro grau, que reconheceu a figura da coação irresistível em favor da acusada.[31]

Finalmente, atente-se para o *caput* do art. 226 da Constituição da República.

Cumpre ao Estado, pois, proteger a família. Vale dizer, qualquer família, uma vez que a Constituição da República de 1988 rompeu com os limites presentes nas Constituições anteriores, que relacionavam "família" ao "casamento".

Ocorre que, à evidência, inúmeros laços familiares e, mais do que isso, inúmeras famílias encontram-se ameaçadas pela fragilização dos vínculos que resultaria da aplicação do art. 242, do Código Penal, segundo a as técnicas tradicionais de interpretação do Direito Civil e do Direito Penal.

Assim, tem-se que o referido dispositivo, na parte em que criminaliza o ato de registrar como seu o filho de outrem deve ceder a uma "interpretação conforme a Constituição", para que sejam excluídas de sua abrangência as hipóteses em que os interessados não tenham tido interesses outros, senão os benévolos, principalmente, o de constituir família.

---

30. Op. cit., p. 220.

31. Brasil. TRF, 2ª Região, Ap. nº 1999.02.036277-3-RJ, 3ª T. Rel. Juiz convocado *Guilherme Drefendlhaeler*, acórdão de 01/12/1999, DJU 27 jun. 2000, p. 228.

8.9. UMA PROPOSIÇÃO BASEADA NAS ANTINOMIAS DAS REGRAS SOBRE FILIAÇÃO

O Direito de filiação brasileiro encontra-se repleto de graves antinomias, cujas origens são diversas: choque de princípios, regras antinômicas, concepções heterogêneas sobre o próprio conceito de filiação, perspectivas hermenêuticas distintas.

O quadro geral demonstra grave abalo do princípio da segurança jurídica na matéria.

Não se trata, como visto, de um fenômeno restrito ao Direito brasileiro. A evolução dos costumes e das técnicas científicas, que constitui a principal origem das perplexidades sobre a filiação, é fator de âmbito mundial. Prova disso são as constantes reformas a que se têm sujeitado, nesta parte, as ordens jurídicas estrangeiras, a exemplo do que ocorreu no Direito francês.

A Teoria Geral do Direito ensina que nas antinomias totais e nas lacunas as construções da Ciência do Direito são importante parâmetro de decisão que, no Brasil, é autorizado até mesmo pela legislação (art. 4º do Decreto-lei nº 4.657, de 4 de setembro de 1942, Lei de Introdução ao Código Civil).

Entre os institutos criados para estabilizar os vínculos de filiação, o que conta com respaldo geral da doutrina, tendo inspirado diversos sistemas jurídicos da família romano-germânica, está o da posse de estado de filho.

O art. 322 do Código Civil francês, em sua fórmula original, de 1804, estabeleceu a regra mais conhecida e repetida de estabilização dos vínculos filiais mediante o instituto da posse de estado: *Ninguém pode vindicar um estado contrário ao que lhe dá seu título de nascimento e a posse de estado conforme a este título.*

Com o passar do tempo, a referida regra ganhou novas dimensões: deixou de ser aplicável somente aos filhos matrimoniais, para incidir, do mesmo modo, em relação à filiação não-matrimonial; passou a representar obstáculo também a terceiros (art. 322, al. 2: *E reciprocamente, ninguém pode contestar o estado de quem tem uma posse conforme a seu título de nascimento*); a doutrina e a jurisprudência acrescentaram a impossibilidade de alegação do instituto, em caso de fraude ou de violência e, por último, a matéria veio a ser reformulada pela Ordenança 2005-759, que acrescentou dever ser a posse de estado contínua, pacífica, pública e não equívoca (art. 311-2).

O enunciado que confere à posse de estado função estabilizadora dos vínculos de filiação, com os acréscimos doutrinários já tradicionais e justificados pelo próprio conceito de "posse" é não só compatível com o Direito brasileiro vigente como é capaz de sintetizá-lo, no sentido da solução de suas muitas antinomias: *Ninguém pode vindicar estado contrário ao título de nascimento e a posse de estado conforme a este título, salvo em caso de fraude ou de violência.*

A referida regra coaduna-se com a distinção estabelecida na seção anterior entre reconhecimentos benevolentes, em que o vínculo de filiação conforme o registro deve ser protegido em plena conformidade com os art. 226 e 227 da Constituição da República, e reconhecimentos resultantes de atos criminosos, por fraude ou violência, em relação aos quais deve prevalecer o princípio da segurança pública.

Além disso, a regra permite a proteção não apenas dos vínculos de paternidade, como a dos de maternidade. A garantia dos vínculos de maternidade em situações isentas de fraude ou de violência pode ser inferida, sem dificuldade, no Direito brasileiro, dos arts. 226 e 227 da Constituição da República.

No tocante às regras legais, o referido critério é plenamente compatível com os dispositivos que estabelecem prazos para a quebra do vínculo de paternidade, servindo-lhes, inclusive, como justificativa.

Inversamente, ela explicita e diferencia os casos que sujeitam o vínculo à declaração de nulidade absoluta, independentemente de prazo, com apelo a valores que dizem respeito à segurança da sociedade, e que, por isso, gozam, igualmente, de *status* constitucional.

Referências Bibliográficas

1. OBRAS AVULSAS

ALEXY, Robert. *Teoría de los derechos fundamentales.* Madrid: Centro de Estudios Constitucionales, 1997.

ANDOLINA, Ítalo. *Il modello constituzionale del processo civile italiano: corso di lezioni.* Torino: Giappichelli, 1990.

ANDRADE, Victor Manoel. *Um diálogo entre a psicanálise e a neurociência.* São Paulo: Casa do Psicólogo, 2003.

ARISTÓTELES. *A política.* São Paulo: Martins Fontes, 1991.

ARISTÓTELES. *De anima: livros I, II e III.* São Paulo: Ed. 34, 2006.

ARISTÓTELES. *Ética a nicômacos.* 2. ed. Brasília: Universidade de Brasília, 1992.

ARISTÓTELES. *Órganon.* São Paulo: Edipro, 2005.

ASCENSÃO, José de Oliveira. *O direito: introdução e teoria geral.* 13. ed. Coimbra: Almedina, 2005.

ASSIS, Araken de. *Manual do processo de execução.* 7. ed. São Paulo: Revista dos Tribunais, 2001.

AZEVEDO, Álvaro Villaça. *Dever de coabitação:* inadimplemento. São Paulo: Bushatski, 1976.

AZEVEDO, Álvaro Villaça. *Estatuto da família de fato:* de acordo com o novo Código Civil, Lei nº 10.406, de 10/01/2002. 2. ed. São Paulo: Atlas, 2002.

________; AZEVEDO, Antônio Junqueira de (Coord.). *Comentários ao Código Civil:* Parte especial (arts. 1.711 a 1.783). Direito de família. São Paulo: Saraiva, 2003, v. 19.

BANDEIRA DE MELLO, Celso A. *O conteúdo jurídico do princípio da igualdade.* 3. ed. São Paulo: Malheiros, 1999.

BARBOSA, Rui. *Oração aos moços.* 8. ed. Rio de Janeiro: Ediouro, 1997.

BARROS, Fernanda Otoni. *Do direito ao pai.* 2. ed. Belo Horizonte: Del Rey, 2005.

BASTOS, Celso R.; MARTINS, Ives G. *Comentários à constituição do brasil:* Promulgada em 5 de outubro de 1988. São Paulo: Saraiva, 1989, v. 2.

________; BRITTO, Carlos Ayres. *Interpretação e aplicabilidade das normas constitucionais.* São Paulo: Saraiva, 1982.

BASTOS, Filinto Justiniano Ferreira. *Manual de direito público e de direito constitucional brasileiro:* de conformidade com o programa da Faculdade de Direito da Bahia. Bahia: Joaquim Ribeiro & Co., 1914.

BEVILÁQUA, Clóvis. *Código civil dos estados unidos do brasil comentado.* 4. ed. Rio de Janeiro: Francisco Alves, 1933, v. II.

________. *Código civil dos estados unidos do brasil comentado.* 5. ed. Rio de Janeiro: Francisco Alves, 1936, v. I.

________. *Direito da família.* 9. ed. Rio de Janeiro: Freitas Bastos, 1959.

BIANCA, Cesare Massimo. *Diritto civile*: la famiglia – le successioni. 4. ed. Milano: Giuffrè, 2005, v. II.

BITTAR, Carlos Alberto. *Direito de família. 2. ed. Rio de Janeiro: Forense Universitária, 1993.*

BONAVIDES, Paulo. *Curso de direito constitucional.* 9. ed. São Paulo: Malheiros, 2000.

BOSCARO, Márcio Antonio. *Direito de filiação.* São Paulo: Revista dos Tribunais, 2002.

BOTELLA, César. L'Homosexualité(s): vicissitudes du narcissisme. *Revue Française de Psychanalyse* 4, v. LXII, 1999.

BOULANGER, François. *Droit civil de la famille*: aspects internes et internationaux. 2. ed. Paris: Economica, 1992, t. 1.

BUENO SALINAS, Santiago. *Tratado general de derecho canónico.* Barcelona: Atelier, 2004.

CAMPILONGO, Celso Fernandes. *Direito e democracia.* 2. ed., São Paulo: Max Limonad, 2000.

CAMPOS, Diogo Leite de. *Lições de direito da família e das sucessões.* Coimbra: Almedina, 1990.

CAMPOS, Francisco. *Direito constitucional.* Rio de Janeiro: Freitas Bastos, 1956, v. I.

CANARIS, Claus-Wilhelm. *Pensamento sistemático e conceito de sistema na ciência do direito.* 3. ed. Lisboa: Calouste Gulbenkian, 2002.

CANOTILHO, J. J. Gomes. *Direito constitucional.* 6. ed. Coimbra: Almedina, 1993.

________ ; VITAL MOREIRA. *Constituição da república portuguesa anotada.* São Paulo: Revistas dos Tribunais, 2007.

CARBONIER, Jean. *Droit civil:* la famille, l'enfant, le couple. 21ª ed. Paris: PUF, 2002.

CARPENTER, Luiz F. *Da prescrição.* 3. ed. Rio de Janeiro: Nacional de Direito, 1958.

CARVALHO SANTOS, J. M. de. *Código civil brasileiro interpretado: direito de família.* Rio de Janeiro: Calvino Filho, 1934, v. V.

CARVALHO, Francisco Pereira de Bulhões. *Sistemas de nulidades dos atos jurídicos.* 2. ed. Rio de Janeiro: Forense, 1981.

CARVALHO, Kildare. *Direito constitucional.* 12. ed. Belo Horizonte: Del Rey, 2006.

________. *Técnica legislativa.* Belo Horizonte: Del Rey, *1993.*

CHIOVENDA, Giuseppe. *Instituições de direito processual civil.* Campinas: Bookseller, 1998, v. 1.

CÍCERO, Marco Túlio. *Dos deveres.* São Paulo: Martin Claret, 2005.

CICU, Antonio. *La filiazione.* Torino: Unione Tipografico-editrice Torinese, 1939.

CINTRA, Antônio Carlos de Araújo; GRINOVER, Ada Pellegrini; DINAMARCO, Cândido Rangel. *Teoria geral do processo.* 12. ed. São Paulo: Malheiros, 1996.

CIPPITANI, Roberto. *La ricerca giuridica e il diritto di famiglia.* Milano: Giuffrè, 1998.

CONSELHO PONTIFÍCIO PARA A FAMÍLIA. *Família, matrimônio e "uniões de fato".* São Paulo: Paulinas, 1981.

CORDEIRO, António Menezes. *Tratado de direito civil português:* Parte geral. 3. ed. Coimbra: Almedina, 2005, v. 1, t. I.

CORREA, Carlos Pinto. O afeto no tempo. *Estudo psicanalítico,* n. 28, set. 2005.

COSTA, José Rubens. *Tratado do processo de conhecimento.* Rio de Janeiro: Juarez de Oliveira, 2003.

CRETNEY, S. M.; MASSON, J. M.; BAILEY-HARRIS, R. *Principles of family law*. 7th ed. London: Sweet & Maxwell, 2003.

CREWS, Frederic. *Unauthorized Freud*. Nova York: Viking, 1998.

Cuerpo del derecho civil romano: Código. Trad. D. Ildefonso L. García del Corral. Barcelona: Jaime Molinas, 1892, t. I. Edição fac-similada.

Cuerpo del derecho civil romano: Instituta – Digesto. Trad. D. Ildefonso L. García del Corral. Barcelona: Jaime Molinas, 1889, t. I. Edição fac-similada.

DEGENNE, Alain; FORSÉ, Michel. *Les réseaux sociaux*. 2. ed. Paris: Armand Colin, 2004.

DELMANTO, Celso. *Código penal comentado*. São Paulo: Renovar, 1986.

DEL VECCHIO, Giorgio. *Lições de filosofia do direito*. 5. ed., Coimbra: Arménio Amado, 1979.

DEMOULIN-AUZARY, Florence. *Les actions d'état en droit romano-canonique: mariage et filiation (XIIe-XVe siècles)*. Paris: LGDJ., 2004.

DIAS, Maria Berenice. *Homoafetividade – o que diz a justiça:* as pioneiras decisões do tribunal de justiça do Rio Grande do Sul que reconhecem direitos às uniões homossexuais. Porto Alegre: Livraria do Advogado, 2003.

________. *Manual de direito das famílias*. 4. ed. São Paulo: Revistas dos Tribunais, 2007.

________. *União homossexual: o preconceito & a justiça*. 3. ed. Porto Alegre: Livraria do Advogado, 2006.

DINIZ, Márcio Augusto de Vasconcelos. *Constituição e hermenêutica constitucional*. Belo Horizonte: Mandamentos, 1998.

DINIZ, Maria Helena. *Curso de direito civil brasileiro:* direito de família. 17. ed. São Paulo: Saraiva, 2002, v. 5.

DWORKIN, Ronald. *Levando os direitos a sério*. São Paulo: Martins Fontes, 2002.

ESPÍNOLA, Eduardo. *A família no direito civil brasileiro*. Rio de Janeiro: Conquista, 1957.

ESPINOSA, Baruch de. *Ética:* demonstrada à maneira dos geômetras. São Paulo: Nova Cultural, 1997. (Coleção Os Pensadores)

ESTERSON, Allen. *Seductive mirage*: An Exploration of the Work of Sigmund Freud. Peru: Open Court, 1993.

EYSENCK, Hans H. *Decadência e queda do império freudiano*. Rio de Janeiro: Civilização Brasileira, 1993.

FACHIN, Luiz Edson. *Comentários ao novo código civil:* Do direito de família. Do direito pessoal. Das relações de parentesco, v. XVIII. Rio de Janeiro: Forense, 2003.

________. *Estabelecimento da filiação e paternidade presumida*. Porto Alegre: Sérgio Antônio Fabris, 1992.

FERRAZ JÚNIOR, Tércio Sampaio. *A ciência do direito*. 2. ed. São Paulo: Atlas, 1980.

FIUZA, César. *Direito civil: Curso completo*. 4. ed. Belo Horizonte: Del Rey, 2001.

FONSECA, Arnoldo Medeiros da. *Investigação de paternidade*. 3. ed. Rio de Janeiro: Forense, 1958.

FRAGOSO, Heleno Cláudio. *Lições de direito penal*. 5. ed. Rio de Janeiro: Forense, 1986, v. II.

FREITAS, Teixeira de. *Consolidações das leis civis*. 3. ed. Rio de Janeiro: Garnier, 1876, v. I.

FUSTEL DE COULANGES, Numa Denis. *A cidade antiga*. 4. ed. São Paulo: Martins Fontes, 1998.

GADAMER, Hans-Georg. *Verdad y metodo*. 7. ed. Salamanca: Sígueme, 1997.

GARCÍA MÁYNEZ, Eduardo. *Introducción al estudio del derecho*. 44. ed. Ciudad del México: Porrua, 1992.

GOMES, Orlando. *Direito de família*. 7. ed. Rio de Janeiro: Forense, 1992.

________. *Introdução ao direito civil*. 10. ed. Rio de Janeiro: Forense, 1993.

________; CARNEIRO, Nélson. *Do reconhecimento dos filhos adulterinos*, 2. ed. Rio de Janeiro: Forense, 1958, v. II.

GONÇALVES, Aroldo Plínio. *Técnica processual e teoria do processo*. Rio de Janeiro: Aide, 1992.

GONÇALVES, Carlos Roberto. *Direito civil brasileiro*. São Paulo: Saraiva, 2005, v. VI.

GRÜNBAUM, Adolf. *The foundations of psychoanalysis*: A Philosophical Critique. Los Angeles: University of California, 1984.

GUSMÃO, Paulo Dourado de. *Dicionário de direito de família:* Verbetes com jurisprudência. 2. ed. Rio de Janeiro: Forense, 1987.

HABERMAS, Jürgen. *Direito e democracia:* entre facticidade e validade. 2. ed. Rio de Janeiro: Tempo Brasileiro, 2003, v. I.

HESSE, Konrad. *Derecho constitucional y derecho privado*. Madrid: Civitas, 1995.

HESSE, Konrad. *Elementos de direito constitucional da república federal da Alemanha*. Porto Alegre: Sérgio Antônio Fabris, 1998.

HESSEN, Johannes. *Teoria do conhecimento*. São Paulo: Martins Fontes, 2003.

HOBBES. *Leviatã*. São Paulo: Abril, 1979.

HOLANDA, Sérgio Buarque de. *Raízes do Brasil*. 26. ed. São Paulo: Companhia das Letras, 2006.

HORGAN, John. *A mente desconhecida: Por que a ciência não consegue replicar, medicar e explicar o cérebro humano*. São Paulo: Companhia das Letras, 2002.

JACQUES, Paulino. *Da igualdade perante a lei*. 2. ed., Rio de Janeiro: Forense, 1957.

JOÃO PAULO II. *A missão da família cristã no mundo de hoje:* exortação apostólica de João Paulo II. 9. ed. São Paulo: Paulinas, 1981.

KANT, Immanuel. *Crítica da razão pura*. 3. ed. Lisboa: Calouste Gulbenkian, 1994.

KANT, Immanuel. *Fundamentação da metafísica dos costumes e outros escritos*. São Paulo: Martin Claret, 2005.

KELSEN, Hans. *A democracia*. São Paulo: Martins Fontes, 1993.

________. *Teoria pura do direito*. 2. ed. São Paulo: Martins Fontes, 1987.

KOWALIK, Adam. *Direito canônico familiar:* perspectivas. Santa Maria: Biblos, 2003.

KUHN, Thomas S. *A estrutura das revoluções científicas*. 8. ed. São Paulo: Perspectiva, 2003.

LAKOFF, Robin Tolmach; COYNE, James C. *Father knows best:* the use and abuse of power in Freud's Case of 'Dora'. New York: Teachers College, 1993.

LARENZ, Karl. *Metodología de la ciencia del derecho*. Barcelona: Ariel, 1994.

LEITE, Eduardo de Oliveira. *Direito civil aplicado. Direito de família*. São Paulo: Revista dos Tribunais, 2005, v. 5.

________. *Famílias monoparentais*. 2. ed. São Paulo: Revista dos Tribunais, 2003.

LEMIEUX, Vincent; OUIMET, Mathieu. *L'analyse structurale des réseaux sociaux*. Bruxelles: De Boeck, 2004.

LÉVI-STRAUSS, Claude. *As estruturas elementares do parentesco.* 3. ed. Petrópolis: Vozes, 2003.

LEXICON: dicionário teológico enciclopédico. São Paulo: Loyola, 2003.

LUCAS VERDÚ, Pablo. *Curso de derecho político.* 3. ed. Madrid: Tecnos, 1986, v. II.

MACMILAN, Malcolm. *Freud evaluated.* Cambridge: MIT, 1997.

MARTIN-RETORTILLO, Sebastian Baquer. *El derecho civil en la génesis del derecho administrativo y de sus instituciones.* 2. ed. Madrid: Civitas, 1996.

MARTINS, Maria D'Oliveira. *Contributo para a compreensão da figura das garantias institucionais.* Coimbra: Almedina, 2007.

MASSIP, Jacques. *Le nouveau droit de la filiation.* Paris: Defrénois, 2006.

MAXIMILIANO, Carlos. *Direito das sucessões.* 2. ed. Rio de Janeiro: Freitas Bastos, 1942, v. I, p. 311.

MÁYNEZ, Eduardo García. *Introducción al estudio del derecho.* 44. ed. Mexico: Porrua, 1992, p. 128.

MERCKLÉ, Pierre. *Sociologie des réseaux sociaux.* Paris: La Decouverte, 2004.

MINISTÉRIO DO PLANEJAMENTO, ORÇAMENTO E GESTÃO. *Síntese de Indicadores Sociais:* uma análise das condições de vida da população brasileira 2007. Rio de Janeiro: IBGE, 2007.

MIRANDA, Jorge. *Manual de direito constitucional.* 3. ed. Coimbra: Coimbra Editora, 1996, t. II.

MONTEIRO, Washington de Barros. *Curso de direito civil.* 33. ed. São Paulo: Saraiva, 1995, v. 1.

________. *Curso de direito civil.* 31. ed. São Paulo: Saraiva, 1994, v 2.

MORAES, Alexandre de. *Direito constitucional.* 10. ed. São Paulo: Atlas, 2001.

MURDOCK, George Peter. *Social structure.* New York: Macmillan, 1949.

NADER, Paulo. *Curso de direito civil,* v. 5. Rio de Janeiro: Forense, 2006.

NEGRÃO, Theotonio. *Código Civil e legislação civil em vigor.* 20. ed. São Paulo: Saraiva, 2001.

OLIVEIRA, Guilherme de. *Critério jurídico da paternidade.* Coimbra: Almedina, 2003.

OLIVEIRA, José Lamartine Corrêa de. *O conceito de pessoa jurídica.* 1962. Tese (Doutorado em Direito) – Faculdade de Direito, Universidade Federal do Paraná, Curitiba, 1962.

________; MUNIZ, Francisco José Ferreira. *Direito de família:* Direito matrimonial. Porto Alegre: Sérgio Antônio Fabris, 1990.

OLIVEIRA, Marcelo Andrade Cattoni de. *Tutela jurisdicional e Estado Democrático de Direito:* por uma compreensão constitucionalmente adequada do mandado de injunção. Belo Horizonte: Del Rey, 1998.

OUTHWAITE, William; BOTTOMORE, Tom. *Dicionário do pensamento social do século XX.* Rio de Janeiro: Jorge Zahar, 1996.

PEREIRA, Lafayette Rodrigues. *Direitos de família.* 5. ed. São Paulo: Freitas Bastos, 1956.

PEREIRA, Rodrigo da Cunha. *A sexualidade vista pelos tribunais.* 2. ed. Belo Horizonte: Del Rey, 2001.

________. *Direito de família:* uma abordagem psicanalítica. 3. ed. Belo Horizonte: Del Rey, 2003.

________. *Princípios fundamentais norteadores do Direito de Família.* Belo Horizonte: Del Rey, 2006.

PÉREZ L., Antonio E. *Derechos humanos, estado de derecho y constitución,* 6. ed. Madrid: Tecnos, 1999.

PERLINGIERI, Pietro. *Perfis do direito civil:* introdução ao direito civil constitucional. Rio de Janeiro: Renovar, 1997.

PETIT, Eugène. *Tratado elementar de direito romano.* Campinas: Russel, 2003.

PIMENTA BUENO, José Antonio. *Direito publico brazileiro e analyse da Constituição do Imperio.* Rio de Janeiro: J. Villeneuve e C., 1857.

PINTO, Carlos Alberto da Mota. *Teoria geral do direito civil.* 3. ed. Coimbra: Coimbra Editora, 1991.

PONTES DE MIRANDA, Francisco Cavalcanti. *Comentários à Constituição de 1967.* São Paulo: Revista dos Tribunais, 1967, t. IV.

________. *Tratado de direito de família.* 3. ed. São Paulo: Max Limonad, 1947, v. I.

________. *Tratado de direito de família,* 3. ed. São Paulo: Max Limonad, 1947, v. II.

________. *Tratado de direito privado.* 4. ed. São Paulo: Revista dos Tribunais, 1983, t. I.

________. *Tratado de direito privado.* 4. ed. São Paulo: Revista dos Tribunais, 1983, t. IX.

POPPER, Karl. *Conjecturas e refutações.* Coimbra: Almedina, 2003.

________. *Lógica das ciências sociais.* 2. ed. Rio de Janeiro: Tempo Brasileiro, 1999.

PREFEITURA MUNICIPAL DE BELO HORIZONTE. AMAS. *Famílias de crianças e adolescentes:* Diversidade e movimento. Belo Horizonte, 1995.

QUEIROZ, Paulo de Souza. *Direito penal:* introdução crítica. São Paulo: Saraiva, 2001.

RADBRUCH, Gustav. *Filosofia do direito.* 6. ed. Coimbra: Arménio Amado, 1979.

RICOEUR, Paul. *Interpretação e ideologias.* Rio de Janeiro: Francisco Alves, 1977.

RIZZARDO, Arnaldo. *Direito de família.* Rio de Janeiro: Aide, 1994, v. II.

ROCHA, Cármen L. A. *O princípio constitucional da igualdade.* Belo Horizonte: Lê, 1990.

ROCHA, Marco Túlio de Carvalho. *A igualdade dos cônjuges no direito brasileiro.* Belo Horizonte: Del Rey, 2001.

RODRIGUES, Silvio. *Direito civil: Direito de família.* 27. ed. São Paulo: Saraiva, 2002, v. 6.

ROUDINESCO, Elisabeth. *A família em desordem.* Rio de Janeiro: Jorge Zahar, 2003.

ROUDINESCO, Elisabeth. *Por que a psicanálise?* Rio de Janeiro: Jorge Zahar, 2000.

________; PLON, Michel. *Dicionário de psicanálise.* Rio de Janeiro: Jorge Zahar, 1998.

ROUSSEAU, Jean-J. *Discurso sobre a origem e os fundamentos das desigualdades entre os homens.* São Paulo: Abril, 1979. (Coleção Os Pensadores)

RUBELLIN-DEVICHI, Jacqueline (Org.) *Droit de la famille.* Paris: Dalloz, 1999, p. 469.

SALGADO, Joaquim Carlos. *A ideia de justiça em kant:* seu fundamento na liberdade e na igualdade. Belo Horizonte: UFMG, 1986.

SANTOS, J. M. de Carvalho. *Código Civil brasileiro interpretado:* parte geral (arts. 43-113). Rio de Janeiro: Calvino Filho, 1934, v. II.

________. *Código Civil brasileiro interpretado:* direito de família (arts. 180-254). Rio de Janeiro: Calvino Filho, 1934, v. IV.

SARLET, Ingo Wolfgang. *Dignidade da pessoa humana e direitos fundamentais na Constituição Federal de 1988.* 4. ed. Porto Alegre: Livraria do Advogado, 2006.

SAVIGNY, F. C. di. *Sistema del diritto romano attuale.* Torino: Unione Tipografico, 1886, v. primo.

SCHLÜTER, Wilfried. *Código Civil alemão:* Direito de família. Porto Alegre: Sérgio Antônio Fabris, 2002.

SCHMITT, Carl. *Teoría de la constitución*. Madrid: Editorial de Derecho Privado, s. d.

SILVA, De Plácido e. *Vocabulário jurídico*. 22. ed. Rio de Janeiro: Forense, 2003.

SILVA PEREIRA, Caio Mário da. *Instituições de direito civil*. 14. ed. Rio de Janeiro: Forense, 2004, v. V.

________. *Instituições de direito civil*. 9. ed. Rio de Janeiro: Forense, 1986, v. I.

________. *Reconhecimento de paternidade e seus efeitos*. 5. ed. Rio de Janeiro: Forense, 1998.

SILVA, José Afonso da. *Curso de direito constitucional positivo*. 16. ed. São Paulo: Malheiros, 1999.

SOUZA NETO, José Soriano de. *Do reconhecimento voluntário dos filhos ilegítimos*. 2. ed. São Paulo: Typographia Academica, 1928.

STACK, Carol. *All our kin*: strategies for survival in a black community. New York: Basic Books, 1974.

STRUCHINER, Noel. *Direito e linguagem: uma análise da textura aberta da linguagem e sua aplicação ao direito*. São Paulo: Renovar, 2002.

THEODORO JÚNIOR, Humberto. *Curso de direito processual civil:* Procedimentos especiais. 7. ed. Rio de Janeiro: Forense, 1993, v. III. p. 128.

THERBORN, Göran. *Sexo e poder:* a família no mundo, 1900-2000. São Paulo: Contexto, 2006.

THORNE, Barrie; YALOM, Marilyn (Org.). *Rethinking the family*: some feminist questions. Boston: Northeastern University, 1982.

TORREY, E. Fuller. *Freudian fraud:* the malignant effect of Freud's theory on American thought and culture. New York: Haper-Collins, 1992.

VASCONCELOS, Rita de Cássia Corrêa. *A impenhorabilidade do bem de família e as novas entidades familiares*. São Paulo: Revista dos Tribunas, 2002.

VELLOSO, Andrei Pitten. *Conceitos e competências tributárias*. São Paulo: Dialética, 2005.

VELOSO, Zeno. *Direito brasileiro da filiação e paternidade*. São Paulo: Malheiros, 1997.

VENOSA, Sílvio de Salvo. *Direito civil*. 3. ed. São Paulo: Atlas, 2003, v. I.

________. *Direito civil*. 3. ed. São Paulo: Atlas, 2003, v. VI.

VILLELA, João Baptista. *Liberdade* versus *autoridade no estatuto patrimonial do casamento. 1984*. Tese de concurso para professor titular da Universidade Federal de Minas Gerais. Belo Horizonte, 1984.

VISCONDE DO URUGUAY. *Estudos praticos sobre a administração das provincias no Brasil:* primeira parte. Rio de Janeiro: Garnier, 1865, t. II.

WALD, Arnoldo. *O novo direito de família*. 15. ed. São Paulo: Saraiva, 2004.

WEBSTER, Richard. *Por que Freud errou*: pecado, ciência e psicanálise. São Paulo: Record, 1999.

WIEACKER, Franz. *História do direito privado moderno*. Lisboa: Calouste Gulbenkian, 1980.

WILSON, William Julius. *The truly disadvantaged*: the inner city, the underclass, and public policy. Chicago: The University of Chicago, 1988.

2. ARTIGOS

ALBUQUERQUE FILHO, Carlos Cavalcanti. A situação jurídica das pessoas que vivem sozinhas. *Revista Brasileira de Direito de Família,* Porto Alegre: Síntese/IBDFAM, n. 11, p. 59-70, out./dez., 2001.

AUER, Andreas. Les "Mesures positives" en faveur des femmes en droit americain. In: MORAND, Charles-Albert (Coord.). *L'égalité entre hommes et femmes.* Lausanne: Payot, 1988, p. 229-252.

AZEVEDO, Álvaro Villaça. Do bem de família. In: DIAS, Maria Berenice; PEREIRA, Rodrigo da Cunha (Coords.). *Direito de família e o novo Código Civil.* Belo Horizonte: Del Rey, 2001.

BADEL, Maryse; GILES, Anne-Marie; LABORDE, Jean-Pierre; LACOSTE, Valérie; SUBRENAT, Monique. La réference au lien familial pour l'accès aux droits sociaux. In: *Dossiers d'Études.* Allocations Familiales, n. 46, Comptrasec CNRS, Université Bordeaux 4, p. 13, jul. 2003.

CALLIOLI, Eugênio C. A igualdade jurídica entre o homem e a mulher: uma manifestação do direito como justo. *Revista de Direito Civil,* n. 49, p. 24-35, esp. 30.

CAMBI, Eduardo. *Jornal Síntese,* a. 5, n. 59, p. 19-20, jan. 2002.

________. Premissas teóricas das uniões extramatrimoniais no contexto da tendência da personificação do direito de família. In: WAMBIER, Teresa Arruda Alvim; LEITE Eduardo de Oliveira (Coords.). *Repertório de doutrina sobre direito de família:* Aspectos constitucionais, civis e processuais. São Paulo: Revista dos Tribunais, 1999, v. 4, p. 132-135.

CONSTANTINO, Carlos Ernani. A responsabilidade no funcionalismo. *Jornal Síntese,* ano 8, n. 88, jun./2004, p. 13-14.

CORDEIRO, António Menezes. Introdução à edição portuguesa. In: CANARIS, Claus-Wilhelm. *Pensamento sistemático e conceito de sistema na ciência do direito.* 3. ed. Lisboa: Calouste Gulbenkian, 2002, p. LXXVII.

FACHIN, Rosana. Da filiação. In: DIAS, Maria Berenice; PEREIRA, Rodrigo da Cunha (Coords.). *Direito de família e o novo Código Civil.* Belo Horizonte: Del Rey, 2001, p. 111-124.

FARIAS, Cristiano Chaves de. Direito Constitucional à família (ou famílias sociológicas x famílias reconhecidas pelo direito: um bosquejo para uma aproximação conceitual à luz da legalidade constitucional). *Revista Brasileira de Direito de Família.* Porto Alegre: Síntese/IBDFam, n. 23, p. 5-21, abr.-maio 2004.

FIM de uma longa espera de 16 anos. *Estado de Minas,* Belo Horizonte, 11 nov. 2002. Caderno Nacional, p. 9.

FRANK, Rainer. L'établissement et les conséquences de la filiation maternelle et paternelle en droit européen. *Revue Internationale de Droit Comparé,* 1999.

________. L'examen biologique sous contrainte dans le cadre de l'établissement de la filiation en droit allemand. *Revue Internationale de Droit Comparé,* 1995.

________. La signification différente attachée a la filiation par le sang en droit allemand et français de la famille. *Revue Internacionale de Droit Comparé,* n. 3, p. 635-655.

HÄBERLE, Peter. A dignidade humana como fundamento da comunidade estatal. In: SARLET, Ingo Wolfgang. *Dimensões da dignidade:* Ensaios de filosofia do direito e direito constitucional. Porto Alegre: Livraria do Advogado, 2005, p. 89-152.

HAURIOU, Maurice. *La teoría de la institución y de la fundación:* ensayo de vitalismo social. Buenos Aires: Abeledo-Perrot, 1968.

LEITE, Eduardo de Oliveira. Concubinato frente à nova Constituição: hesitações e certezas. In: PINTO, Teresa de Arruda Alvim (Coord.). *Repertório de jurisprudência e doutrina sobre direito de família.* São Paulo: Revista dos Tribunais, 1993, v. 2.

LÉVI-STRAUSS, Claude. A Família. In: *A família:* origem e evolução. Porto Alegre: Villa Martha, 1980.

LIRA, Ricardo César Pereira. Breve estudo sobre as entidades familiares. In: PEREIRA, Rodrigo da Cunha (Coord.). *Repensando o direito de família.* Belo Horizonte: Del Rey, 1999, p. 81-96.

LÔBO, Paulo Luiz Netto. Entidades familiares constitucionalizadas: para além do *numerus clausus. Revista Brasileira de Direito de Família,* Porto Alegre: Síntese/IBDFam, v. 1., n. 1, p. 40-55, abr./jun. 1999.

________. Repersonalização das famílias. *Revista Brasileira de Direito de Família,* Porto Alegre: Síntese/IBDFam, n. 24, p. 136-156, jun./jul. 2004.

MARQUES, José Carlos Malta. Ação negatória de paternidade – decadência. *Revista Brasileira de Direito de Família,* n. 10, p. 47-57, jul./set. 2001.

OLIVEIRA, Euclides Benedito de. União estável e seus reflexos no direito penal. *Revista Brasileira de Direito de Família,* n. 2, p. 14-26, jul./set. 1999.

OLIVEIRA, Euclides Benedito de. Liberdade, igualdade e veracidade no reconhecimento de filhos. *Direito de família e ciências humanas:* Cadernos de Estudos, São Paulo: Jurídica Brasileira, n. 3, 2000.

PEREIRA, Rodrigo da Cunha. Família, direitos humanos, psicanálise e inclusão social. *Revista Brasileira de Direito de Família,* n. 16, p. 5-11, jan./mar. 2003.

PEREIRA, Sérgio Gishkow. A imprescritibilidade das ações de estado e a socioafetividade: repercussão do tema no pertinente aos arts. 1.601 e 1.614 do Código Civil. In: WELTER, Belmiro Pedro; MADALENO, Rolf Hanssen (Coord.). *Direitos fundamentais do direito de família.* Porto Alegre: Livraria do Advogado, 2004, p. 425-438.

PINE, Frances. Family structure and the division of labor: female roles in urban Ghana. In: ALAVI, Hamza; SHANIN, Teodor (Orgs.). *Introduction to the Sociology of developing societies.* New York: Monthly Review, 1982.

PITÃO, José A. de F. *Uniões de facto e economia comum.* 2. ed. Coimbra: Almedina, 2006.

RAPP, Rayna. Family and class in contemporary America. *Science & Society,* Michigan Papers in Women's Studies, New York, n. 42, p. 278-300, maio 1978.

REALE, Miguel. Visão geral do projeto de Código Civil. *Revista dos Tribunais.* n. 752, ano 87, p. 22-30, jun. 1998.

ROCHA, Cármen L. A. Ação afirmativa – o conteúdo democrático do princípio da igualdade jurídica. *Revista Trimestral de Direito Público,* São Paulo: Malheiros, n. 15, p. 85 a 99, 1996.

ROCHA, Marco Túlio de Carvalho. Prazo para impugnar a paternidade. *Revista Brasileira de Direito de Família.* Porto Alegre: Síntese/IBDFam, v. 4, n. 13, p. 25-41, abr./jun. 2002.

SALGADO, Joaquim Carlos. Princípios hermenêuticos dos direitos fundamentais. *Revista do Tribunal de Contas de Minas Gerais,* Belo Horizonte, n. 3, v. 20, p. 13-39, jul./set. 1996.

SANTOS, Eduardo dos. *Direito de família.* Coimbra: Almedina, 1985.

SANTOS, Luiz Felipe Brasil. A incerteza da paternidade (certa): a presunção *pater est* está abolida. *Boletim IBDFam,* n. 31, ano 5, p. 5, mar./abr. 2005.

TABORDA, Maren G. O princípio da igualdade em perspectiva histórica: conteúdo alcance e direções. *Revista de Direito Administrativo,* Rio de Janeiro, n. 211, p. 241-269, jan./mar. 1998.

TEPEDINO, Gustavo. A Disciplina Civil-Constitucional das relações familiares. In: BARRETO, Vicente (Org.). *A nova família:* Problemas e perspectivas. Rio de Janeiro: Renovar, 1997.

———. A disciplina jurídica da filiação na perspectiva civil-constitucional. In: PEREIRA, Rodrigo da Cunha (Coord.). *Direito de Família contemporâneo.* Belo Horizonte: Del Rey, 1997.

VIEGAS, João Francisco Moreira. Reconhecimento da paternidade – observações à Lei nº 8.560/1992. *Revista dos Tribunais,* v. 699, p. 11-15.

VILLELA, João Baptista. Art. 1.601. In: PEREIRA, Rodrigo da Cunha (Coord.). *Família e cidadania:* o novo CCB e a *vacatio legis.* Belo Horizonte: IBDFam/Del Rey, 2002.

———. Desbiologização da paternidade. *Revista Forense, Rio de Janeiro, n. 271, p. 45-51, jul./set. 1980.*

———. Família hoje. Entrevista por Leonardo de Andrade Mattietto. *In:* BARRETTO, Vicente (Coord.). *A nova família*: problemas e perspectivas. Rio de Janeiro: Renovar. 1997, p. 71-86.

———. O modelo constitucional da filiação: verdade e superstições. *Revista Brasileira de Direito de Família,* Porto Alegre: Síntese/IBDFam, n. 2, p. 121-149, jul./set. 1999.

———. Procriação, paternidade & alimentos. In: CAHALI, Francisco José; PEREIRA, Rodrigo da Cunha (Coords.). *Alimentos no Código Civil.* São Paulo: Saraiva, 2005, p. 131-146.

WARDLE, Lynn D. Questões de família: a importância da estrutura familiar e da integridade familiar. In: PEREIRA, Rodrigo da Cunha (Coord.). *Família e Cidadania*: o novo CCB e a *vacatio legis. Anais do III Congresso Brasileiro de Direito de Família.* Belo Horizonte: IBDFam, 2002, p. 25-57.

3. SÍTIOS

BAILEY, J. Michael; PILLARD, Richard. A genetic study of male sexual orientation. *Archives of General Psychiatry, dez./1991.* Disponível em <http://en.wikipedia.org/wiki/Biology_and_sexual_orientation>. Acesso em 29 out. 2006.

BARROSO, Luís Roberto. *Neoconstitucionalismo e constitucionalização do Direito.* Disponível em <http://www.migalhas.com.br/mostra_noticia_articuladas.aspx?cod=24089>. Acesso em 8 set. 2006.

HAMER, Dean H., *et al.* A linkage between DNA markers on the X chromosome and male sexual orientation. *Science,* Nova Iorque, v. 261, n. 5.119, p. 321-327, julho 1993. Disponível em <http://www.mun.ca/biology/scarr/Hamer_et_al_1993_presentation.html.> Acesso em 16 maio 2007.

http://caselaw.lp.findlaw.com

http://conjur.estadao.com.br

http://www.ansiao.net/ver-splendor.html

http://www.stf.gov.br

http://www.stj.gov.br

http://www.tj.rs.gov.br

LEVAY, Simon. A difference in hypothalamic structure between heterosexual and homosexual men, *Science*, 253:1034-1037, 30 ago. 1991. Disponível em <http://www.trueorigin.org/gaygene01.asp>. Acesso em 21 nov. 2006.

Este livro foi impresso nas oficinas gráficas da Editora Vozes Ltda.,
Rua Frei Luís, 100 – Petrópolis, RJ,
com papel fornecido pelo editor.